支付研究

（2021 卷）

温信祥◎主编

中国金融出版社

责任编辑：黄海清　白子彤
责任校对：李俊英
责任印制：陈晓川

图书在版编目（CIP）数据

支付研究. 2021卷 / 温信祥主编. —北京：中国金融出版社，2021. 6
ISBN 978－7－5220－1160－8

Ⅰ. ①支…　Ⅱ. ①温…　Ⅲ. ①业务核算—研究　Ⅳ. ①F830. 46

中国版本图书馆CIP数据核字（2021）第096154号

支付研究（2021卷）
ZHIFU YANJIU（2021 JUAN）
出版
发行　中国金融出版社
社址　北京市丰台区益泽路2号
市场开发部　（010）66024766，63805472，63439533（传真）
网 上 书 店　www.cfph.cn
（010）66024766，63372837（传真）
读者服务部　（010）66070833，62568380
邮编　100071
经销　新华书店
印刷　北京侨友印刷有限公司
尺寸　169毫米×239毫米
印张　28. 25
字数　400千
版次　2021年6月第1版
印次　2021年10月第2次印刷
定价　98.00元
ISBN 978－7－5220－1160－8

编委会

主　编：温信祥

副主编：樊爽文　严　芳　王　晟

编　委（以姓氏笔画为序）：

王　军　李伟鹏　吴　桐　张　玲

张卫华　张笑尘　陈　雪　杨　青

周鹏博　胡　波　殷　实　韩　露

蒋文超

加快支付产业数字化 推动支付产业高质量发展①

范一飞

一、支付产业数字化发展的重要意义

党的十八大以来，我国供给侧结构性改革深入推进，经济结构不断优化，互联网、大数据、人工智能和实体经济深度融合，数字经济等新兴产业蓬勃发展。作为国民经济的基础，支付产业坚持新发展理念，将创新作为引领发展的第一动力，积极推动新技术应用发展，支付产业数字化水平不断提高。

（一）支付产业数字化是产业再次跨越式发展的关键动力

新世纪以来，支付产业出现两次十年长周期跨越式发展。第一次是2001—2010年，得益于信息化快速发展，支付产业运用网络信息技术，密集推进支付清算系统等业务系统建设，全面实现支付业务的网络化处理，支付效率大大提高，发挥了显著的经济和社会效益。特别是大额支付系统作为全社会资金中枢，日均处理业务金额24万亿元，为今天复杂互联的批发支付生态系统奠定坚实基础。

第二次是2011—2020年，支付产业受益于市场化推动，充分践行新发展理念，解决了许多长期未解决的难题，在非现金支付工具推广、个人账

① 本文为作者在第9届中国支付清算论坛的发言整理，原载于《中国支付清算》2020年第3辑，第1~7页。本书编委会谨以此文作为本书导读。

户分类使用、人民币跨境支付系统建设、移动支付便民工程、支付市场全面开放等方面取得突破性进展。这一时期的突出表现是以开放促竞争、以竞争促协调、以协调促共享，以互联网支付、移动支付为代表的新兴零售电子支付充分竞争，场景化支付不断丰富，社会公众充分参与，支付体验不断刷新，推动移动支付异军突起、引领时代潮流，成为我国经济社会发展的新名片之一。

展望未来，从信息化、市场化到今天的数字化，支付产业预计将迎来下一个黄金十年的跨越式发展。在数字化推动下，支付产业深入践行绿色发展理念，支付服务电子化全面普及，服务便捷性全面提升，多维度业务数据全面丰富，伴随而来的是业务流程的完善、风险控制的优化、市场拓展的精准以及社会成本降低、人民福祉提升。随着新技术深度应用，非接触式、智能化、融合化将成为支付产业数字化的关键词，突出表现将是支付效率提升、支付流程优化、数据深度融合运用、数据安全治理提上日程等。

（二）支付产业数字化是数字经济发展的重要推力

支付产业的发展是技术进步与支付业务深度融合的过程，支付交易、清结算服务等都带有明显的技术化、数字化烙印。支付产业连接广大银行、非银行支付机构及众多单位、个人，从本质上看属于典型的网络平台型经济活动，具有强大的规模优势和传导效应，从而决定了数字化在支付领域应用的广泛程度和综合效果。

另外，支付产业本身的数字化发展是整个数字经济发展的重要推动力。支付业务的场景化建设和丰富发展，使数字化溢出效应大大增强，带动实体经济和民生领域的数字化发展，催生出电子商务、餐饮外卖、共享出行等一大批新业态。从这一意义上说，支付产业是我国经济新动能、新业态、新模式蓬勃发展的重要驱动，也是数字经济发展的重要引领。随着大数据、人工智能、区块链、物联网等新技术的成熟应用，相信支付产业数字化发展将更上台阶，对数字经济发展的推动作用将更加明显。

（三）支付产业数字化是完善国家治理体系的积极推力

支付产业历来是惩治和预防腐败、打击和遏制犯罪的重要抓手。支付产业恪守账户实名制、特约商户实名制，有利于堵住不法分子转移非法资金的通道。基于账户的非现金结算产生海量转账结算数据，为有权机关追踪资金走向和调查不法行为提供了重要线索，基于大数据技术的挖掘分析还可为前瞻性规范不良支付行为提供决策参考。

支付产业是共建共治共享社会管理的重要力量。近年来，人民银行因势而动、主动求变，实现政府治理与社会调节、市场主体自治良性互动，政府监管、行业自律和社会公众多元共治，助推形成基层社会治理新格局。充分发挥支付清算协会服务会员、贴近市场的优势，赋予协会更多治理责任，突出协会的社会调节作用；充分发挥持牌机构的平台、数据、新技术等优势，促进其在平台化服务中与社会公众共商、自治；充分考虑社会公众在数字化实践中遇到的问题，优化社会举报奖励机制，畅通社会救济渠道，保障社会公众合法权益。

支付产业是培育和塑造社会文明的重要抓手。得益于支付产业的发展，特别是我国高效支付基础设施的不断完善和便捷电子支付的广泛普及，在本次新冠肺炎疫情防控阻击战中，银行卡、移动支付被纳入疫情防控工具箱，在阻断病毒传播、保障社会公众居家生活、支持复工复产支付需要等方面发挥了重要作用。

综上所述，在数字化推动下，支付服务已通过场景化建设等金融普惠方式深深融入经济社会发展的方方面面，支付产业在现代经济金融体系中的作用和历史使命日益突出。产业各方必须积极响应时代需要，秉持“支付为民”理念，自觉扛起经济社会发展和国家治理中的历史担当。

二、支付产业数字化取得重要进展

支付产业数字化是一个持续渐进的过程。近年来，产业各方积极拥抱新技术，超前规划、精心培育、主动作为，产业数字化程度不断提高，取得阶段性成果。

（一）数字化顶层设计加速推进

党中央、国务院高点定位、远景规划新技术与经济社会的融合发展，从顶层设计上以务实举措力推数字产业化和产业数字化。人民银行积极落实中央决策部署，前瞻性开展个人银行账户分类改革，鼓励运用新技术优化账户服务，运用政府和商业数据库核验身份。发布金融科技发展规划，催化金融业科技应用。加快跨部门数据共享和融合应用，努力实现数据多向赋能，推动金融数字化转型。例如，2019 年建成运行的企业信息联网核查系统，就是人民银行与相关部门数据信息共享的力作，现已累计分别处理纳税信息核查、手机号码核查、企业登记信息核查 400 多万笔、700 多万笔、650 多万笔，产生了巨大的经济和社会效益。

（二）数字化支付服务全面发力

在顶层设计指引和产业各方推动下，支付服务数字化“多面开花”，在数字货币、数字化开户、数字票据、数字银行卡、基于区块链的跨境汇款、数字化网点等方面均有所“斩获”。以央行数字货币为例，数字人民币（DC/EP）是金融供给侧结构性改革的重要内容，是运用新技术对 M0 的数字化，旨在为数字经济发展提供通用性的基础货币。目前，数字人民币研发已取得阶段性成果，正在进行内部封闭测试。数字化开户方面，人民银行积极鼓励运用科技手段为企业使用电子证照、电子签名开户提供便利，远程开立单位银行账户正在试点，无介质开户正在探索。数字银行卡方面，鼓励市场机构总结实践、大胆探索。2020 年 8 月，中国银联和相关机构发布首款数字银行卡“银联无界卡”，实现全流程数字化申请、快速领卡，为持卡人提供全面、便捷的数字金融服务。

（三）数字化基础设施更加健全

支付产业在传统支付基础设施建设方面取得长足进步，以大额支付系统为核心、零售支付系统参与的批发支付生态系统有效支撑移动支付高频、广泛应用。2020 年 3 月以来，数据中心作为新型基础设施得到党中央、国务院高度重视。人民银行积极响应，加快数据基础设施建设步伐。一方面，通盘考虑、厘清框架，构建起一个数据交换管理平台和若干个数据中心的数据架构体系，数据中心设立总行和省级数据中心两级管理体制。2020 年 8 月，人民银行贵安数据中心建设达成协议，标志着人民银行信息化“新基建”加快推进，金融数字化发展迈出重要步伐。另一方面，未雨绸缪、整章建制，通过制定发布数据管理办法，明确数据中心和数据交换管理平台的数据安全责任，保障数据基础设施安全、高效运行。

（四）数字化监管转型初显成效

人民银行启动非现场监管系统建设，组织开展数据准备测试、监测模型设计与开发、联合监管机制建设等工作，进一步加大应用程序编程接口（API）、大数据等监管科技应用，实现功能、行为、过程监管，强化资金流向流量和支付风险监测。在严守监管底线的同时，人民银行加快推动形成支付产业协同治理新模式，着力构建有利于促进数字化发展的规则框架，调动产业各方积极性。支付清算协会的自律作用得到更好发挥，协会在刷脸支付自律公约制定、运用支付清算数据监测无证经营、收单市场备案管理、治理跨境赌博资金链、参与金融科技创新监管试点等方面做了大量工作，特别是通过跨机构清算数据监测无证经营，实施全链条、穿透式监测分析取得重大进展，净化支付环境工作再添利器。此外，推动包容审慎监管落地实施，研究设计富有弹性的创新试错容错机制，试点打造与国际接轨、符合我国国情的金融科技创新监管工具。截至目前，9 个试点地区共发布 60 个试点项目，标志着我国金融科技创新监管试点全面落地，与数字化发展相适应的监管模式探索迈出关键步伐。

（五）数字化标准规范成果丰硕

人民银行深入研究剖析新技术应用风险本质与客观规律，将包容审慎贯彻到底，用标准规范为市场创新留足空间。具体来说，从基础通用、技术应用、安全风控等方面，明确基础性、普适性监管要求，打造既利于金融数字化发展，又能满足金融治理需要的金融科技监管基本规则体系。依托国家统一推行的认证体系，推动规则落地实施，着力提升支付守正创新能力与综合治理水平。截至目前，已制定 50 余项金融行业标准规范，支付数字化风险防控能力显著增强。

总体来看，我国支付产业数字化起步较早，正处于向纵深化发展的转折期。在这一过程中，新老发展阶段交织，新老问题并存。例如，大多数持牌机构数字化转型不足，数字化发展能力还有较大提升空间；面向持牌机构重复采集数据，加重持牌机构负担的同时带来相应风险；采集后的数据得不到充分利用，形成数据资源浪费；数据挖掘力度不够，数据倍增作用得不到最大释放。老问题依然集中在利用数字化发展成果实施违法犯罪活动。例如，跨境赌博加速向国内全方位渗透，严重损害人民群众利益，影响我国经济安全、社会稳定和国家形象，切断跨境赌博资金链、遏制跨境赌博蔓延成为当前金融领域的重要任务。跨境赌博技术性、隐蔽性、反侦查水平都很高，实施交易监测和资金追溯存在极大难度，采用传统监管手段难以奏效，迫切需要应用金融科技手段探索新的打击方法。无论新问题还是老问题，产业各方都要高度重视，在协同治理框架下勇于担当、各负其责，结合实际找准解决问题的突破点。

三、支付产业数字化发展面临的形势

我国支付产业数字化取得一些可喜成绩，但与国内外不断发展变化的形势相比，数字化发展任务更重、责任更大，需要蹄疾步稳、加快推进，尽快抢占未来发展制高点。

（一）数字化浪潮对支付产业数字化转型提出更快要求

加快新一代信息化、建设数字国家已经成为全球共识。新冠肺炎疫情以来，主要经济体纷纷加快数字化转型。在金融领域，不断加快数字银行、虚拟银行布局，强化数据融合和数据保护的法律支持，加强数字身份推广和认证，开展数字货币试验或测试，启动国家间跨境数据互联，提高非接触支付方式交易限额，规范远程支付服务提供和身份认证，出台 e-KYC 政策，实施数字化转型的反洗钱和反恐怖融资监测，着手金融业人工智能（AI）应用推广，推出增强版或向数字化倾斜的监管沙箱等。

在我国，数字化建设蓬勃发展，网络强国、数字中国、智慧社会、数字政府、数字乡村等都已上升为国家行动并取得显著成效。各地各行业抢抓机遇、因地制宜，经济社会数字化转型明显加快。据测算，2019 年我国数字经济增加值规模超过 17 万亿元，增长率达 11%，占全年 GDP 比重达

17.2%。新冠肺炎疫情以来，我国更是大力发展融合化在线教育、互联网医疗、便捷化线上办公等线上服务新模式，培育产业平台化生态，发展普惠性“上云用数赋智”，打造虚拟产业园和产业集群。

这一切都表明，国内外数字化发展已经风起云涌，所有新模式新发展都形成支付服务数字化的重要外部驱动。我国支付产业要想继续保持引领地位，就需要与时俱进、快字当头，充分把握数字化条件，大力改进支付服务；着手数字化支付服务研发，适应并促进经济社会数字化发展；加快提炼数字化规则，制定数字化标准，提升国际话语权和规则制定权；恪守“支付为民”理念，以数字化发展更好地服务实体经济和民生改善。例如，2020年8月26日召开的国务院常务会议明确要求年底前企业开办全程网上办理。对此，支付服务需要做哪些工作？还要如何改进？目前，上海市已经开始新设企业开户无介质处理，使用电子证照、加盖电子印章，不再提供纸质材料。这些探索在政策上已经没有障碍，全国其他地区也要尽快实施。类似这些问题都需要产业各方敏锐把握、积极探索，尽快形成产业实践。

（二）双循环新发展格局对支付产业数字化提出更高要求

习近平总书记多次强调，要推动形成以国内大循环为主体、国内国际双循环相互促进的新发展格局，重点是坚持供给侧结构性改革，扭住扩大内需这一战略基点，使生产、分配、流通和消费更多依托国内市场。建设现代流通体系对构建新发展格局具有重要意义，要强化支付结算等金融基础设施，深化金融供给侧结构性改革，提供更多直达各流通环节经营主体的金融产品。支付产业以促进资金安全、高效流转循环为己任，通过畅通资金循环，提高资金配置效率，衔接微观主体产供销活动；通过新兴电子支付特别是信用类支付工具使用，刺激消费、扩大内需，拉动经济增长。因此，支付产业是新发展格局的重要组成部分，支付产业数字化更将是促进双循环的主力之一。在市场和资源两头在外的国际大循环动能减弱情况下，支付产业促进国内大循环应如何落棋布局？市场主体需要改进哪些短板？产业数字化能解决哪些问题，怎样提供更有质效的金融产品？都需要产业各方科学筹划，以真招实招践行责任担当。

（三）数据安全对支付产业数字化转型提出更严要求

安全与高效是支付产业发展的永恒话题，支付产业数字化更绕不开安全问题。数字化以数据为关键要素，数据安全首当其冲。2020 年 7 月《中华人民共和国数据安全法》草案征求意见，强调维护数据安全和促进数据开发利用并重。支付产业是数据密集型产业，数据安全不仅涉及广大单位和个人的隐私保护，还关乎金融稳定甚至国家安全。数字化过程实质上是从事数据的活动，必然涉及数据采集、传输、存储、加工、交换、使用等环节，还涉及数据交互和融合应用的多类机构，数据容易被非法获取、利用。此外，过度采集、违规使用、非法交易、擅自泄露数据等问题屡见不鲜。产业各方要牢固树立数据安全理念，以更严格的态度、更严密的流程、更严厉的责任追究推进数据安全工作，保障支付产业数字化平稳推进。

四、加快支付产业数字化发展步伐

支付产业数字化是支付产业高质量发展的重要动力，新的形势需要产业各方进一步转变理念、加大支撑、强化协同、提升能力、保障安全，加快支付产业数字化转型发展。

（一）加快转变数字化发展理念

数字化不同于传统支付业务办理和管理，数字化发展的许多情况都是新事物、新问题，超出传统认知。因为是新技术与具体业务的结合，没有应用前例，只能在探索中前行。在不损害实体经济发展和民生合法权益的前提下，加快数字化发展要理念先行，鼓励“试试再说”，破除“等等再说”，试了才有可能抓住机会。确立“资产共享”理念，消除“占有”数据生产要素的传统惯性思维，解决“占而不用”的突出问题，向数据共享要效益，让“数据矿产”发光发热。

（二）加快完善新发展格局支撑

新发展格局的贯彻推进事关经济社会发展战略大局，产业各方要提高政治站位，把思想、认识和行动统一到党中央双循环新发展格局的决策部署上来，以坚强的定力、创新的思路、务实的举措、优质的服务，聚焦衔接产供销，畅通流通体系，促进双循环。

要坚持问题导向，问需于民、问计于民，围绕生产企业产供销和流通企业商品流转，审视对公和零售支付服务的弱项，加大支付服务供给侧结构性改革力度，采用数字化解决方案畅通资金循环，提高产供销和流通效率。对流通环节，要因地制宜，区分批发和零售集贸市场，创新推出更多直达各流通环节经营主体的支付服务产品。继续拓展移动支付便民工程覆盖面，大力推进支付普惠进程。鼓励持牌机构结合支付业务实际，降低社会公众使用移动支付的成本。

人民银行要继续深化与其他部门的数据合作，推动数据自由、充分流动，实现数据共享后的多维度融合分析、联合研判和一致行动；加大会商力度，推进非居民身份信息和出入境信息共享用于核查身份；加快数据商用步伐，让产业各方能找到数据、用上数据，形成用数据管理、决策的行业氛围。要通过数据合作和对接，从支付与消费数据的对比分析中找准双循环薄弱环节，为下一步引导电子支付应用、刺激内需、扩大消费提供参考。要继续深化优化支付服务、促进消费扩容提质的十类举措，助力双循环新发展格局。要加快落实移动支付便利化的业务方案，解决境外游客使用移动支付的突出问题。

要坚定不移继续深化支付产业全面开放，助力国际要素资源流入国内市场。加快人民币跨境支付系统与境外金融市场基础设施的互联互通，进一步增强跨境支付基础设施的辐射作用和带动作用。加快“引进来”步伐，鼓励公司治理水平高、合规发展意识强、具有竞争力的境外银行卡清算机构、支付机构进入中国市场展业，以开放促竞争，共同参与和服务双循环新发展格局构建。

（三）加快优化数字化协同治理

数字化发展的跨界融合为协同治理提出更高要求。协同治理要以政府治理为主导，统筹协调、相互补充、互为促进，充分发挥多元治理主体的各自优势，形成双向良性互动。通俗地说，就是要在支付监管方面唱好协奏曲、画出最大同心圆。我们在这方面取得一些进展，但仍需要进一步深化。

要以大力整治跨境网络赌博为靶向，不断深化支付产业数字化协同治理。必须坚持以人民为中心的发展思想，一以贯之推进严监管常态化，把打击治理跨境赌博等违法犯罪活动作为重中之重来抓，政府部门、自律组织、持牌机构以及产业链上下游等各方要继续携手前行，在治理跨境赌博资金链方面共商共治。支付清算协会要切实担起责任，运用支付清算数据加大对无证经营，特别是非法第四方支付平台的监测，采用全链条、全流程、穿透式分析方法有效监测资金转移，为打击治理跨境赌博等工作提供支撑。要着眼大局，前瞻性布局支付清算行业在线监测服务平台（安全云）建设，强化对黑灰产业相关业务数据的监测分析，及早发现和精准打击各类违法违规行为。

市场主体和产业上下游要以市场为导向，进一步加快产学研深度融合，以技术创新促进管理创新，以管理创新优化企业治理。要继续坚持共享理念，为了人民并依靠人民治理网络赌博，鼓励广大社会公众积极提供案件线索。要推进业务和技术协同，新技术改变的是传统业务流程和模式，而不是业务本质，同时也需要业务规则的相应调整。因此，业务监管和技术监管要强化协同，以业务监管释放技术应用，以技术监管优化业务规则。要加快梳理制约支付产业数字化发展的制度框架，为发展再松绑、再加力；要密切关注和支持支付清算行业的数字化实践，及时出台与行业数字化发展相适应的制度规则，掌握规则治理权。

（四）加快提升数字化发展能力

做好数据治理是数字化监管的必由之路。一是提升数据整合共享能力。梳理面向持牌机构的数据采集，按照同类业务确定一个采集主体的原则，避免重复采集，减少数据报送负担，消除安全隐患。坚决推进数据共享，加快建设共享所依赖的数据中心、数据交换平台等基础设施建设，让数据资产动起来、用起来。二是提升数据融合使用能力。在保障数据质量前提下，依托数据基础设施加快分布式计算资源共享，加大基于深度学习、知识图谱等技术的数据模型和分析算法供给，支持多主体提升数据挖掘能力和数据洞察能力，形成平台共享供给的规模效应和正外部性，解决数据“用而不深”的突出问题。三是提升数字化国际竞争能力。曾经的领先只代表过去，越是繁荣发展越要有忧患意识。要紧扣支付主业下功夫，瞄准国际前沿加快数字化步伐，继续提升数字化发展的国际竞争能力，努力打造更多的国际一流支付产品，培育更多的国际一流企业。要加快数据安全国际标准建设，提升数据治理的国际话语权。要遵循我国提出的《全球数据安全倡议》，积极参与数据安全国际治理，推进跨境数据安全有序流动。

（五）加快提高数字化安全水平

支付产业数字化发展虽然具有融合性、智能化等特征，但绝不是任性发展、无序融合，必须坚守安全底线。从事金融业务必受监管、必持牌照，持牌机构务必回归业务本源、聚焦支付主业。一段时间以来，一些互联网企业利用旗下机构将支付业务与信贷等其他金融业务交叉嵌套，形成业务闭环，业务处理过程难以被穿透监管，极易引发风险跨市场传染蔓延。究其原因，很重要的问题是没有深刻领会党中央关于防范化解重大风险攻坚战部署的重要内涵和重大意义，没有理解透和把握好金融业务的风险本质、业务边界。希望这类机构提高站位，积极配合监管，切实整顿超范围经营信贷业务，消除利用支付拓展交叉金融业务的风险隐患。下一步，要加强宏观审慎管理，建立商业银行互联网联合贷款专项统计制度，将该类业务纳入商业银行宏观审慎评估体系（MPA），将符合条件的互联网企业纳入金融控股公司监管；要加强功能监管，防范个人过度负债，对学生等特定群体强化专项业务管理，规范互联网贷款资金流和信息流；要保障消费者合法权益，规范业务开通流程，打击信息采集中的霸王条款，保护消费者信息安全。

数字化发展过程中，保障数据安全至关重要。要依据数据重要程度和发生安全事件的影响范围，实施严格的数据分类分级管理，按照不同分类和等级实施不同程度的安全控制。建立支付产业数据生命周期安全管理和数据资产评估报告制度，掌握数据开发利用的具体隐患，对风险点及早实施干预。

消除数字鸿沟　释放数字红利 实现支付普惠发展[①]

温信祥

当前，我国数字经济发展进入快车道，在提升社会整体福利的同时，也对数字化程度较低的社会群体形成一定门槛，出现数字鸿沟。9月4日，习近平主席在2020年中国国际服务贸易交易会全球服务贸易峰会致辞中指出，要顺应数字化、网络化、智能化发展趋势，共同致力于消除数字鸿沟。随着数字经济的快速发展，消除数字鸿沟日益成为亟待解决的重大课题。

一、数字鸿沟的理论综述

目前，国际上对数字鸿沟的理解还没有达成共识。在定义方面，早在2001年，经济合作与发展组织（OECD）将数字鸿沟定义为不同社会经济水平的个人、家庭、企业和地区获取通信技术，以及利用互联网进行各种活动的机会的差距；美国国家通信和信息管理局（NTIA，2014）在《在网络中落伍：定义数字鸿沟》报告中将其定义为信息富有者与信息贫困者之间的两极化趋势，即信息分配与有效使用的资源在不同人群中存在的"实质性不对称"，以及有效获取知识与信息方面存在的"技术上的差距"；美国哈佛大学的诺里斯（P. Norris）教授把数字鸿沟概括为全球鸿沟（发达国家与发展中国家在接入网络方面的差距）、社会鸿沟（每个国家中信

① 本文为作者在第9届中国支付清算论坛的发言整理，原载于《中国支付清算》2020年第3辑，第8~12页。本书编委会谨以此文作为本书导读。

息富有者和信息贫困者之间的差距）和个体鸿沟（使用数字资源与不使用数字资源去从事、动员或参与公共生活的人们之间的差别）三个层面的现象。

在产生原因方面，国际电信联盟（ITU）认为数字鸿沟是由于贫穷、教育设施中缺乏现代化技术以及由于文盲而形成的贫穷国家与富裕发达国家之间、城乡之间以及代际之间在获取信息和通信新技术方面的不平等；有国际上的学者指出居民在年龄、性别、互联网可得性、教育水平、地理和收入水平这六个方面的差距是形成数字鸿沟的关键。

在测度方面，美国西北大学阿奎特（T.J.Arquette）教授曾提出一个衡量地区间数字鸿沟的三维度量框架，将其具体化为三个方面：信息传播技术基础设施建设（infrastructure）、信息传播技术接入（accessibility）及信息传播技术使用（usage）的差距；国际货币基金组织（IMF）在 2020 年的报告中构建数字金融普惠指数，用于衡量各国的数字鸿沟。

在影响方面，联合国经社理事会指出数字鸿沟的存在以及信息和通信技术的全球发展和应用，会造成或扩大国与国之间以及国家内部群体之间的贫富差距，影响社会公平；世界银行发布的《2016 年世界发展报告：数字红利》指出数字鸿沟是数字经济发展的最主要障碍，弥合数字鸿沟以达到释放数字红利的重要性和紧迫性日益凸显。

今年年初，我们在七个省份开展了支付领域数字鸿沟问题抽样调查，获得有效问卷 2 万余份，其中未使用电子支付工具的受访者比例为 17.6%，其人物画像有如下特点：老年人、低学历、低收入、退休人员、农村地区。以是否注册电子支付为目标变量建立逻辑回归模型，并对各类人群数字鸿沟进行测度，得到以下结论：

从教育水平看，学历数字鸿沟最为显著，高学历对使用电子支付有正向促进作用，小学及以下学历的人群中使用电子支付的比例仅为 47%；从年龄结构看，年龄越大使用电子支付的比例越低，60 岁以上人群中使用电子支付的比例仅为 51%；从职业角度看，务农、失业、退休人员更少使用电子支付，务农人群、城市退休人员中使用电子支付的比例分别仅为 57%

和 58%；从收入水平看，个人年收入与使用电子支付成显著的正相关关系，其中个人年收入 1 万元及以下的人群中使用电子支付的比例仅为 61%；从城乡差异看，农村地区人群使用电子支付的比例仅为 65%。研究还发现，性别差异并不显著，男性和女性使用电子支付的比例分别为 80% 与 81%。

二、支付领域数字鸿沟的现状及挑战

我国数字金融发展迅速，以移动支付为典型代表的数字金融服务快速渗透社会生活。长期以来，人民银行高度重视支付领域数字化进程中的数字鸿沟问题，恪守“支付为民”理念，推动普惠支付发展取得了长足进步。

一是在改善农村支付服务环境方面，组织实施农民工银行卡特色服务、银行卡助农取款服务和移动支付“下乡”三大特色支付工程。截至今年 6 月末，银行卡助农取款服务点行政村覆盖率达 99.41%，基本畅通农村基础支付的“最后一公里”；农村地区手机银行、网上银行开通数分别达到 8.41 亿户、7.36 亿户。今年上半年，农村地区共发生网银支付业务和移动支付业务 125.75 亿笔，金额 118.63 万亿元。

二是在提升支付可得性方面，基本实现银行账户覆盖全民和全域。账户是获取金融服务的基础。从账户拥有率来看，根据世界银行抽样调查，全球 15 岁以上居民账户拥有率平均为 69%，其中发达国家为 94%，在许多发展中国家还有超过 25% 的成年人没有银行账户或其他支付账户。而我们的抽样调查显示，我国 15 岁以上的居民账户拥有率为 95.2%，略高于发达国家平均水平。截至 2020 年 6 月末，全国累计开立单位银行结算账户 7180 万户；今年上半年，即使受疫情影响，企业日均开立基本存款账户数仍然达到 1.5 万户。

三是在普及新型电子支付方面，将支付机构纳入规范发展轨道，激发小额零售支付领域的创新活力。2019 年，236 家支付机构处理支付业务金额近 300 万亿元，服务近 10 亿客户和数千万商户，我国移动支付发展走在了世界前列。纵深推进移动支付便民工程，使新型电子支付方式在交通、餐饮、零售等众多民生领域大规模普及。截至 2019 年底，支付机构移动支付业务近5年复合增长率高达75.1%。新冠肺炎疫情期间，非接触式支付有力保障了“封城”“居家隔离”期间民生支付服务不中断，我国多层次支付体系的优势得以充分彰显。

四是在强化支付风险防控方面，坚决落实党中央决策部署，斩断电信网络诈骗、跨境赌博和互联网黑灰产业资金链条，守住百姓“钱袋子”。重拳整治支付领域违法违规行为，整肃市场秩序，今年以来对银行、支付机构支付结算业务违规行为共罚没金额2.3亿元。扎实做好支付领域举报处置，维护人民群众合法权益，今年上半年，人民银行系统共收到支付领域举报1208件，同比下降26.5%，举报数量持续下降。

在取得成绩的同时，也要看到，消除支付领域数字鸿沟还面临不少新课题、新挑战。

在个人层面，老年人使用数字支付还存在不小困难，特别是城市数字化程度更高、移动支付发展更快、场景更多，城市里的老人面临的数字鸿沟问题更为凸显。很多老年人不会扫码支付、不会网上生活缴费、转账汇款要去银行柜台。调查中老年人普遍反映，手机银行和支付应用程序（APP）界面不友好、字小看不清、表述看不懂、绑卡和密码验证流程太复杂。这次疫情更是凸显了老年人遭遇的支付窘境，如“居家隔离”期间不会网购，也点不了外卖，给正常生活造成不便。此外，移动支付服务对入境的境外人员不够包容，由于没有本地银行卡，境外人员使用移动支付存在障碍。在企业层面，小微企业的个性化支付需求覆盖不足，需要进一步疏通企业数字化转型过程中的支付“最后一公里”。中资企业跨境支付渠道有待拓展、成本有待降低。此外，电信网络诈骗和跨境赌博花样翻新，容易对群众利益造成侵害。调查显示，在不使用电子支付的受访者中，除“不会使用”占比最高（79%）外，其次就是“担心安全”（25%）。

三、新形势对消除支付领域数字鸿沟提出了新要求

第一，消除支付领域数字鸿沟是支付体系高质量发展的必然要求。近年来，支付行业积极拥抱新技术，尤其是移动支付的创新发展，在催生新

业态新模式、助力传统行业转型升级中，发挥了不可或缺的支撑作用。但要注意的是，数字支付既要一路“快跑”，保持全球领先优势，也要使数字支付红利惠及更广大人群，避免一部分人“掉队”。与西方国家已经从工业化进入信息化社会相比，我国工业化尚未完成，一些地区还停留在农业社会，而金融、零售等部分行业和领域已经迅速步入信息化，这种多重叠加投射到支付领域所表现出的差异尤为显著。当前，快捷支付、扫码支付成为年轻人和许多城市人群的第一支付选择，而老年人、农村居民等弱势群体在短时间内还难以跟上节奏。

与此同时，支付安全、个人信息保护等问题，也是消除支付领域数字鸿沟进程中的重要课题。数字支付的网络效应和规模效应，使其在改善支付体验、发挥集聚辐射作用的同时也会放大一系列问题，如滥用市场支配地位、滥用支付数据、个人敏感信息泄露等，加大了打击电信网络诈骗、跨境赌博等非法活动的难度。

第二，消除支付领域数字鸿沟是普惠金融发展的必然要求。近期，李克强总理在上海召开的金融支持实体经济工作座谈会上指出，要继续保持金融支持实体经济政策的合理力度，推动服务创新，拓展普惠金融。支付是获取金融服务的入口，账户的普及是消除“金融排斥”的第一步。近年来，支付的网络化、移动化、平台化发展态势凸显，产生的网络效应和规模效应使其“入口”特征更加显著。通过数字支付的低成本、跨时空、高效率连接，以及借助大数据、云计算技术提高风控精准度，使金融服务供需双方能够在更广泛的时空范围内快速匹配。与此相对应的，被隔离在数字支付之外的群体难以享受数字普惠金融发展带来的福祉，甚至导致数字时代的“金融排斥”。消除支付领域数字鸿沟，已成为数字经济时代发展普惠金融的重要破题之道。

第三，消除支付领域数字鸿沟是服务双循环新发展格局的必然要求。一方面，帮助经济薄弱环节和弱势群体跨越支付数字鸿沟，是服务国内大循环的需要。支付是经济活动的基础，从支付视角来看，释放内需潜力还有较大提升空间。中国互联网络信息中心调查显示，截至2020年3月，我国非网民规模为 4.96 亿人，在促进非网民上网的主要因素中，“卖出农产品增加收入”和“方便购买商品”分别占比 25.9% 和 23%，可见这部分“触网”和支付的需求空间十分广阔。加快向这些经济主体提供量身定制的数字支付服务，将能够促进生产、分配、流通、消费等环节扩容提质，助推形成新的内需增长点。另一方面，跨境支付基础设施是支撑“双循环”发展的重要支撑。要消除企业跨境支付数字鸿沟，畅通跨境资金流通渠道，便利国内企业参与国际贸易和融资活动。

四、化“鸿沟”为“红利”，推动支付服务惠及更广大人群

第一，夯实数字支付基础设施，确保“都能用”。一是统筹推进境内和跨境支付基础设施建设。持续优化完善支付基础设施功能和布局，以“一带一路”建设为切入点，进一步畅通跨境支付渠道，保障中国企业参与国际循环的能力。二是加快农村支付环境建设提档升级。鼓励银行、支付机构等市场主体积极对接“数字乡村”发展战略，推进“数字支付 +”建设，使支付服务深度契合新型农村生产、交易、物流等场景。三是推进数字身份基础设施建设。借鉴新加坡、印度等国经验，探索建立我国统一的数字身份信息系统，夯实数字经济社会发展的“基石”。通过将指纹、人脸等生物特征信息纳入身份信息采集范畴，为数字支付、数字金融的身份识别提供更加便利可靠的支撑。

第二，补齐制度和市场发展短板，确保“都好用”。一是加强顶层规划。采取政府引导和市场主导相结合的方式，推动市场资源以商业可持续方式向薄弱环节有效配置。切实避免以安全为名简单“一刀切”，采用差异化监管政策，鼓励引导大型市场机构积极践行社会责任，发挥示范带动效应。二是加大 B 端市场投入。精准对接企业尤其是中小微企业支付需求，降低相关手续费用，依法合规利用数字支付所聚集的海量数据资源，助力企业获取、利用、创造数字价值，为企业经营赋能。三是提升个人支付服务精准化水平。以深化移动支付便民工程建设为重要抓手，聚焦老年人、农村居民、入境的境外人员的支付诉求，量身定制专属支付产品和服务，使数

字支付发展成果全民共享、开放共享。四是针对性开展宣传培训。动员社会各方力量，构建数字金融知识宣传教育长效机制，以群众喜闻乐见的方式普及使用知识、加强风险提示；采取“社区志愿者”“公益数字大使”等更加人性化、接地气的方式，针对弱势群体需求开展数字技能培训，助其融入数字生活。

第三，筑牢数字支付安全防线，确保“都敢用”。一是健全严监管常态化机制。密切人民银行与相关部门的监管协作，加强信息共享，精准联合打击，保持对无证机构的监管高压，深化电信网络诈骗和跨境赌博资金链治理，守护好百姓“钱袋子”。二是加强消费者权益保护。强化支付数据安全治理，维护公众支付信心。坚决打击信息采集时的霸王条款、乱采滥用、不给信息不让用，严格规范集团内部客户信息使用。三是加大监管科技应用。积极采用应用程序接口、大数据、云计算等数字技术提升监管效能。

第四，统筹兼顾创新和传统，确保“都可用”。数字需求因人而异，并非所有人群都有强烈的数字支付需要。对于不同情况的人群要区别看待，充分尊重多样化支付习惯。要把握好创新力度和节奏，充分关注最广大公众利益，将线上和线下支付、传统和数字支付相结合，适度保留银行网点、现金存取设施等传统支付渠道，让支付服务更有“温度”。

前　言

2020年是极其特殊、极不平凡的一年。在党中央、国务院的坚强领导下，人民银行支付结算条线认真贯彻落实党中央、国务院决策部署，全力支持疫情防控和经济社会发展，做到抗疫资金运转不掉链、支付服务创新不停步、服务实体经济不缺位；强化支付领域反垄断和防止资本无序扩张，稳步推进跨境支付体系建设；加强跨境赌博和电信网络诈骗“资金链”综合治理，坚决守住不发生系统性风险底线；积极提升支付服务质效，立足服务实体经济发展和民生改善，加快支付服务普惠进程，助力畅通国民经济循环。

回顾近年来的工作，支付结算司始终坚持严监管、防风险、优服务的工作主基调，切实践行“支付为民”理念，持续提升支付行业治理水平，各项工作取得了一系列重要进展和积极成效。其中，调查研究在摸实情、谋良策、出实招方面功不可没。2018年年中，支付结算司创办了“新支付论道”和《支付研究》专刊两大学习品牌。2020年初，支付结算司从2018年与2019年的研究成果中选取了51篇报告，集结成册出版《支付研究（2020卷）》，受到业界广泛关注和好评。2020年，支付结算司乘势而上，坚持系统观念，科学谋划研究课题，努力增强研究工作的前瞻性、指导性、创新性，围绕国际经验、监管实践、金融科技等重点领域，组织开展系列专题调研，持续拓展研究深度和广度，为全方位、多层次、宽视角理解支付市场发展提供了重要参考。本书从2020年的研究报告中选取了44篇，分为“国际经验”“实践思考”“金融科技”“趋势展望”4个篇章，再飨读者。

支付是“国之重器”，在国际政治博弈和经济活动中的重要性日益凸显。创立《支付研究》专刊以来，支付结算司始终秉持国际化视野，注重汲取国际经验，着力提升中国支付的国际竞争力。从监管执法到政策引导，从新技术应用到行业标准制定，都是研究的重要对象。例如，针对科技巨头反垄断这一热点难点问题，有关研究从调查、执法、司法等方面，细致梳理各国经验做法，从中获取智慧、认识规律、把握方向，为我国支付领域反垄断工作提供有益借鉴。再如，Wirecard 财务造假震惊欧洲，反映出金融科技公司业务复杂度高、外部审计难，公司治理结构不完善易形成内部人控制，盲目扩张易出现“大而不能倒”，值得高度关注。同时，支付结算司还对远程开户、数字银行、电子身份证应用等前沿动态进行了跟踪研究，这些都将在“国际经验”篇呈现。

“上之为政，得下之情则治，不得下之情则乱。”调查研究是密切联系群众的重要渠道，也是推动各项工作推陈出新、取得突破的金钥匙。支付结算司坚持深入群众、深入实践、深入基层，聚焦行业发展和监管实践中的热点、难点、痛点，对跨境赌博和电信网络诈骗“资金链”治理、跨境支付发展、账户买卖、现金流通等问题进行了深入探讨，为工作实践提供了重要参考。特别是针对涉赌涉诈“资金链”治理问题，相关研究细致梳理了犯罪特征、交易手法，认真剖析了当前工作存在的薄弱环节，并从完善制度、部门协作、账户使用、工具管理、模型监测、新技术应用等方面提出相应建议。此外，支付结算司还从市场退出处置、职业投诉举报治理、小型支付机构变更事项、“先行赔付”制度执行等具体环节入手，积极探索完善支付机构全生命周期管理的具体举措。这些研究成果集中体现在“实践思考”篇。

金融科技的浪潮风起云涌，支付科技作为其中最活跃的部分，正在重塑支付产业新格局，给人们的生产生活方式带来深刻变革。一方面，科技巨头依靠自身技术创新和低边际成本等优势，在金融特别是支付领域迅速扩张，在提高金融服务效率、发展普惠金融和完善金融基础设施的同时，也引发了运营风险、消费者权益保护、市场竞争及金融稳定等一系列问题，甚至导致普通民众产生了“技术抵制”（Techlash）。另一方面，中央银行对于数字货币的态度正在从“驻足观望”转向“躬身入局”，新兴市场经济体的动机更强，多聚焦于零售交易场景的通用型数字货币，但大部分国家短期内发行央行数字货币的可能性仍然较小。央行数字货币是否将成为一种共识，支付体系在数字货币时代将如何呈现，我们又该如何面对？“金融科技”篇将给出相关思考。

把握趋势，才能成就未来。“十四五”规划明确提出要“加快数字化发展，建设数字中国”，中国正进入数字经济时代。数字化在支付领域加速发展，平台化的商业模式催生了各类“超级应用”，给以银行为主导的传统支付体系带来挑战，并从用户手中攫取更多的权力，甚至还可能引发垄断。数据经济正在以全新的模式呈现在我们眼前，在经济学属性、基础设施、商业模式和地缘政治等方面具有独特的特征。数据经济基础设施应该中心化还是去中心化，未来应该如何划定数据的国界，又该如何应对数据经济利益分配不平衡及其带来的潜在风险？新冠肺炎疫情仍在持续，支付如何助力全球经济复苏，非接触支付服务快速发展是否将带来新的数字鸿沟？在“趋势展望”篇，国际清算银行、麦肯锡等机构给出了它们的答案。

“大鹏之动，非一羽之轻也；骐骥之速，非一足之力也。”党的十九届五中全会擘画了我国未来发展的宏伟蓝图，为现代支付体系发展提供了遵循、指明了方向、注入了动力。2021 年是“十四五”规划的开局之年，也是建党 100 周年。站在新征程新起点，我们要用好调查研究这一党的“传家宝”，紧紧围绕支付领域中心工作，深入开展调查研究，着力把研究成果转化为促进支付行业高质量发展的实际成效，以优异成绩庆祝党的百年华诞。

目　录

一、国际经验

二、实践思考

三、金融科技

四、趋势展望

一、国际经验

全球针对大型互联网企业的反垄断执法、司法实践及启示

美国司法委员会关于四大科技巨头的反垄断调查报告

平台市场的反垄断分析：美国运通案

德国电子身份证在账户开立及电子支付中的应用

远程开立银行账户业务的境外实践与相关启示

各国央行开户和管理情况研究

富国银行伪造账户案件及其对我国银行账户管理的启示

Wirecard 财务造假事件的影响及启示

支付业务连续性管理的国际经验借鉴与思考

卡组织 EMV 标准的诞生和推广

关于境外银行卡组织发展经验的比较分析

国际清算银行季度评论

IMF：通过移动平台开展政府对个人支付的可持续框架研究

印度：从现金到数字化支付

“脱欧”背景下英国支付市场监管变化的研究

中国香港和新加坡数字银行发展及启示

全球针对大型互联网企业的反垄断执法、司法实践及启示

摘要：我国大型支付机构在国内移动支付市场的快速发展离不开背后电子商务、网络社交等互联网巨头的支撑。当前，此类互联网巨头在数字市场是否具备主导力量及存在反竞争行为已引起全球关注。本文通过对全球针对大型互联网企业的反垄断执法和司法实践案例中相关市场界定、市场支配地位认定、行为、行为后果和行为正当性的考查等方面的分析发现，大型互联网企业设置排他性条款、为自身创造不正当竞争优势、搭售、限制或固定价格、分配产品或客户、强制收集客户数据、利用数据优势识别新生竞争威胁、通过收购行为维持和加强市场力量等行为受到了反垄断关注。为促进支付市场健康发展，建议对我国支付市场竞争状况尤其是大型支付机构市场行为开展深入调查研判，重视大型支付机构及其集团公司的跨行业经营问题，关注大型支付机构的数据采集与使用行为。

一、全球大型互联网企业正接受密集的反垄断调查

近年来，以谷歌（Google）、苹果（Apple）、亚马逊（Amazon）和脸书（Facebook）（以下简称四大巨头）为代表的全球大型互联网企业正在全球范围内接受密集的反垄断调查，主要集中在欧美地区，也包括韩国、日本、俄罗斯、印度等国家和地区。其中，欧盟委员会对四大巨头开展了多次反垄断调查；美国国会司法委员会也于2019年启动了对数字市场竞争状况的调查，主要审查四大巨头的市场主导地位及其商业行为，以确定四大巨头对美国经济和民主的影响，并于2020年10月6日公布了《数字市

场竞争调查》报告。2017年至今，谷歌已受到多个国家和地区的反垄断罚款超80亿欧元；苹果也于2020年3月收到了有史以来最大的一笔反垄断罚单，法国竞争管理局对其罚款高达11亿欧元。

二、对全球大型互联网企业的反垄断执法和司法实践

（一）界定相关市场

界定相关市场[①]是反垄断分析中的一个重要步骤，是评估经营者的市场地位以及涉嫌垄断行为对市场竞争影响的基础。针对大型互联网企业的反垄断调查中，涉及的相关产品市场基本涵盖了目前大型数字平台的主要业务领域[②]，相关地域市场则通常界定在某一国或某一地区以内。在数字市场垄断行为调查中，对相关市场的界定具有以下特点：

一是以定性分析为主。相关产品市场界定的基本方法为替代性分析，传统反垄断调查中，假定垄断者测试（SSNIP）[③]为常用的相关市场测试方法。然而，数字市场服务的免费性使以价格理论为基础的测度标准无法发挥效用，因此，数字市场服务中相关市场的界定以定性为主。例如，法国竞争管理局调查苹果在法国消费型IT及电子产品的零售分销市场的垄断行为时，通过对消费型IT及电子产品的制造、批发分销、零售分销三个层次进行定性分析，确定了相关市场范围；美国国会调查小组委员会在界定脸书所在的相关市场时，分析了社交网络和社交媒体属于不同的相关市场，YouTube主要用于在线消费视频内容，不提供脸书或其产品系列的核心功能，与脸书属于不同市场。

---

① 根据我国《反垄断法》，相关市场是指经营者在一定时期内就特定商品或者服务进行竞争的商品范围和地域范围。

② 如脸书所在的社交网络市场，谷歌所在的一般搜索服务市场和比较购物服务市场，亚马逊所在的在线零售市场，苹果所在的移动操作系统市场、电子产品分销市场和移动应用商店市场等。

③ 按照假定垄断者测试的方法，一个被假定的垄断者，在持续一段时间内适度提高价格，结果消费者转向了其他替代产品，那么替代产品与诉争产品则属于同一市场；反之，则不属于。

二是需要考虑数字市场的高度动态性。奇虎诉腾讯一案[①]中，我国两级法院均认为，在界定相关市场时，需要考虑在可预见的未来具有现实可能性的市场反应和变化。例如，需要考虑假定垄断者的行为持续适当的一段时间（如一年）内的市场反应和变化，以正确判断其是否受到来自其他方面经营者的竞争制约。

三是双边平台特性为相关市场界定带来挑战。以银行卡收单市场为例，在英国最高法院审理维萨（VISA）、万事达卡（MasterCard）收取多边交换费一案中，法院认为维萨和万事达卡提供的服务在相关市场上具有双边性，一边为发卡市场，一边为收单市场，分别构成两个独立的相关市场。而在美国最高法院审理美国运通（American Express）案中，法院同样认可信用卡市场具有双边性，但认为该市场只能界定为一个整体的信用卡市场而非两个相关市场。由此可见，虽然平台市场的双边性特征已得到较为广泛的认可，但对平台市场构成一个市场还是两个单独的市场尚有争议。

（二）认定市场支配地位

大型互联网企业具有强大的市场力量，其是否滥用市场支配地位[②]是监管部门关注的重点。综合有关案例发现，大型互联网企业多数受处罚的垄断行为均属于滥用市场支配地位行为。市场支配地位的认定需综合考虑多方面因素[③]，从有关反垄断实践看，对大型互联网企业市场支配地位的

① 2011年，北京奇虎科技有限公司向广东省高级人民法院提起诉讼，称腾讯科技（深圳）有限公司和深圳市腾讯计算机系统有限公司滥用在即时通信软件及服务相关市场的支配地位，排除、妨碍竞争，违反《反垄断法》规定。广东省高级人民法院一审判决驳回奇虎公司的全部诉讼请求。奇虎公司不服一审判决，向最高人民法院提起上诉，最高人民法院于2014年判决驳回上诉，维持原判。

② 我国《反垄断法》规定的垄断行为包括（一）经营者达成垄断协议；（二）经营者滥用市场支配地位；（三）具有或者可能具有排除、限制竞争效果的经营者集中。我国《反垄断法》所称的市场支配地位，是指经营者在相关市场内具有能够控制商品价格、数量或者其他交易条件，或者能够阻碍、影响其他经营者进入相关市场能力的市场地位。

③ 如我国《反垄断法》规定，认定经营者具有市场支配地位，应当依据下列因素：（一）该经营者在相关市场的市场份额，以及相关市场的竞争状况；（二）该经营者控制销售市场或者原材料采购市场的能力；（三）该经营者的财力和技术条件；（四）其他经营者对该经营者在交易上的依赖程度；（五）其他经营者进入相关市场的难易程度；（六）与认定该经营者市场支配地位有关的其他因素。

认定主要考虑下列因素：

1. 市场份额。市场份额是认定市场支配地位的重要因素，通常市场份额越大，市场支配能力越大。

2. 市场进入壁垒。数字市场的进入壁垒主要体现在以下几个方面：一**是**网络效应。德国联邦卡特尔局在调查脸书强制收集用户数据一案中，指出直接网络效应[①]进一步增强了脸书的市场主导地位，新竞争者的市场进入也受到间接网络效应[②]的进一步阻碍。**二是**用户转换成本。美国国会司法委员会《数字市场竞争调查》报告指出，高转换成本是谷歌和脸书等数字搜索和社交媒体平台的一个核心特征。导致数字市场高转换成本的因素包括平台间缺乏互操作性、平台的反竞争合同条款、默认设置、有利于平台的产品设计等。**三是**数据优势。《数字市场竞争调查》报告指出，脸书凭借庞大的用户数量收集更多用户数据，并利用这些数据创建更具个性的用户体验，进而吸引更多用户，导致新平台更难提供有竞争力的用户体验。**四是**投资成本。欧盟委员会考查谷歌在在线搜索市场的支配地位时，认为该市场具备高进入壁垒，理由是开发和维护搜索技术、搜索广告平台、发行商和广告商的系列产品和服务需要大量的初始及持续投资。《数字市场竞争调查》报告指出，检索整个网络所需的服务器的固定成本很高，极大地限制了新的搜索引擎市场进入者。在奇虎诉腾讯案中，一审法院认为，经营者进入即时通信市场的门槛低，即时通信服务对资金和技术要求不高，以此论证腾讯不具备阻碍、影响其他经营者进入相关市场的能力，进而证明不能仅凭腾讯在相关市场的市场份额认定其具有市场支配地位[③]。

---

① 直接网络效应是指使用产品或服务的人越多，该产品或服务对其他用户就越有价值。

② 间接网络效应是指，平台对一方参与者的价值取决于另一方参与者的数量，当一方参与者能够与更多的另一方参与者交互时，该方参与者所实现的价值更高。

③ 一审法院认为，即使在奇虎公司所主张的最窄的相关市场即中国的综合性即时通信产品和服务市场上，也不能仅凭腾讯公司和腾讯计算机公司在该相关市场上的市场份额超过50%而认定其具有市场支配地位。上诉人及二审法院均未对一审法院指出的“即时通信服务市场经营者进入门槛较低”这一点提出异议。

3. 其他因素。例如，欧盟委员会分析谷歌在一般搜索服务市场和比较购物服务市场中的市场地位时，还考虑了品牌效应、缺乏买方抗衡势力等因素。法国竞争管理局将苹果品牌忠诚度高作为苹果市场力量的一项证明。奇虎诉腾讯案中，法院指出，腾讯不具有控制商品价格、数量或其他交易条件的能力，其财力和技术条件不能从实质上排除新的市场进入者，在腾讯占有较高市场份额的时期里，每年都有大量符合行政许可条件的境内经营者进入即时通信领域，且不少经营者在短时间内就迅速获取足以支撑其发展的市场份额，以此否定腾讯具有市场支配地位。

（三）关注的主要行为

从有关反垄断实践看，大型互联网企业受到关注的涉嫌垄断行为复杂多样，包括但不限于以下 6 个方面。

1. 设置排他性条款。2018 年，欧盟委员会认定谷歌“滥用市场支配地位，将制造商和运营商在商定的产品设备上不得预装任何与谷歌竞争的通用搜索服务作为向其支付收入分成的条件”，从而对谷歌作出处罚决定。2019 年，欧盟委员会认定谷歌“与发行商签订单独协议，约定禁止发行商在搜索结果页面刊登谷歌竞争对手的搜索广告、应为谷歌保留最有利的空间、改变任何竞争对手的广告显示方式必须经谷歌书面同意”的行为，属于滥用市场支配地位，对其处以 14.9 亿欧元罚款。2020 年，欧盟委员会对苹果“仅允许 Apple Pay 接入苹果移动设备的 NFC 支付解决方案”“对移动设备上商户应用和网站如何使用 Apple Pay 设定条件”“强制应用公司使用苹果专有应用购买系统销售和分发付费数字内容并限制应用开发者告知用户其他购买渠道”等行为启动调查。

2. 利用“双重角色”构建竞争优势。《数字市场竞争调查》报告指出，在许多情况下，大型互联网企业也从事相邻的业务领域，这些公司平台既作为第三方公司的主要中介，也作为第三方公司的直接竞争对手。在“双重角色”下，大型互联网企业经营的平台可以从第三方公司挖掘有商业价值的信息，通过数据利用、自我优待、关键技术的使用和平台政策的变化来实施反竞争行为，使其竞争产品受益。从实践看，欧盟委员会于 2017 年认定谷歌“滥用在一般搜索服务市场的支配地位，在一般搜索结果页面中对自己的比较购物服务的定位和展示优于竞争对手的比较购物服务”，并作出处罚决定。欧盟委员会还于2019年对亚马逊“双重角色”引发的以下行为启动调查：一是亚马逊是否滥用第三方商户数据为自身谋利，如推出自家的类似产品与之竞争；二是亚马逊将其电商网站服务与物流服务捆绑，奖励使用亚马逊仓储、包装和送货服务的商户，并帮助其在亚马逊电商网站上获取更高知名度。

3. 搭售。欧盟委员会调查认定谷歌“滥用在安卓应用程序商店全球市场（除中国）的支配地位，将谷歌搜索应用与游戏商店捆绑销售”①“滥用在安卓应用程序商店全球市场（除中国）和一般搜索服务国内市场的主导地位，将谷歌浏览器与游戏商店和谷歌搜索应用捆绑销售”②，于2018年对其作出处罚决定。

4. 限制、固定价格，分配产品、客户。2015年，欧盟委员会对亚马逊向发行商强加“最惠国条款”③开启调查。“最惠国条款”的设定可能限定价格下限，导致市场缺乏价格竞争。2017年，亚马逊向欧盟承诺调整电子书协议的部分条款，不再迫使发行商向亚马逊提供至少与竞争对手同样的优惠条件。法国竞争管理局调查认定苹果“在两家批发商之间实施产品和客户分配，排除了两家批发商之间、批发商与苹果之间的竞争”，以及“对优质转售商实施固定零售价格限制，限制了优质转售商之间、苹果公司内部零售商与优质转售商之间的价格竞争”，于2020年对其作出处罚决定。

5. 不当收集、存储、使用数据。数据问题在反垄断实践中的重要性日益凸显，全球已出现首例因数据收集和处理不当遭到反垄断行政处罚的案

① 原始设备制造商只有在获得许可并预安装包括谷歌搜索应用程序在内的谷歌移动服务（Google Mobile Service，GMS）捆绑包后，才能在谷歌安卓设备上预安装游戏商店。

② 原始设备制造商只有在获得许可并预装包括谷歌浏览器在内的GMS捆绑包后，才能在谷歌安卓设备上预装游戏商店和谷歌搜索应用程序。

③ “最惠国条款”即亚马逊涉嫌滥用市场支配地位，要求获知发行商向其竞争对手提供的更优惠或替代条件、要求获得至少与竞争对手同等优惠。

件。2019 年，德国联邦卡特尔局认定脸书“以用户同意收集第三方数据并将其与存储在脸书账户中的数据相结合作为用户使用脸书产品的前提条件”的行为，构成滥用其在德国社交网络市场的支配地位。德国联邦卡特尔局认为，在数字经济中，数据的搜集和处理对公司的竞争能力、市场地位至关重要，德国《反限制竞争法》（Act against Restraints of Competition，Competition Act-GWB）已将获取个人数据作为市场力量的一个标准。因此，监测占市场主导地位的公司的数据处理活动是竞争主管部门的一项重要职责。此外，《数字市场竞争调查》报告指出，四大巨头的共同点之一在于“从依赖它们的市场主体获取有价值的数据，利用数据优势创造卓越的市场情报，以识别新生的竞争威胁，然后收购、复制或‘杀死’这些公司”。

6. 通过收购行为维持和加强市场力量。《数字市场竞争调查》报告指出，四大巨头在过去 10 年内总共收购了数百家公司[①]，收购成为其维持和加强市场力量的重要手段。例如，谷歌在 2005 年购买安卓操作系统，并利用合同限制和排他性条款将谷歌的搜索垄断从计算机扩展到移动设备端。目前，谷歌除了占领在线搜索市场以外，已将业务扩展到其他领域，包括：通过 Chrome 浏览器控制关键网关，用于保护和促进其他业务；通过谷歌地图占领导航地图服务超 80% 的市场份额，并以此提升其在搜索和广告领域的地位；通过谷歌云把目标瞄准物联网。但是，由于这种收购策略是占市场主导地位的公司利用其信息优势，在其他公司成为真正的竞争威胁之前采取的收购行为，而执法者因无法获得相同的信息或无法理解其重要性，不一定能将此类收购认定为反竞争行为。调查还指出，四大巨头存在通过收购建立完整的业务线或消除竞争威胁、凭借在一个市场的主导地位作为在另一个市场的谈判筹码、利用其在主导市场获得的超竞争利润补贴进入其他市场等问题。

（四）考查行为后果

垄断行为因其排除、限制竞争而受到制裁，除少数垄断行为不需要证

① 例如，谷歌收购安卓、YouTube、DoubleClick、AdMob；亚马逊收购 Audible、Zappos、Quidsi（Diapers.com）、Whole Foods、Ring；脸书收购 Instagram、Onavo、WhatsApp。

明行为后果即可推定其具备违法性外[①]，大多数垄断行为都需要考查其行为后果，以作为认定行为违法性的必要步骤。从诸多实践案例可以看出，**反垄断调查通常考查的行为后果包括行为对市场竞争、创新、消费者利益的影响。**例如，欧盟委员会、欧洲法院的有关案例中，均指出有关行为对市场竞争和消费者造成了损害。《数字市场竞争调查》报告指出，四大巨头的行为侵蚀了创新和创业精神、减损了美国人在线活动的隐私、破坏了自由和多样化的媒体活力，其结果是创新减少、消费者选择减少、民主削弱。而在奇虎诉腾讯案中，终审法院在分析腾讯的“产品不兼容”行为是否构成限制交易行为时，从行为对消费者利益的影响、行为动机、行为对竞争的实际影响分析上得出了否定结论。

因数字市场许多产品免费，消费者利益的受损大多不表现在价格上，而更可能体现在商品或服务的质量、数据隐私保护上。例如，德国联邦卡特尔局指出，脸书强制收集用户数据对用户的损害在于使用户对个人数据失去控制，侵犯其信息自决权。《数字市场竞争调查》报告指出，由于缺乏竞争，脸书的服务质量恶化，用户的隐私保护更差，平台上的错误信息急剧增加。虽然在线平台很少向消费者收取费用，但可以获取人们的注意力和数据，并将其货币化。

（五）考查行为正当性

各个国家和地区的普遍立法和实践中，即便行为被认定为具有损害竞争后果，如果行为产生的正面效应大于负面效应或实施该行为具备正当理由，可能不被认定为具有违法性或可获得豁免，而行为具备正当性的举证责任通常由被诉或被调查行为主体承担。欧盟委员会认定谷歌在网络广告市场、搜索（购物）市场实施垄断行为时指出，“谷歌未能证明其行为对

① 例如，巴黎上诉法院在No.2012/01227号判决中指出，“欧盟委员会第330/2010号条例（Commission regulation（EU）No.330/2010）将固定价格做法视为核心限制，因此，直接或间接以确定买方必须遵守的固定或最低转售价格为目的的协议或协同做法被推定为限制竞争”。《美国最高法院判例汇编》中“商业电子公司诉夏普电子公司”一案指出，“通常只有‘横向’限制才是本身不合理的限制”（横向限制是指由竞争对手之间的协议施加的限制）。

实现效率是必要的，也未能证明该行为可能带来的效率超过可能对市场竞争和消费者福利造成的负面影响”。奇虎诉腾讯案中，法院指出，“判断被诉经营者是否构成滥用市场支配地位，需要综合评估该行为对消费者和竞争造成的消极效果和可能具有的积极效果，被诉垄断行为的受害人对被诉经营者具有市场支配地位承担举证责任，被诉经营者则对其行为正当性承担举证责任”。

此外，欧盟法院还对某一行为在彼此存在关联的市场造成的损害和效益可否互相抵消的问题提出了明确意见。其认为：在双边市场中，竞争限制对被分析的市场中的消费者产生的不利影响不能通过使另一市场上的消费者受益进行弥补，除非两组消费者基本相同。

（六）调查的开展

市场地位和市场竞争状况界定的复杂性，以及数字市场垄断行为的高度技术性和隐蔽性，要求调查工作必须广泛深入收集信息。以美国国会司法委员会对四大巨头的调查为例，其向以下主体征集了信息：**一是被调查对象。**要求被调查对象提供详细的财务报表、相关产品和服务的描述、有助于确定被调查对象是否对任何产品和服务拥有垄断权的信息（包括十大竞争对手名单和市场份额的内外部分析）、过去10年提交给美国或国际反垄断执法机构的有关文件和信息副本，以及高管层就公司的一些关键收购和潜在反竞争行为进行沟通的信息。**二是第三方主体。**包括四大巨头的客户和竞争对手、学者、反垄断政府官员、公共利益组织和执业反垄断律师。其中，要求市场参与者自愿提供有关各种产品和服务的竞争状况信息，包括市场参与者的数量、身份、市场份额和进入壁垒，以及四大巨头引发竞争担忧的任何行为及影响。同时，调查小组委员会还与行业和政府证人举行了听证会和圆桌会议，与主题专家进行了磋商。

三、相关启示

《数字市场竞争调查》报告指出，占市场主导地位的大型互联网企业的市场力量有破坏政治和经济自由的风险，法院和执法者发现主要平台一再违反法律和法院命令，平台力量的增长甚至导致它们对政策制定过程的影响力扩大。当前，互联网巨头在数字市场是否具备主导力量及存在反竞争行为已引起全球关注。从各国对大型互联网企业的反垄断执法和司法实践来看，在相关市场占据市场支配地位或优势地位的大型互联网企业可能通过实施设置排他性条款、搭售、强制收集客户数据、收购等多种行为，限制市场竞争并造成消费者利益受损。为促进我国支付市场健康发展，提出以下建议。

（一）深入调研支付市场的竞争态势

对支付市场竞争状况尤其是大型支付机构市场行为开展深入调查研判，为相关监管政策的制定完善奠定基础，维护公平竞争的市场环境。一方面，建议向市场利益相关各方、执法和司法部门、学界、法律实务界等充分收集信息、征求意见；另一方面，应全面考查相关市场主体行为对市场竞争、创新活力与消费者利益的正面和负面影响，审慎开展全方位、多角度的衡量和研判。

（二）重视大型支付机构及其集团公司的跨行业经营问题

据统计，全球586家独角兽公司中，腾讯投资了其中52家（近十分之一），仅次于红杉资本①（约五分之一）；阿里系投资了44家②。而在国内，阿里系、京东系、美团系、百度系等大型机构及其集团公司均通过旗下的支付、小贷等关联企业构建集团内部金融闭环。我国两大支付机构支付宝和微信支付背靠阿里巴巴、腾讯集团，其市场力量、市场行为与阿里巴巴、腾讯集团及其旗下其他公司有着千丝万缕的联系。建议相关部门在监管过程中关注以下两方面情况：一是大型支付机构及其集团公司、关联企业的并购行为，是否存在通过并购解决潜在竞争威胁、将市场主导力量传导至另一市场的行为；二是在跨行业经营中，是否存在开展易产生利

① 红杉资本成立于美国硅谷，是全球最大风险投资商。2019年11月，胡润研究院发布《2019胡润全球独角兽活跃投资机构百强榜》中，红杉资本排名第一。

② 数据来源：《收割者：腾讯阿里的20万亿生态圈》，作者陶娟，载于《新财富》2020年11月号。

益冲突的业务、整合捆绑产品和服务等可能限制市场竞争的情况。

（三）关注大型支付机构的数据采集与使用行为

大型支付机构在数据采集和使用中的不当行为既可能对客户隐私权等造成损害，也可能使大型支付机构能够通过不断积累支付数据实现数据垄断，并利用强大的数据优势实施损害公平竞争的行为。对此，建议关注大型支付机构对用户的数据采集与使用是否符合合法性、必要性原则，是否利用其市场力量向其他市场主体提出不公平要求以获取其商业数据信息，是否通过数据分析对客户实施歧视性行为或其他反竞争行为等。

（中国人民银行重庆营业管理部　邓军　万庆　何思思）

美国司法委员会关于四大科技巨头的反垄断调查报告

摘要：数字领域的竞争对市场发展与行业创新至关重要，近年来，大型科技公司市场力量不断增强，导致市场竞争减少、行业创新缓慢，给经济和市场发展带来巨大的垄断风险。2020 年 10 月 6 日，美国众议院司法委员会发布了关于四大科技巨头的反垄断调查报告。报告指出，脸书、谷歌、亚马逊和苹果正在利用其主导地位消灭竞争、扼杀创新，滥用垄断权，报告呼吁对反垄断法进行修改，对科技巨头进行分拆或剥离业务。四大科技巨头均对调查结果提出异议，认为其产品和商业行为能使用户及市场受益，司法委员会的建议会减少市场竞争。

一、反垄断调查背景

（一）数字市场结构趋于集中化

1. 数字市场赢者通吃。数字市场的网络效应、数据的自我增强优势以及规模效益等特征，使市场趋向于赢者通吃的局面，导致许多技术、市场资源集中在少数几个大型公司，数字市场进而从市场竞争转变为垄断。同时，较高的进入壁垒会阻碍新生公司发展，进一步削弱竞争并巩固现有公司的主导地位。

2. 数字经济高度集中。许多重要的数字市场领域（如社交媒体、搜索引擎）仅由一两家公司主导，这种集中局面是主流数字平台进行大量收购的结果。在过去 10 年中，科技巨头收购了数百家公司。美国的反垄断执法部门并未阻止任何此类旨在消除潜在竞争对手的交易。此外，随着近几十年来首次公开募股（IPO）成本的增加，风险投资者会优先选择并购交易而不是公开市场操作来进行投资。

3. 在线平台成为“互联网守门人”。由于掌握了主要分销渠道的控制权，脸书、谷歌、亚马逊和苹果等科技巨头已经成为“互联网守门人”。一方面，美国大量企业都依赖这些科技巨头来进入市场并获取用户；另一方面，科技巨头利用这种“守门人”的能力来制定规则并获取市场中第三方企业的让步，给企业带来较大的经济损害。

（二）数字市场进入壁垒过高

1. 网络效应壁垒。数字市场具有的强大网络效应使其易于集中和垄断。网络效应分为直接网络效应和间接网络效应：在数字市场中，使用产品或服务的人越多，该产品或服务对其他用户的价值就越高，进而产生直接网络效应；当产品或服务的使用形成一种新的标准，就会产生间接网络效应，并增加第三方投资开发兼容技术的动力，进而增强原始产品或服务的受欢迎程度。强大的网络效应是新生公司进入市场并取代现有科技巨头的巨大壁垒。

2. 转换成本壁垒。转换成本是潜在市场进入者的另一个障碍。当转换成本足够高时，许多用户更愿意留在大型主流平台而非轻易放弃现有平台，去选择喜欢的新产品或服务，这时市场就会呈现出锁定状态，阻止其他参与者进入，导致市场竞争不断减少，也使科技巨头具有了足够的市场支配力。如用户在社交媒体平台上贡献数据，但难以将相关信息迁移至其他竞争平台。

3. 数据壁垒。数据的原始积累成为数字经济企业进入市场的另一个强大障碍。数据使公司可以精确地投放广告，通过了解用户的参与度和偏好来改善其服务和产品，并更快地发现和利用商机。尽管数据具有非竞争性，但科技巨头可能会通过技术限制和法律合同将竞争对手排除在使用其数据的范围之外，这些排除策略可以使现有科技巨头免受竞争。除了作为进入壁垒之外，对数据的访问和收集会赋予科技巨头显著的竞争优势，并能迅速识别发展中的竞争对手，加剧反竞争行为。

4. 规模经济壁垒。规模经济是数字市场的另一特征，使市场易于向集中化和垄断化的方向发展。因为进入数字领域需要巨额的前期投资，在现有科技巨头的影响下，新生公司很难进入市场挑战科技巨头。享有范围经济的科技巨头可以将其影响力扩展到相邻行业，并通过自身产品进行市场营销，降低经营成本。

（三）在线平台滥用用户隐私和数据

主流在线平台收集了大量的用户个人信息及行为数据，并通过自行分析使用或将数据提供给广告商进行变现。因此，尽管很少向消费者收取费用，但在线平台通过使用用户的数据获取了高额收益。由于主流在线平台在公众生活中扮演着越来越重要的角色，且缺乏充分的竞争，用户可能为了使用该平台的服务而放弃隐私保护，接受平台自行制定的隐私保护条款；同时，平台的数据收集过程通常较为隐蔽，用户的隐私和数据可能在无知觉的情况下被采集和使用，导致消费者权益受到损害。

二、四大科技巨头反垄断调查结果

（一）脸书

1. 脸书在社交网络领域拥有垄断地位。脸书是世界上最大的社交网络平台，其业务涉及五种主要产品：社交网络平台 Facebook、照片和视频的社交网络应用 Instagram、面向 Facebook 用户的跨平台消息应用程序 Messenger、跨平台消息应用程序 WhatsApp、虚拟现实游戏系统 Oculus。脸书的系列产品在全球社交网络市场拥有相当大的用户份额，据 2020 年 10 月 2 日采访 Instagram 前员工的内容显示，截至 2019 年末，Facebook、Messenger 和 Instagram 在美国最受欢迎应用程序排名中分别排名第三、第四和第六，Facebook 用户 2.003 亿，Messenger 月活跃用户 1.836 亿，Instagram 用户 1.192 亿，智能手机覆盖率分别为 74%、54.1% 和 35.3%。由于网络效应强大、用户转向其他竞争性社交网络的转换成本高、数据存取存在一定壁垒，脸书具有非常强的垄断优势。

2. 脸书通过反竞争商业行为维持其垄断地位。脸书善于利用其数据优势，在新生公司发展早期就快速识别其竞争威胁，并通过收购、复制或打压等方式消除这些公司的竞争力，如通过收购 Instagram 来消除其对自己的重大威胁。由于脸书在社交网络领域占据主导地位，它会根据对其他公司竞争威胁的评估，有选择地执行相应的运营策略，以便在削弱其他公司的同时也增强自己的服务优势。报告显示，脸书自身产品（Facebook、Instagram、WhatsApp 和 Messenger）之间的竞争比其与实际竞争对手的竞争更加激烈，这也表明脸书已形成了市场垄断。

（二）谷歌

1. 谷歌在在线搜索领域拥有垄断地位。谷歌是世界上最大的搜索引擎，其九种主要产品（安卓系统、Chrome 浏览器、谷歌邮件、谷歌搜索、谷歌云端硬盘、谷歌地图、谷歌相册、应用软件商店 Play Store 和视频网站 YouTube）都拥有超过十亿的用户。这些服务中的每一项都为谷歌提供了大量用户数据，从而增强了其在整个市场的主导地位，并逐渐成为一个连锁垄断的生态系统。报告显示，谷歌搜索在美国搜索领域占据超 87% 的份额，在全球搜索领域占据 92% 的份额。由于搜索引擎抓取网页信息和编制索引所需的服务器具有高昂的固定成本，且搜索引擎能够通过搜索数据不断提高搜索结果的相关性，谷歌以其资金优势和数以万亿计的搜索量占据了在线搜索领域的垄断地位。

2. 谷歌通过从未经许可的第三方获取信息来削弱竞争对手。谷歌将垂直搜索引擎（用于检索特定类别或领域的内容，如图片、旅行等类型搜索引擎）视为其长期主导地位的威胁。谷歌通过直接从第三方垂直搜索网站摘取内容并引到自身的垂直搜索网站中，从而拦截第三方网站的流量，并发展自身的垂直搜索产品。同时，谷歌对自身的垂直搜索服务给予特权，通过算法惩罚对竞争对手的产品进行降级，使对手的搜索引流下降。通过这些做法，谷歌利用其主导地位削弱了潜在的竞争对手。

3. 谷歌通过预装应用和默认设置保持垄断地位。谷歌利用合同限制和排他性条款，要求接入安卓系统和苹果的智能手机设置谷歌搜索为默认搜索引擎，从而阻碍了搜索引擎领域的竞争对手，保持其在搜索领域的垄断地位。同时，谷歌还要求使用安卓系统的手机预装谷歌应用商店以及谷歌的其他应用。

（三）亚马逊

1. 亚马逊在线零售领域具有强大的市场优势。亚马逊作为美国在线购物的主要网站，销售量约占美国在线零售总销售量的50%，其中，亚马逊家用必需品、运动、健身、户外运动用品等产品销售量占美国在线销售的50%以上，印刷书籍销售量占美国的50%以上，电子书籍销售量占美国的80%以上。亚马逊公司还通过开发亚马逊物流、云服务等业务，实现对众多业务线的控制和延伸，进一步增强了其竞争优势。新冠肺炎疫情大流行以来，亚马逊的销售额激增，2020年第二季度的营业利润达58亿美元。

2. 亚马逊对于第三方卖家具有垄断权。亚马逊网站上的销售分为两类：第一方销售和第三方销售。第一方销售是指亚马逊销售自有品牌产品，或销售从供应商、制造商批发的产品；第三方销售是指第三方独立商家通过亚马逊商城销售自己的产品。亚马逊在全球市场上拥有230万活跃的第三方卖家，其中约37%（约85万卖家）依赖亚马逊作为其唯一收入来源，使亚马逊掌握了对许多第三方中小型企业的垄断权。亚马逊作为第三方卖家的市场运营者和同一市场卖家的双重角色，内在利益冲突使其在反竞争行为中，利用自身渠道获取竞争对手数据和信息，如通过网站销售和产品数据发现热销产品，并提供价格较低的自营竞争产品。

（四）苹果

1. 苹果在移动操作系统市场占据主导地位。苹果是全球领先的智能手机供应商，全球iPhone用户超过1亿。苹果的iOS系统与谷歌的安卓系统是两大主流移动操作系统，在美国智能手机的覆盖率达到99%以上。通过iOS操作系统，苹果运营其应用程序商店App Store，从而控制所有在iOS设备上发布的应用程序。由于移动操作系统市场存在网络效应、进入壁垒、产品生态系统锁定和转换成本高等特点，苹果占据着主导地位。

2. 苹果通过应用程序商店对应用程序发布实施垄断。由于iPhone和

iPad 等 iOS 移动设备的应用程序仅能通过苹果应用程序商店 App Store 进行下载，因此苹果对应用程序具有垄断权。该垄断权使苹果能从 App Store 及其服务中获得超常收益，应用程序商店向应用开发者收取付费应用销售佣金及应用内购买服务佣金，通常收取标准为总费用的 30%。同时，苹果可以制定应用程序开发人员必须遵守的条款，包括应用相关功能、与消费者的互动、与应用商店之间的收入分配要求等。此外，苹果还利用垄断权打压竞争对手，如开发和发布与第三方应用程序直接竞争的应用、在应用商店搜索结果中降低竞争对手的排名、限制竞争对手与用户沟通，甚至直接将竞争对手从应用商店中删除。苹果对 iOS 设备软件发布的垄断权给竞争对手和市场竞争带来了伤害，影响了应用程序开发的质量和创新，提高了价格，减少了消费者的选择。

三、调查报告关于完善数字市场反垄断措施的建议

（一）促进数字市场的公平竞争

1. 通过结构性分离拆分科技巨头。报告建议美国国会考虑立法，以结构性分离的方式将四大科技巨头进行拆分，并禁止它们经营与自身已经占据主导地位业务类似的业务，以此来减少利益冲突。结构性分离一般有两种形式：一种是所有权分离，需要剥离和分离每个企业的所有权；另一种是职能分离，允许一个公司从事多种业务，但规定其必须采取特定的组织形式。这两种形式的结构性限制适用于整个市场，而反垄断执法中的资产剥离一般只适用于单个企业或合并方。

2. 建立非歧视规则。科技巨头的反竞争商业行为会迫使其他小型企业改变发展方向，从开发新产品转向支付主流平台广告费用或其他辅助服务，不利于公平竞争和产品创新。非歧视规则将要求主流平台提供平等服务、价格和访问条款。

3. 支持数据的互通性和可移植性。数字市场具有网络效应、转换成本高和进入壁垒高等特征，这些特征使市场竞争有利于某一家占主导地位的公司。为此，报告建议国会考虑以提高数据互通性和可移植性作为反垄断

执法的补充，以降低竞争对手的进入壁垒和消费者的转换成本来鼓励竞争。数据互通性要求占主导地位的大型公司允许其他竞争性的社交网络平台与其相互连接，以确保用户可以跨平台进行通信，降低转换成本。同时，数据互通性可以打破网络效应的约束，允许新进入者在市场层面，而不是在公司层面利用网络效应。数据的可移植性可以降低用户因离开主流平台而承担的高额成本，为用户和企业提供工具，以便在竞争平台上轻松移植或重建他们的社交图、个人资料或其他相关数据，从而降低竞争对手的进入壁垒和用户的退出壁垒。

（二）巩固反垄断法

1. 改革反垄断法。美国最高法院将对竞争损害的分析局限于价格和产出，“消费者福利”作为反垄断法的唯一目标，使联邦反垄断执法者及个人判断反竞争行为的难度加大。为此，报告建议进行立法改革，以帮助在数字市场环境下更新和恢复反垄断法，同时重申反垄断法的目标，明确反垄断法不仅是保护消费者，还保护工人、企业家、独立企业、开放市场、公平经济等。此外，报告建议加强《谢尔曼法》中涉及竞争和垄断的部分，增加禁止滥用支配地位或垄断杠杆的规定。

2. 加强并购执法。一是建立并购的结构性假设。在结构性假设下，合并导致一家公司控制了过大的市场份额，或导致行业集中度显著提高的，将根据《克莱顿法》[①]第7节被推定禁止。**二是**加强保护潜在竞争对手和初创企业。目前，国会通过立法阻止主流企业收购作为直接或间接竞争对手的初创企业，以保护新生公司，从而刺激市场竞争和创新发展。报告建议国会通过修订《克莱顿法》强化执行标准，从而加强对反竞争性收购的治理。**三是**加强垂直并购原则。目前法院倾向于尊重并购双方的主张，报告建议国会研究有关垂直并购的假设，如当并购双方中有一方是市场中主流大型企业时，即假设该垂直并购是反竞争的情形。

① 1994年，美国国会通过制定《克莱顿法》来补充加强《谢尔曼法》，禁止通过减少竞争而产生垄断的行为。

（三）加强反垄断执法

1. 通过立法加强对现有反垄断法的执行。报告建议国会和反垄断小组委员会通过立法，加强对现有反垄断法的执行。恢复反垄断小组委员会对反垄断法和执法程度的监督权，开展市场情况调查和立法活动。

2. 加强反垄断机构执法力度。一是对违反“不公平竞争方法”规则的行为启动民事处罚和其他救济，与违反“不公平或欺骗性行为或做法”规则的行为形成统一要求。**二是**要求委员会按照《公平贸易委员会法》第 6 节的规定，定期收集有关整个行业的经济集中和竞争的数据与报告。**三是**加强反垄断机构的公共透明度和问责制，要求反垄断机构征求和回应合并审查的公众意见，并要求各机构公布所有执行决定的书面解释。**四是**要求各机构对过去 30 年完成的重大交易进行合并回顾并向公众披露。**五是**制定更严格的禁令，禁止参与调查的机构和被调查公司之间的深入接触。**六是**增加联邦贸易委员会和反垄断司的预算。

3. 进一步保障私人诉讼权利。《谢尔曼法》和《克莱顿法》都包含了私人诉讼权，为保障反垄断法的私人诉讼权利，报告建议取消法院为“反垄断损害”和“反垄断地位”制定的标准，因为其与反垄断法中“任何个人因反垄断法所禁止的行为而受到利益损害时，均可进行诉讼”的规定相违背，同时建议减少诉讼的程序障碍，包括取消强制仲裁条款和对集体诉讼形成的不适当限制。

四、四大科技巨头对调查结果提出异议

司法委员会针对调查报告提出的建议或将对科技巨头产生重大不利影响。**一是**科技巨头可能面临被迫分拆或剥离业务。分拆业务之后，其难以继续将产品和服务进行捆绑来锁定用户，这会大大降低其市场竞争力。**二是**科技巨头收购其他公司会受到阻碍，已完成收购的交易也可能被迫取消。这会导致其难以消除威胁自身的新生竞争对手，从而动摇自身的市场主导地位。**三是**科技巨头将无法继续实施歧视性待遇政策，企业之间的竞争将变得更加公平，而科技巨头的优势将被削弱。

目前4家科技巨头均对调查结果提出异议，以应对司法委员会可能采取的不利措施。

（一）脸书表示收购只是行业中提供价值的一种方式

报告指出脸书合并Instagram和WhatsApp的举措是一种反竞争行为，这有助于脸书巩固其在社交网络领域的主导地位。脸书不同意该结论，并在一份声明中指出："我们与各种各样的服务竞争，这些服务有数百万甚至数十亿人在使用。收购是每个行业的一部分，这只是我们为人们提供更多价值的一种方式。"

（二）谷歌表示其产品帮助了大量用户

谷歌表示，其免费服务对消费者来说是一个福音，大量消费者受益于谷歌的产品与服务，它在一份声明中指出："谷歌的搜索、地图和邮件服务等免费产品帮助了数以百万计的美国人。我们投入了数十亿美元的研发资金来打造和改进这些产品。我们在一个快速发展、竞争激烈的行业中公平竞争。"

（三）亚马逊表示委员会的建议会损害零售商利益

亚马逊表示，其在促成小企业和消费者交易中扮演了重要角色，委员会的建议最终可能会损害小企业和消费者的利益。亚马逊在一篇文章中指出："这将迫使数百万独立零售商退出在线商店，从而剥夺这些小企业接触客户最快和最有利可图的方式。这不但不会增强竞争，反而会削弱竞争。"

（四）苹果表示其应用商店帮助了市场与开发者

报告指出苹果利用其应用程序商店的主导地位进行利益索取，抽取开发者高达30%的费用，给开发者造成了财务上的负担。苹果不同意这份调查报告的结论，其在一份声明中表示："苹果应用程序商店促成了新的市场、新的服务和新的产品，这在十几年前是不可想象的。开发者是这个生态系统的主要受益者。"

除了美国的反垄断行动外，大型科技公司还在其他地区，如澳大利亚和欧盟面临反垄断诉讼。近期欧洲议会正在审议的《数字服务法案》草案将要求占主导地位的科技公司与竞争对手共享一些数据，并限制占主导地位的科技公司使用消费者数据。

（中国人民银行广州分行
孔凡东　潘在怡　曾思凡　唐绮晨　编译）

平台市场的反垄断分析：美国运通案

摘要：2018 年 6 月，美国最高法院在俄亥俄州诉美国运通（American Express）案中，判决美国运通的禁止转介条款（Anti-steering Provisions）[①]不具有反竞争效果，未违反《谢尔曼法》[②]禁止不合理限制贸易行为的规定。该判决对涉及双边平台的反垄断分析具有开创性意义，但同时也引发了争议。《平台市场的反垄断分析：为什么最高法院对美国运通案的判决是正确的》[③]一书针对美国上下级法院分歧的焦点——应将信用卡市场视为分别面向商户和持卡人的"两个单独的市场"还是连接商户和持卡人双方的"单一市场"，解析了法院分析的双边平台经济学基础，评述了美国最高法院将信用卡网络的相关市场[④]界定为"单一市场"并进行双边（商户和持卡人）"净损害"分析的合理性，并对法律界和学术界的主要异议，如相关市场界定不应包含互补品（对商户和持卡人的服务为互补品）、双边分析将削弱反垄断执法力度等进行了反驳。鉴于大型科技公司运营的数字平台（如电商平台、网络支付平台等）在经济中的重要性日益凸显，美国运通案对我国开展支付领域相关平台市场的反垄断分析具有借鉴意义。

① 禁止转介条款是指，禁止商户向消费者提供价格或非价格的刺激手段，从而诱导消费者使用对商户收取较低手续费的信用卡进行消费，或者对任何其他信用卡表示出倾向性等。

② 《谢尔曼法》是美国国会制定的第一部反垄断法，也是美国历史上第一个授权联邦政府干预经济的法案。

③ 本书于 2019 年 12 月出版，作者是 David S.Evans（全球经济咨询集团，伦敦大学学院）和 Richard Schmalensee（麻省理工大学）。

④ 相关市场是指"有效竞争领域"，通常是"对消费或生产产生有效替代的领域"。

一、美国运通案概况

（一）美国运通的商业模式

美国运通、维萨（VISA）、万事达（MasterCard）和发现（Discover）是美国信用卡市场的四大主要参与者，按交易量计算，维萨、万事达和美国运通位居前三，截至 2013 年，分别占有 45%、26.4% 和 23.3% 的市场份额。为与维萨和万事达竞争，美国运通采取了与二者截然不同的商业模式：侧重**“以消费为中心”**，专注于吸引那些可能高额消费的消费者。为维持其持卡人的忠诚度，美国运通通过收取比维萨和万事达更高的商户手续费用，以支持其“消费者奖励计划”。维萨和万事达则侧重**“以信贷为中心”**，注重通过向持卡人提供贷款以赚取利息。

（二）美国运通的“禁止转介条款”

美国运通基于“以消费为中心”的商业模式，向其商户收取比竞争对手（维萨、万事达等）更高的手续费用，商户为免于支付更高的刷卡手续费，可能会在持卡人付款时，采取价格或非价格方式诱导持卡人不使用美国运通卡，并转而使用刷卡手续费较低的其他信用卡，这种做法称为转介（Steering）。为防止这种转介行为发生，美国运通在与商户签订的服务协议中加入“禁止转介条款”，禁止商户采取如下行为：（1）使用暗含对非美国运通卡偏好的广告；（2）劝阻客户使用美国运通卡；（3）劝说客户使用其他卡；（4）对美国运通卡施加任何特殊限制、条件、不利因素或费用；（5）更多地推介其他信用卡。禁止转介条款不阻止商户引导顾客使用借记卡、支票或现金。

（三）本案起诉事由以及美国三级法院的判决结果

美国运通案中受到垄断指控的行为是，美国运通对接受其信用卡的商户施加禁止转介条款。2010 年 10 月，美国司法部和俄亥俄州等 17 个州（以下简称原告）对美国运通提起诉讼，称其禁止转介条款是对贸易的不合理限制，该行为损害了竞争，违反了《谢尔曼法》第 1 条禁止不合理限制贸易行为的规定。**地区法院**判决原告胜诉，该法院认为信用卡市场应被视为两个单独的市场，其中一个面向商户，另一个面向持卡人，本案的相关市场应当界定为信用卡网络为商户一方提供服务的市场。由于美国运通的禁止转介条款在相关市场中导致了更高的商户手续费，因此具有反竞争效果。**上诉法院**驳回了地区法院的判决，认为地区法院错误地界定了相关市场，在本案中，信用卡市场应视为连接商户和持卡人双方的单一市场，而非两个单独的市场。上诉法院对单一的信用卡市场进行整体评估后发现，美国运通的禁止转介条款不具有反竞争性质，未违反《谢尔曼法》第1条规定。随后，原告向最高法院提出上诉。2018年6月，**最高法院**驳回了原告对美国运通禁止转介条款的指控，维持上诉法院撤销地区法院判决的决定。最高法院认定，应将信用卡市场视为一个整体的单一市场进行双边分析，原告没有承担举证责任，证明美国运通的禁止转介条款在相关市场上存在反竞争效果。

二、美国运通案最高法院判决解析

（一）反垄断合理原则分析的“举证责任转移三步法”

根据《谢尔曼法》，美国法院应根据合理原则（Rule of Reason）对市场支配力[①]和市场结构[②]进行事实分析，以评估限制措施对竞争产生的实质影响。美国最高法院认为，美国运通案中的受质疑行为属于纵向限制[③]行为，适用合理原则分析的**“举证责任转移三步法”：第一步，**原告承担初步举证责任，证明被质疑的限制行为具有实质性反竞争效果，损害了相关市场

① 市场支配力（Market Power）又称市场力量，通常是指单个经济活动者或者经济体、经济组织对市场价格的影响程度，也就是对价格弹性的影响力。我国《反垄断法》规定，市场支配地位是指经营者在相关市场内具有能够控制商品价格、数量或者其他交易条件，或者能够阻碍、影响其他经营者进入相关市场能力的市场地位。

② 市场结构（Market Structure）是指构成一个市场的诸要素之间的内在联系方式及其特征，是反映市场竞争和垄断关系的概念。在产业组织理论中，产业的市场结构是指企业市场关系（交易关系、竞争关系、合作关系）的特征和形式。

③ 纵向限制是指由不同分销层次的公司之间达成的协议所施加的限制。

消费者利益；**第二步，**原告承担了第一步举证责任后，举证责任将转移至被告，被告应证明被质疑的限制行为有利于竞争；**第三步，**如果被告承担了第二步举证责任，举证责任再次转回原告，原告应证明可以通过具有更少反竞争性质的手段来合理实现同样的竞争效率。

在运用合理原则的“举证责任转移三步法”评估竞争影响时，通常将相关市场的界定作为关键步骤。在美国运通案中，法院首先需要在第一步中界定相关市场，并以此为基础判定原告是否承担了初步举证责任，即证明美国运通的禁止转介条款具有反竞争效果，损害了相关市场的消费者利益。然而就在该步骤中，美国上下级法院之间就相关市场的界定出现了分歧，进而对最高法院判定原告是否承担了初步举证责任及其最终判决结果产生了决定性影响。

（二）美国上下级法院分歧的焦点：相关市场界定

美国上下级法院均认同，信用卡网络为双边平台，分歧的焦点在于相关市场界定，即应将信用卡市场视为“两个单独的市场”还是“单一市场”。地区法院认定，本案的相关市场应界定为信用卡网络向商户一方提供服务的市场，而排除向持卡人一方提供服务的市场，因为商户一方市场是受质疑行为（美国运通对商户施加禁止转介条款）发生的平台一方；上诉法院和最高法院认定，本案的相关市场应界定为信用卡网络之间进行交易（Transaction）竞争的单一平台市场。

1. 法院分析的经济学基础：双边平台的经济学原理。[①]

（1）双边平台的特征。双边平台是一个实体或虚拟的场所，通过帮助两类利益相互关联的参与者找到好的匹配对象、完善互动，以促进两类参与者之间以平台为中介进行有益交互。双边平台具有一些区别于传统市场的重要特征。

一是间接网络效应与正反馈循环。间接网络效应是指双边平台对一方

① 双边平台是多边平台的一种简化情形，二者具有相同的经济学原理。为简化论述，本书作者将双边平台作为了阐述重点。

参与者的价值取决于另一方参与者的数量，当一方参与者能够与更多的另一方参与者交互时，该方参与者所实现的价值更高。双边平台至少对一方参与者具有间接网络效应。间接网络效应可以使平台双方参与者之间发生正反馈循环：当平台一方的参与者越多，平台对另一方的参与者而言就越有价值，也就越能吸引更多参与者加入另一方；这反过来又对起初一方的参与者更有价值，从而吸引更多参与者加入该方。正反馈循环有助于推动平台规模增长，但反馈循环效应也会起反向作用，导致平台规模收缩。

二是关联定价。双边平台对双方参与者的定价是相互关联的，即对一方参与者定价越高，则该方需求便会减少，使平台对另一方参与者的价值降低。因此，平台必须考虑双方参与者的价格和需求，通过调整定价（包括总价格水平以及价格在双方的分配情况）达到利润最大化。同时，双边平台对任何一方参与者的定价不必以服务该方参与者的成本为基础。为达到最优定价，平台可能对需求弹性较大的一方收取低于成本（甚至是负值）的价格。鉴于此，双边平台向任何一方收取的价格本身并不能说明平台的竞争程度，即使平台向其中一方收取的价格几乎无法覆盖成本，该平台也仍有可能获得高额利润；即使平台向某一方收取的价格远超成本，该平台也可能只是获得了竞争性回报。

（2）双边交易平台。双边交易平台是双边平台的一种细分类型，具有如下典型特征：**一是**只有当平台双方客户同时同意使用其服务时，该平台才能达成交易。例如，电商平台、股票交易所、约会公司、通信平台和支付网络等。**二是**双边交易平台表现出更为显著的间接网络效应和定价的相互关联性。这与注意力平台（Attention Platform）有所不同，以报纸等广告支持的媒体平台为例，此类注意力平台可能会帮助一方客户（如广告商）出售另一方客户（如读者）并不重视的产品（广告），而此类平台不必同时为两类客户提供服务。基于上述特征，双边交易平台的运营者为促成双方交易，必然需要同时为争夺交易双方两个不同的客户群体而竞争。双边交易平台应被理解为仅提供一种产品——“交易”，只有在不同双边交易平台之间才能进行“交易”的竞争。因此，同时对双边交易平台的双边进行评估，对于评估平台之间的竞争是必要的。

2. 美国最高法院对相关市场的界定。通过将双边平台有关经济学原理应用于信用卡网络进行分析，美国最高法院得出以下结论：**一是信用卡网络是双边交易平台，具有显著的双向间接网络效应和双方定价关联性。**信用卡网络将持卡人和商户双方聚集起来，作为中介提供单独而又相互关联的服务，只有当商户和持卡人同时使用同一信用卡网络的服务，该平台才能达成信用卡交易。信用卡网络对一方客户提价，就不得不冒需求下降的反馈循环风险。信用卡网络向一方收取低于或高于成本的价格，反映了双方需求弹性的差异，而非市场支配力或反竞争定价，如果没有证据表明平台一方的价格上涨提高了平台服务的总成本，就不代表存在反竞争效果。**二是不同的信用卡网络之间针对信用卡交易进行竞争，因此存在一个进行信用卡交易竞争的单一市场。**鉴于显著的间接网络效应和定价关联性，必须在整体信用卡网络层面评估是否存在反竞争行使市场支配力的情况。即对于受质疑行为而言，有必要考虑交易的总体价格是否提高到预期出现的价格水平以上，或者交易量是否降低到预期出现的水平以下。

基于上述分析，最高法院将美国运通案中的相关市场界定为连接商户和持卡人双方的单一市场，决定从整体上分析信用卡交易的双边市场，即考虑商户和持卡人受到的总体影响、双方共同支付的价格，以及双方达成的总交易量等方面，以确定原告是否证明了美国运通的禁止转介条款具有反竞争效果。

（三）最高法院认为原告关于美国运通禁止转介条款在相关市场具有反竞争效果的证据不足

鉴于美国最高法院将相关市场界定为信用卡交易的单一市场，按照合理原则分析“举证责任转移三步法”，最高法院认为，原告需要在第一步中证明，美国运通的禁止转介条款对整个信用卡市场双边客户群体（商户和持卡人）的反竞争影响，即证明美国运通的禁止转介条款将信用卡交易成本提高到了竞争水平之上，或减少了信用卡交易数量，或以其他方式抑制了信用卡市场的竞争。然而，由于原告的所有举证都旨在证明禁止转介条款对商户一方产生的影响（提高了商户手续费，损害了商户利益），却未能证明其对信用卡市场另一方——持卡人的有利或不利影响，从而从整体上证明禁止转介条款对信用卡市场存在反竞争效果。因此，最高法院认定原告没有承担第一步的举证责任，并驳回原告对美国运通禁止转介条款的指控。

三、美国运通案的主要异议及作者的反驳理由

美国最高法院对美国运通案的判决引发了争议。该书作者对来自最高法院少数意见派[①]、部分经济学界和法学界人士的主要异议进行了反驳。

（一）异议一：信用卡网络对商户和持卡人提供的服务是互补品而非替代品，不应将包含互补品的市场界定为相关市场以进行反垄断分析

异议方理由：在反垄断分析中界定相关市场时，应聚焦于被质疑行为直接影响的商品或服务，以及该商品或服务的替代品，但不应包括互补品。在信用卡市场中，信用卡网络对商户的服务和对持卡人的服务是互补品，二者之间不能相互替代，因此，将信用卡网络对商户和持卡人的服务视为单一市场，即将互补品纳入相关市场进行反垄断分析缺乏正当性。

反驳理由：信用卡网络销售的产品是信用卡交易服务，该交易服务是结合了商户方和持卡人方互补需求的单一产品。不同信用卡网络之间针对信用卡交易这一产品进行竞争，衡量信用卡网络的市场份额也是通过衡量信用卡交易的数量来确定的。因此，在信用卡市场上，信用卡交易是替代品，将相关市场界定为信用卡网络为商户和持卡人提供交易服务的单一市场是合理的。

（二）异议二：将双边平台界定为单一市场将削弱反垄断执法力度，可能为一些运营数字平台的科技公司从事反竞争行为提供“自由通行证”

异议方理由：最高法院将信用卡市场界定为单一市场进行双边分析，

① 美国最高法院以 5：4 的投票结果对美国运通案作出判决，其中以布雷耶大法官为首的 4 名大法官为少数意见派，对判决结果持异议。

在合理原则分析“举证责任转移三步法”框架下，将要求原告在第一步中举证证明被质疑行为存在“净”的反竞争效果，即证明在双边市场一边的反竞争效果没有被另一边的促进竞争效果所抵消。这将极大地加重原告的举证责任，也因此增加了法院漏判的可能性，从而削弱反垄断执法力度。

反驳理由：对平台市场进行双边分析既非有利于原告，也非有利于被告，而是旨在通过考虑商业现实和进行经济学分析，便于司法和执法机构作出正确的反垄断决定。在双边交易平台中，产品（双方共同完成的交易）、产品价格（双方共同支付的费用）以及平台获得的利润都必然取决于平台的双方客户，当被质疑行为对双方客户都存在明显影响时，在合理原则分析的第一步中排除平台任何一方都将使分析结果产生偏差。以掠夺性定价为例：利润最大化的双边交易平台往往对一方定价高于边际成本，对另一方定价低于边际成本，如果仅依据某一方的价格低于成本这一事实推断该平台进行了掠夺性定价，则可能导致误判；而仅进行单边分析，也不一定能发现平台通过将总体价格降低到利润最大化水平以下来进行掠夺性定价的行为，此时则可能出现漏判。

（三）异议三：最高法院关于双边平台的描述过于宽泛，将导致几乎所有企业都可以要求被作为双边平台特殊对待

异议方理由：最高法院在本判决中将双边平台描述为“向两个不同的群体提供不同的产品或服务，而这两个群体都依赖该平台作为它们之间的中介”，此描述涵盖过广。由于所有企业都不止与一个群体打交道，例如，超市既与顾客打交道，又与供应商打交道，因此，可以预期，在此后的反垄断案件中，所有被告都会声称自己的企业是双边平台，几乎任何企业都可以要求得到特殊对待。而由于对双边平台的定义尚缺乏共识，加之现有定义过于宽泛，法院在决定是否将反垄断案件的被告归为双边平台时，将会因自由裁量空间较大而导致认定结果不一。

反驳理由：经济学家通常使用的双边平台定义更加狭义，足以将大多数普通、单边的企业排除在外，而最高法院在其判决书中也引用了相关经

济学文献。经济学家普遍认为双边平台具有如下特征：（1）两个客户群体中，至少对其中一个客户群体具有间接网络效应；（2）这些间接网络效应足以影响商业行为；（3）平台促进两个客户群体成员之间的交互。至于本案中最高法院对双边平台界定过于宽泛这一问题，应在今后的反垄断分析中继续完善，而不应当抛弃并无争议的经济学理论或者忽略实质性的间接网络效应。

四、美国运通案的影响及相关启示

（一）美国最高法院对美国运通案的判决具有开创性，将对平台市场反垄断分析产生深远影响

随着数字经济发展，数字平台特别是大型科技公司运营的数字平台（如卡支付网络、电商平台等）在经济中的重要性日益凸显。鉴于数字平台市场具有不同于传统市场的一些重要特征，如间接网络效应、关联定价等，司法、执法机构及相关行业从业者一直在研究传统的反垄断分析方法是否需要及如何针对平台市场作出相应修改。一个关键问题是如何界定为两个或两个以上紧密关联的客户群体服务的平台市场，以及如何评估平台相关的涉嫌垄断行为的竞争影响。

在美国运通案中，美国最高法院作出了具有开创性的判决，为平台市场反垄断分析提供了重要判例和经验借鉴，其“开创性”主要体现在两个“首次”：**一是**美国最高法院首次明确运用经济学中的双边平台理论将信用卡网络确定为“双边交易平台”，界定其相关市场为连接商户和持卡人双方的单一市场；**二是**美国最高法院首次明确将反垄断法的合理原则分析“举证责任转移三步法”运用于评估双边交易平台上发生的涉嫌垄断行为。可以预见，未来在全球范围内还会出现更多涉及数字平台的反垄断案件，美国运通案的判决将对此类案件的分析和处理产生深远影响，值得我们关注和思考。

（二）美国运通案为支付领域反垄断分析提供了重要视角

一是关于相关市场界定。在美国运通案中，美国最高法院根据双边交

易平台特征，将信用卡网络相关市场界定为连接商户和持卡人双方的单一市场，这为在支付领域反垄断分析中，对具有类似特征的平台（如网络支付机构的网络支付平台、卡支付网络等）界定其开展竞争的相关市场提供了直接参考。**二是关于双边分析。**当特定支付服务市场具有双边交易平台特征时，应提倡进行双边分析，从总体上考量涉嫌垄断行为对平台双方客户群体造成的有利和不利影响，即评估是否造成“净损害”，如平台将相关市场的交易成本提高到了竞争水平以上、减少了相关市场的交易总量或者抑制了相关市场的竞争等。当前，阿里、腾讯等大型科技公司以支付为入口涉足金融领域，通过数字时代的产融结合使支付宝、财付通等大型支付机构依托跨界、交叉补贴、客户、数据等有利条件获得巨大竞争优势，在此背景下支付领域的反垄断分析正变得更为复杂。一个不可忽略的重要维度是，需要结合平台市场的特征对相关支付平台进行综合分析，以作出更加科学、全面的判定。

（三）对于平台市场的反垄断分析不能一概而论

目前，关于“双边交易平台”的经济学讨论尚无定论，美国运通案中将信用卡网络确定为双边交易平台，并据此界定相关市场为连接商户和持卡人双方的单一市场也属于个案。同时，美国最高法院也强调，并非所有双边平台都构成反垄断视角下的单一市场，当双边平台的间接网络效应和关联定价的影响较小时，评估反竞争效果无须同时考虑平台的双边。因此，在涉及支付领域双边平台的反垄断分析时，应针对具体商业模式、事实情况进行审慎的经济学分析，从而确定应当同时考虑平台双边或仅考虑单边，避免采用僵化的分析方法，导致执法过严或不足。

（中国人民银行重庆营业管理部　何思思　王春晓）

德国电子身份证在账户开立及电子支付中的应用

摘要：2019 年 12 月 19 日，德国央行发布《电子身份证（eID）在账户开立及电子支付中的应用》，报告对 eID 在账户开立及电子支付中的可能用途进行了整理，并梳理了现有公共和私人的 eID 身份验证服务的特点、使用条件及存在的障碍，旨在为德国和欧洲的支付交易提供适合的 eID 身份验证服务。报告提出了以下建议：提升 eID 身份验证服务的市场普及率，提高个人身份标识卡在线识别的可行性，建立开放系统和接口以便于 eID 身份验证服务能通过智能手机进行应用，推动应用符合法律要求的电子识别程序，加强企业与州政府的合作，在欧盟范围内建立公平竞争环境，在《电子身份识别条例》（eIDAS）框架下对私营部门的 eID 应用提供协助。

一、德国 eID 的现有法律框架

（一）《德国反洗钱法》

一是将第 4 项欧盟反洗钱指令转换为德国法律，作为一般尽职调查义务的一部分，对义务机构提出了严格要求，以核实相关人的身份。**二是**明确允许使用德国 eID 和其他信任级别为“高”的电子识别系统，以及使用合格的电子签名进行身份验证。

（二）欧盟《支付服务指令 2》（PSD2）

一是在线访问支付账户并触发电子支付交易时，PSD2 强制执行严格的客户身份验证（SKA）。对于远程电子支付交易，客户身份验证还应包括将相应交易、金额和收款人联系起来的动态要素。**二是** PSD2 认证旨在确保支付服务用户是合法真实的用户，通过使用个性化安全功能，同意授权转账和访问账户信息。**三是**根据德国《支付服务监管法》第 55 条，执行德国法律中与客户身份验证相关的 PSD2 要求。第 55（5）（G）条客户身份认证要求和程序的细节，由 PSD2 授权的法规确定。

（三）欧盟《电子身份识别条例》（eIDAS）

一是为欧盟和欧洲经济区跨境使用电子身份信息建立了统一的技术和监管框架。**二是**对电子身份识别制定了统一规则，为其在欧盟和欧洲经济区的有效性和适用性提供法律依据。eIDAS 规定了对电子身份识别服务的要求、监管，以及成员国监管机构间合作的要求。如驻欧盟的服务提供商满足 eIDAS 的相关要求且主管部门已授予资格，将被视为“合格”的服务提供商，在法律上有权在所有欧盟国家提供服务。同时，eIDAS 简化了对合格电子签名（QES）的要求，例如，以前创建 QES 必须基于签名卡和必要的读取设备，现在也可以由合格的服务提供商代表签字人使用远程签名。这其中服务提供商对签名人的有效识别是以远程签名形式创建 QES 的先决条件。**三是** eIDAS 规范了在欧盟和欧洲经济区中公共管理服务身份识别系统的跨境使用，创建了技术和法律通用性框架，使识别系统可以在欧盟范围内使用。eIDAS 将信任级别划分为“低”、“基本”和“高”，并制定了相应的要求。

二、德国 eID 在电子支付和开户中的应用

（一）客户身份识别

一是 eID 身份验证服务可以代替现有的反洗钱兼容身份验证方法。业务流程实现数字化以后，可以大大简化现有开户流程，减少纸质资料的使用。**二是** eID 身份验证服务还可应用于在线零售支付业务，可在个人详细信息中添加其他信息，既可以防止欺诈，又为用户提供了一种安全便捷的方式来传输支付和发票信息。

（二）访问支付账户或其他在线用户账户

一是在线识别系统和 eID 身份验证服务符合 PSD2 的客户身份验证要

求，可以跨机构进行身份验证。**二是**用户在支付交易中进行安全身份验证时无须先熟悉银行的身份验证工具，也无须随身携带必要的硬件设备。**三是**申请访问在线银行时，eID 身份验证服务可以提供更多维护在线银行安全的方案。**四是**除了用于支付交易外，eID 身份验证服务还具有许多其他可能的用途，如通过 eID 对敏感数据进行电子检索来开展身份验证。

（三）发起电子支付交易时的客户身份验证

通过跨机构使用 eID 身份验证服务来保护交易安全，可以减少用户在日常生活中对身份验证程序的依赖。对于账户管理机构而言，是否使用外部身份验证程序取决于第三方身份验证服务在认证程序和风险管理方面的灵活性。

（四）直接借记授权业务的身份验证

电子直接借记授权方便用户在欧洲范围内进行借记交易。通过在互联网上创建直接借记授权业务，尤其是在进行定期直接支付时，可以使用 eID 身份验证服务。

（五）电子签名

eID 身份验证服务通常可以作为创建电子签名的基础，因为电子签名的先决条件是签字人事先对签字服务提供者进行安全识别。

三、关于电子识别工具的身份验证服务

（一）使用在线识别功能的 eID 身份验证服务

一是在身份证上启用在线识别功能，这是应用该功能的先决条件。2010 年 11 月，德国允许身份证发行时，通过芯片使用在线身份识别功能。自 2011 年起颁发的电子居住证即具备此功能，2017 年 7 月，为提升在线交易者、信用机构等服务提供商以及身份证持有人对在线识别功能的接受度，对该功能进行了简化。**二是**为确保居民拥有安全的电子身份识别手段，德国自 2020 年 11 月 1 日起推行 eID 卡，eID 作为芯片卡，具有在线识别功能，但没有视觉显示功能和公民生物特征数据。**三是**身份证在线识别功能作为德国安全数字识别的重要组成部分，是一个中立的、具有竞争力的 eID 身

份验证服务，除在线识别功能外，德国联邦政府还通过项目 OPTIMOS 2.0 来支持安全数字识别系统的开发。

（二）德国市场上其他身份验证服务

一是鉴于 eID 身份验证服务与应用程序以及安全性相关，一些服务商正在寻找对技术和组织安全有特殊要求的领域来应用 eID。**二是**相关身份验证服务通常充当“eID 平台”，经所有者同意，作为“身份中介”收集身份数据，在不存储数据的情况下将其传递给第三方。**三是**由于不同的 eID 身份验证服务在技术上是独立的，因此不同身份验证服务之间存在通用性问题。截至 2019 年 12 月，联邦政府未将私营部门建立的 eID 身份验证服务作为经认可的身份验证系统通报欧盟委员会，而这是纳入 eIDAS 网络通用性框架的前提条件。

四、应用 eID 身份验证服务的前提条件

（一）开发满足用户需求的普适性方案

使用 eID 身份验证服务需满足即时技术要求、法律和监管规定、适当的安全标准以及敏感数据的处理要求。但为了充分挖掘 eID 身份验证服务应用于在线支付和日益数字化的公民生活方面的潜力，需开发不限于特定服务平台的 eID 身份验证服务，使公民在通过一种或几种 eID 身份验证服务完成认证后，无须在各种服务平台上重复注册用户进行认证。

（二）服务提供商需在推广初期下足功夫以实现共赢

对于在线服务商提供的特定 eID 身份验证服务，能否被广泛应用取决于该方案对用户的适用性。对用户而言，只有在使用率较高的情况下，他们才会去主动注册。

（三）用户友好性对于 eID 身份验证服务至关重要

为防止因用户友好性不足而影响 eID 身份验证服务的使用，应在用户需求、认证要求及所使用服务的具体安全要求之间取得平衡。对服务商而言，需要在法律和监管规定的框架内，找到适当的 eID 身份验证服务。对用户来说，需要找到适合他们日常生活需求的身份验证服务。

（四）需注重eID身份验证服务的实用性

一是采用多种方式让用户方便地使用电子识别工具，是成功应用eID身份验证服务的先决条件。**二是**将eID身份验证服务更多地用于反洗钱中，有助于增加具有反洗钱功能的远程识别设备的使用频率。**三是**对于电子邮件、社交媒体、在线交易等没有特殊安全级别的服务提供商而言，使用通用的eID身份验证服务，可以有效解决客户每天登录多个服务平台以及账户名、密码丢失带来的问题。

（五）针对支付交易提供适当的附加服务

例如，在付款时自动传送支付交易所需的用户数据和信息以便在网上交易中核查购买者身份和交付地址，以及在互联网上提供自动身份授权等附加服务。

五、应用eID身份验证服务面临的障碍

（一）在线识别功能的推广存在的障碍

一是截至2019年12月，电子身份证的应用有限，德国只有约42%的个人在线ID卡持有人使用了电子身份证功能。部分原因是在线ID功能的激活相对复杂，并且需要付费，如果没有支持措施，预计不会有大量激活。**二是**公民不了解在线身份验证的一些功能和优惠。

（二）未使用在线识别功能的eID身份验证服务存在应用障碍

相关法律法规规定私营部门的身份验证服务技术要符合反洗钱有关要求，但在具体使用哪种技术身份验证服务方面具有相对较高的自由度。在理论上，私营部门可以实现多种eID身份验证服务方案的应用。但对于不使用在线识别功能以及反洗钱法中明确列出的任何其他技术的eID身份验证服务提供商而言，很难达到反洗钱法的有关要求。为解决这一问题，服务商需要通过规定的第三方或其他合适责任人开展尽职调查。

（三）其他障碍及潜在风险

一是政府制度创新速度太慢可能会成为在德国建立合适的eID身份验证服务的重大挑战。**二是**欧盟成员国对电子身份识别服务基本流程的技术

和组织安全提出了不同的要求，尤其是在 QES 方面。**三是**各成员国对 eID 的反洗钱要求存在分歧，可能进一步影响 eID 在整个欧盟的适用性。**四是**由于脸书、谷歌、亚马逊等非欧盟公司在 eID 身份验证服务重要领域中的主导地位，德国和欧盟的“数字主权”可能受到影响，数据保护也可能受到质疑。**五是**各种私营部门 eID 身份验证服务的通用性问题，将来可能导致德国 eID 身份验证服务市场的分散。

六、建议

（一）提高 eID 身份验证服务的市场普及率

完善法律框架以应对新技术发展，进一步开发和建立具有市场价值并获得客户高度认可的 eID 身份验证服务，同时推动发展在欧盟所有成员国通用的 eID 身份验证服务。

（二）提高个人 ID 卡在线识别的可行性

建议自 2027 年起，通过为全民配备具有在线身份识别功能的身份证及简化后续使用程序等方式，提高在线识别的应用可行性。同时应将私营部门 eID 身份验证服务应用到国家认可的在线身份识别功能的场景中，以提高在线身份识别功能在公民日常生活中的应用。

（三）建立开放系统和接口以便于 eID 身份验证服务通过智能手机应用

智能手机对在日常生活中使用 eID 身份验证服务发挥着重要作用。监管机构应大力支持建立开放系统和接口，以便在智能手机上使用 eID 身份验证服务，并确保公平的竞争环境。

（四）推动应用符合法律要求的电子识别程序

德国《反洗钱法》应明确符合法律要求的电子识别程序，用于识别受《反洗钱法》约束的机构和客户。德国联邦金融监管局应在不损害金融系统完整性和内部安全的情况下，鼓励使用市场上现有的电子身份识别程序。

（五）加强企业与州政府的合作

在保证公民在线身份识别安全性的前提下，应加强私营部门和政府之间在建立 eID 身份验证服务方面的合作，在最大程度上促进公民在日常生活中使用在线身份识别功能。在确保数据安全和隐私保护的条件下，私营部门建立的 eID 身份验证服务应当与政府部门的身份验证门户平台进行在线连接，并应用于公民在线身份验证。同时应充分考虑是否可以简化私营部门 eID 身份验证服务获得政府部门认可的申请程序。

（六）在欧盟范围内建立公平竞争环境

应当采取欧盟级别的标准化框架，以确保在整个欧盟范围内具有 eID 统一标准。

（七）在 eIDAS 框架下对私营部门的 eID 应用提供协助

因欧盟成员国之间对洗钱识别存在不同要求，应在 eIDAS 下构建 eID 身份验证服务通用性框架。同时，应更多地为私营部门使用 eID 身份验证服务提供便利条件，进一步推动最初侧重于公共行政的电子身份识别通用性框架成为深化数字市场的重要组成部分。

（中国人民银行济南分行　康华一　黄金华　编译）

远程开立银行账户业务的境外实践与相关启示

摘要：随着互联网技术、金融科技等快速发展，运用移动互联网、大数据、云计算和人工智能等技术手段远程为客户提供便捷、安全、优质的金融服务，已成为银行创新发展的重要趋势。作为银行远程业务的主要业务内容，远程开立银行账户（以下简称远程开户）成为银行拓展获客渠道、创新业务场景、提升综合服务能力的重要手段。目前，全球多个国家和地区已不同程度开展远程开户业务，本文在对当前境外远程开户监管态度、发展情况进行深入调研和分析的基础上，对我国探索开展远程开户业务所需具备的制度建设、身份识别、风险管理、法律保障等方面的条件进行了思考。

一、远程开户的基本情况

（一）远程开户概念

远程开户尚未形成统一的定义，各国对远程开户的理解存在差异。通常来说，远程开户泛指银行不通过营业柜台，而利用计算机、移动通信设备或银行特定自助服务终端等，以非面对面形式受理客户开立银行账户的申请，并在完成客户身份信息核实和确认开户真实意愿后，为客户开立银行账户的行为。

（二）境外远程开户实践

通过远程调研和体验美国、英国、德国、法国、日本、韩国、意大利、俄罗斯、澳大利亚、新加坡、印度、中国香港、中国澳门和中国台湾

14 个国家和地区主要银行的远程开户业务，从目前情况看，除俄罗斯和中国澳门外，其余 12 个国家和地区的银行不同程度地采取了远程开户服务模式。

二、境外金融监管部门的监管态度

境外金融监管部门对远程开户的监管态度主要分为三类：允许、审慎和限制。由于境外监管部门对远程开户的管理普遍从反洗钱角度出发，要求比较严格，所以即使监管部门允许远程开户，远程开户的规模也相对较小。

（一）允许远程开户

如新加坡、中国香港、中国台湾等国家和地区，由当地金融监管当局牵头，制订相关工作计划，提供政策和技术支持，推动远程开户进程。其中，新加坡金融管理局鼓励银行采用创新技术，使用新加坡智慧国家及数码政府署建设的电子身份信息系统（MyInfo）对客户身份进行非面对面验证；香港金融管理局成立专项小组，引入通过电子渠道提供金融服务的虚拟银行，简化影响数字银行客户体验的监管要求；台湾金融监督管理主管部门将开展远程开户服务纳入“打造数位化金融环境 3.0”计划。但 3 个国家和地区也仅允许远程开立个人银行账户，对远程开户监管主要集中于尽职调查环节，要求银行办理远程开户必须进行尽职调查，切实落实账户实名制。

（二）审慎远程开户

在美国、英国、德国、法国、日本、韩国、意大利、澳大利亚和印度 9 个国家，金融监管当局不同程度上允许开展远程开户业务，但限制较多，整体持审慎态度。其中，美国、德国、日本、澳大利亚 4 个国家可远程开立个人银行账户和单位银行账户，英国、法国、韩国、意大利和印度 5 个国家仅可远程开立个人银行账户。对远程开户监管主要集中在反洗钱及反恐怖主义融资、客户身份识别和风险评估等尽职调查事项、个人金融信息保护三方面，且配套严格的事后追究制度。如法国虽未对远程开户出台明确规范，但要求在反洗钱方面遵循与柜台相同甚至更为严格的标准和要求；

美国虽不对远程开户设置强制性附加要求，把决定权交给金融机构，但监管部门主要在网络安全与登录密码、洗钱风险管理、客户身份认证等方面，通过事后责任追究和处罚来督促金融机构强化远程开户制度设计；日本将客户身份尽职调查作为监管的核心内容，银行一旦被认定违规，将会对其法人以及相关个人实施比较严厉的行政处罚甚至刑事处理。

（三）限制远程开户

俄罗斯金融监管当局依据《115-FZ 反洗钱法案》，明确禁止银行在客户不到场的情况下开立个人银行账户或存款账户，即不支持金融机构提供远程开户服务。澳门金融管理局基于客户身份尽职调查、反洗钱等方面因素的考虑，也暂未出台与远程开户相关的监管指引和指导意见。

三、境外银行远程开户业务流程

境外银行远程开户业务流程大体一致，基本按照“信息填写—身份验证—账户激活”办理。远程开户渠道包括官方网站、手机 APP、网上银行、信函和远程开户业务平台，其中官方网站为最主要渠道。

（一）开户流程

步骤一：信息填写。远程开立个人账户填写基本信息、收入和纳税信息、资产种类和资产总额、开户目的和其他辅助信息（如在他行开立的账户账号等）；远程开立单位账户填写单位账户所有管理者信息、单位基本信息、工商和税务登记信息、其他辅助信息（如公司章程、上年度决算书等）。**步骤二：身份验证。**依托银行内部系统、第三方数据库、第三方信息验证服务机构等，通过在线核验开户资料、输入验证码、远程视频、问答隐私问题、邮寄材料、邮局网点代理审核等方式远程验证客户身份。**步骤三：账户激活。**部分银行（如澳大利亚 RaboDirect、意大利 Intesa Sanpaolo、法国 Hello Bank）通过绑定同名其他银行账户，从绑定账户向新开立账户转款的方式，验证账户信息并激活账户。

（二）风险控制措施

一是技术风险控制。采取数据加密、边界控制、实时监控、数字证书等技术控制，确保客户信息安全，并定期或不定期由具备资质的外部专业机构评估系统风险。**二是信息交叉验证。**通过可信任的第三方数据库对客户身份信息进行交叉验证，如美国富国银行通过比对 Dunn & Bradstreet 机构报告与企业客户预留信息进行核验；新加坡星展银行、大华银行、渣打银行等使用新加坡电子身份信息系统（MyInfo）进行客户身份验证；德国 N26 银行基于个人征信数据库获取客户其他个人身份信息与客户预留信息进行多重交叉验证（平均五重以上），以便掌握客户真实的信用状况；台湾财团法人金融联合征信中心提供自然人相关风险信息查询渠道，为银行账户、信贷类服务提供决策支持。此外，银行还可以通过银行间客户已有账户信息进行辅助验证。**三是多重组合限制。第一，**限制开户对象。个人账户方面，如英国 Atom Bank 要求客户必须为年满 18 周岁的英国居民，不接受非居民个人开户申请，且客户住址必须住满一定年限（一般为 3 年）；单位账户方面，如美国花旗银行、摩根大通银行要求开户主体必须是在美国注册成立，且达到一定规模的超大型、大型企业或基金公司。**第二，**限制开户数量。如韩国各银行普遍规定客户只能在本行远程开立一个账户。**第三，**限制账户类型。如日本四国银行规定客户通过远程渠道仅能开立普通存款账户，不能开立理财账户；美国富国银行远程开立个人账户仅限于投资账户、（定期）储蓄账户及支票账户（此类账户均不能进行跨境汇款交易），远程开立单位账户仅限于经常支票账户、企业储蓄账户（非结算类）及企业信用贷款账户。**第四，**限制账户余额和交易额。如德国 N26 银行允许客户 24 小时内提现总金额不超过 900 欧元（约合人民币 7000 元）；韩国产业银行规定远程开立的账户日间交易限额为 100 万韩元（约合人民币 6000 元）；印度巴鲁达银行规定远程开立的账户余额不得超过 10 万印度卢比（约合人民币 1 万元），每财年累计存入金额不得超过 20 万印度卢比（约合人民币 2 万元）。**第五，**限制资金流向。如英国 Atom Bank 要求远程开立的银行账户（类储蓄账户）到期后需全部提取资金至本人同名银行账户，不得用于向他人转账或消费。**四是线上开户与线下验证相结合。**

第一，由第三方机构代理面签。如 ING Direct[①] 的德国分支机构以邮政机构作为代理机构，美国分支机构则与认证的行业协会或房产中介合作，由其协助完成开户所需的客户面签。**第二，**邮寄开户资料。如意大利 CheBanca 银行要求个人在线打印开户申请表，签名后连同身份证件副本寄往银行，银行回寄银行卡和密码来完成远程开户。**第三，**邮寄账户实体介质。日本户籍管理制度规定国民身份证明文件登记地址与实际住所地址必须保持一致。因此，日本国内银行均通过不可转送式邮件向客户邮寄账户实体介质，以此确认客户地址信息的真实性。

（三）主要技术手段

一是第三方云端数据库。支持远程开户的国家和地区普遍具备较为完善的第三方云端数据库，并且多与银行内部系统直连，实现对客户身份信息、金融信息、信用信息的交叉验证。如美国的银行一般会通过信用管理数据库、个人支票数据库、个人贷款异常信息数据库核对客户信息；英国巴克莱银行（Barclay Bank）使用消费者信用报告机构数据库，英国 First Direct 银行使用与其合作的防欺诈机构和信用咨询机构数据库。**二是生物识别技术。**如印度 2010 年建设 Aadhaar 国家生物识别项目，收集公民照片、指纹、虹膜等生物信息和人口统计数据，为银行远程开户识别客户身份提供渠道。**三是电子签名技术。**如美国、意大利、新加坡、印度等国家均不同程度地使用电子签名技术[②]验证远程开户客户身份信息和检验电子文档原文在传输过程中是否被改动。此外，电子签名技术还涵盖客户在线签署文件等功能，如美国摩根大通银行为企业客户提供基于电子签名技术的在线开户申请签署功能，在确保文件签署真实、有效和不可修改的基础上，简化签署过程，提升客户体验。

---

① ING Direct 是荷兰国际集团（International Netherlands Groups）于 1997 年在加拿大创立的直销银行，在获得成功后，迅速向美国、澳大利亚、德国、奥地利、英国、西班牙、意大利和法国扩张。

② 客户使用己方私钥、开户银行公钥对开户申请、需核验身份材料等信息进行加密并发送至开户银行，开户银行收到申请后使用与客户事先约定好的客户公钥和开户银行自身私钥进行解密，该过程确保了数据的保密性、交易方身份的可验证性、数据不可篡改性和交易方对发起信息的不可否认性。

四、相关启示

（一）从风险控制的核心关键出发，把牢账户实名制和客户身份有效识别

从国外银行实践和境外金融监管部门对远程开户业务的态度来看，风险控制是远程开户的核心关键。远程开户需采取审慎态度，统筹考虑远程开户中安全与效率的平衡，通过多种措施，牢牢把握账户实名制和客户身份有效识别，避免出现假名、匿名账户、利用远程开户便利开展洗钱等违法犯罪活动。在完善反洗钱反恐怖主义融资、客户身份识别和风险评估以及个人金融信息保护等方面的法规政策的基础上，配套建立严格的事后责任追究和处罚制度，以督促金融机构强化远程开户的制度和业务流程设计。

（二）结合多种手段，加强客户身份验证

为降低远程开户带来的虚假开户及胁迫开户的风险，可结合多种验证方式，强化开户身份识别。**一是使用金融系统内数据开展交叉核验。**通过银行间已有账户交叉核验开户信息或转入资金激活远程开立账户，确认客户身份。**二是公共数据库信息交叉比对。**利用各类公共数据库进行交叉验证，识别客户身份。**三是使用商业数据库进行辅助验证。**依托数据集成能力强、数据质量及精准度高的商业信用报告机构、独立私营调查机构或者电子身份认证服务机构核对客户信息。

（三）采取分层管理方式，降低账户使用风险

根据实名制认证、风控水平高低等因素，对远程开立的账户功能或数量采取相应控制。**一方面，限制账户的使用状态或交易额度。**银行需要充分了解客户的业务背景、声誉、组织架构及经营规模等情况，才能为其办理远程开户业务。未完成全面尽职调查和反洗钱调查义务之前，账户处于“待激活”或“限制功能”状态；也可建立分层认证和管理要求，根据不同的身份核实程度，从账户交易金额、用途等方面来对账户进行不同程度的约束。**另一方面，限制存款人开户数量。**由银行自主根据用户、账户类型、

身份认证强度，以及自身客户身份识别和风控水平等，对同一客户在本行远程开立账户的数量进行控制。

（四）利用外部资源验证，提升开户效率

可借鉴部分国家和地区银行机构利用公共外部资源进行客户身份识别的经验，提高客户尽职调查的效率，简化开户流程。**一是利用合法的电子身份证件。**由政府等公共部门签发具有法律效力的电子身份证，银行经用户授权可访问电子身份信息系统，在线识别客户身份。**二是因地制宜利用实名制程度较高的相关渠道。**如参照其他国家和地区利用邮政网络信息库内容全面、客户地址信息实名制程度较高的优势进行第三方辅助核验，结合我国各行业发展实际，探索通过实名制程度较高的渠道对客户身份和开户意愿进行辅助识别。

（中国人民银行支付结算司　张文博　贾卢魁；
中国人民银行福州中心支行　苏李欣）

各国央行开户和管理情况研究

摘要：对美国、英国、日本、法国、德国等主要发达经济体央行开户和管理情况的调查显示，各国央行通常通过法律法规对在央行开户的机构类别及相关资格要求作出明确规定；开户机构主要有吸收存款的信贷机构、证券业务经营机构、金融市场基础设施（FMI）及相关政府部门等；账户用途包括满足存款准备金要求，实施货币政策，对支付系统及其他清算结算系统（如中央对手方）参与者之间的债权债务进行结算，为证券业务经营机构、FMI 办理业务提供央行货币结算支持等。相比而言，我国除《中国人民银行法》明确银行业金融机构及银保监会批准设立的其他金融机构、国库可以在人民银行开立账户外，对其他机构如 FMI 能否在人民银行开户没有明文规定，也缺少关于开户机构资格和条件的要求，建议研究出台人民银行账户管理制度，明确央行开户的标准及审核流程，推进央行开户管理制度化、规范化。

一、主要发达经济体央行开户及管理基本情况

（一）相关法律法规

主要发达经济体一般通过中央银行法或专项法规形式对央行开户机构类别及相关要求作出规定。例如，美国的《联邦储备法》《评估联合账户申请指引》、英国的《英格兰银行结算账户政策》《非银行支付服务提供商加入英国支付系统规定》、日本的《关于活期账户交易 / 贷款交易对手选择标准的公告》、法国的《货币与金融法典》等法律法规明确了央行开户机构类别及评估标准。

（二）央行开户对象

主要发达经济体央行提供账户服务的对象主要有四类：**一是**吸收存款的信贷机构，如银行、信用合作社、财务公司等；**二是**证券业务经营机构，包括证券公司、投资公司（如投资银行）等；**三是**金融市场基础设施（FMI），包括支付系统运营商、证券结算系统运营商、中央对手方，以及为特定群体提供支付服务的协会[①]等；**四是**相关政府部门，包括财政部门、社保机构等其他政府部门及提供支付服务的行政管理机构（如公债管理机构）等。此外，部分国家央行还为政府资助的实体[②]、国际组织、电子货币机构[③]、非银行支付机构（以下简称支付机构）、外国央行、慈善组织等开立账户。

（三）账户主要用途

主要发达经济体央行为服务对象开立的账户包括持有银行牌照的金融机构账户、持有非银行牌照的金融机构账户、FMI 账户、政府部门账户，以及非银行支付服务提供商（以下简称非银行 PSP，如电子货币机构、支付机构）账户。各类账户主要用途如下：

1. 持有银行牌照的金融机构账户。一是满足存款准备金要求，作为实施货币政策的重要工具；**二是**对实时全额结算系统（RTGS）或其他清算结算系统（如中央对手方）的参与者之间的债权债务进行结算。

2. 持有非银行牌照的金融机构账户。证券公司、投资公司等在央行开户，直接接入 RTGS，使用中央银行货币办理证券业务的资金结算。例如，英格兰银行允许其指定的证券公司开立准备金账户，该准备金账户同时也可作为结算账户；日本和瑞典允许证券公司、投资公司在央行开户，成为本国 RTGS 的直接参与者。

---

① 如日本的银行协会、信用社协会、工会联合会。

② 如美国的联邦住房贷款银行、联邦存款保险公司、联邦土地银行等。

③ 根据欧盟《电子货币机构开办、经营与审慎监管指令》（2009/110/EC），电子货币机构是指获得授权发行电子货币的法人。电子货币是以电子（包括磁介质）形式存储的货币价值，发行机构基于开展支付交易的目的，收到相应的资金才发行；电子货币表现为对发行机构的权利主张，且能够被电子货币发行机构以外的自然人或法人接受。

3. FMI 账户。用于为 FMI 开展相关支付、清算活动提供央行货币结算支持：**一是**支持中央对手方使用央行货币办理参与者之间、参与者与中央对手方之间的资金结算；**二是**支持自动清算所（ACH）[①]、支付卡网络等清算系统使用央行货币结算直接参与者之间的债权债务；**三是**支持中央证券存管（CSD）系统、证券结算系统（SSS）使用央行货币结算直接参与者之间的应收应付款项；**四是**支持以同步交收（PvP）方式办理外汇交易资金结算；**五是**支持其他 FMI 使用央行货币办理参与者之间的资金结算。

4. 政府部门账户。主要发达经济体央行为政府部门开立账户，用于记录本国财政部门和其他政府部门的公共债务，以及政府支付所产生的交易信息。

5. 非银行 PSP 账户。用于为非银行 PSP 直接接入以央行货币结算的支付系统（如 RTGS）和在业务办理中所产生的债权债务结算提供支持。例如，英格兰银行为合格的非银行 PSP 开立账户，使其能够以直接参与者身份加入英格兰银行 RTGS。

（四）开户资格及条件

主要发达经济体央行通常要求开户机构在本国境内注册，并且对于各类型的机构有不同的要求。

1. 对金融机构的要求。通常先明确机构类型，如银行、信用合作社、证券公司和投资公司等，对于属于规定类型的机构予以开户。此外，还需要从以下 3 个方面进行评估：**一是**金融机构对金融体系的重要性；**二是**金融机构在业务开展过程中产生隔夜流动性风险的程度[②]；**三是**金融机构是否受到适当的监管审查。

2. 对 FMI 的要求。主要发达经济体央行评估是否为 FMI 提供央行货币结算服务，需要考虑该 FMI 是否具有系统重要性，以及该 FMI 以央行货币

① 自动清算所（Automatic Clearing House，ACH），一般指处理电子资金转账交易的零售支付系统，如贷记转账和直接借记等。

② 某类型金融机构产生隔夜流动性风险的程度越高，则可能给金融稳定带来的影响越大，因此央行将考虑为该类型金融机构开户，以提供日间信贷等流动性支持。

结算是否有利于增强货币稳定和金融稳定。具体考虑因素如下：**一是** FMI 处理的交易价值和交易量。交易的价值和交易量有助于评估系统中断所造成风险的程度；交易价值或交易量越大，系统中断带来的风险就越大，其系统重要性越高。**二是**系统交易对经济或社会的相对重要性。不论交易的价值，评估系统使用央行货币结算是否有助于增强金融稳定或有助于促进竞争和创新。**三是** FMI 中有资格在央行开户的直接参与者数量。系统参与者数量越多，意味着系统的市场覆盖范围越广，越有必要使用央行货币结算以降低风险。

3. 对非银行 PSP 的要求。目前，英国、欧盟等少数发达经济体允许非银行 PSP 在央行开户。以英国为例，英格兰银行为非银行 PSP 开立结算账户主要有 3 项标准：**一是**非银行 PSP 必须是获得英国金融行为监管局（FCA）授权的电子货币机构或支付机构；**二是**符合相关支付系统设定的资格标准；**三是**由 FCA 独立或会同英国税务海关总署完成监管评估。

二、我国央行开户及管理基本情况

（一）相关法律法规

《中华人民共和国中国人民银行法》（以下简称《中国人民银行法》）明确了人民银行开户机构的类型，规定“中国人民银行可以根据需要，为银行业金融机构开立账户”“中国人民银行依照法律、行政法规的规定经理国库”“在中华人民共和国境内设立的金融资产管理公司、信托投资公司、财务公司、金融租赁公司以及经国务院银行业监督管理机构批准设立的其他金融机构，适用本法对银行业金融机构的规定”。开户具体手续参照《中央银行会计核算数据集中系统业务操作规范》（银办发〔2015〕242 号）执行。但对于上述机构之外的其他机构能否在央行开户，以及开户机构的资格、条件等尚无明确规定。

（二）开户对象

提供账户服务的对象主要有进行准备金考核的金融机构、支付机构、外国央行、FMI 和国库等，按法人统计分别为 4444 家、236 家、49 家、11

家和1家。

（三）账户主要用途

为服务对象开立的账户分为法定存款准备金账户、客户备付金集中存管账户和其他结算账户。法定存款准备金账户是人民银行实施货币政策的重要工具，还可以用来结算在支付清算系统中产生的应收应付款项；客户备付金集中存管账户用于存放支付机构吸收的客户备付金，并通过非银行支付机构网络支付清算平台（以下简称网联）或中国银联股份有限公司（以下简称中国银联）转接的支付业务进行资金结算；其他结算账户主要用于为开户机构办理业务或开展支付清算活动提供央行货币结算支持。

（四）开户资格和条件

一是属于《中国人民银行法》规定的开户机构类型的，可以直接在人民银行开户，如银行业金融机构、银保监会批准设立的其他金融机构和国库。**二是**不属于《中国人民银行法》规定的开户机构类型的，以特批或厅发文形式开户，如中国银联、网联等FMI，均特批在人民银行开立账户；支付机构在人民银行开户，则是在《中国人民银行办公厅关于支付机构客户备付金全部集中交存有关事宜的通知》（银办发〔2018〕114号）中予以明确。**三是**外国央行因业务需要，在与人民银行签订代理投资协议、货币互换协议等合约后，可以在人民银行开立账户，用于投资中国银行间债券市场，进行资产套期保值；或与人民银行互换货币，便利双边贸易和投资，加强两国央行的金融合作。

三、境内外FMI在央行开户实践比较

（一）境外FMI在央行开户实践

一是FMI通常在本国央行开立账户。支付与市场基础设施委员会（CPMI）2018年调查显示，在本国层面，约85%的CPMI成员允许本国的FMI直接接入RTGS。世界银行2020年6月发布的《2019年全球支付系统调查报告》显示，在高收入经济合作与发展组织（OECD）国家中，FMI直接参与RTGS并在央行开户的情况较为普遍。

二是境外FMI在他国主要通过商业银行代理结算。为支持跨境外币结算，境外FMI通常在相关商业银行开户，采用商业银行货币结算模式，选择的商业银行通常为相应货币的清算行或发钞行等具有较强跨境清结算能力的银行。例如，俄罗斯国家清算存托公司指定纽约梅隆银行、摩根大通银行和花旗银行作为美元结算行，指定德国商业银行、奥地利奥合国际银行和摩根大通银行作为欧元结算行。

三是少数境外FMI在他国央行开立账户。例如，成立于美国的持续联系结算银行（CLS Bank）作为持续联系结算系统（CLS）的运营商，在各CLS结算币种国家（包括美国、英国、日本、加拿大、瑞士、澳大利亚及欧洲等国家和地区）中央银行开立账户，并加入该国（地区）RTGS，通过该国（地区）RTGS完成各币种的净借记和净贷记头寸结算。美国卡组织万事达卡（MasterCard）分别加入俄罗斯和澳大利亚的RTGS，并通过在两国的中央银行开户，完成跨行资金清算[①]。

（二）我国FMI在央行开户实践

一是部分FMI已在人民银行开立账户。目前，已在人民银行开户的FMI包括中央国债登记结算公司（以下简称中央结算公司）、中国银联、上海黄金交易所、上海清算所、上海票据交易所、跨境银行间支付清算公司（CIPS）、网联等[②]单位。上述FMI均是我国大额支付系统的直接参与者。

中央结算公司开立账户，主要用于办理银行间债券市场参与者的资金结算、付息兑付资金汇划等业务。中国银联开立账户，主要用于机构间跨行资金清算及划拨。上海黄金交易所开立账户，主要用于归集会员缴存的交易保证金，并进行资金净额结算。上海清算所开立账户，主要用于办理外汇交易和债券交易的人民币资金结算。上海票据交易所开立账户，主要用于办理票据交易的资金结算。CIPS开立账户，主要用于办理与直接参与者（或其资金托管行）之间的注资、调增、调减和清零等业务。网联开立

① 相关内容来源于万事达卡组织的清算手册。

② 此外还有中国外汇交易中心、城银清算服务有限责任公司、农信银资金清算中心等单位。

账户，主要用于进行涉及商业银行和支付机构的网络支付业务资金结算。

目前未在人民银行开立账户的 FMI 主要是证券和期货交易所、证券登记结算机构。

二是我国 FMI 均未在境外央行开立账户。主要原因如下：其一是无境外业务需求，如上海黄金交易所、上海票据交易所、CIPS、网联、中央结算公司等暂无在境外开展业务的需求；其二是可以通过在境外的清算代理行（商业银行）开户，满足与境外机构资金结算需求，如中国外汇交易中心、中国银联、上海清算所等通过境外代理行进行资金清算。

四、相关建议

为履行好中国加入世界贸易组织（WTO）时关于坚持金融服务市场准入"内外资一致"原则、放宽外资市场准入条件等承诺，更好地满足证券类机构、境外卡组织的开户需求，使各类机构在我国央行开立账户有法可依，建议：**一是**出台人民银行账户管理制度，制定统一的央行开户标准，对申请开户机构类型、账户开立条件、申请和审核流程、办理手续和相关部门职责等事项进行明确和规范；**二是**对于 FMI 在人民银行开户，明确要求其必须在我国境内注册和持有我国相关机构牌照，并从系统重要性等方面进行考量。

（中国人民银行支付结算司　胡波　高艺；
中国人民银行重庆营业管理部　王春晓）

富国银行伪造账户案件及其对我国银行账户管理的启示

摘要：2011—2015 年，富国银行非法滥用客户个人信息，在客户不知情的情况下以其名义开立银行账户和银行卡、开通网银服务、伪造银行记录，甚至擅自划转客户资金，违规收取手续费和利息等共计数百万元，严重损害客户合法权益，反映出富国银行考核导向扭曲、内控管理失效、公司治理结构不完善、客户权益保障机制不健全等问题。本文根据公开资料梳理该案件发展脉络，剖析其中存在的问题，并结合我国银行账户管理实践，提出进一步加强我国银行账户管理的建议：一是银行账户管理应坚持账户质量导向，科学合理的账户考核机制对银行账户业务乃至银行业务的稳健运行发挥重要的“指挥棒”作用。二是银行内控机制应坚持不相容职务分离原则，完善有效的内控机制对银行账户业务合规开展发挥重要的“保险箱”作用。三是银行账户监管应坚持严管，及时且强有力的监管措施对银行账户市场规范有序发展发挥重要的“稳定器”作用。

一、富国银行基本情况

（一）富国银行资产规模和客户规模均居全球前列，为全球系统重要性银行机构

富国银行（Wells Fargo）成立于 1852 年，总部位于美国旧金山。富国银行成立初期，受益于“淘金热”和美国铁路高速发展，业务范围迅速从美国西部扩展到整个美国，后历经旧金山地震和火灾、大萧条、世界大战等，在 20 世纪 90 年代成为营业网点覆盖全美的全国性银行。2019 年底，

富国银行在 32 个国家和地区开展业务，雇员近 26 万人，在 7400 多个地点布放 ATM 1.3 万余台，为三分之一的美国家庭提供服务。根据标普全球市场情报（S&P Global Market Intelligence）统计数据，2019 年富国银行资产规模为 1.89 万亿美元，在全美银行中排名第 4 位。在福布斯 2019 年全美最大公司排名中，富国银行居第 29 位。2019 年富国银行以 2143 亿美元位列全球银行市值排名第 4 位。根据美国金融稳定委员会（FSB）报告，富国银行属于全球系统重要性银行机构。

（二）富国银行将交叉销售作为核心商业模式，平均每位客户拥有 6 个本行产品，远远高出同业水平

交叉销售是指企业依托既有客户，深入挖掘其潜在需求，通过提供多种相关服务在满足客户需求的同时提高利润率。富国银行认为深入发展老客户关系、最大限度挖掘客户价值、增加客户黏性，比盲目发展新客户更为重要。富国银行盈利分析显示，单个客户使用 1~5 个银行产品给银行带来的平均年收入是 170 美元；使用 6~10 个产品带来的平均年收入是 240 美元；使用 11~15 个产品带来的平均年收入是 530 美元；如使用产品数量超过 25 个，带来的平均年收入将呈几何倍数增长，可超过 5255 美元。因此，富国银行一直将交叉销售作为业务收入和利润增长的主要手段，并曾提出"伟大的 8（Gr-eight）"战略，即希望富国银行每名客户持有本行 8 种产品。在 2016 年伪造账户案件曝光前，富国银行向每位客户交叉销售产品的平均数量达 6.11 个[①]，远高于同业 3~4 个的平均水平。

① 数据来源：富国银行 2015 年年报。

二、富国银行案件情况

（一）富国银行未经客户同意私开银行账户、信用卡，划转账户资金并收取大量费用等，严重侵害客户合法权益

根据消费者金融保护局[①]与富国银行签署的销售行为同意令认定，2011 年 5 月至 2015 年 7 月，富国银行非法滥用客户个人信息，在客户不知情的情况下以其名义开立存款账户、提交信用卡申请、开通网银服务、激活借记卡、伪造银行记录，甚至擅自划转客户资金、损害客户信用评级、违规收取手续费和利息等数百万美元。主要包括：

1. 未经客户授权，为客户开立存款账户（以下简称未授权账户），并将客户其他账户（以下简称关联账户）资金转入未授权账户。美国消费者金融保护局调查结果显示，富国银行员工共开设未授权账户 153.4 万个，并将客户关联账户资金转移至未授权账户。其中，约 8.5 万个账户产生约 200 万美元费用，包括客户关联账户透支费用、未授权账户不满足账户最低余额所支付的账户服务费等。

2. 在客户不知情且未授权同意的情况下，擅自利用客户信息申请和开立信用卡账户。美国消费者金融保护局调查结果显示，富国银行员工私自提交 56.5 万个信用卡账户申请，其中约 1.4 万个账户产生 40 余万美元费用，包括年费、透支保护费、相关财务、利息费用及滞纳金。

3. 未经客户授权，擅自为客户开通网上银行服务。调查结果显示，富国银行员工使用不属于客户的电子邮件地址，在客户不知情或未授权同意的情况下为其开通网上银行服务。

4. 未经客户授权，擅自为客户申请并激活借记卡。富国银行员工在客户不知情或未授权同意的情况下代客户申请借记卡，并创建个人识别码

① 消费者金融保护局设置在美联储内，但相对独立，整合了多个政府管理机构的消费者保护职能，统一执行保护消费者权益职责，主要负责对信贷、储蓄、支付和其他金融产品和服务的消费者实施保护，保证消费者在接受金融服务时免受不公平、欺诈性行为的损害，为各类金融机构建立公平的竞争环境和制定更高的服务标准。相关同意令编号为 2016 CFPB-0015。

（PIN）将借记卡激活。

（二）自2016年起，美国监管部门对富国银行采取了责令整改、限制资产规模、罚款等系列监管措施

美国银行业监管体系表现为双轨制和多重性特征，由联邦政府和州政府监管机构分别对联邦注册、州注册的银行实施监管。富国银行属于联邦注册银行，其主要接受来自联邦政府的监管，监管机构包括美联储[①]（FED）、货币监理署[②]（OCC）、联邦存款保险公司（FDIC）、为应对2008年国际金融危机依据《多德—弗兰克华尔街改革与消费者保护法案》设立的消费者金融保护局以及美国财政部海外资产控制办公室和金融监管执法网络办公室等。2016年和2018年，消费者金融保护局、货币监理署、美联储、美国司法部及证券交易委员会等联邦机构先后对富国银行伪造账户案件进行了联合调查执法行动，并与富国银行签署了一系列独立的、双方认可的同意令[③]（见表1）。

表1　监管部门对富国银行采取的监管措施[④]

日期	监管部门	具体监管措施	罚款金额
2016年9月8日	消费者金融保护局	消费者金融保护局与富国银行签署销售行为同意令，要求富国银行：提交受损害消费者赔偿计划书；保留一名独立顾问，审查销售行为、确认是否建立能够遵守联邦消费者金融法律的相关规定和程序；提交合规计划书，纠正独立顾问发现的所有缺陷，执行独立顾问有关建议。	根据《多德—弗兰克华尔街改革与消费者保护法案》，对富国银行未经客户授权开立账户、转移资金及非法利用客户信息向客户发行信用卡等违法违规行为给金融消费者造成的损失，**罚款1亿美元。**

① 美联储是美国的中央银行，从美国国会获得权力，制定货币政策和对美国金融机构进行监管。

② 货币监理署隶属美国财政部，主要负责对联邦银行发放执照，审批设立分支机构、资本等变更的申请，对其违法违规行为或不稳健经营行为采取监管措施。

③ 同意令（Consent Orders）是美国的一种法律文件，其中提供了有关法律案件中的当事人相互达成的协议的信息，这种命令使人们无须等待法院判决即可解决案件。它具有法律约束力，就像在审判结束时做出的判决一样。

④ 富国银行除因虚假账户事件受到惩戒外，2018年4月20日，消费者金融保护局和货币监理署与其签署2018年“合规风险管理同意令”，针对富国银行在贷款和汽车保险相关项目中的消费者滥用行为，消费者金融保护局和货币监理署分别处以5亿美元罚款。

续表

日期	监管部门	具体监管措施	罚款金额
2016年9月8日	货币监理署	货币监理署与富国银行签署销售行为同意令，要求富国银行：提交受损害消费者补偿计划书；保留一名独立顾问，审查“全企业销售管理和风险管理”做法，分析员工开立虚假账户的原因；建立“监控销售行为和处理客户投诉”的制度程序，审查、修订内部审计制度，将销售行为、公司调查、客户投诉和道德规范等纳入审计范围。	针对富国银行未能制定有效的风险管理机制、未能及时发现和制止不安全和不健全的销售行为，以及未能及时控制事件影响范围和持续时间等问题，**罚款3500万美元。**
2016年9月9日	美国洛杉矶市检察官办公室	—	根据《加利福尼亚反不正当竞争法》，针对富国银行未征得客户同意开立账户等严重违法违规行为，导致客户承担不必要费用和产生其他负面财务后果，**罚款5000万美元。**
2018年2月2日	美联储	美联储向富国银行出具的《勒令停止命令》[①]，要求富国银行提交经美联储批准的旨在进一步增强董事会对富国银行监督职责与治理效力和旨在进一步改善富国银行的合规性并建立操作风险管理制度的两份计划书；**资产规模控制在2017年末的水平，在虚假账户案件解决前不得扩充资产规模；改组富国银行董事会。**	—
2020年2月21日	司法部及证券交易委员会等联邦机构	富国银行与司法部及证券交易委员会等联邦机构达成和解协议，其中包括一项暂缓起诉协议，即司法部虽提出刑事指控，但不会立即追究，如果富国银行在未来3年满足政府的要求，包括继续配合政府的进一步调查，司法部将最终撤回指控。	富国银行同意**支付30亿美元，**与美国司法部和美国证券交易委员会就长期以来虚假账户问题的调查达成和解。

① 《勒令停止命令》（Order to Cease and Desist），案卷号18-007-B-HC，根据修订后的《联邦存款保险法》（修订版）所认定和出具。

三、富国银行案件剖析

（一）富国银行存在的问题

1. 以激进的销售指标考核员工薪酬，考核导向扭曲。富国银行过度追求短期市场销售业绩增长，为实现交叉销售目标，加大员工浮动和递延薪酬比例，将员工薪酬与销售业绩直接挂钩。**一是设置过高的销售指标。**在美国零售市场趋于饱和的情况下，富国银行提出的“伟大的 8（Gr-eight）”战略销售指标难以完成。而指标完不成，轻则减薪，重则离职，所以部分员工开始造假。**二是实施一系列激进的激励措施。**如“刺激转账”措施，客户经理引导客户开户并转账即可获得薪酬奖励。这是导致富国银行员工虚开账户并非法转账的直接原因。

2. 风控管理形同虚设，内控管理失效。一是风险管理能力与发展战略不匹配。美联储向富国银行出具的《勒令停止命令》指出，富国银行为追求利润的快速增长，违背风险管理原则，设定与公司风险承受能力不匹配的交叉销售策略，风险识别管理框架难以根据公司规模及业务复杂性对业务风险进行辨别、估计、报告和纠正，致使合规性成为薄弱环节。**二是管理层默许违规操作行为。**在过度的薪酬激励推动下，董事会有意识地在全行倡导业绩增长理念，对违规事实“视而不见”，管理层知晓下属可能存在违规行为也不予纠正。**三是内部监督检查流于形式。**富国银行风控部门实施检查前 24 小时，被检查分支机构即能获悉相关消息，为相关人员掩盖不当行为预留了充分时间，风控部门监督评价作用无法有效发挥。

3. 董事会权力集中、监督不力，公司治理结构不完善。一是权力过于集中，企业内部制衡机制弱化。富国银行原董事长约翰 · 斯顿夫（John Stumpf）兼任富国银行首席执行官，大部分董事任职 10 年以上，且独立董事人数与其他大型银行相比偏少，这种不合理的公司治理结构使富国银行的决策权长期集中在以约翰 · 斯顿夫为核心的管理团队手中，银行运行偏离战略方向时，不能及时得到修正，削弱了董事会在执行监督和公司治理方面的有效性。**二是董事会对高级管理层的监督不力。**董事会未及时采取相关措施对高级管理层行为进行监督，未对高级管理层追求短期化经营行为予以约束。

4. 客户投诉受理及权益保护机制不健全。一是对客户权益保护不重视。富国银行表面上强调“以客户为中心而不是以产品为中心”的企业战略和“诚实、诚信和值得信任”的行为准则，但媒体对其违规行为报道后，仍采取消极敷衍态度，将涉事员工解雇了事，没有从根本上查找问题并整改，漠视、践踏客户权益。**二是客户投诉受理机制执行不到位。**富国银行设置了以道德委员会、企业责任委员会、消费者委员会和风险委员会等机构为主体的客户权益保护管理体系，但在实际执行中，上述多元化的客户服务渠道和内外结合的客户满意度监测机制未为客户权益保护提供保障，应对客户投诉处理不及时、持续性跟踪不足、补救措施落实不到位。同时，风控部门在应对投诉时，未能从全局角度将投诉案例集中审视进而发掘出问题根源和实质，违规行为不断增多，客户权益得不到有效保护。

（二）监管方面存在的问题

1. 监管措施未及时跟进。2009—2016 年，货币监理署明知富国银行的不当销售行为会对消费者权益构成侵害，而未能对其采取严肃认真的处置行动。**一是** 2009 年，货币监理署意识到富国银行合规控制薄弱，并于当年要求该行开发一个覆盖全公司的消费者和员工投诉监控系统，但在将这一要求纳入 2016 年“货币监理署销售行为同意令”之前，富国银行并没有采取有效措施解决其投诉监控的缺陷，货币监理署也没有对该行采取任何行动。**二是** 2010 年，货币监理署对富国银行激进的交叉销售行为产生担忧，而在 2011—2014 年，货币监理署未对富国银行监控系统和销售控制进行全面的审查和测试。**三是** 2010 年，货币监理署与富国银行高级管理层讨论了约 700 宗有关银行激励薪酬投诉欺诈的员工投诉，但货币监理署并未要求该行作进一步深入调查。货币监理署监察专员还发现货币监理署审查人员未能遵守货币监理署内部政策，向富国银行董事会传达有关防止消费者权益被滥用并改善合规管理的有关指令精神。

2. 非公开的监管措施经证实未能形成有力震慑。在 2018 年“货币监理署合规风险管理同意令”签署前，货币监理署多次采取非公开行动，试图要求富国银行加强其对欺诈等违规行为的风险控制，但均以失败告终。2014 年 1 月 16 日，货币监理署向该行首席合规官出具监督函，要求富国银行管理层建立覆盖全公司的欺诈合规整改计划，但该指令未被执行；2015 年 7 月，货币监理署实施了一项非公开执法行动，要求富国银行提交解决“银行合规风险管理中薄弱环节”的整改计划。但到 2019 年底，富国银行也未建立有效和可持续的全企业合规管理制度。

2012—2017 年，美联储也多次向富国银行发出非公开监管函，试图让富国银行纠正其普遍存在的风险管理缺陷，其间美联储观察到富国银行不具备足够的能力建立适应其业务规模和复杂度的风险管理框架，但未进一步采取更为有效的监管方式。

美国众议院金融服务委员会指出，货币监理署向富国银行发出的机密监管函被证明无效；美联储自 2012 年 12 月识别出富国银行存在基础性风险管理问题，至 2018 年 2 月 2 日采取执法行动，其间所采取的监管措施无效。这些无效的监管措施使富国银行能够以不安全、不合规的方式经营多年，并使消费者对其在与富国银行业务交往中面临的风险毫不知情，消费者权益也一直面临着被侵犯的风险。美国众议院金融服务委员会还进一步指出，监管机构似乎不愿或无法在正常的监管过程中行使更为严厉的权力，需要国会进一步迫使监管机构对富国银行等大型银行采取更为积极有效的措施。

四、富国银行伪造账户案件对我国银行账户管理的启示

当前，我国银行重开户数量考核、以宣传营销推动账户数量增长的情况依然存在。从日常监督检查情况看，银行“重数量轻质量”的企业账户考核机制未从根本上转变，如有的银行账户数量指标权重为 16%，而账户质量和风险防范考核指标权重仅为 2%；有的银行以有效账户数量、一定规模以上账户数量作为企业账户业务主要考核标准。在这种考核导向下，

银行业务人员过度营销开户、拉人头开卡、放松开户审核、开户后疏于管理等问题依然突出。富国银行伪造账户案件的直接原因是扭曲的销售激励政策，对下一步加强我国银行账户管理、全面压实商业银行账户管理主体责任、引导银行树立以风险防控为导向的管理理念和考核体系具有重要的启示意义。

（一）银行账户管理应坚持账户质量导向，科学合理的账户考核机制对银行账户业务乃至银行业务稳健运行发挥重要的“指挥棒”作用

一是加强顶层设计。银行账户业务涉及前台、中台、后台多个部门，银行账户考核不应由其中任一部门自行确定，应由银行行领导牵头做好顶层设计，相关业务部门共同参与，切实构建以账户质量和风险防控为导向的考核管理体系。**二是权责利设置相当。**银行账户考核应结合各部门、各岗位责任分工，合理划定其在账户管理中的权利、责任和义务，使相关岗位人员在享受账户数量增长带来的利益的同时，也切实承担起因此带来的风险和损失，通过科学的考核机制引导全行营造重视账户质量和风险防范的正确业绩观。**三是严格落实并动态调整。**账户考核机制一旦确定，应以制度方式固化下来，相关人员严格落实到位，避免“说一套做一套”。同时，应根据银行经营战略、风控水平等变化进行动态调整，真正发挥考核的正向激励作用。

（二）银行内控机制应坚持不相容职务分离原则，完善有效的内控机制对银行账户业务合规开展发挥重要的“保险箱”作用

一是杜绝“一手清”。不相容职务分离的核心是“内部牵制”，规避操作风险、道德风险。银行账户业务在流程设计上应杜绝“一手清”，实行业务管理、运营管理、风险管理等部门相互制衡、相互配合的内控机制，并通过制度软约束和系统硬控制，使员工按照既定工作流程合规办理账户业务，避免发生操作风险、道德风险。**二是构建账户风险管理框架。**银行应建立与本行账户数量、业务复杂度相匹配的账户风险管理框架，充分发挥金融科技和大数据作用，完善可疑账户监测模型，提升风险账户识别的精准度和处置的及时性；应结合本行业务实际及监管要求，定期开展

账户业务风险评估，查找账户管理中的薄弱环节，及时改进管理措施，堵塞风险漏洞。**三是加强监督检查。**银行上级行应定期、不定期对下级行制度执行、业务办理、风险管理等情况开展监督检查，检查宜采取飞行检查方式，不发通知、不打招呼，避免监督检查流于形式，不能有效发挥震慑作用。

（三）银行账户监管应坚持严管，及时且强有力的监管措施对银行账户市场规范有序发展发挥重要的“稳定器”作用

一是防微杜渐，一管到底。对于富国银行账户业务风险，美国监管部门发现较早，但采用的监管措施失之于宽，且未进行持续跟踪。账户业务监管部门应具备能够发现银行账户业务风险的有效手段，发现苗头性风险的应及时调查，并有针对性地采取监管措施，一管到底。**二是加大惩戒力度，使银行不敢违规、不能违规、不想违规。**富国银行伪造账户案件发生后，监管部门采取责令整改、限制资产规模、重组董事会、罚款等一系列措施，富国银行迫于监管和舆论压力，还向原董事长约翰·斯顿夫和高管人员追回股权激励 6000 万美元。监管部门 2016 年特别是 2018 年以来采取的监管措施值得借鉴，发生账户风险事件的应严格按照“谁开户（卡），谁负责”的原则追究开户人员及管理人员责任。

（中国人民银行济南分行　丁岩　魏雪洁　刘亚迪　常颀；
中国人民银行支付结算司　赵朋飞　贾卢魁）

Wirecard 财务造假事件的影响及启示

摘要：1999 年成立的 Wirecard 公司曾是欧洲最大的上市金融科技企业，巅峰市值超过 240 亿欧元，被视为欧洲唯一有潜力挑战硅谷巨头的对手，也被国内媒体称为“欧洲支付宝”。Wirecard 通过融资并购和高负债经营，快速扩张为全球金融巨头之一，并已进入中国支付服务市场，但以英国《金融时报》为代表的媒体一直质疑其财务造假，最终因“19 亿欧元丢失”这一欧洲金融史上最大的财务造假事件轰然倒下，公司前任 CEO 被拘捕，前任 COO 在逃，公司市值短期内暴跌 95% 以上，不得不进行破产重组。本文总结了 Wirecard 成长及财务造假轨迹，分析造假事件产生的严重负面影响，一是投资者损失惨重，德国资本市场蒙羞；二是支付链条断裂，消费者利益受损，合作伙伴被波及；三是金融科技行业遭受重挫，金融监管面临质疑。结合德国监管当局经验教训及我国实际，建议加强支付机构财务真实性审核；督促支付机构优化公司治理结构，防范内部人控制导致经营风险；形成监管合力，统筹监管金融科技企业混业经营和跨境并购，稳步推进支付服务市场对外开放。

一、Wirecard 发展及财务造假轨迹

（一）发展历程

1. 初创期。1999 年 Wirecard 在德国慕尼黑阿舍姆成立，2002 年与其同城竞争对手 Electronic Business Systems 合并，2005 年在法兰克福股票市场借壳上市，该上市途径规避了首次公开募股（IPO）的严格审查程序，此时公司员工仅 300 多人，主要为在线赌博和色情网站提供网络支付服务。

2. 成长期。 2006年Wirecard通过收购XCOM进入银行业，更名为Wirecard银行，从而获得Visa和MasterCard的信用卡发行许可，并办理签约商户的收单业务。收购银行牌照被认为是Wirecard发展历程中的关键节点，传统银行与非银行支付机构业务的整合，延伸加长了支付链条，为公司在资本市场融资提供了方便，但同时也加大了报表审计难度，为后续财务造假埋下了伏笔。

3. 快速扩张期。 2011年Wirecard募资5亿欧元，迈出全球收购步伐，先是收购了东南亚几家小型支付公司，并在新加坡设立地区总部，进入东南亚市场。2015年以3.4亿欧元收购Great Indian Retail Group公司，进入印度市场。2016年收购花旗银行预付卡业务，进入北美市场。2017年接管花旗银行在亚洲11个国家和地区的支付业务。2018年8月公司市值达到峰值，超过240亿欧元。2018年9月入选德国法兰克福Dax30股票指数，与德意志银行、大众汽车比肩。2019年4月对外宣布获得软银9亿欧元投资。至此，Wirecard已发展成为一家拥有5000名员工，横跨传统银行与支付机构领域，为遍布全球的25万客户提供预付卡、收单、网络支付等服务，并可独立发行信用卡的混业金融科技集团，在欧洲、亚洲、北美构筑起庞大复杂的支付网络，在跨境支付方面成为美国PayPal的重要对手。

4. 进入中国支付服务市场。 2019年11月，Wirecard宣布收购我国境内持牌支付机构——商银信支付服务有限责任公司（以下简称商银信）。2019年12月，Wirecard通过参与商银信实际控制人苹果信息公司增资扩股，获得苹果信息公司9.36%股权，实付资金8000万元人民币，正式进入中国支付服务市场。2020年4月，Wirecard与苹果信息公司签署股权转让协议，协议价款约6.25亿元人民币，但受财务造假事件影响，截至目前尚未付款。

（二）财务造假情况

1. 初露端倪。 据英国《金融时报》（*Financial Times*）报道，2008年已出现对Wirecard财务造假的质疑，由于德国股东协会负责人质疑其财报违规，安永会计师事务所受 Wirecard 委托进行特殊审计，并于 2009 年取代了以前担任财报审计的一家慕尼黑小公司。此事件以德国当局起诉了 Wirecard 两名员工结尾，诉由是财报信息披露违规。2015 年，《金融时报》正式发布“House of Wirecard”专题，再次质疑 Wirecard 财报中存在 2.5 亿欧元的资金缺口。

2. 事态恶化。2018 年 3 月，Wirecard 新加坡总部对涉嫌欺诈的三名员工进行调查。2019 年 2 月，新加坡警察突袭了 Wirecard 的新加坡办公室，带走人员和数据进行调查。德国联邦金融监管局宣布立即禁止做空 Wirecard 股票，这是德国首次禁止卖空单一股票。2019 年 3 月至 10 月，《金融时报》多篇报道质疑 Wirecard 财报虚增利润，在投资者的压力下，Wirecard 委托毕马威会计师事务所进行一次特别审计，但 2020 年 4 月 28 日，毕马威发布的审计报告表示无法证实 2016—2018 年 Wirecard 财报利润最大部分的真实性。

3. 事件爆发。2020 年 6 月 18 日，安永会计师事务所称 Wirecard 无法提供财报所列一个信托账户中 19 亿欧元银行存款余额的证据，从而无法计入合并财务报表，约占公司报告期总资产的 25%。Wirecard 公司表示丢失的资金可能根本就不存在。当日，公司股价放量暴跌，跌幅一度超过 70% 至 29.9 欧元。6 月 23 日，公司前任 CEO 被捕，在支付 500 万欧元保证金后获得假释；公司前任 COO 被辞退后失联，被认为是负案在逃。6 月 25 日，因 13 亿欧元左右的债务即将到期，在德国联邦金融监管局的要求下，Wirecard 向慕尼黑地方法院提起破产保护申请，股价再次暴跌 90% 至 0.6 欧元。截至 7 月 6 日，公司市值仅 3.2 亿欧元，相比巅峰市值蒸发超过 98%。

二、Wirecard 财务造假事件的影响

Wirecard 财务造假的具体事实仍在调查中，但这起欧洲金融史上迄今为止最大的造假事件，已对投资者、消费者、支付行业及德国监管当局造成广泛而深远的影响。

（一）投资者损失惨重，德国资本市场蒙羞

事件爆发以来，Wirecard股价断崖式下跌，令国外多家重要投资机构遭受重大损失，如英国德文郡（Devon）基金管理公司旗下的欧洲机会信托基金因重仓Wirecard，单日净值一度大跌逾11%。合计持有Wirecard公司股份超过40%的高盛、摩根、花旗、贝莱德等国际投行的权益损失金额巨大。Wirecard是德国DAX指数成分股中首家破产的蓝筹公司，令德国资本市场一直以来稳健专业的形象蒙羞。

（二）支付链条断裂，消费者利益受损，合作伙伴被波及

1. 消费者利益受损。据媒体报道，事件爆发后，Visa和MasterCard表示可能关闭Wirecard支付通道，并要求其商户做好相应准备；Wirecard与多家支付机构合作的预付卡业务资金均被暂时冻结，影响到预付卡商户的资金结算。若Wirecard遍布全球的支付网络和庞大商户体系彻底崩塌，支付消费者的利益必将遭受重大损失。

2. 合作伙伴被波及。作为Wirecard长达10年的审计机构，安永会计师事务所未能及时发现财务造假问题，财务中介服务机构的中立性和权威性遭受重大冲击，是否导致类似安达信事件的后果尚有待关注，对会计监管机制的质疑已甚嚣尘上。Wirecard原计划收购我国支付机构商银信公司，已签订股权收购协议并支付部分合同款，受此事件影响可能终止收购，对商银信的持续经营已造成重大影响。另外，Wirecard是我国部分支付机构跨境支付业务的主要合作方之一，其破产重组可能影响跨境支付业务的连续性。

（三）金融科技行业遭受挫折，金融监管面临质疑

1. 金融科技行业遭受挫折。Wirecard虽然主要从事支付业务，但其创立以来一直自我定位为金融科技公司，依靠融资快速进行规模扩张，包装金融科技公司创新概念以支撑其高市值，此次事件已引发投资者对金融科技行业实际盈利能力的质疑，当前多家全球大型私募股权基金已暂缓对金融科技公司的投资，转而要求金融科技公司先递交更严格的财务审计报告与信息披露内容。

2. 德国混合监管体制饱受质疑。联邦金融监管局负责监管银行、保险和证券市场，作为 Wirecrad 的直接监管单位，未能及时发现其财务造假行为，还在 2019 年初以“对经济很重要”和“对市场信心造成威胁”为由，禁止针对 Wirecard 的卖空交易，暴露出其沿用监管证券市场的固有思路，对科技类上市公司监管的针对性和穿透性存在缺陷。欧盟委员会已直接介入 Wirecard 事件，罕见地要求欧洲证券和市场管理局（ESMA）对德国联邦金融监管局进行调查，可能诱发德国乃至欧盟新一轮的金融监管权责划分，开启金融服务行业的新一轮严监管态势。

三、Wirecard 财务造假事件的启示

（一）金融科技企业轻资产且业务壁垒高，存在审计难点，财务造假风险不容忽视

金融科技企业属于轻资产运营，基本无存货和产购销实物流，佣金收入来源分散，收入成本配比性差，现金储备量高且有可能境外存放，业务架构和体系相对传统行业更为复杂，增加了外部审计困难，为财务造假提供了空间。同时，金融科技企业研发和营销支出大，通过并购交易抢占市场、扩大规模的资金需求迫切，具有虚增收入以维持高股价并持续获取融资支持的动机。据《金融时报》报道，安永会计师事务所在 2016—2018 年一直未能获得 Wirecard 在新加坡华侨银行的关键账户的余额信息，未能及时发现虚增现金情况。如报道属实，审计机构在未收到银行询证函的情况下就出具审计报告，存在重大错报风险。

我国境内持牌支付机构按要求应定期向人民银行分支机构报送经审计的财务报告，但从监管实践来看，分支机构目前很难对报告内容真实性进行审核，难以发现潜在的财务造假行为。建议从两个方面着手解决问题：**一是**可对外部审计机构提出一定资质要求，如收入规模、执业人数及金融业审计经验等，将财务报告质量与分类评级等管理事项挂钩，鼓励支付机构聘请专业水平更高的大型事务所进行审计。**二是**提升科技监管水平，以合规监管系统为切入点建立支付机构财务监控指标和预警指标，以便针对

性地开展财务真实性询问和调查工作。

（二）金融科技企业公司治理结构不完善，易形成内部人控制局面，导致经营风险

公司治理结构是现代企业制度的核心内容，良好的公司治理可以促进企业的股权结构合理化，降低代理成本，增强企业核心竞争力，推动企业可持续发展。金融科技企业由于专业性强，技术壁垒高，管理层更易形成内部人控制的局面。Wirecard的股权结构极为分散，单一股东的最大持股比例不超过10%，且主要为机构投资者的财务性投资，对公司管理层的控制力较弱，此次财务欺诈事件中被拘捕的马库斯·布劳恩（Markus Braun）自2002年起长期担任公司CEO，负责公司实际运营。Wirecard近年来的财报存疑及造假事件中，公司的“三会一层”未发挥相互监督制衡的作用，导致投资者利益严重受损。值得注意的是，根据德国法律规定，公司监事会由劳资双方对半组成，监事会有召集股东大会、选任和解任董事的权力，可以说德国公司治理结构的核心是监事会，关于此种公司治理结构是否进一步强化了内部人控制的问题已引起广泛讨论。

由于经济体制以及历史文化原因，公司治理结构分权制衡、激励约束管理层的核心内容在我国境内持牌支付机构并没有得到充分贯彻和体现。中小支付机构的“三会一层”徒有形式，不能有效发挥作用，存在公司治理效率低下、内部控制失效等问题。更有甚者，完全不把心思放在经营管理和业务合规上面，只想通过囤积牌照资源来谋利获利，“赚一把就走”的思想严重，董监高人员的道德风险严重，公司治理一盘散沙。建议加大对支付机构董监高人员的任职资格审查力度，建立诚信档案和职业禁入制度，将强化主要股东义务、加强董事会建设、发挥监事会作用、规范管理层运作、强化关键岗位职责、内部控制有效运行等纳入监管要求，推动支付机构切实提高公司治理水平，为规范发展奠定良好基础。

（三）金融科技企业混业经营，盲目扩张，易出现监管盲区，“大而不能倒”的问题应予重视

金融科技企业以技术创新起家，伴随互联网经济的发展高速扩张，通

过加杠杆并购获得多种金融业务牌照，迅速形成业务庞杂的跨国金融科技集团。这种模式一方面在推动普惠金融，降低经济运行成本方面发挥了积极作用；另一方面也带来负债率居高不下、业务边界模糊、风险交叉感染的问题，增大了监管难度。Wirecard 发展过程中，德国监管当局本有机会在早期遏制风险，但由于监管职责不清晰，对 Wirecard 负债扩张的经营模式缺少警惕，后期又忌惮于混业经营的系统性金融风险，对可能的财务造假行为采取了相对温和的监管措施，导致 Wirecard 逐步走向经营失控乃至破产重组。

我国境内持牌支付机构的实际控制人从事 P2P、小额信贷、基金代销、保险代理等金融业务的情况并不罕见，个别头部企业混业经营规模巨大，部分中小机构规模扩张冲动依然强烈，围绕支付业务大搞金融产品嵌套的现象仍然存在，对此应高度警惕。要坚持底线思维和风险思维，推动持牌机构回归小额便民本源，聚焦支付主业，避免风险叠加和跨市场传染；对头部企业应坚持从严监管，与地方金融监督管理部门、银保监会等外部单位形成监管合力，严防以业务创新为名行制度套利之实；高度关注中小机构的杠杆率问题，通过市场化机制推动兼并重组和市场出清。

（四）金融科技企业跨境并购面临多重风险，支付服务市场对外开放初心不改，但仍需统筹监管，慎始慎终

跨境并购往往面临信息不对称、法律法规不同、文化差异、地缘政治等多重风险，而金融业持牌经营、壁垒高、专业性强的特点使金融科技企业跨境并购更加复杂。Wirecard 并购商银信过程中存在着严重的信息不对称，Wirecard 尽职调查不充分，未能全面掌握商银信资产负债及业务经营情况，对商银信违法违规行为导致的高额行政处罚缺少预判；商银信对 Wirecard 财务造假、高负债经营以及美国资本实际控股等情况也缺少了解，对收购资金的来源未作调查。

支付服务市场对外开放是大势所趋，是落实支付供给侧结构性改革、保持我国支付行业国际领先地位的客观要求。美国 PayPal 公司 2019 年 9 月成功收购我国的国付宝信息科技有限公司，走出了外资并购境内支付机

构的第一步，但我们仍需保持清醒认识，对跨境并购的复杂性做好充分准备，统筹调度各方力量，加强对境外收购主体的研判分析，特别是对收购资金来源重点审查，对中美经贸摩擦等地缘政治、意识形态因素对并购的影响也应予以关注，确保对外开放进程平稳有序、张弛有度。

（中国人民银行营业管理部
李海辉　徐海勇　冯玮　朱震　王一琛）

支付业务连续性管理的国际经验借鉴与思考

摘要：支付业务连续性是金融市场稳定、货币政策传导和资金高效运转的基础保障，随着全球支付结算业务联系日趋紧密，业务连续性保障的复杂程度也不断加大，本文对国际上支付业务连续性管理实践开展了研究。为有效防范支付业务连续性风险，国际组织制定了《金融市场基础设施原则》《业务连续性的高级别原则》等文件，从业务连续性的总体原则及目标、监管思路和监管应对的突发事件类型等方面给各国制定业务连续性管理法规提供指导意见。基于这些基础性原则，美国、欧盟、英国、新加坡等国家和地区根据自身实践经验，从业务连续性的目标设定、风险分析、计划制订、应急演练和培训等方面制定了相应支付业务连续性管理政策。结合我国支付业务连续性管理实际，建议提升支付业务连续性法规制度建设的统筹性和全面性，进一步明确支付业务连续性管理的目标和评估标准，推动实施全链条的业务连续性管理。

一、支付业务连续性管理的国际通用规则

全球支付结算业务联系日趋紧密，导致结算风险、信用风险、流动性风险在金融体系传导和扩散的速度加快，单一系统、单一机构或局部地区发生业务中断都有可能引发系统性风险。因此，为避免单一国家或地区的支付业务连续性中断引发全球性风险，支付与市场基础设施委员会、巴塞尔银行监管委员会、国际证监会组织等国际组织相继出台了一系列规范标准，要求各国监管机构在本国的监管制度中予以体现。

（一）监管总体原则及目标

当前，对支付业务连续性管理的总体要求主要涵盖金融基础设施和金融机构两方面。

1. 金融基础设施的业务连续性。2012 年，支付与市场基础设施委员会和国际证监会组织发布《金融市场基础设施原则》（*Principle of Financial Market Infrastructure*），该原则适用于支付系统、中央证券存管系统、证券结算系统、中央对手方及交易数据库。《金融市场基础设施原则》将业务连续性纳入运行风险管理，其第 17 条原则规定“业务连续性管理应当旨在及时恢复运行和履行金融市场基础设施的义务，包括在出现大范围或重大中断事故时”。配套出台的《金融市场基础设施原则披露框架和评估方法》（*Principle of Financial Market Infrastructure: Disclosure Framework and Assessment Methodology*）明确规定了业务连续性计划的目标，包括两个层次：**一是**内部风险管理目标。金融基础设施运营商应制定能够处理重大运营风险事件的业务连续性计划；确保关键技术系统在破坏性事件发生后 2 个小时内恢复运行，即使在极端情况下也能在中断当天结束前完成结算；运营者应定期安排测试。**二是**外部风险管理目标。金融基础设施运营商应识别、监控和管理其关键参与者、关联金融基础设施、服务和技术提供商的运行风险，测试应全面覆盖上述主体。

2. 金融机构的业务连续性。2006 年，巴塞尔银行监管委员会和国际证监会组织发布《业务连续性的高级别原则》（*High-level Principles for Business Continuity*），适用于所有金融机构及金融机构的内部系统。《业务连续性的高级别原则》规定的目标主要如下：**一是**灾备系统尽可能与常规系统距离足够远，不依赖相同的物理基础结构组件，最大限度地降低受同一事件影响的概率。**二是**灾备系统的备份数据应可以支持在限定时间内恢复和维护关键的操作和服务[①]。**三是**当面临员工无法到岗的情况，业务连续性计划应保证提供足够数量并符合资质的员工以进行关键操作和服务。

（二）监管思路

《金融市场基础设施原则》和《业务连续性的高级别原则》均体现出支付业务连续性管理自上而下、纵向传递的特点。**第一层**是金融基础设施业务连续性管理。金融基础设施是资金流转枢纽，具有影响范围广、关联度大等特点，一旦中断运行，对金融体系影响巨大。因此，在支付业务连续性管理中处于最高级别，由金融监管机构直接进行监管。支付与市场基础设施委员会对其成员国（地区）《金融市场基础设施原则》的落实情况进行定期评估，成员国（地区）的监管机构通过将《金融市场基础设施原则》转化为本地法规，按照相关要求实施业务连续性管理。**第二层**是金融基础设施运营商对其参与者的管理。《金融市场基础设施原则披露框架和评估方法》规定，金融基础设施运营商应识别、监控和管理其参与者、关键服务提供商、关联基础设施对其运行造成的风险，也要关注自身运行风险对其他关联基础设施造成的影响。**第三层**是参与者对关键技术服务提供商的管理。随着金融机构对技术服务提供商的依赖性不断增强，且技术服务呈现向少数提供商集中的特点，当关键技术服务提供商发生突发事件时，可能会产生“多米诺骨牌效应”，造成支付体系的大规模中断。因此，金融机构应通过对关键技术服务提供商的尽职调查、风险评估、业务连续性计划进行定期审阅、安排联合演练等，评估其是否满足要求。

（三）监管应对的突发事件类型

业务连续性计划应尽可能地涵盖所有可能的突发事件类型。造成业务

① 关键的操作和服务是指，如若某操作或服务的中断，会对其他金融行业参与者、金融监管机构或金融体系相关方业务持续运作产生实质性影响，那么该操作或服务则应被认定为关键业务操作或服务。一般而言，数据中心（Data Center）是绝大多数金融机构的关键业务职能。除此之外，关键服务往往还包括了大额支付、交易清算和结算等服务。

中断的直接因素可能是网络中断、电力中断、人员无法到岗、设备受到物理破坏等，这些突发事件导致支付业务中断的波及范围和时长均不同，所需的恢复条件也存在差异。《业务连续性的高级别原则》列举了常见的突发情况，在后续发布的文件中，如《金融市场基础设施的网络弹性》（*Cyber Resilience in Financial Market Infrastructures*）对突发情况进行了补充：**一是**自然灾害，如火灾、洪水、地震、极端天气等；**二是**技术事件，如通信网络中断、电力中断、设备故障等；**三是**恶意网络攻击事件；**四是**突发公共卫生事件。

二、支付业务连续性管理的各国（地区）实践

在上述监管思路及监管总体规则的基础上，各个国家和地区根据自身支付体系的特点，制定支付业务连续性管理相关政策。支付业务连续性管理遵循既定流程，分别为目标设定、风险分析、构建业务连续性计划、培训与测试，并通过测试和实践检验目标设定的合理性，进而形成有机闭环。

（一）业务连续性管理目标设定方面，以“最大容忍度”“风险相适”为原则，强调风险敞口的覆盖

支付业务连续性管理需要先设定合理的目标，进而根据目标制订一系列配套计划。

1. 以“最大容忍度”设置恢复目标。根据“最大容忍度”的风险评估原则，业务连续性需覆盖关键业务中断的风险敞口最大值。如英国《金融机构运营弹性指南》（*Building Operational Resilience*）规定，金融机构建立应急机制时应以业务中断影响的“最大容忍度”为目标，将所有风险放在同一尺度上衡量，即所有风险造成的关键服务中断必须在最大可容忍的中断阈值内。金融机构在确定其关键服务时，可将该项服务受到干扰后，可能对其消费者或市场诚信造成的损害程度作为标准；在此基础上，设置每项关键服务的“最大容忍度”阈值，这些阈值必须涵盖中断时间、受影响业务量、受影响用户的最大值。再如美国《业务连续性管理手册》（*Business Continuity Management*）规定，金融机构应设置明确的恢复目标，

可用3个指标衡量：恢复时间目标（Recovery Time Objective，RTO），即风险事件发生后，必须恢复数据的时长要求；恢复点目标（Recovery Point Objective，RPO），即风险事件发生后，数据必须恢复到的时间点要求；最大可容忍业务中断时间（Maximum Tolerable Downtime，MTD），即系统管理者或相关负责人可以接受的业务流程中断时长。MTD对于应急管理方案制定者选择合适的恢复方式至关重要。若金融机构在实际运作中无法达到恢复目标，则有可能造成延迟或违约，进而造成营收损失、费用增加、行政处罚等后果。

2. 以“风险相适”为原则制订连续性计划。不同金融基础设施或金融机构在规模、与外界关联性等方面差异巨大，需要应用“风险相适”的原则确保业务连续性计划与其风险敞口匹配。如欧盟、新加坡、中国香港把业务连续性纳入“系统重要性”的认定机制，当金融基础设施中断或出现问题时，对参与者、其他金融基础设施和整个金融系统的影响程度可以作为认定的重要标准；对于被认定为系统重要性金融基础设施的连续性管理提出更高的要求，需保证关键业务操作在2个小时内恢复，并在当天完成所有结算业务。欧盟2007年发布的《系统重要性支付系统业务连续性监管期望》（*Business Continuity Oversight Expectations for Systemically Important Payment System*）进一步明确了系统重要性支付系统的参与者管理要求，授权支付系统运营商识别关键参与者，关键参与者至少保证中断在1天内恢复；同时，为避免因重复建设导致资源浪费，在参与者之间的双边业务中可使用彼此的处理系统或共享灾备系统。

（二）风险冲击分析方面，主要分为“风险识别”和“影响分析”两个步骤

在设定好恢复时间目标后，金融基础设施和金融机构必须就可能出现的风险事件及其可能产生的影响进行分析。

1. 针对本地区高发事件，因地制宜进行风险识别。如美国的《业务连续性管理手册》关注所在地地理位置的潜在风险，如洪水多发区、地震带、飓风或龙卷风多发地带。除了地理因素，也应关注地缘政治风险，如在受

美国制裁地区展业可能造成附加风险、部分地区容易成为恐怖袭击目标等。日本银行发布的《业务连续性系统有效性的确认项目和具体行动示例》也特意强调，金融机构改进的灾备系统实践案例中应覆盖地震、海啸、流感等风险事件。

2. 重点关注网络风险的识别。根据支付与市场基础设施委员会 2014 年发布的报告《金融基础设施的网络弹性》，网络弹性正逐步成为金融基础设施运行的首要问题，由于网络风险具有新型、高度复杂且发展迅速的特点，因此非常难以管理。网络攻击可能造成系统性损害或破坏，导致严重经济损失，在确定事件发生程度、如何补救、如何恢复方面可能存在困难，有可能难以实现 2 个小时的恢复时间目标。因此，网络风险成为各国支付业务连续性管理新的关注点。如新加坡金融管理局要求金融机构建立网络风险评估矩阵，涵盖数据窃取、IT 系统中断、数据损坏等内部风险，以及技术提供商造成数据损坏、第三方服务中断等外部风险，通过测试对风险发生可能性进行赋值，检查可以采取的恢复措施，并定量评估经济损失。

（三）制订业务连续性计划方面，兼备“通用”和“专项”两类计划

结合恢复目标和风险冲击分析，制订业务连续性计划。计划可以是通用的，即针对所有的风险事件；也可以根据个别风险事件的特点，制订专门的业务连续性计划。业务连续性计划应是一个动态计划，定期根据组织架构和风险变化等内容进行更新，对所需配备的人员、设备、技术支撑等按具体情况动态调整。

以此次应对新冠肺炎疫情为例，大部分国家和地区沿用通用业务连续性计划，但强调重新评估风险，部分国家和地区则执行流行病专项应对计划。**大部分国家和地区**此前没有为突发公共卫生事件制订专门的支付业务连续性计划，因此沿用原有的业务连续性计划，并评估原有计划能否覆盖疫情影响范围广、持续时间长、人员无法到岗和网络容量激增等特点。如 2020 年 3 月，欧洲央行发布声明，建议受监管的金融机构充分考虑疫情影响，评估当前应急计划是否满足疫情期间的要求，评估应涉及应急计划在疫情暴发下可采取的措施和所需的响应时长、应急措施能够维持的最长期

限、员工大规模远程办公的可行性等方面。**部分国家和地区**则制订了专门针对疫情暴发的应急计划。如美国联邦金融机构评估委员会于2007年颁布《大流行应对计划指南》（*Guidance on Pandemic Planning*），并在多次流感期间不断检测和完善计划。《大流行应对计划指南》强调在疫情期间金融机构应通过“差距分析”的方法，将现有的业务流程与疫情期间保障业务连续性所需的条件进行比较，重点比较分析在工作场所或居家提供服务，以及业务从线下到线上转移等情况。同时，制定相应的警报指标，有效监测疫情暴发的进展及不同地区的卫生组织发出的警报，确保第一时间启动应急响应。

（四）依据业务连续性计划进行“交叉培训”和“应急演练”

完成业务连续性计划后，必须配套建立相应的人员培训机制和实施压力测试。

1. 在人员方面，进行交叉业务培训。欧盟要求系统重要性金融基础设施的两个不同运营中心人员进行交叉培训，通过互换工作岗位的方法确保可以随时轮换操作；同时，要求关键参与者常规系统和灾备系统所在地的工作人员交叉培训。

2. 在应急演练方面，建立跨部门应急演练机制。日本银行从2010年开始实施跨机构、跨部门的“全街培训”计划。“全街培训”模拟了金融行业常见的灾难场景，各金融机构针对同一灾难场景进行响应，日本银行汇总响应结果，并制订金融行业整体的业务连续性计划。

3. 在压力测试方面，进行定期的攻击测试。英格兰银行从2013年开始，组织建立银行业的网络安全渗透性压力测试机制（Controlled Bespoke Intelligence-led Cybersecurity Tests，CBEST），将银行和金融基础设施等全部纳入测试，定期通过人工或自动化手段对被测试者的信息安全管理系统进行攻击，测试过程对监管机构全程透明，但是不对被测试者开放。最后，对于每个被测试者，监管机构和该被测试者针对评估报告展开座谈，讨论出台整改报告。

三、相关启示

（一）提升支付业务连续性法规制度建设的统筹性和全面性

一是对支付业务连续性实施全盘考虑、统筹监管。当前，我国金融基础设施统筹监管的顶层设计正在逐步完善，建议将业务连续性作为风险防控重点纳入统筹监管顶层设计，制定统一的监管标准。全盘考虑支付链条中各环节的业务连续性管理要求，将各类金融基础设施、金融机构、关键技术提供商等纳入统一的监管框架，并明确各监管机构的监管职责、监管范围和监管目标等。**二是**在统筹监管框架中，配套出台风险事件报告、联合风险评估、定期信息互换的细化规定。先明确风险类型、影响等级的划分，以及当风险事件出现时，影响等级判定及报告程序，确保相关联的机构在第一时间获取信息。在此基础上，进一步明确金融基础设施、金融机构、技术提供商风险评估要点，以及其发生风险事件的概率、影响范围、恢复时长、灾备系统切换等对于其他关联系统的影响。

（二）进一步明确支付业务连续性管理的目标和评估标准

一是可借鉴英国“影响最大容忍度”的方式，确立业务连续性管理的目标。金融基础设施、金融机构等应明确关键服务的最大可容忍中断阈值的设置标准，参考其重要性、关联度等指标，设置相匹配的阈值。**二是**充分考虑不同风险类型的特点，有针对性地制订业务连续性计划。以新冠肺炎疫情为例，公共卫生事件可能具有影响时间长、范围波及全球多个国家和地区等特点，风险敞口与常规的突发情况差别较大。可借鉴美国的《大流行应对计划指南》，探索将公共卫生事件列为特定的突发事件，纳入金融基础设施及其参与者的支付业务连续性计划，明确风险管理和风险评估要求。

（三）推动实施全链条的业务连续性管理

一是借鉴日本央行经验，打破单一机构、单一基础设施的局限，推动支付全链条层面的应急演练。定期组织覆盖全行业、全链条的应急演练，随机选定应急场景，实施监测应急相应的各环节和步骤，并对应急演练的结果进行评估，检验参与主体是否满足业务连续性管理要求，并根据结果对整体应急计划进行动态调整。**二是**组织进行业务交叉培训。在内部管理方面，金融基础设施及其参与者，尤其是系统重要性金融基础设施，应加强不同运营中心的人员轮换和交叉培训；在外部协调方面，构建信息互换机制，与联系紧密的金融基础设施和参与者之间加强沟通，就应急响应相关操作、对关联者的影响、需要配合协调的事项进行协商。

（中国人民银行广州分行　孔凡东　叶婷婷）

卡组织 EMV 标准的诞生和推广

摘要：标准已成为世界“通用语言”，利用标准中涉及的知识产权进行技术垄断、抢占制高点，是国际竞争中发达国家的常用手段，卡组织 EMV 标准[①]是“标准先行”的典型代表。本文研究了 EMV 标准诞生、推广进程及其联盟组织 EMVCo 的运作机制。研究发现：一是卡组织的国际标准，主要是由在该领域占据市场领先地位的企业标准转化而来；二是市场自发形成的联盟组织 EMVCo 对 EMV 标准的推广起到了有力的助推作用；三是联盟的治理需要平衡“掌控”和“开放”，确保标准的可推广性；四是标准的推广也需要因地制宜，采取灵活多变的推广策略。目前以数字支付为典型代表的中国金融科技行业在全球居于领先地位，具备建立国际标准的良好基础。建议支持我国领先的市场机构构建金融科技标准、加快我国金融科技标准“走出去”，实现“标准引领”。

一、EMV 标准的诞生及作用

20世纪80年代，芯片卡的诞生有效解决了传统磁条卡欺诈率高的痛点，提高了支付安全性，符合各方长期共同利益，但推广中却面临两大难题：**一是**单家机构推广芯片卡成本高、效率低；**二是**各自推广造成标准割裂，互通性弱。1996 年，为解决以上两个难题，Visa、MasterCard 和 Europay 三家卡组织共同推出了芯片卡标准，这也是 EMV 标准最早的技术规范。

① 最初由 Visa、MasterCard 和 Europay 三家卡组织共同推出的芯片卡标准。

（一）通过发挥规模效应，解决单家机构推广成本高、效率低的难题

芯片卡推广的直接成本不仅涉及卡片更换、机具改造、商户系统升级等，还包括发卡行、芯片卡厂商、机具厂商、商户系统、独立软件开发商（ISV）、收单行甚至政府部门等产业链多方主体的协调等间接成本。单家机构投入过大，也难以形成规模效应，而共建芯片卡标准可以最大限度地发挥规模效应。

（二）通过统一标准，解决自建标准互操作性弱、客户体验差的难题

20 世纪八九十年代，芯片卡标准呈现多家卡组织相互割裂的局面，其中欧洲尤为显著。比利时 EuroPay、德国 GeldKarte、法国 Carte Bancaire、美国的 Visa 和 MasterCard 均有各自的标准，相互之间缺乏互操作性，导致持卡人和商户体验差，加之欧洲各国跨境交流频繁，对于统一芯片卡标准的诉求最为强烈。EMV 标准的出台，以市场化方式逐步统一了卡支付行业的技术标准，促进了全球卡支付的互联互通和消费者的跨境往来。

二、EMVCo 的成立及作用

自 1996 年第一版 EMV 标准发布之后，经过近 3 年的推广实践及舆论准备，EMV 标准已经具有较好的市场基础和舆论环境，具备了“地利”和“人和”。与此同时，1999 年国际上“全球化”热情高涨，客观上也为 EMVCo 的成立奠定良好的国际政治环境，可谓“天时”。在“天时、地利、人和”具备的情况下，卡组织标准联盟组织 EMVCo 于 1999 年 2 月正式成立。

（一）EMVCo 组织的作用

EMVCo 成立之前就有 EMV 标准，但影响力相对有限，落地推进较慢，EMVCo 的成立明显加速了 EMV 标准推广进程。主要体现在以下三方面：**一是**提供了相对正式、高效的组织载体。EMV 标准的推广是长期的系统工程，需要有效的运作机制和长期的资源投入。**二是**提供了相对开放、中立的议事场合。EMV 标准的推广涉及银行卡产业链的上下游，沟通协调事务众多，相对开放的行业组织更体现平等沟通、友好协商的中立态度。**三是**以市场化、非盈利的行业联盟身份与各国监管机构对话。金融作为强监管

行业，其标准推广离不开各国监管机构的支持。EMVCo以市场化、非盈利的行业联盟身份与各国监管沟通，更加容易获得信任。

（二）EMVCo标准推广的三个阶段

1999年正式成立以来，EMVCo经历了快速推广期、技术升级期与被动应对期3个发展阶段（见图1）。

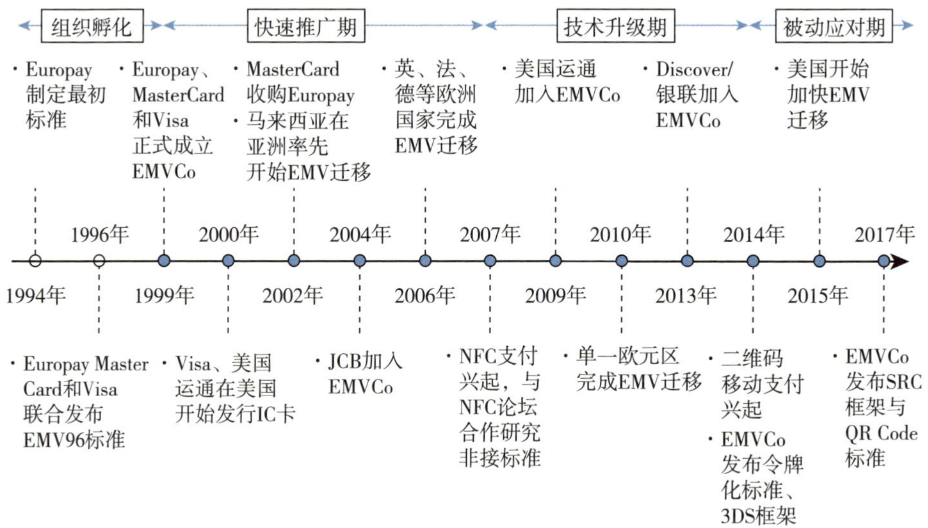

图1 EMVCo组织的里程碑事件

（资料来源：根据网上公开资料整理）

1. 快速推广期（1999—2007年）：针对芯片卡单独推广成本高、效率低且互操作性差的行业痛点，EMVCo联合芯片卡上下游加速EMV标准在全球不同地区拓展，帮助卡组织促进跨境业务的快速增长，进一步巩固行业的核心地位。

2. 技术升级期（2007—2014年）：2007年是EMVCo面临的第一次技术危机，从接触支付到非接触支付的升级。当时诺基亚推出带有近场通信（NFC）功能的智能机，其他手机厂商纷纷跟进，开启非接触支付时代。各地卡组织也纷纷出台了各自的标准。EMVCo迅速作出反应，积极与NFC论坛（NFC Forum）进行合作，及时整合并最终形成了七项非接触支付标准。

EMVCo 的迅速反应快速稳定了支付行业的格局，维护了卡组织的利益。

3. 被动应对期（2014 年至今）：2014 年 4G 手机普及，线上支付、移动支付快速崛起，EMVCo 面临第二次技术危机：从卡支付向码支付的转变，逐步打破了卡组织的利益格局。EMVCo 陆续发布令牌化（Tokenization）、3DS（3–Domain Secure）、安全远程支付（Secure Remote Commerce）框架、二维码(QR Code)等技术标准，虽然部分标准如 QR Code 市场占有率尚不高，但从监管先行来看，QR Code 标准已经获得了新加坡、印度尼西亚等 10 多个国家的监管认可，对数字支付公司的业务拓展形成了垄断挤压。

三、EMVCo 推广 EMV 标准的方式方法

（一）治理架构上，国际卡组织牢牢掌握了 EMVCo 的决策权及话语权，体现“掌控”原则

EMVCo 的治理架构如图 2 和表 1 所示，该治理架构保证了卡组织对 EMVCo 决策权及话语权的掌控。主要表现在两方面：

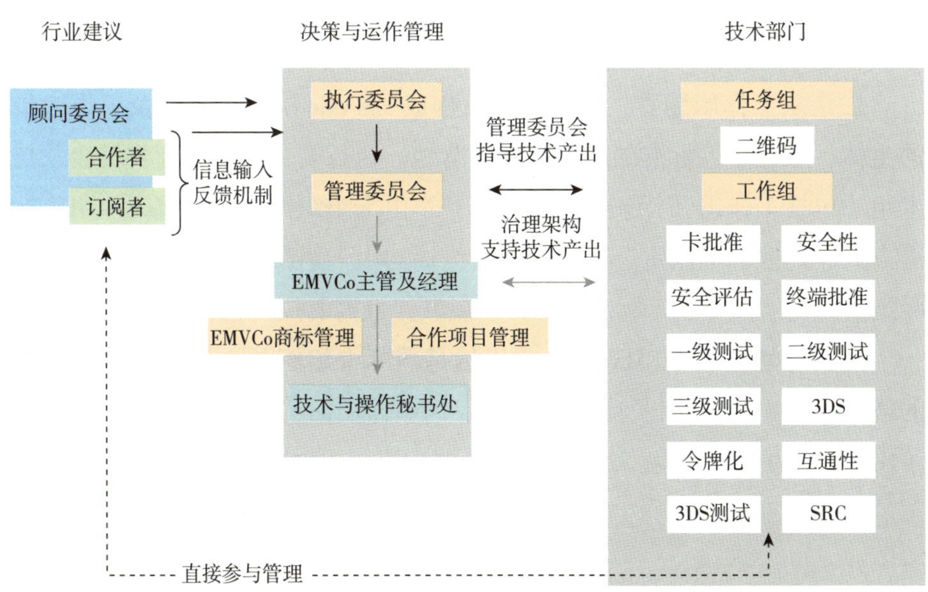

图 2　2019 年 EMVCo 组织的治理架构

（资料来源：根据 EMVCo 官方网站资料整理，下同）

表 1　　EMVCo 主要部门人员构成及职能

名称	人员构成	职能
执行委员会	·EMVCo 的最高决策机构 ·六大股东（卡组织）各出一名	·从顾问委员会处获得行业信息意见 ·指导管理委员会的工作 ·表决工作组建立及标准发布等关键事宜
管理委员会	·由十二名成员组成（每个卡组织两名），以及无投票权的三名顾问和一名经理	·管理 EMVCo 的运行，对工作组与任务组进行管理，并提供支持
顾问委员会	·合作者包括商业伙伴（BA）和技术伙伴（TA） ·每一名商业伙伴（BA）在委员会拥有一个席位 ·所有技术伙伴（TA）在其中一共拥有六个席位	·顾问委员会向 EMVCo 的战略制定和技术标准提供产业意见
工作组 / 任务组	·EMVCo 技术标准的具体制定和维护 ·技术专家均由卡组织选派	·工作组主要支持已有标准的维护及测试认证的相关事项 ·任务组主要负责新标准的制定，根据需求灵活设立

一是从组织架构看，六大卡组织构成执行委员会，把握 EMVCo 的发展方向。Visa 和 MasterCard 作为发起方，联合 JCB①、American Express②、Discover③ 和中国银联共同作为执委会的成员，每个成员各派出一名代表，行使最终决策权，代表卡基行业的利益指导技术标准的制定方向。

二是从工作职能看，卡组织代表构成 EMVCo 决策、管理及工作人员的主体，全程掌控标准的制定及具体落地。执行委员会、管理委员会及技术组（包括工作组和任务组）的人员基本由卡组织派代表构成，从明确标准方向、具体标准制定、标准落地及沟通均由卡组织的代表来全程掌控，吸纳新成员、发布技术标准等重大事项最终也需要执委会表决通过。

需要特别指出，EMVCo 目前仍然是国际卡组织的主导和维护其利益的载体。在二维码支付标准的制定中，中国提出了“基于统一资源定位符（URL）”的技术方案，这一方案是全球主流且成熟的支付标准，在中国、

① JAPAN CREDIT BUREAU CARD，中译名为吉士美卡或日财卡，是世界通用的国际信用卡。

② 美国运通公司，是国际上最大的旅游服务及综合性财务、金融投资及信息处理的环球公司。

③ Discover Card（发现卡）是一种在美国普遍使用的信用卡。

印度、东南亚、欧洲等国家和地区都已有广泛应用。但最终 EMVCo 技术标准采用截然不同的方式，在传统银行卡技术框架内进行调整，本质上是让新兴的二维码支付反过来适应传统银行卡技术框架，这直接导致全球主流的二维码支付应用与 EMVCo 主导的技术标准不兼容，形成市场与标准之间的错位，中国想利用市场领先窗口期向全球推广二维码支付方案，也因此面临 EMVCo 人为设置的巨大障碍。

（二）治理方式上，采取完全市场化的方式，体现“开放”原则

EMVCo 按照市场化的方式进行联盟治理，而且随着行业变化及业务开展保持着高度“组织弹性”。对比 2008 年与 2019 年的 EMVCo 的组织机构（见图 3），可以发现两大变化：**一是**增加了顾问委员会，包括合作者（又分为商业伙伴和技术伙伴）及订阅者，吸收行业参与者的意见；**二是**增加了全职的主管及经理人员，强化 EMVCo 组织的专业度。

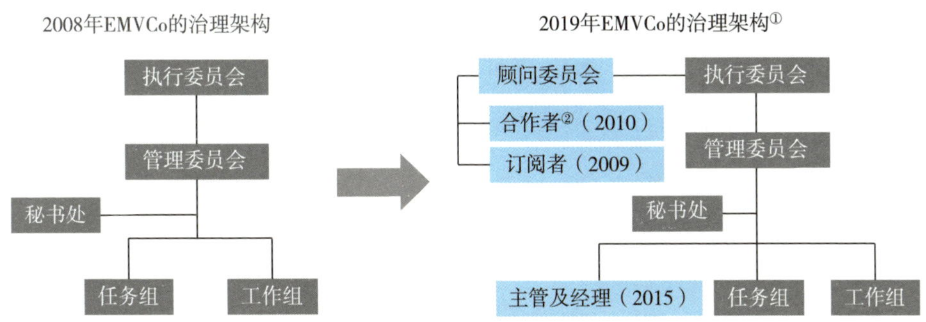

注：①亮蓝色方框为后续新增部门。

②合作者又分为商业伙伴（BA）和技术伙伴（TA）。

图 3　2008 年和 2019 年 EMVCo 的治理架构对比

卡组织充分意识到 EMV 标准的制定及落地牵涉甚广，需要尽可能争取行业各方意见和支持。主要体现在三方面：

一是参与成员的开放。执行委员会从创始的 3 家卡组织扩张到目前六大国际卡组织，2009 年、2010 年先后开展“订阅者与合作者计划”，不仅将产业上下游各方，还将潜在的竞争方移动支付行业也纳入组织的成员。

二是标准制定的开放。成立顾问委员会，由商业合作伙伴、技术合作

伙伴的行业代表构成，不仅可以提议研究方向，还能对标准制定及修改提出各种反馈意见，充分吸纳发挥行业各方的能动性。

三是成果的开放。及时将最新的标准成果、行业动向分享到组织内部的各个部门，而且即使不是订阅者，也能免费地使用标准，最大限度地促进技术成果的分享。

（三）推广策略上，坚持长期投入，采取灵活多变的方式

标准的推广普及是一项漫长的系统工程，需要长期资源投入。早在 1996 年就发布了第一版 EMV 的 IC 卡标准，后续 JCB、American Express、Discover 和中国银联 4 家卡组织陆续加入，但直到 2018 年，全球主要地区的 IC 卡使用采用率才终于都超过 50%（见表 2）。

表 2　2010—2018 年全球主要地区 EMV 卡的发行量及采用率

单位：百万张、%

年份	2010		2012		2014		2016		2018	
地区	数量	采用率	数量	采用率	数量	采用率	数量	采用率	数量	采用率
非洲与中东	17	13.7	32	20.6	77	38.9	184	68.7	272	87.8
亚洲太平洋地区	305	26.6	366	28.2	942	17.4	3331	38.8	5001	51.0
加拿大、拉丁美洲与加勒比地区	182	26.4	319	41.4	471	54.2	717	75.7	848	86.9
西欧地区	556	65.4	760	84.4	794	81.6	921	84.9	966	85.5
东欧地区	23	11.5	37	14.5	84	24.4	243	63.7	301	80.4
美国	—	—	—	—	—	—	675	52.2	842	60.7

标准的推广也需要因地制宜，采取灵活多变的方式。具体而言，EMV 芯片卡标准迁移从欧洲开始，逐渐向非洲、亚洲、拉丁美洲、加拿大以及美国蔓延。如图 4 所示，根据区域行政力量的强弱以及芯片卡市场需求的强烈程度，可以将 EMV 标准迁移的策略分为以下四种模式：

1. 缓慢演进型：以美国市场为代表。这类市场监管程度低、自由度高，

国际卡组织在这类市场中话语权有限，同时，市场本身信用体系健全，欺诈率较低，没有迫切的升级需求，EMV 迁移基本靠市场行为自发演进。在这类市场，卡组织主要以培育地区化的生态系统、科普宣传，辅以风险转移政策逐步实现推广。

2. 政策主导型：以中国市场为代表。国际卡组织一般与央行、本地卡组织进行合作，通过行政和市场相结合的方式推广，往往推广速度较快，但存在一定标准兼容性差异，如中国 PBOC 芯片卡标准。

3. 双边驱动型：以马来西亚、尼日利亚为代表。这类市场行政力量较强，当地磁条卡欺诈率高，监管部门与卡组织都有动力强力推广 IC 卡。这类市场主要采用央行表态，加上卡组织给定截止日期来实现 EMV 迁移。

4. 主动发力型：以南非、拉丁美洲为代表。国际卡组织在这类市场中占据绝大多数市场份额，磁条卡欺诈率较高，而行政力量相对比较弱。故由卡组织制定短期内实现的风险转移政策，快速进行 EMV 迁移。

综上所述，EMVCo 标准联盟是国际卡组织的中坚执行力量。EMVCo 作为“明线”，国际卡组织作为“暗线”，结合不同地区的行政力量和市场需求，强化监管沟通，针对性地制定风险转移策略及落地时间表进行推广。

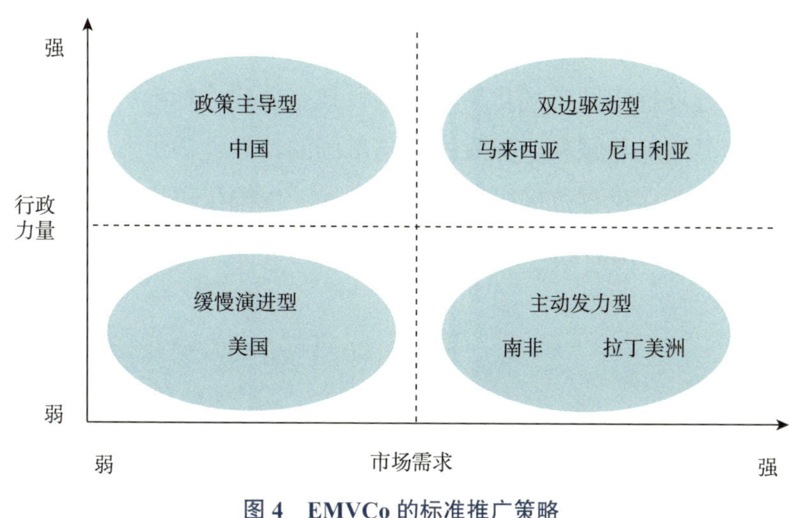

图 4　EMVCo 的标准推广策略

四、总结及启示

（一）标准先行是国际卡组织进行国际竞争的重要策略

EMV 标准过去是卡组织 Visa、MasterCard 和 Europay 解决芯片卡推广成本高、效率低、标准割裂等痛点的产物，Visa、MasterCard 等通过网络效应放大了“头部效应”，挤压了欧洲、发展中国家的本地小型卡组织。当前国际卡组织又利用 EMVCo 的行业联盟力量，在泰国、印度尼西亚等多国政府机构推广实施二维码标准，对中国等新兴市场的移动支付产业形成明显的挤压态势。

（二）中国金融科技有基础、有能力实现“标准引领”

从全球来看，目前应用广泛的国际标准，主要是由在该领域占据市场领先地位的企业标准转化而来，EMV 标准就是例证。目前以数字支付为典型代表的中国金融科技行业在全球居于领先地位，具备建立国际标准的良好基础。据安永《2019 年全球金融科技采纳率指数》报告，中国的消费者金融科技采纳率高达 87%，位居全球首位，全球平均金融科技采纳率仅为 64%。党的十九届四中全会强调，“强化标准引领”，建议尽快提炼我国金融科技成功实践的最佳案例和技术标准规范，加强研究储备，尽快“走出去”。

（三）支持领先的市场机构构建金融科技输出的国际标准

需要充分发挥中国市场化领军金融科技企业建立标准、输出标准的积极性，快速灵活地兼顾和适配海外不同市场的特异性需求。标准的制定需要面对世界，要在世界范围内形成商业模式，以确保可推广性，避免形成局域网式、缺乏跟随者的标准。

（蚂蚁集团研究院　倪丹成）

关于境外银行卡组织发展经验的比较分析

摘要： 目前，在六大国际银行卡组织中，维萨（Visa）和万事达卡（MasterCard）整体上处于领先地位；在部分国家和地区，新兴卡组织发展形成了一定的自身特色。本文对美国、欧洲、澳大利亚、俄罗斯和印度本地卡组织的发展历程进行了分析，并总结了影响卡组织发展的重要因素：一是基础设施建设和技术水平的提升是卡组织快速发展的前提；二是利用后发优势可帮助发展中国家实现跨越式发展；三是定价策略对银行卡产业竞争有直接重要影响；四是区域性支付网络合作趋势有助于促进卡组织自身发展。结合我国实际，建议：一是加强基础设施建设和核心技术创新；二是加快对支付体系建设的前瞻性研究；三是注重研究各卡组织的定价策略和体系；四是针对市场需求不断提升境内外银行卡支付服务水平。

一、主要卡组织概况

（一）国际卡组织概述

目前，六大公认的国际卡组织分别是维萨（Visa）、万事达卡（Master Card）、中国银联、美国运通（American Express）、发现卡（Discover）（大莱信用卡[①]）和JCB。六大卡组织中，维萨、万事达卡和中国银联的发卡量、交易额均占据前三（见图1）。其中，维萨、万事达卡在欧美市场占比较高，

① 2008年，发现卡集团收购大莱卡。图1中发现卡数据包括发现卡与大莱卡。

中国银联在亚太地区影响力较大（见表1）。

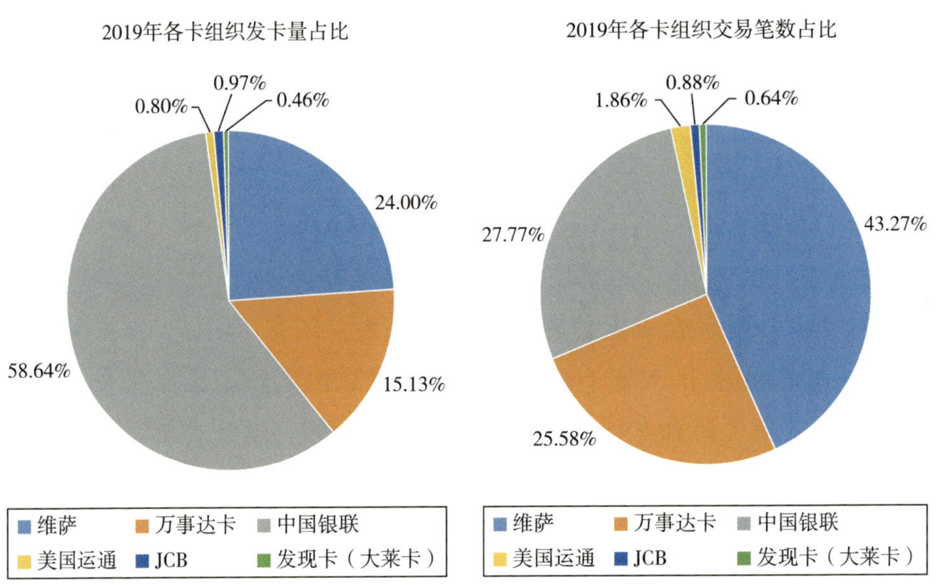

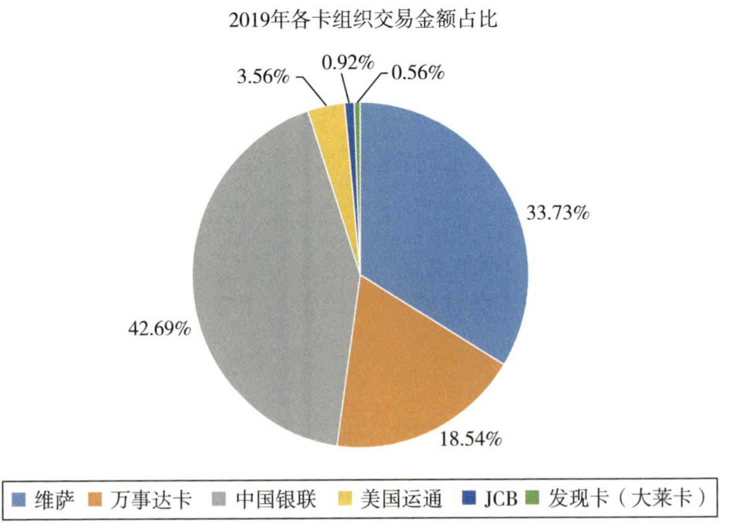

图1　2019年各卡组织发卡量、交易笔数、交易金额占比

（资料来源：Nilson Report，第1178期）

表 1　　2019 年各卡组织在美国、欧洲、亚太地区份额占比

指标	卡组织	美国	欧洲	亚太
发卡量	维萨	60.5%	55.1%	9.8%
	万事达卡	31.7%	43.5%	6.2%
	中国银联	—	—	82.4%
交易笔数	维萨	65.8%	58.9%	17.5%
	万事达卡	26.8%	40.1%	12.6%
	中国银联	—	—	67.1%
交易金额	维萨	61.2%	57.6%	12.6%
	万事达卡	25.7%	39.9%	7.7%
	中国银联	—	—	76.9%

资料来源：Nilson Report，第 1169 期、1177 期、第 1179 期。

国际大型卡组织的影响力不仅体现在发卡量、交易量等业务规模层面，同时也体现在规则标准制定、服务领域、技术优势等方面。例如，国际卡组织**一是**通过行业协会影响全球支付技术标准和规则的制定，如发起组建 EMVCo[①]、PCI[②] 等全球范围的支付技术标准组织，在核心标准制定中扮演重要角色；**二是**拓宽在全球经济贸易中提供的支付服务范围和类型，通过研发、收购 B2B 等对公业务，收购本地转接网络、本地钱包等方式，将支付服务延伸至更广泛的商贸流通等领域；**三是**加强研发加密数字货币等前沿支付技术，提升市场服务能力。国际大型卡组织不断加大投入，与全球多家加密数字货币平台开展合作，逐步形成区块链、加密数字货币等未来支付创新应用方面的领先优势。

① EMVCo 于 1999 年正式成立，维萨、万事达卡、美国运通、发现卡、JCB、中国银联是其六大股东成员。EMVCo 主要负责制定各类支付行业技术标准，如芯片卡标准、支付令牌标准、3DS 标准、二维码标准等。

② Payment Card Industry（PCI）即安全标准委员会，由维萨、万事达卡、美国运通、发现卡、JCB 于 2006 年设立，主要负责制定支付行业安全标准，如数据安全标准、支付应用程序安全标准、支付密码安全标准、3DS 安全标准等。

（二）本地卡组织

部分国家和地区涌现出一批在本地具有一定影响力的新兴卡组织，比较典型的有印度 RuPay 卡、俄罗斯 Mir 卡、澳大利亚 EFTPOS 等。RuPay 卡和 Mir 卡发行以来增长迅猛，RuPay 卡在印度市场发卡量占比已超过 50%（见图 2）。

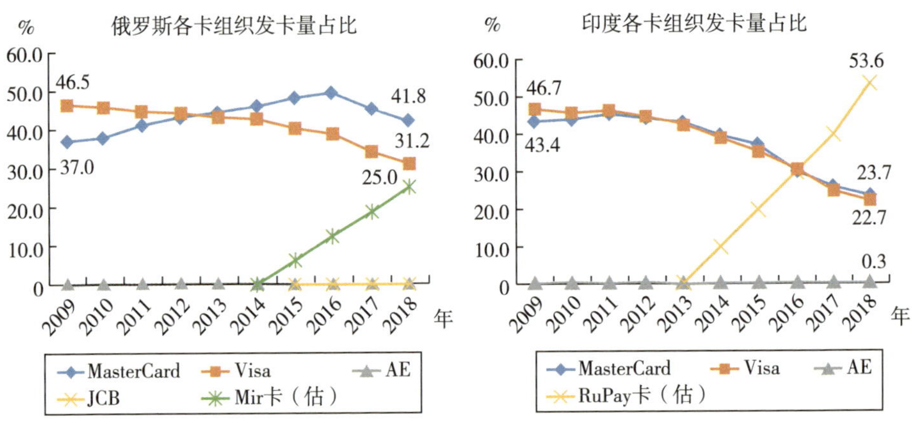

图 2 各卡组织在俄罗斯和印度的发卡量占比趋势图

（资料来源：Euromonitor 数据库）

同时，也有部分卡组织未获得充分发展，最终被收购、与其他卡组织合并或退出市场，如欧洲银行卡网络 EuroPay、澳大利亚 Bankcard 和我国台湾地区梅花卡。以下简要介绍部分典型国家和地区的卡组织发展历程。

1. 欧洲。欧洲各国市场相对分散，支付产业在早期以自主发展、自由竞争为主，诞生了 Europay 等具有全球影响力的卡组织，以及法国 Carte Bancaire、德国 Girocard 等区域性网络。在发展进程中，部分卡组织逐步退出市场或被收购、合并，国际大型卡组织的影响力逐渐增强。例如 Europay 于 2002 年与万事达卡合并[①]，丹麦 NETS 于 2019 年被万事达卡收购，英国 Earthport 于 2019 年被维萨收购等。**欧盟尝试探索推动卡组织充分竞争的产**

① 合并完成后，新机构为私有股份制机构 MasterCard Incorporated。

业政策。欧盟曾于2000年和2009年裁定维萨违反欧洲反垄断法规[①]，要求维萨和万事达卡降低交换费费率。2007年以来，欧盟陆续发布了《支付服务指令Ⅰ》《支付服务指令Ⅱ》《支付卡网络监管标准》《SEPA卡支付框架》等制度，推行单一欧元支付区SEPA计划，设置交换费上限、双标卡规则、卡组织品牌与交易处理分离等机制，规范市场发展。但目前欧洲银行卡市场的行业集中度较高，2019年两大卡组织合计发卡量、交易笔数均超过98%。

2. 澳大利亚。1974年，澳大利亚9家银行合资设立了Bankcard信用卡组织。Bankcard成立早期发展迅速，1984年发卡量已达到500多万张，但后期市场份额持续下降，2007年退出市场。目前，澳大利亚主要的卡组织包括维萨、万事达卡和本地借记卡组织EFTPOS。EFTPOS在澳大利亚已运营超过30年，是当地较为成熟的借记卡支付系统。澳大利亚储备银行于2006年规定了EFTPOS借记卡系统的准入机制，要求客观设立准入资格、明确参与方接入价格上限和交换费标准等，以提升EFTPOS系统对新接入机构的公平性。2016年，澳大利亚储备银行为维萨、万事达卡、EFTPOS设置统一的借记卡交换费标准，为维萨、万事达卡、美国运通设置统一的信用卡交换费标准[②]。2019年，EFTPOS在澳大利亚流通卡量占比约为33.3%，交易额占比约为18.2%，较2009年分别下降13.4个和9.7个百分点。

3. 俄罗斯。俄罗斯近年来高度重视支付系统立法和基础设施建设工作。2014年4月，俄罗斯修订法律并成立俄罗斯国家支付卡公司（NSPK），由俄罗斯央行100%持股，并于2015年推出本地卡品牌Mir卡。俄罗斯立法要求所有在俄展业的国际卡组织将俄境内交易交由NSPK处理，并由俄罗斯央行清算。Mir卡与国际卡组织发行的双品牌卡，在俄境内交易需全

① 参见《欧盟运作模式条约》第101条：*The Treaty on the Functioning of the European Union*，Title VII Common Rules on Competition，Taxation and Approximation of Laws，Article 101（原见于《欧洲联盟条约》第81条，*The Treaty on European Union*，Article 81），以及《欧洲经济区协定》第53条：*Agreement on the European Economic Area*，Part IV Competition and other Common Rules，Article 53。

② 参见表2。

部由 NSPK 转接，在俄境外交易由国际卡组织网络转接。维萨、万事达卡、中国银联等国际卡组织相继在 2016 年前后完成相关处理权的移交。俄罗斯推出 Mir 卡后，通过政令要求所有收单机构均可受理 Mir 卡，所有国家预算单位工作人员、社保养老等群体必须通过 Mir 卡领取补助。Mir 卡推出 5 年后累计发卡量达到 8400 万张，发卡份额提升至约 25%，成为俄罗斯第三大银行卡品牌。Mir 品牌成立后第二年开始推进国际化业务，目前 Mir 单标卡已在阿布哈兹、南奥塞梯、亚美尼亚、白俄罗斯、哈萨克斯坦、吉尔吉斯斯坦、乌兹别克斯坦、土耳其 8 个国家和地区实现受理。此外，俄罗斯积极通过中俄金融合作分委会、金砖国家工商理事会等平台，尝试推进与我国及金砖国家支付网络的互联互通。

4. 印度。2008 年，印度央行推动 10 家主要银行组建印度国家支付公司（NPCI）[①]，整合了 POS 机、ATM、移动支付等各类零售支付系统和清算基础设施。NPCI 在 2012 年 3 月推出 RuPay 卡。2014 年，在普惠金融计划推动下，政府规定向每一位该计划涉及的开户人发放 RuPay 卡，此举对推广 RuPay 卡起到了积极作用。2016 年，时任印度总理莫迪推行“废钞令”，并提出“无现金社会”的理念，进一步推动了银行卡组织的发展。截至 2019 年底，RuPay 累计发卡超过 5.9 亿张，发卡市场份额超过 50%。同时，RuPay 卡近年来积极推进国际化业务，分别与发现卡、JCB 等卡组织，以及新加坡 NETS 网络开展了发卡和受理合作。

5. 我国台湾地区。1984 年，我国台湾地区的联合签账卡处理中心开始发行“联合签账卡”（梅花卡）。1988 年，台湾银行卡市场开放以后，梅花卡在当地的市场份额从 1989 年的 77% 下降至 1994 年的 9%，并于 2001 年基本退出市场。目前台湾银行卡市场以国际大型卡组织为主。

---

① 10 家银行分别是印度国家银行、Punjab 国家银行、Canara 银行、Baroda 银行、印度联合银行、印度银行、ICICI 银行、HDFC 银行、花旗银行和汇丰银行。

二、卡组织发展的影响因素分析

（一）基础设施建设和技术水平的提升，是卡组织快速发展的前提

新古典主义经济学的索罗—斯旺模型推导出技术进步是经济增长的最终决定因素。对于卡组织而言，金融通信水平、金融相关基础设施水平的提升是卡组织发展的前提条件。通信网络的发展使支付方式得以从现金、支票向银行卡转变，互联网的发展为移动支付创造了前提条件。

20 世纪末，发达国家已实现完备的蜂窝移动网络覆盖；21 世纪初，中国和印度实现了蜂窝移动网络覆盖率的跨越式提升，通信条件的完善与两国出现现代化卡组织的时间基本一致（见图 3）。近 20 年来，各国互联网接入率大幅提升，同期，移动支付方式得以萌芽和普及（见图 4）。

此外，以中国和印度为例（见图 5），15 岁以上人口银行账户拥有率的提升稍晚于蜂窝移动网络和互联网普及，并随着金融通信的完善而提升。银行账户拥有率是卡组织发展壮大的前提条件，并推动银行卡发卡量、交易笔数不断增长。

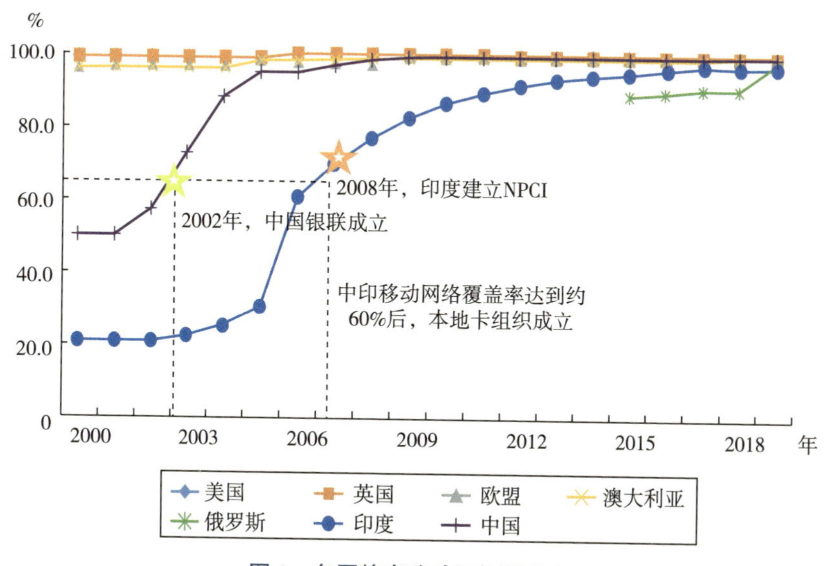

图 3　各国蜂窝移动网络覆盖率

（资料来源：Euromonitor 数据库）

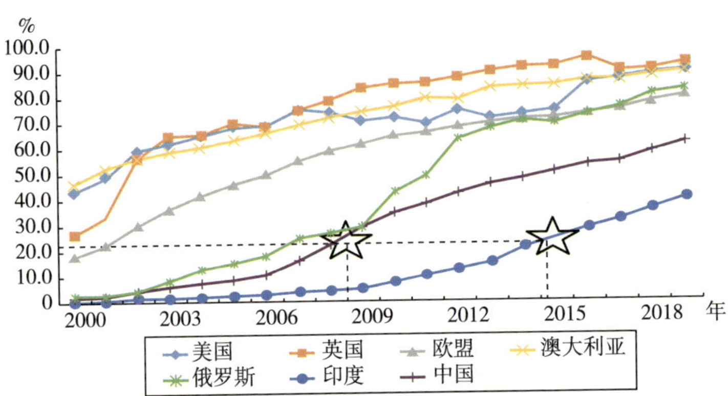

注：中印互联网覆盖率达到超过约 30%，移动支付逐渐开始发展。2009 年支付宝钱包 APP 成立，开启移动支付，2015 年阿里入股印度 Paytm，条码支付发展壮大。

图 4　各国互联网接入率

（资料来源：Euromonitor 数据库）

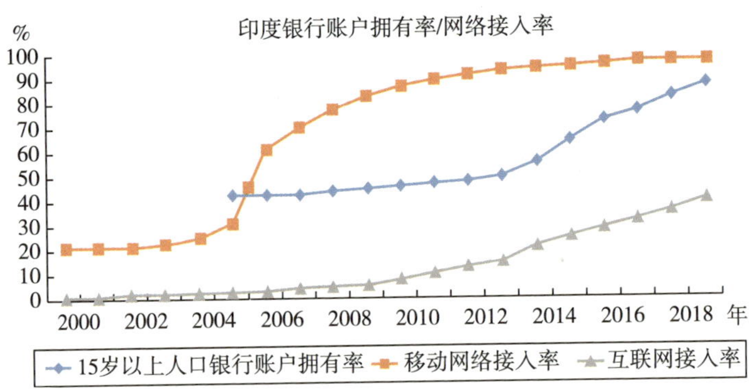

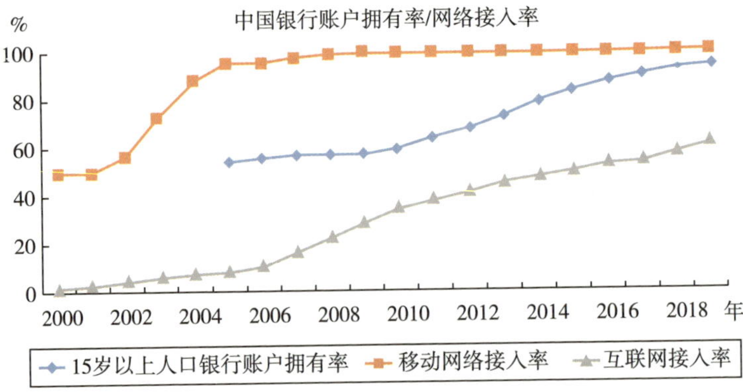

图 5　各国银行账户拥有率 / 网络接入率对比

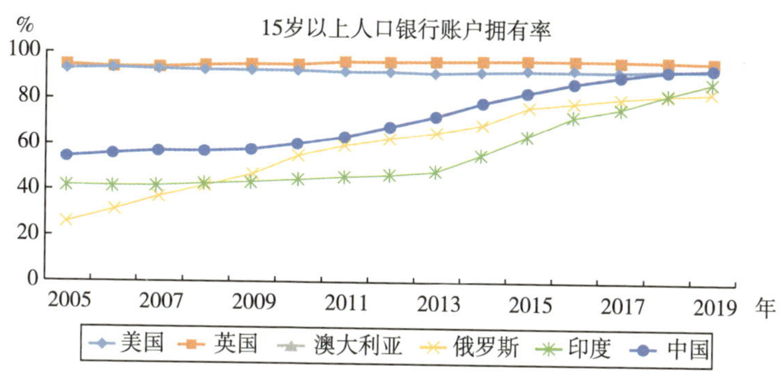

图 5 各国银行账户拥有率 / 网络接入率对比（续）

（资料来源：Euromonitor 数据库。其中，2000—2004 年 15 岁以上人口银行账户拥有率无相关统计数据，图中仅显示 2005 年及之后数据）

（二）发展中国家利用后发优势，可实现跨越式发展

随着技术手段的进步，支付行业在支付介质上，经历了现金、支票、磁条卡、芯片卡、非接、NFC、二维码、虚拟账户等形式，交易便捷度、交易安全性不断提升；在通信方式上，经历了从双信息模式[①]到单信息模式[②]的进步，信息交互效率有所提升；在清算系统上，从延时净额清算发展到实时全额 / 实时净额清算，清结算效率大幅提升，减少了商户现金流压力，使卡片支付得以被广泛接受。

市场的后入者无须经历所有发展阶段，可跳跃式进入最先进或最适合国情的阶段，实现跨越式发展。例如，中国的支付方式直接由现金支付进入银行卡支付，技术上直接发展更先进的单信息模式；印度直接由现金支付转变为银行卡支付和二维码支付，其开发的国家支付钱包 BHIM[③]更使交

① 双信息模式：收单机构先将交易的授权请求信息提交给发卡机构，在之后的某个时间点，再集中将清算信息以清算文件的形式再次提交给发卡机构。即一笔交易中，收单机构需要发送两次信息。

② 单信息模式：收单机构将交易信息一次性提供给发卡机构，发卡机构根据交易日志直接进行清算，收单机构不需要再另外提交清算文件。即一笔交易中，收单机构仅发送一次信息，信息交互效率相对双信息模式有所提高。

③ Bharat Interface for Money（BHIM），由印度国家支付公司 NPCI 开发，2016 年上线，提供银行账户间的转账服务。用户将银行账户绑定至 BHIM 钱包，输入收款方银行账户或 BHIM 账号信息即可进行转账，不需要向 BHIM 钱包充值。

易无须使用银行卡，在完成账户验证后即可直接实现账户到账户的传输；印度本地实时支付系统 IMPS[①] 建成于 2010 年，也早于欧美发达国家实时支付系统建设时间。后发优势使发展中国家可以综合分析各发展阶段的利弊，选择最适合国情的发展战略，并进行全局统筹规划。

对比来看，技术成熟国家对原有技术的路径依赖可能阻碍下一阶段的发展。例如，美国、欧洲、澳大利亚的 ATM、POS 机具覆盖完备（见图 6），本地居民具有现金支付、刷卡支付的消费习惯。美国 2018 年 28% 的交易为纸质交易，64% 为卡片交易，8% 为电子商务交易[②]；澳大利亚 2019 年 37% 的交易为现金交易[③]。发达国家 POS 终端覆盖面广、使用便捷，且终端布放的沉没成本较高，商户换用新型支付方式的动力不足。因此，其技术创新主要基于 POS 交易模式展开，实现从磁条、芯片、非接到 NFC 交互方式的转变，技术改造成本较为昂贵，更新换代速度相对缓慢。

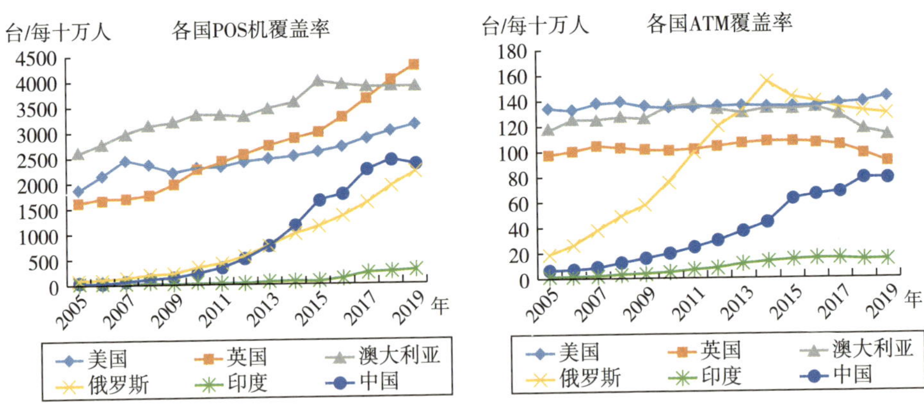

图 6　各国 POS 机和 ATM 的覆盖率

（资料来源：Euromonitor 数据库）

（三）定价策略对银行卡产业竞争有直接重要影响

大型国际卡组织发展 40 余年，连接了全球约 2 万家金融支付相关机构，

① Immediate Payment Service（IMPS），印度实时支付系统，提供 7×24 的实时资金转账服务。

② 资料来源：Nilson Report，第 1166 期。

③ 资料来源：*Review of Retail Payments Regulation*：*Issues Paper*，Chapter 2.1。

在全球多个地区占据较高市场份额，且具有成熟完备的定价体系。新兴卡组织为保持竞争力，在定价方面大多采取追随者策略。各国主要采取以下两种策略：

一是监管部门对所有卡组织统一限制定价。各国监管机构关于定价水平的相关规定见表 2。由于规模效应，大型国际卡组织的边际成本较低，在同一定价水平下，其获利水平仍高于规模较小的卡组织；同时，成熟卡组织可通过差别定价，如通过设立不同类型的高端卡费、品牌费、服务费、会员费等，降低统一限价对收入水平的影响。

表 2　各国监管部门关于定价水平的相关规定

美国	欧洲	澳大利亚	俄罗斯	印度
《多德—弗兰克华尔街改革与消费者保护法案》和杜宾修正案	欧盟 2000 年裁定维萨定价过高，违反反垄断法	成本定价原则；商户可根据不同卡组织成本向持卡人收费	卡组织需公示服务费收取标准，定期向会员提供收费报告	各卡组可执行自身的定价体系
借记卡交换费：不得超过 21 美分 +0.05%	维萨、万事达卡借记卡交换费：上限 0.2% 贷记卡交换费：上限 0.3%	维萨、万事达卡、EFTPOS 借记卡交换费[①]：不得高于 0.2% 或 0.15 澳大利亚元 维萨、万事达卡、美国运通贷记卡交换费[②]：不得高于 0.8%	—	—

二是新兴卡组织自行设定显著低价进行竞争，效果相对明显，但同时可能引发国际卡组织对市场保护的相关质疑。设置低价主要有两种方式：**其一是**卡组织直接设置显著低价，以低于国际卡组织边际成本的定价获取竞争优势。如印度 NPCI 对每笔基于 RuPay 卡的交易分别收取收单银行和

① 参见 Standard No.2 of 2016：*The Setting of Interchange Fees in the Designated Debit and Prepaid Card Schemes and Net Payment to Issuers*。

② 参见 Standard No.1 of 2016：*The Setting of Interchange Fees in the Designated Credit Card Schemes and Net Payment to Issuer*。

发卡银行0.008美元和0.004美元的固定费率，低于市场平均水平。**其二是**在技术跨越式发展的前提下，创造新的交易方式以大幅降低交易成本，或打破原行业的进入门槛，如银行卡支付向二维码交易方式的转变。在这些策略下，RuPay卡获得较快发展，但也曾引起市场相关方就市场保护问题的争议，如万事达卡于2018年曾向美国贸易代表办公室控诉印度政府采取保护主义措施。

此外，银行卡产业具有典型的规模效应，较大的人口总量和市场规模可以有效地降低交易成本。卡组织具有转接系统建设成本、线路铺设成本、银行维护成本等大量固定成本，较高的交易量可以有效降低笔均成本。同时，规模效应可以使卡组织拥有更大的议价权，平衡不同领域的经营风险，获取营销、竞争、并购、融资经验，以及拥有更大的谈判、试错和容错空间，更有利于发展以其为中心的双边市场，不断吸引新机构加入其体系。因此人口规模、市场规模较大的地区，卡组织规模效应较为明显。

（四）区域性支付网络合作趋势有助于促进卡组织自身发展

近年来，全球各类不稳定因素增加，部分国家和地区开始探索建立区域性支付网络，以加强卡组织合作。在欧洲，法国、德国、荷兰、比利时、西班牙5国的16家主要银行在2020年7月联合发起“欧洲支付倡议”（EPI），计划在2022年建立包括银行卡、数字钱包等在内的泛欧洲统一支付网络。亚洲支付联盟（APN）作为由东南亚、中日韩、澳新等国际卡组织建立的区域网络联盟，希望建成东南亚区域跨境支付品牌，实现支付网络互通。俄罗斯在2016年金砖国家峰会中，提出组建金砖五国新国际卡支付系统的倡议。这一趋势有助于促进地区间合作，提升银行卡市场容量，加强技术交流和互联互通，从而对卡组织自身发展起到积极助推作用。但区域类联盟目前多在倡议和讨论阶段，尚未形成强力的区域卡组织，其对银行卡产业的具体影响有待进一步观察评估。

三、对于我国银行卡组织发展的政策建议

我国对银行卡组织的探索起步较早，已初步形成了覆盖全球并具有局

部优势的国际网络。在当前全球政治经济不确定性增强的背景下，银行卡组织及国际支付清算体系直接关系金融贸易的支付安全及经济活动的信息安全，具有重要的基础性作用。结合以上分析，建议如下：

（一）加强基础设施建设和核心技术创新

推动新基建发展，加快5G、云计算、区块链技术的基础研究工作，加强在境内外数字货币、区块链支付方案等前沿领域的探索和尝试，以我国移动支付处于领先地位、央行数字货币率先试点为契机，积累技术及创新优势，以期在未来竞争中占得先机。

（二）加快对支付系统、支付方式创新的前瞻性研究

未来支付方式可能更加关注交易成本、资金到账时效性、交易安全性、交易透明度等，因此，建议加快新型支付系统运行模式、新型支付方式探索，如推进账基支付、无感支付等研究，提前规划未来发展路径，推动在部分市场率先试点，研究其对于支付成本、支付速度、支付体验等的影响，加快推动向新型支付体系转变。此外，需加强我国卡组织与实时支付系统、人民币跨境支付系统（CIPS）的联动，探索清结算模式创新的可能性。

（三）注重研究各卡组织定价策略和体系

随着金融市场对内对外双向开放的深入发展，支付领域日益成为双向开放的重要阵地，如各国际卡组织陆续申请、筹备或开展我国境内银行卡清算业务，以及我国卡组织在“一带一路”沿线加强支付结算国际业务沟通和合作。在此背景下，应加强研究学习各卡组织在不同国家和地区的定价策略和定价标准，取长补短，不断完善我国卡组织定价体系，提高跨境和境内支付结算业务服务水平。

（四）针对市场需求不断提升境内外银行卡支付服务水平

应对全球政治经济的不确定性，以及越来越多的国家和地区选择自建支付系统的情况，一方面，在坚持国际合作推广策略的基础上，积极参与EMVCo等行业标准制定组织和区域组织，推广一揽子的业务、技术、产品和规则解决方案，提供API接口、支付场景接入等新功能，拓宽境外商业模式；另一方面，积极挖掘境内潜力，利用人口、市场和移动支付规模效应，

构建国内大循环，实现支付领域的国内良性循环。

（中国人民银行支付结算司

吴桐　殷实　吕远　冯新娅　于泽洋　文鼎）

国际清算银行季度评论

摘要：2020年3月1日，国际清算银行（BIS）发布了季度评论，对支付领域的最新发展进行了探讨。其中4篇文章分别对跨境支付、支付创新进展、代理行发展趋势、央行数字货币技术路径等进行了研究。现将有关情况进行编译，供参考。

《无国界支付》聚焦跨境支付，将全球跨境和多币种支付系统分为离岸支付系统、单一币种跨境支付系统和多币种跨境支付系统三类进行分析，指出建立此类系统面临技术、政治和法律方面的多重挑战，但目前已出现积极发展趋势，如一些新系统将建成运行、系统使用范围从批发支付向零售支付扩展、新兴的点对点技术有望缓解跨境支付摩擦等。本文认为跨境和多币种支付系统的潜在优势值得关注。

《支付创新》分析了各国国内支付创新趋势，指出新一轮批发支付创新集中在开放非银行机构准入、延长系统运营时间及提升系统互操作性；零售支付创新开始聚焦支付后端，如推出闭环系统和快速支付系统。本文强调支付领域仍存在两大缺陷——支付服务可获得性不足和跨境支付改善缓慢，认为改善跨境支付需要进一步的国际协调合作。

《代理行的全球性撤退》分析了活跃代理行、国际通道的数量变化情况，尽管跨境支付金额上升，但活跃代理行在近年来呈现下降趋势，减少近20%。代理行的撤退可能不利于普惠金融发展，并提高跨境支付的成本。技术进步、私营和公共部门的主动作为，将有助于确保所有国家都能获得安全、低成本的跨境支付渠道。

《中央银行数字货币的技术》介绍了央行数字货币4个层级的技术选择，包括对中央银行间接或直接索偿、使用集中式或分布式的基础设施、采用基于账户或令牌的访问方式和跨境支付互联采用批发或零售模式。央行数字货币的推广应用必须科学权衡不同技术设计的利弊，并加强国际合作，分享实践的经验。

《无国界支付》

跨境和多币种支付系统有可能使跨境支付更快速、更便宜、更透明，但建立此类系统面临技术、政治和法律方面的多重挑战。目前跨境和多币种支付系统仍然少见，并且多数系统处理的支付交易量和金额都很小。然而，已出现一些积极发展趋势：一些新项目将建成运行，系统使用范围从批发支付向零售支付拓展，新兴的点对点（Peer-to-Peer）技术有望缓解跨境支付摩擦。

一、跨境和多币种支付的基本概念

跨境支付是指付款人和收款人分属于不同司法管辖区的支付方式。许多跨境支付同时也是跨币种支付，但并非所有跨境支付都会跨币种：一种情况是货币联盟区域内的跨境支付，如在欧盟单一欧元支付区（SEPA）内的欧元银行转账。另一种情况是以全球部分地区通用的结算货币如美元等进行的跨境支付。此外，同一司法管辖区内的一些支付类型也涉及跨境元素，包括境内外币支付和同步交收（PvP）[①]。

二、跨境和多币种支付系统的分类

按照系统处理的货币类型或数量及其业务的地理范围，可将全球约 20 个跨境和多币种支付系统分为三类：离岸支付系统、单一币种跨境支付系

① 同步交收（PvP）是指用于确保当且仅当一种货币的最终转账发生时另一种货币的最终转账才发生的结算机制。

统和多币种跨境支付系统（见表 1）。

表 1　　跨境和多币种支付系统的分类

结算货币	境内	跨境
本币 / 单一	国内支付系统	单一币种跨境支付系统（3 个已运行，1 个在建）
外币 / 多种	离岸支付系统（9 个已运行，0 个在建）	多币种跨境支付系统（7 个已运行，3 个在建）

注：表中数据是对运行中的系统和正在建设并计划于 2020—2021 年上线系统的估算。

（一）离岸支付系统

在一些国家和地区，境内金融机构之间会以一种或多种外币支付大量款项，从而催生了建立离岸支付系统的需求。离岸支付系统处理支付所用的货币与系统所在司法管辖区的法定货币不同，其建立方式通常是在新的或现有系统中增加处理币种功能，或者复用相同的基础设施技术单独构建一个新的外币支付系统。其潜在优势如下：**一是**能够在当地营业时间内进行外币支付；**二是**能够在指定的境外结算代理机构进行结算前，通过境内轧差净额支付以降低外汇流动性需求。香港清算所自动转账系统（CHATS）是多币种离岸支付系统的典型代表。

（二）单一币种跨境支付系统

跨境的经济主体之间可能需要以其中一方的货币甚至第三方货币[①]进行多次支付，如果此类交易量足够大，则可能有必要建立专门的单一币种跨境支付系统来处理。

1. 公共系统远程接入模式。瑞士的实时全额结算系统（Real Time Gross Settlement，以下简称 RTGS 系统）——瑞士跨行清算系统（Swiss Interbank Clearing，SIC）允许合格境外银行通过远程接入方式参与系统[②]，即此类境

① 例如，当一种货币主导了跨境经济主体之间的贸易结算或资金流动时，就会出现此类情况。

② 所有远程接入 SIC 的参与者都必须遵守与瑞士国内参与者相同的监管、反洗钱及电信基础设施标准。目前 SIC 的参与者中约有五分之一是境外注册实体。

外银行无须在瑞士设立实体分支机构或子公司，该模式实现了瑞士法郎的跨境支付。南部非洲发展共同体（SADC，以下简称南共体）提供了另一种方案：南共体中符合条件的银行在南共体 RTGS 系统（SADC-RTGS）[①]中开立南非兰特账户，可从本国远程接入该系统进行支付。

2. 系统跨境互连模式。如欧元瑞士跨行清算系统（euroSIC）[②]与欧元区 RTGS 系统（TARGET2）的连接。在该模式下，所有往来瑞士的跨境欧元支付均需经过位于法兰克福的瑞士欧元清算银行（SECB），瑞士欧元清算银行充当了 euroSIC 与 TARGET2 之间的连接点。

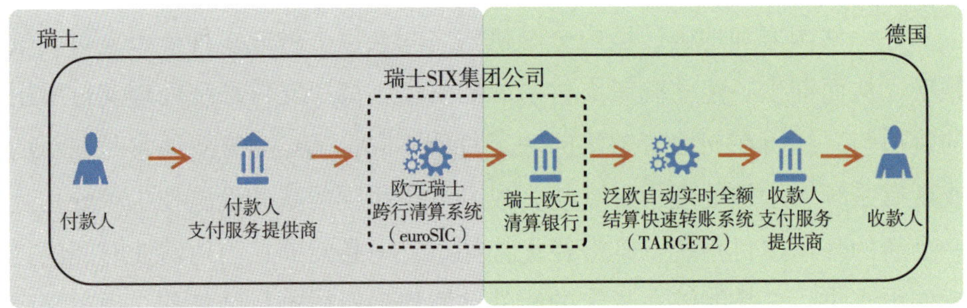

图 1　欧元瑞士跨行清算系统（euroSIC）支付流示意图

（三）多币种跨境支付系统

根据所提供的服务，多币种跨境支付系统可分为三类：跨币种（Cross-currency）、选择币种（Choice of currency）和同步交收（PvP）安排。

1. 跨币种。指跨境支付系统允许以一种货币借记付款方，并以另一种货币贷记收款方。例如，美联储和墨西哥银行联合运行的 Directo a México 项目，该项目将美联储自动清算所系统（FedACH）与墨西哥 RTGS 系统

---

① 南共体的 RTGS 系统（SADC-RTGS）建于 2013 年，目标之一是加强区域货币合作和金融一体化。该系统由南共体支付系统监督委员会所有和管理，由南非储备银行托管，在与南非储备银行的国内 RTGS 系统（SAMOS）相同的基础设施上运行。

② 欧元瑞士跨行清算系统（euroSIC）与瑞士 RTGS 系统（SIC）在同一技术平台上运行，两个系统均由 SIX 银行间清算公司运营。SIX 银行间清算公司是瑞士一家私营金融服务公司 SIX 集团公司（SIX Group）的子公司，该公司代表瑞士国家银行运营 SIC。

（SPEI）连接起来，并允许使用美元或墨西哥比索支付。

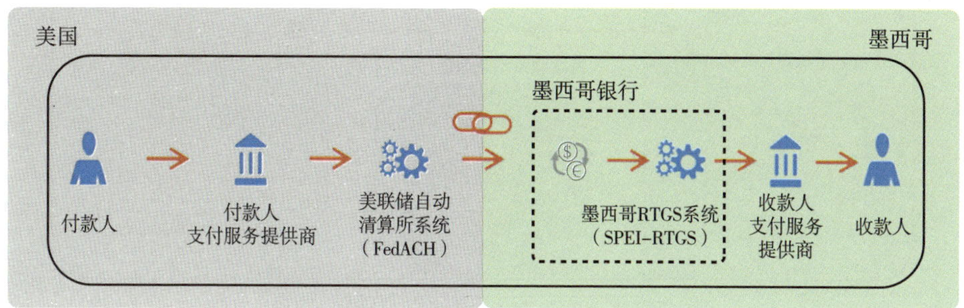

图 2　Directo a México 系统支付流示意图

2. 选择币种。该模式允许用户从跨境支付系统的结算货币中选择一种货币进行支付。例如，东部和南部非洲共同市场（COMESA）的区域支付结算系统（REPSS）[①] 为 COMESA 国家提供美元或欧元的结算货币选择；东非共同体（EAC）的东非支付系统（EAPS）以参与国货币为 EAC 国家提供多种货币结算服务，其结算过程依赖参与国的 RTGS 系统以及中央银行之间的双边账户关系，并要求商业银行使用其中央银行存款进行预注资。此外，于 2020 年底上线的阿拉伯区域支付系统（ARPS，又称 Buna）[②] 也属于此类系统。

3. 同步交收（PvP）安排。持续联系结算系统（CLS）是最典型的 PvP 结算安排示例，该系统通过公共的中间代理——位于美国的 CLS 银行来实现 PvP 结算[③]。

① REPSS 由毛里求斯银行充当结算银行，在其簿记系统中借记和贷记参与中央银行的账户，该系统处理的支付交易很少，主要用于批发或贸易交易。

② 根据系统设计，阿拉伯区域的中央银行及合格的商业银行可在 ARPS 上持有需预注资的多币种账户，包括美元、欧元和合格的阿拉伯货币。

③ CLS 是一个专门的 PvP 结算系统，提供 18 种货币的结算服务，旨在减轻外汇结算风险。CLS 的每个直接参与者在 CLS 银行持有一个多币种账户，而 CLS 银行是其结算的 18 种货币所属国家（地区）的 RTGS 系统的（远程）参与者。

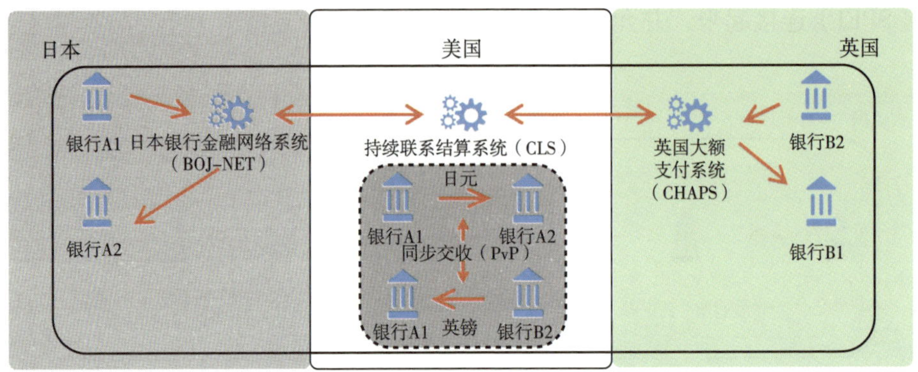

注：银行 A2 是银行 B2 的子公司、分支机构或代理银行；银行 B1 是银行 A1 的子公司、分支机构或代理银行。

图 3　持续联系结算系统（CLS）支付流示意图

三、建设跨境和多币种支付系统面临的挑战

（一）技术挑战

一是满足外币兑换需求。由于外币兑换需要拥有“资产负债表”以及管理相应风险（如市场风险和外汇结算风险）的意愿和能力，大多数跨境和多币种支付系统难以提供该服务。在系统服务包含外币兑换时，通常由一家紧密关联的银行承担此项功能。**二是**外汇流动性管理成本较高。跨境和多币种支付系统的结算代理机构可能不愿或者无法向境外参与者（以外币）提供日间流动性，因此通常采取预注资进行流动性管理，这可能增加参与者的流动性成本，或者造成其他信用敞口①。**三是**确保支付系统互操作性难度较大。由于涉及运营时间、准入标准、清算和结算流程以及报文标准等多个方面，确保系统间的互操作性将耗费大量资源和时间，尤其是涉及国内支付基础设施和成员银行现有 IT 系统需要改造的情况下。此外，还需要各相关国家（地区）协同行动。**四是**反洗钱和反恐怖主义融资的合规风险与成本较高。由于不同司法管辖区的反洗钱和反恐怖主义融资要求

① 例如，外币所属国的商业银行提供信贷以支持预注资。

各异，导致在跨境支付系统中集中进行反洗钱和反恐怖主义融资筛查的难度较大。

（二）政治因素

建立跨境和多币种支付系统通常需要参与国家（地区）之间具有高度共享的政治意愿。此外，为实现新建立跨境支付系统的可持续发展，政府通常需要采取强有力的公共支持政策，以帮助新建立的系统克服现有竞争性网络（如代理银行链或闭环服务）因其网络外部性而产生的“惯性”。

（三）法律因素

连接不同司法管辖区的支付系统也会引起法律问题。例如，结算最终性规则的差异可能导致一笔支付在一个国家被视为具有最终性，而在另一个国家却不然。此外，跨境支付系统很可能面临因法律冲突而产生的问题，如缺乏对管辖权的明确法律规定。为此可能需要新的立法或订立条约。

四、跨境和多币种支付系统的发展趋势及潜在优势

当前，全球跨境和多币种支付系统呈现出 3 个发展趋势：**一是**跨境支付系统的数量正在增加。**二是**跨境支付系统的使用范围从批发支付向零售支付扩展。例如，拟建的北欧地区支付基础设施 P27，将先后连接自动清算所和零售快速支付系统。**三是**新兴的点对点技术有望缓解跨境支付摩擦。点对点跨境支付模式排除了收付款人之间的金融中介——支付服务提供商，有助于通过减少结算层、缩短交易时间及降低支付成本等，提高跨境支付处理效率。

同时，跨境和多币种支付系统的潜在优势也值得关注：**一是**中央银行可以将建设安全高效的跨境和多币种支付系统作为其提供的一项公共产品，以促进跨境支付市场竞争，也有助于遏制当前及未来的闭环或点对点解决方案的潜在垄断力量。**二是**在全球代理银行数量大幅下降的形势下，跨境和多币种支付系统可以成为代理银行模式的有效替代方案。

（中国人民银行重庆营业管理部　王春晓　何思思　曹艺千　编译）

《支付创新》

创新正在改变支付体系，各国国内支付日益便捷、实时且全天候可用。然而，在支付可获得性和跨境支付方面仍然存在缺陷，需要采取有针对性的改进举措。

一、各国国内支付创新趋势

国内支付的创新始于批发支付，伴随 20 世纪 90 年代多个国家对实时全额结算（RTGS）系统的引入。零售支付创新出现于 21 世纪初，尽管初期发展滞后，但如今变革势头迅猛。早期的零售支付创新仅限于使支付前端更加便捷，主要涉及资金来源、发起支付的渠道和支付工具等；但最新一轮创新开始聚焦支付后端，即清算和结算安排，并有效提高了零售支付速度。

（一）批发支付创新

批发支付经历了持续的创新浪潮。首次创新浪潮始于 20 世纪 90 年代，各国纷纷引入 RTGS 系统。RTGS 系统降低了批发支付的信用风险，但也导致了流动性紧张。因此，第二次创新浪潮主要来自 21 世纪初推出的流动性节约机制。2005 年以来，批发支付系统进入新一轮创新阶段，主要呈现 3 个发展趋势：开放对非银行机构的准入、延长运营时间以及提升系统的互操作性。

一是开放对非银行机构的准入。传统上，中央银行仅允许国内银行直接参与批发支付系统，但目前已有中央银行向非银行机构开放准入，这有助于为传统银行和创新的非银行机构提供一个公平的竞争环境，进而促进市场竞争。例如，英格兰银行已允许合格的非银行支付服务提供商开立中央银行结算账户，并加入其大额支付系统（CHAPS）；在瑞士，持牌金融科技公司可以在瑞士国家银行开立账户，并直接加入瑞士的 RTGS 系统。

二是延长运营时间。所有 RTGS 系统都延长了运营时间，一些国家和地区还计划在未来几年内进一步将其延长。目前，全球约四分之一的RTGS系统在周末至少开放几个小时，而墨西哥和南非的RTGS系统已实现全天候开放。

三是提升系统的互操作性。提升系统互操作性可以促进支付业务直通处理，从而为多个系统的用户提供成本效益并降低风险。当前，许多RTGS系统已进行了支持互操作性的技术变更，其中最关键的趋势是采用金融机构间电子数据交换的国际标准ISO20022[①]。环球银行金融电讯协会（SWIFT）也计划在2025年前将所有通过其网络发送的跨境支付信息迁移至ISO20022标准。

（二）零售支付创新

技术进步和消费者偏好的变化改变了零售支付格局，这种趋势还将继续。最初的零售支付创新集中在改进支付前端，旨在提高消费者便利度。例如，引入新的支付发起方式，如移动和非接触式支付；推出提供创新客户界面的叠加系统（Overlay System），如Apple Pay、PayPal、Samsung Pay、GooglePay等。这些创新零售支付方式都使用现有的支付系统进行结算。然而，目前已有更多的创新解决方案着眼于支付后端安排，即加快清算和结算的速度。

一是推出闭环系统。通过运行闭环系统，同一支付服务提供商可以直接向收付款人双方提供服务。闭环系统的后端安排主要由支付服务提供商在其内部进行，因而简单且快捷。在中国，支付宝和微信支付两个闭环系统合计占据了92%的移动支付市场份额。肯尼亚的闭环系统M-Pesa处理的支付业务金额接近其GDP的一半。

二是建设快速支付系统。在快速支付系统中，支付信息传输和收款人的最终资金可用性都是实时或接近实时发生的，且尽可能实现全天候处理。尽管闭环系统也可以接近实时和全天候可用，但快速支付系统是一种支付

① 2012年，国际支付结算体系委员会［CPSS，现更名为支付与市场基础设施委员会（CPMI）］与国际证监会组织（IOSCO）要求支付系统适用国际通用的通信程序和标准。

基础设施，可以支持多个支付服务提供商的客户之间进行支付，而不仅限于同一支付服务提供商的客户之间。全球快速支付系统发展呈现如下趋势：**其一是**多个国家和地区已经运行或在建快速支付系统。目前已有 55 个国家和地区建有快速支付系统，预计将迅速增至 65 个。**其二是**快速支付系统的早期采用者主要是新兴市场，而非发达经济体。**其三是**系统的使用率差异显著，一个主要原因是移动支付应用程序在相关国家的普及和强劲增长。**其四是**快速支付系统应用于多样化零售支付交易，平均交易金额差异较大。

二、支付领域的主要缺陷

尽管创新使国内支付变得日益便捷、实时和全天候可用，但支付领域仍存在两个主要缺陷：支付服务可获得性和跨境支付。据世界银行统计，全球约有 17 亿成年人没有交易账户[①]，仍将现金作为唯一支付方式。此外，跨境支付仍然速度慢、价格高且不透明，特别是跨境汇款等零售支付业务。近年来兴起的所谓“稳定币”计划也凸显了这些缺陷。

（一）获得账户

当前，在许多发展中经济体，还有占比高达 25% 及以上的成年人没有交易账户。金融排斥往往是更广泛的社会排斥的一部分，而支付是获取其他金融服务的入口。事实证明，获得基本的银行账户可以促进储蓄及更好的财务管理，进而有助于减少贫困。调查显示，人们无法获得账户的原因主要包括高昂的直接和间接成本（如银行网点位置太远）、缺乏证明文件和信用度等。虽然金融科技发展催生的支付创新有助于促使人们开立和使用交易账户，但还需要在身份识别和金融知识普及方面采取更广泛的举措。如印度推行的 Aadhaar 计划，该计划为所有居民提供生物识别身份，以便利其验证身份。

① 交易账户（Transaction Account），指在银行或其他授权支付服务提供商处持有的账户（包括电子货币 / 预付款账户），可用于发起和接收支付以及存储价值。

（二）跨境支付

跨境支付对于全球贸易、金融以及需要向本土汇款的移民而言至关重要。然而，跨境支付通常比国内支付更慢、更贵且不透明。尽管缺乏量化评估数据，但其根本原因很容易理解，即由于跨境支付涉及跨币种结算、多个系统互操作、法律冲突及监管协调等多重挑战，导致其存在额外的合规成本和更为复杂的支付后端安排。目前主要有 4 种跨境支付安排：代理银行模式、闭环模式、基础设施模式和点对点模式。

一是代理银行模式。代理银行业务是跨境支付的传统后端安排，目前大多数跨境支付采用该模式。但在全球范围内，代理银行业务关系正在减少。在 2008 年国际金融危机后银行盈利能力下降、风险偏好减弱及监管收紧的背景下，2011—2018 年，全球代理银行数量下降了约 20%。

二是闭环模式。在该模式中仅有单一的中央支付服务提供商，由其同时向收付款人双方提供服务。但闭环模式成为全球支付解决方案的可能性不大——如果要求世界各地的收付款人使用相同的支付服务提供商，不但协调难度极大，且将导致集中度风险。将闭环模式应用于跨境支付，主要有助于改善特定的利基市场[①]。例如，支付宝和微信支付正在与更多的海外支付运营商合作，以允许中国游客在国外使用其移动支付应用程序；英国的数字银行 Revolut 和网络汇款平台 TransferWise 采用高周转率的货币对（Currency Pairs）提供跨境支付服务，通过以同种货币的收付款相抵，从而最大限度降低业务成本。

三是基础设施模式。该模式包括两类：一类是单独建设一个跨境支付系统；另一类是将境内外的支付系统连接起来以实现跨境运营，该模式有利于位于境外的银行（远程）接入国内支付系统。例如，美联储和墨西哥银行联合运行的 Directo a México 项目，该项目将美联储自动清算所系统

① 利基市场（Niche Market）是指被市场中占有强大优势的企业忽略的具有很强针对性和专业性的细分市场。

（FedACH）与墨西哥 RTGS 系统（SPEI）[①] 连接起来，旨在便利从美国向墨西哥汇款。

四是点对点模式。与其他模式相比，点对点模式排除了收付款人之间的金融中介——支付服务提供商。目前已经出现了一些点对点模式的私营计划，如由脸书（Facebook）牵头的联盟倡议的私人全球稳定币计划 Libra。此外，多国中央银行也正在就可以支持跨境支付的中央银行数字货币（CBDC）开展广泛工作。

三、改善支付领域缺陷的思考

在提高支付服务的可获得性方面，可以通过数据来量化单个国家（地区）所涉及的各种驱动因素的重要程度和相对重要性，据此采取针对性干预措施。金融科技的应用也有助于提高交易账户的可获得性和使用频率。

在解决跨境支付相关问题方面，目前尚没有明确的方案。**一是**需要获取更多数据以帮助分析问题的程度和原因。如果能够量化跨境支付各类型后端安排的相对重要性及其成本效益，将有助于采取改进措施。**二是**需要相关各方采取协调一致的行动。目前已有更多利益相关方参与到跨境支付领域，但还没有一个组织具有明确的主导作用。但这一问题将有所改善——2020 年，二十国集团（G20）已将改善跨境支付列为其优先任务之一，BIS 将在相关工作中发挥主导作用。

（中国人民银行重庆营业管理部　王春晓　何思思 曹艺千　编译）

《代理行的全球性撤退》

代理行经营着一个庞大的银行关系网络，大部分跨境支付业务通过代理行进行。2011—2018 年的数据显示，尽管跨境支付金额上升，全球代理

① SPEI 既是墨西哥的 RTGS 系统，又是该国的零售支付系统。

行的数量却减少了 20%。该趋势可能阻碍普惠金融发展、提升跨境支付成本、威胁金融体系安全，因此，应该推动跨部门合作，减少跨境支付摩擦，维护跨境支付市场安全。

一、代理行业务发展趋势

（一）代理行的定义

代理行是指一家银行（代理行）持有其他银行（被代理行）的存款，并向其提供支付、清算及其他服务，代理行网络对开展跨境业务或国际汇款至关重要。被代理行需要在代理行的账簿上开立账户，并通过贷记和借记这些账户来交换信息以完成清算。

（二）代理行的发展历程

14 世纪开始，威尼斯参议院就意识到银行对于支持国际贸易的关键作用。19 世纪后期，第一个国际代理行网络出现。20 世纪末的全球化浪潮中，代理行网络的规模和复杂性大幅增长。然而，在过去 10 年间，代理行数量持续减少，银行提供此类服务的意愿不断降低，并有选择地退出代理行业务或减少被代理行的数量。

（三）从 SWIFT 数据看代理行的撤退趋势

通过调查 2011—2018 年 SWIFT 传递跨境金融信息的变化情况，并分析由 SWIFT 关联的代理行关系网络[①]和国际通道[②]的数量，可以看出 4 个方面的主要变化（见图 4）：**一是**活跃代理行[③]的数量在 2011—2018 年下降

① 大部分跨境支付通过代理行网络进行，并主要通过 SWIFT 传递金融信息，因此 SWIFT 数据可以涵盖大部分的跨境支付业务，并准确反映代理行处理支付业务的趋势（包括汇款和跨境贸易等零售支付，以及金融同业之间的支付）。

② 文中的国际通道是指一个国家通过 SWIFT 向另一个国家发送跨境金融信息，则这两个国家之间存在一条国际通道。

③ 文中的活跃代理行（Active Correspondents）是指通过 SWIFT 发送或接收跨境金融信息的银行，其数量计算是指发送 / 接收本国跨境支付信息的其他境外银行的数量。假设 A 国的银行向美国的 3 家不同的银行发送跨境支付消息，通过此通道（从 A 国到美国），A 国在美国的 3 家活跃代理行将帮助其结清款项。A 国的活跃代理行总数是通过所有通道接收 A 国跨境支付信息的境外代理行数量之和。

超过 20%，全球活跃代理行的平均降幅为 23.5%。几乎所有国家都存在这种趋势，但程度不同，降幅从 12% 到 30% 不等，其中北美降幅较低，拉丁美洲和大洋洲降幅较高。**二是**各国之间的通道数量减少了 10%。2011—2018 年，全球国际通道的数量从 10800 条减少到 9800 条，低于 SWIFT 理论上可构建国际通道最大值的四分之一，其中大洋洲降幅最大。**三是**活跃代理行少的地区，国际通道数量也相对较少。**四是**尽管国际通道和活跃代理行的数量减少，全球跨境支付的金额仍在增长。中国、美国、日本、法国、澳大利亚等大部分国家呈现代理行数量减少，但跨境支付交易金额增加的趋势。

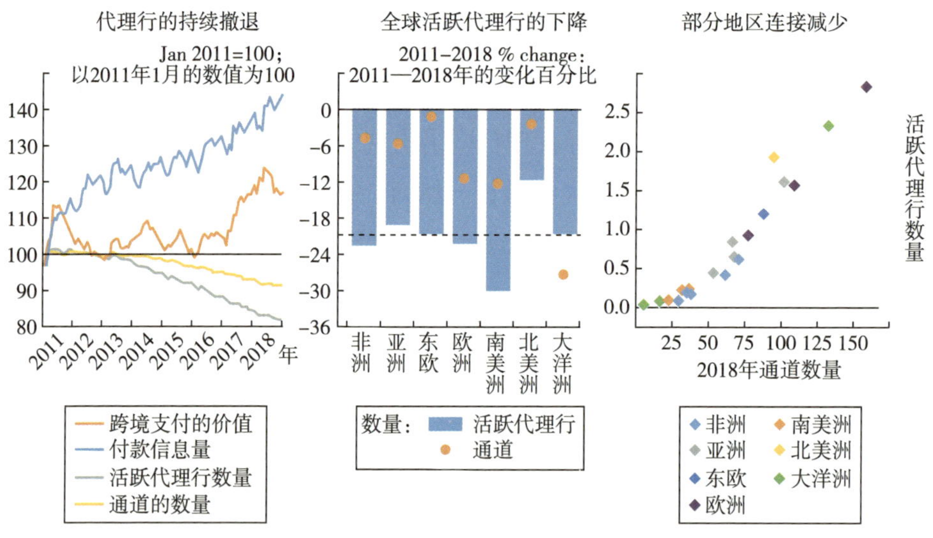

图 4　2011—2018 年代理行数量和国际通道的变化情况

二、代理行撤退的驱动因素

（一）外部因素

1. 战略转型。一是约 40% 的银行认为对业务战略的重新评估是导致终止代理行业务关系最重要的因素。2008 年国际金融危机后，全球银行的盈利能力下降，在低风险偏好和监管趋严的背景下，银行重新评估了业务战略。**二是**约三分之一的银行认为，由于必要的尽职调查或其他经济原因，银行终止了不再盈利或不具成本效益的合作关系。

2. 合规风险。一是与反洗钱和反恐怖主义融资、税收透明度、经济和贸易制裁相关的处罚越来越严厉，尤其在美国和欧盟，监管机构对银行的不当和犯罪行为处以高额罚款。面对更高的监管要求，银行和其他金融机构需付出更高的合规成本，因此可能选择停止提供代理服务，导致代理行业务向几个全球性大型银行集中。**二是**反洗钱和反恐怖主义融资（AML/CFT）合规性不足、受制裁的国家以及避税天堂等被视为高风险国家，因缺乏有力的监管和执法而为从事非法活动提供了更大的空间，从而失去了大量活跃代理行。约22%的代理行出于合规性和声誉方面的考虑，与高风险国家和地区终止了合作关系。

3. 技术进步。技术进步让跨境支付的选择增加，并可能降低跨境支付成本，提高支付速度和透明度。如“支付汇总器”（Payment Aggregators）将大量的小额支付合并后通过代理行网络发送，再在目的地进行分拆；“净额”（Netter）只需进行净额的轧差清算。

（二）内部因素

一是新兴的跨境支付基础设施可以缩短支付链或降低对代理行关系的需求，但此类系统处理的笔数和金额受到限制。**二是**银行可通过在更多国家开设分支机构和子公司来扩大内部市场，从而减少对代理行关系的依赖。

（三）关于活跃代理行流失的国别差异解释

将2012—2018年的数据进行回归分析，结果显示：**一是**代理行的撤退具有普遍性。**二是**新兴的经济体降幅较低，而衰退的经济体失去了更多的活跃代理行，因为贸易是支撑代理行关系发展的重要因素。**三是**处于危机的国家往往会失去更多的活跃代理行，但影响并不如经济衰退显著，其中，银行危机、主权债务危机对活跃代理行的影响较大。**四是**高风险的国家也会失去更多代理行。在提供匿名和保密服务的离岸中心，代理行可能更难进行客户身份识别（KYC）。**五是**反洗钱、反恐怖主义融资机制不足的国家和地区损失了更多的活跃代理行。反洗钱金融行动特别工作组（FAFT）

指定为高风险的国家和地区，活跃代理行的降幅较普通地区高约20个百分点。**六是**美国制裁名单的国家并未产生预期的负面影响。如刚果南苏丹、叙利亚、也门和朝鲜等受制裁国家出现了逆向增长。**七是**腐败程度越高的地区活跃代理行数量下降越快。腐败感知指标每增加20个百分点，代理行数量减少4%。**八是**手机支付普及度较高的国家活跃代理行的降幅较小。

三、代理行撤退值得关注的问题

（一）失去准入权限

随着代理行的撤退，部分国家和地区无法充分融入全球金融体系。在极端假设下，可能出现移民无法向母国汇款、企业无法获得出口付款的情况。大多数国家的代理行撤退幅度较小，其后果不太严重。在世界银行调查的8个新兴市场经济体中，发现代理行撤退对宏观经济的影响有限；地方银行和汇款公司（MTO）能够通过维持较少的代理行关系来应对变化。

另外，两个与跨境支付准入相关的问题值得探讨：代理行的撤退是否意味着失去通道？失去通道是否会威胁到一个国家融入全球金融体系？**一是**随着代理银行的撤退，国际通道也有消失的趋势，但消失速度较慢。调查结果显示，大部分国家代理行撤退未造成相应通道的消失，国际通道消失的速度是代理行关系消失速度的一半，即全球趋势为活跃代理行总量减少了20%，国际通道总量减少了10%。**二是**失去通道一般不会使一个国家完全无法融入全球金融体系。由于跨境支付可以通过第三国进行，完全丧失准入权的情况很罕见，因此失去通道可能只会延长支付链条，进而提高跨境支付成本。截至2018年末，仅14%的付款国在收款国持有用于清算的同业账户，74%的国家可以通过第三国进行支付，6%的国家通过两个相互关联的中介机构进行支付，仅8个地区和4个太平洋岛屿无法进行跨境支付。

（二）跨境支付成本上升

尽管国际社会努力降低汇款成本，但部分国家的跨境支付成本仍然很高。随着普惠金融的不断发展，监管机构制定措施，降低跨境支付成本，但代理行业务的进一步集中可能会提升成本。调查数据显示，尽管代理行数量减少，但大多数国家的汇款成本仍呈下降趋势；活跃代理行撤退较多的国家和地区汇款成本下降幅度较小；所有汇款成本上升国家的活跃代理行数量均下降。移动支付等新兴支付方式进行跨境汇款的成本低于现金或银行卡。此外，汇款公司、支付机构等非银行参与者提供的汇款转账成本均低于银行，这种竞争压力有助于降低跨境支付成本。

（三）威胁全球金融安全

如果银行不提供关键的支付服务，用户可能会使用监管较少或不受监管的渠道，如通过“影子支付”（Shadow Payment）等，将支付转移到银行系统之外，可能破坏全球的金融体系安全。根据调查数据，尽管活跃代理行数量减少，但大多数国家在2018年的跨境汇款金额仍较2012年增加，即通过非银行渠道进行的跨境支付增加，包括现金交易或不受监管的加密资产、加密货币平台。此类渠道缺乏适当的网络安全、风险管理或消费者保护措施。

1. 通过未受监管的方式进行跨境支付主要有两种方式。一是现金支付，可通过该地区持有的外币钞票的数量（主要是美元），判定该地区是否存在大规模的非正规跨境支付渠道。截至2018年末，近80%的100美元钞票被美国以外的地区持有，持有美元钞票的需求与当地经济和政治的不稳定有关，腐败指数较高的国家和地区持有100美元钞票的数量较大。**二是**通过加密资产或加密货币进行跨境支付。最近一项研究估计，每年约有760亿美元的非法活动使用比特币交易。

2. 监管机构应加强对非银行渠道跨境支付的监管。一是目前监管机构出台了大量措施促进银行的合规性，未来应将同样的标准和法规要求应用于其他机构（如非银行机构和加密货币交易所）。反洗钱金融行动特别工作组已经制定了标准和指南，提高加密货币交易所和加密资产服务提供商的反洗钱、反恐怖主义融资标准，使其与银行法规保持一致。**二是**改善信息共享。金融机构之间进行跨境信息共享，才能有效地降低跨境支付摩擦。许多国家的公共部门已经开发了可以跨金融机构使用的KYC应用程序。如印度开发了数字身份识别平台和电子 KYC 应用程序，促进合规性并降低新增客户成本；2018 年 7 月，非洲启动了区域性 KYC 数据库 MANSA。私营部门也在提高合规性和降低相关成本方面起到关键作用，如摩根大通银行基于分布式账本技术创建的平台 IIN，构建了由 400 多家银行组成的点对点 KYC 信息共享网络。

四、结论及未来展望

过去 10 年间，代理行数量出现下降趋势，随着代理行关系的撤退，国际通道也会随之消失，难以获得代理行服务的国家，跨境支付成本将上升。在代理行大量减少的国家，用户可能使用监管较少或不受监管的渠道，将支付转移到银行系统之外可能加大全球金融风险。国家层面应密切监测和采取行动，确保所有个人、企业都能获得安全、低成本的跨境支付渠道。同时，应密切监测国际通道和跨境支付成本，评估可能失去准入权的国家和地区，促进普惠金融发展。展望未来，构建更完善的跨境支付体系的关键因素是克服跨境支付固有的摩擦。公共部门和私营部门应不断推进合作，促进信息共享。

（中国人民银行广州分行　孙方江　王濛　潘在怡　李俏莹　编译）

《中央银行数字货币的技术》

央行数字货币（CBDC）必须具备充分的弹性、可获得性和隐私保护，从而实现类似于现金的点对点、安全、便利的支付。不同技术可以不同程度地满足上述条件，设计者需谨慎考虑央行数字货币的技术选择。

一、分析模型：基于消费者需求的技术选择

为分析央行数字货币的技术选择，可建立“CBDC 金字塔”，将消费者的需求映射到中央银行的技术设计选择。“CBDC 金字塔”从底层至顶

层的四种主要设计选择依次为消费者对中央银行还是金融中介进行直接索偿、基础设施采用分布式账本技术还是集中控制、基于账户还是基于令牌[①]（Token）的系统、跨境支付采用批发还是零售的模式。

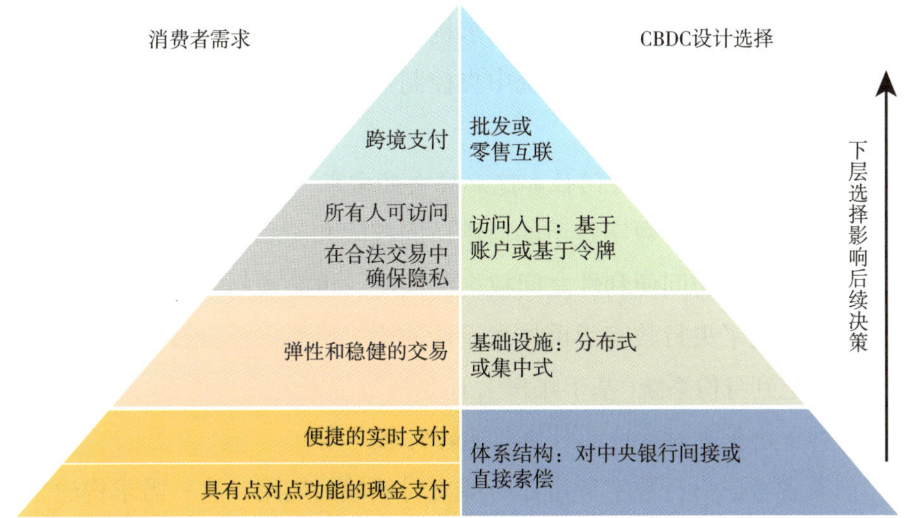

图5　“CBDC金字塔”：消费者对央行数字货币的需求层级与央行数字货币的技术设计层次

（一）消费者对点对点、便捷、实时支付的需求

一是央行数字货币的使用应与现金类似，可实现点对点、实时、安全、隐私性强的支付，理想情况下可以无条件转移。**二是**央行数字货币使用的便捷度。如果央行数字货币使用的便捷度低于电子支付，消费者的接受程度也会降低。金融中介可以提供离线支付服务，通过承担一定风险促使支付流程更顺畅。上述两种需求构建了央行数字货币技术设计的第一层考虑：如何平衡消费者对中央银行直接索偿的需求与中介机构赋予支付服务的便利性。这个选择由两个问题决定：央行数字货币是直接向中央银行索偿，

① 令牌是指可流通的加密权益凭证，以数字形式存在，代表固有和内在价值。令牌具有真实性、防篡改性、保护隐私等功能，由加密技术予以保障，能够在一个网络中流通，并随时可以验证。

还是通过金融中介间接索偿？中央银行和金融中介在日常支付中的操作角色是什么？

（二）消费者对支付安全性、稳健性的需求

央行数字货币的使用必须确保安全，不受金融中介破产、技术故障或中央银行业务中断的影响。这一需求构建了央行数字货币技术设计的第二层考虑：将基础设施建立在传统中央控制数据库的基础上，还是建立在分布式账本技术的基础上。

（三）消费者对可访问性和隐私安全的需求

消费者关注央行数字货币的通用访问权限和隐私保护。从技术角度来看，考虑隐私和访问便利性之间权衡的同时，也必须易于监管机构执法。这一需求构建了央行数字货币技术设计的第三层考虑：央行数字货币的访问是否绑定到身份系统（基于账户），还是通过加密的方式进行（基于令牌）。

（四）消费者对跨境支付便利度的需求

消费者考虑央行数字货币在跨境支付领域的应用，这一需求构建了央行数字货币技术设计的第四层考虑：基于现行的跨境支付系统，在批发层面的连接系统来实现，还是在零售层面设置新的连接系统，允许消费者直接持有外国的央行数字货币。

二、体系架构：对中央银行间接还是直接索偿

第一层级中，央行数字货币体系架构分为三种，由债权的直接或间接归属决定，中央银行始终是发行和赎回数字货币的唯一机构。

（一）间接型央行数字货币

该模式下，消费者有权对金融中介提出索偿，而非对中央银行索偿，中央银行仅跟踪金融中介的账户，类似于现有的双层金融系统。由金融中介处理零售用户的交易，进行轧差后将报文发送给其他金融中介，并将批量支付指令发送给中央银行，最终在中央银行的数字货币账户中完成清算。该模式的优势是可以充分发挥金融中介的优势，且中央银行也不必承担解决争议、客户身份识别和相关服务的责任。但其劣势是仅金融中介能记录

个人债权，而中央银行无法记录个人债权。如果金融中介不提供信息，中央银行无法兑现消费者的索偿要求；如果金融中介破产，确定谁是合法的央行数字货币所有者可能会面临一个漫长、昂贵的法律程序。

（二）直接型央行数字货币

该模式下，消费者对中央银行直接索偿，中央银行保留所有余额记录，并在每次交易时进行更新。中央银行将是处理央行数字货币支付服务的唯一机构，但客户身份识别和尽职调查可以由私营部门、中央银行或其他公共部门进行。该模式的优势在于无须依赖金融中介。但其劣势在于缺乏金融中介的情况下，支付系统的可靠性、速度和效率会有所降低。金融中介可以通过承担一部分的风险来处理连接中断或离线支付，保障电子支付交易的业务连续性，但承担这部分风险的前提是有效的客户身份识别机制，而中央银行难以直接实施这种客户身份识别。因此，该模式下的央行数字货币对消费者的吸引力也可能不如当前的电子支付体系。

（三）混合型央行数字货币

该模式提供了一种中间解决方案，消费者可对中央银行直接索偿，同时也允许中介机构处理支付交易。中央银行保留所有余额记录，以便在技术故障时将其从一家支付服务提供商转移到另一家支付服务提供商。该模式包含两个关键要素。**一是**央行数字货币的索偿与支付服务提供商的资产负债表分离。如果支付服务提供商破产，有关央行数字货币的资产并不被视为对支付服务提供商的债权，中央银行有权将零售客户关系从破产的支付服务提供商转移到运营良好的支付服务提供商。**二是**中央银行必须保留所有央行数字货币记录的副本，以备随时恢复零售余额，支持将零售央行数字货币客户关系从一家发生技术故障的支付服务提供商转移到另一家支付服务提供商。该模式既有优势也有劣势。优势是更具弹性，操作更简单，中央银行不直接参与零售活动，可以专注于核心流程，而金融中介则负责其他服务，如实时支付确认等；劣势是加大中央银行运营的基础设施的运载负荷。

三、基础设施：基于集中式还是基于分布式

基础设施可以基于传统的中央控制数据库，也可以基于新的分布式账本技术，第二层级将探讨这一问题。

（一）集中式和分布式基础设施的主要区别

集中式和分布式的数据储存方式均为独立存放于不同物理位置，主要区别在于数据的更新方式，即更新数据库的权力是集中的还是委托给一个由经过识别和审查的验证器组成的网络。在传统的中央控制数据库中，一般在多个物理节点存储数据，这些物理节点由单一实体控制，通过控制顶层节点来控制系统。分布式账本技术则由不同实体以分散的方式共同管理，不设置顶级节点，通常使用共识机制算法，对所有实体的节点进行协调以完成每次更新，在所有节点完成响应后，才能将交易最终确定并添加到分类账中。

（二）集中式和分布式基础设施的优势和劣势

分布式账本系统和集中式系统均无明显优势，但各有劣势。分布式账本系统的劣势是其业务处理能力受限，由于采用共识机制算法，数据传输量受限。除体量非常小的辖区外，分布式账本技术不能用于直接型央行数字货币。但是，分布式账本技术可用于间接和混合型央行数字货币，相关试验也证明了可行性。集中式系统的劣势是一旦顶层节点发生故障，如遭遇黑客攻击，系统将面临重大风险。

四、访问入口：基于令牌还是基于账户

第三层级的技术选择是如何访问、向谁开放访问权限以及如何保护隐私安全。这一层级存在两种解决方案，分别为基于账户和基于令牌。

（一）基于账户模式，将所有权与身份进行绑定

该模式下，索偿权记录在数据库中，央行数字货币的账户余额与身份对应，类似于现在的银行账户。因此，必须对持有人的身份进行认证，从而将身份映射到整个支付系统中，形成唯一的标识符。上述方案可能不符

合某些司法管辖区的要求，从而被禁用。

（二）基于令牌模式，中央银行仅在央行数字货币持有者出示加密凭证时兑付债权

基于数字令牌的系统将确保访问的可获得性，并提供良好的隐私保护。但该模式也存在严重的弊端。**一是**如果持有者无法确保私钥的安全，很可能造成资金损失。**二是**洗钱、恐怖主义融资的风险增加。该模式下央行数字货币将与现金或无记名证券类似，监管机构难以确定债权人身份和追踪资金流向。

（三）隐私保护问题

账户和令牌的模式中涉及的交易数据，均属于个人敏感数据。因此，隐私保护对于央行数字货币的设计至关重要，主要涉及两方面风险。**一是**交易双方相互窃取个人信息。如果允许商户收集支付数据，并将其连接到客户资料，央行数字货币将改变支付的本质，从简单的价值交换变成数据价值交换。因此，央行数字货币应保留交易双方的隐私，即通过“假名”进行交互，持有者提供支付的特定凭据即可完成支付，不能获取交易对手的身份信息。**二是**系统操作员或金融中介泄露数据。金融中介可以参与支付流程，也可以接触到个人支付信息。因此，需要建立适当的法律框架，限制前端的应用程序采集用户数据（如智能手机的支付应用程序）。此外，应尽量做到数据最小化存储，如不能做到，则必须依靠数据整合和匿名化，或将数据存储在受法律保护的物理设备上。

五、跨境互联：采用批发方式还是零售方式

随着旅游业和国际电子商务的蓬勃发展，无缝、互联互通、低成本的跨境支付是未来的发展方向，第四层级的技术选择是央行数字货币的跨境互联方式。

（一）通过支付系统进行跨境互联

央行数字货币的跨境互联可基于当前的支付系统，各国应从央行数字货币设计之初就进行协调，合作研发可用于央行数字货币互联互通的跨境

支付系统。

（二）通过零售钱包进行跨境互联

由于消费者可持有多个国家货币，央行数字货币应允许消费者通过零售钱包的互联互通实现跨境互联。消费者可以选择先购买外币，然后前往国外消费，将支付与外汇交易分开。此类零售钱包的可用范围将取决于访问入口——如果央行数字货币系统基于数字令牌，则境外居民可以自由访问；如果基于账户，则必须提高各国账户的互操作性，需要在国际层面进行协调。

六、结论

中央银行在支付系统中起到关键性作用，随着现金使用的逐步减少、私营部门的加速发展，央行数字货币的研究和开发将变得更加迫切。目前，大多数央行数字货币项目仍处于初期阶段，全球各地的中央银行都在进行相关的研究，截至2020年2月19日，全球各国和地区公布了17个央行数字货币项目。展望未来，中央银行应促进相关实验的结果在国际层面共享，从而更清晰地描绘央行数字货币的蓝图，即哪些技术选择适用于央行数字货币，以及哪种选择为本辖区的最佳实践。

（中国人民银行广州分行
孙方江　王濛　潘在怡　李俏莹　编译）

IMF：通过移动平台开展政府对个人支付的可持续框架研究

摘要：2020 年 9 月底，国际货币基金组织（IMF）发布了《克服新冠肺炎疫情危机：通过移动平台开展政府对个人支付的可持续框架研究》工作报告。报告指出，疫情期间政府对个人的社会资金转移（Government-to-Person Money Transfer，以下简称 G2P 支付）规模空前扩大，其中一种重要的形式是政府通过移动应用平台向个人或家庭进行资金援助，即 G2P 移动支付。为进一步提高其可持续性，报告给出了一个综合性 G2P 移动支付框架，框架由八部分构成，包括提倡以人为本的理念、建立数字化的政府治理框架、强化移动支付运营商的服务能力、加强与重点金融机构的合作、建立完善的现金存取网络、健全移动支付受理网络、梳理可推广的业务模式、关注弱势群体的普惠基础。该框架将有助于各国政府建立长期可持续的 G2P 移动支付解决方案，扩大救助资金规模和提高救助效率，形成更强大的社会保障体系。

一、G2P 支付发展现状

新冠肺炎疫情期间，大多数国家和地区以空前的速度和规模向个人或家庭提供资金支持。平均而言，各国额外花费了国内生产总值（GDP）的 1% 来加强现有社会援助体系，覆盖了全球超过 18 亿人口。当前，各国通常选择 G2P 支付实现救助资金转移，约占所有转移渠道资金份额的 51%，因此，G2P 支付的可扩展性和可触达性至关重要。

（一）G2P 移动支付的优势

在各国实行社交隔离政策时，迫切需要可靠、安全、可触达的支付网络开展资金援助，其中通过移动支付方式开展 G2P 支付是当前政府应对疫情、开展援助的有效措施。与其他形式的政府支付相比，G2P 移动支付具有以下优势：**一是非接触性，**可有效保持社交距离，避免面对面带来的感染风险；**二是包容性**，可为银行服务难以触达的人群提供金融服务和政府救助；**三是针对性和透明性，**通过为个人或家庭提供政府救助，传播政府重要信息，协助政府收集家庭和个人的关键数据，进一步提高政府救助效率。

（二）各国 G2P 移动支付做法

各国正进一步加大通过移动支付平台提供新冠肺炎疫情救助资金的工作力度，例如巴西政府通过 Auxilio Emerhencial 移动支付应用，为本地居民提供资金援助，符合申请条件的个人可在 APP 上注册并开设移动支付账户，获取资金援助；多哥政府正通过移动支付方式推出资金援助项目 Novissi，用于救助受隔离措施影响较大的行业员工，如出租车司机。由于多哥本地身份证覆盖范围有限，政府部门计划通过覆盖面更广的选民卡确定受益人，然后通过移动支付应用进行转账，并鼓励受益人通过移动支付方式购买商品和服务，以避免现金交易带来的感染风险。此外，肯尼亚的 M-Pesa、乌干达的 Interswitch、坦桑尼亚的 Tigo Cash、中国微信支付和支付宝等移动支付服务商也正联合相关国家公共部门，主动参与救助资金发放工作。

二、G2P 移动支付发展框架

（一）G2P 移动支付流程

为帮助各国有效开展 G2P 移动支付项目，政府部门在推出新的 G2P 移动支付项目时通常应遵循以下流程：**一是**政府需选择一个或多个移动支付运营商，利用现有的国家数据库或移动支付运营商数据库筛选符合救助标准的申请人。**二是**银行和移动支付运营商开展合作，开立救助专款账户。政府将资金汇入对应的账户，同时协同移动支付运营商开展救助宣传工作，帮助受益人通过与政府商定的身份验证方案提出救助申请。**三是**受益人的移动钱包账户将收到来自政府的救助资金。**四是**受益人可在与移动支付运营商或当地银行合作的现金受理点提取现金，或在接受移动支付方式的商户处购买商品和服务。

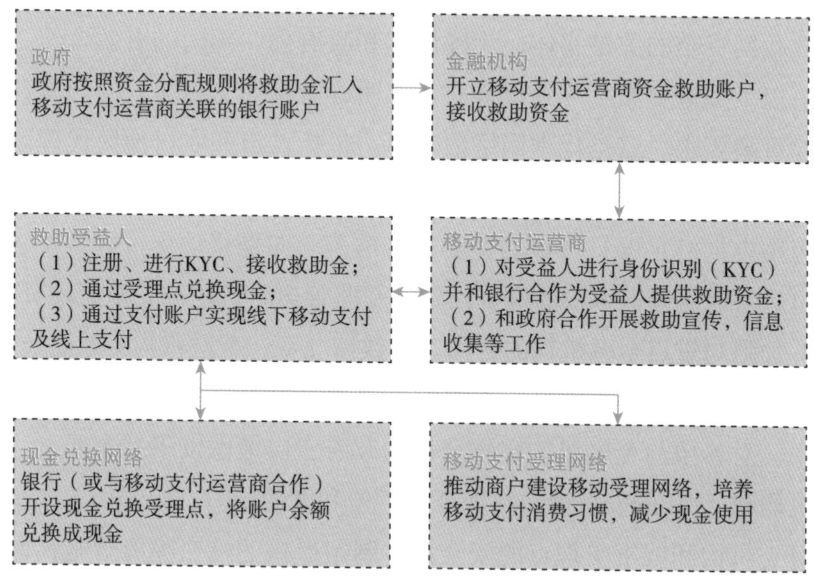

图 1　G2P 移动支付流程

（二）G2P 移动支付框架

为确保 G2P 移动支付的有效实施，报告介绍了如何通过移动平台实现可持续的 G2P 支付的有关框架，具体由 8 个方面组成。

1. 提倡以人为本的理念，将受益者放在每项基础性工作的中心。一是需建立透明且公正的救助标准，最大限度避免援助对象被错误纳入或错误排除；**二是**实施便利且可靠的客户身份识别（KYC）流程，建立注册账户、申请资金、使用资金的全流程认证管理体系；**三是**通过优化体验、建设普惠性的金融基础设施，进一步帮助弱势受益人获得救助。

2. 建立基于数据分析的数字化政府治理框架。一是有序开展社会经济数据的收集、管理、分析工作。通过完善社会经济信息库，国家可以准确筛选需要帮助的个人和家庭。**二是**政府应充分利用数字识别、数据分析或欺诈检测等先进技术，确保相关部门对于公共救助资金流动的把握。**三是**公私机构之间应建立密切的合作和数据共享机制，进一步补充部分缺失的家庭经济数据，实现对受助人群的准确定位。

3. 强化移动支付运营商的服务能力。移动支付运营商是政府向社会大众发放救助资金的关键实体，为确保其和政府公共部门的有效合作，政府应考虑以下关键要素：**一是**服务质量，明确对移动支付运营商的服务水平和风险管理要求。**二是**代理网络覆盖率。包括城市和农村地区代理商的可用性及其服务质量。**三是**手机覆盖率。移动支付运营商的合作伙伴必须在全国范围内拥有足够且可靠的移动通信覆盖。**四是**移动支付监管要求。移动支付运营商需确保客户的资金投资于受监管金融机构的安全流动资产。

4. 加强与重点金融机构的合作。多数情况下，金融机构（如商业银行）将直接从政府获得救助资金，并将其转入移动支付运营商等参与者的资金账户中。对希望与金融机构建立合作的政府，应考虑以下基本要素：**一是**分支机构和 ATM 的安全性。在保证业务便利度的同时，应密切关注金融机构的分支机构和线下受理点的安全性，制定严格的社交隔离措施，保证疫情期间关键金融机构的持续运转。**二是**服务便利性和可信任度。评估参与金融机构服务客户的能力，客户的信任度及支持度、服务的便利性是重要的成功因素。**三是**风险管理。应建立完善的风险管理机制，落实反洗钱、反恐怖主义融资、反逃税等相关措施，确保救助资金和交易数据的真实性、完整性、安全性和透明性。

5. 建立完善的现金存取网络。为使受益人能够安全地将移动钱包中的救助资金兑换成现金，现金存取网络在G2P项目中起到关键作用。研究表明，大多数受益人会一次性提取全部的救助资金。IMF 建议**一是**要保证提款渠道的多样性，包括直接渠道（如银行分行、自动取款机等）和间接代理渠道（如零售店、超市和药店等）；**二是**建立提款代理点人群密度管控机制，确保不发生大规模集体感染事件；**三是**完善现金流动性管理，保证受益人及时获取资金。

6. 健全移动支付受理网络。庞大的特约商户网络以及其他公共和私人参与者的参与，会进一步鼓励受益者选择移动支付，以下关键因素可以促进移动支付业务的发展。**一是**移动支付的生命周期。完整的数字支付生态系统使移动支付在政府、用户、企业间的流通更顺畅。**二是**费用结构。在新冠肺炎疫情期间，各国普遍临时降低或取消移动支付费用，促进了移动支付的使用。**三是**各支付网络间的互操作性。各银行、数字钱包和各种支付工具之间应尽可能实现互联互通，以便扩展网络使用范围，进一步降低移动支付使用阻碍。

7. 梳理可推广的业务模式。成功的 G2P 移动支付实践可作为行业实现数字化的优秀案例，IMF 建议各方不仅应关注业务解决方案，还需对客户体验、宣传策略、风险管理、战略合作等关键市场要素进行梳理，并通过设立行之有效的项目管理路线图进行落地，确保 G2P 移动支付的相关业务模式可复制、可推广，进一步推动政府、私营部门和个人之间建立多维度合作机制，在未来经济发展中实现可持续的服务能力。

8. 关注弱势群体的普惠基础。支付数字化、移动化将造成大量弱势群体难以获得相应救助。各国政府与技术、电信、金融科技公司的密切合作会有助于弥合数字鸿沟，可以从以下方面提高 G2P 移动支付对偏远或贫困人口的覆盖范围：**一是**降低电力、网络访问、硬件设备成本，增强其可用性和可靠性；**二是**不仅关注男女性别之间的技术鸿沟，还要认识到移民、流离失所者、残疾人等存在的技术鸿沟。

三、G2P 移动支付面临的风险和挑战

尽管 G2P 移动支付项目是实施资金援助的关键措施，其也存在网络安全风险、金融风险等治理挑战。有关政府部门应确保尽可能识别、管理、降低相应风险，帮助公众树立对于 G2P 移动支付项目的信任。

（一）网络安全和数字欺诈风险

鉴于大量资金和受益人数据的敏感性，网络安全风险是与 G2P 平台相关的主要风险。网络安全风险威胁着机构数据、应用程序、公民信息的机

密性、完整性和可用性。对于政府机构来说，受益人数据的泄露、滥用或其他消费者欺诈行为可能造成严重的声誉后果，并导致长期信任损失。从完善基础设施、优化应用程序、提升网络安全标准到增强信息安全能力，框架中的 8 个组成部分都需要对网络安全和数字欺诈风险进行治理。

（二）应关注的监管挑战

新冠肺炎疫情背景下，各国监管部门应就非金融服务提供商带来的治理挑战开展研究，确保客户在使用其服务的同时获得对应的监管保护。报告建议各国制定相应政策，要求非金融服务提供商增强保护客户数据的能力，强化落实反洗钱、反恐怖主义融资和反逃税的合规要求，加强个人隐私数据和用户权益保护，合规开展 G2P 移动支付业务，确保金融市场平稳有序发展。

（中国人民银行支付结算司　吴桐　于泽洋　吴冰迪　编译）

印度：从现金到数字化支付

摘要：2020 年 2 月 24 日，印度储备银行发布了《从现金到数字化支付》的进展报告。报告指出，通过建设生物识别数据系统、实施“非现金印度”计划等一系列举措，印度的银行账户数量大幅增长，数字化支付规模迅速扩大，数字化支付交易的复合年均增长率达到 61%，数字化支付金额与 GDP 的比值从 2014 年的 6.60 上升到 2018 年的 8.62，印度正由现金支付向数字化支付快速转变。印度的做法对我们有几点启示：一是高度重视基础设施建设，加快建立全国统一的数字身份识别系统；二是探索发展基于数字身份的普惠账户体系，更好发挥数字化支付服务社会管理的作用；三是完善法律保障体系，平衡好数字化支付的信息保护和使用的关系。

一、支付方式发展现状

数字化革命正席卷全球，为普通消费者带来更多的数字化支付选择。现金支付与非现金支付都有特定的用途和目的，消费者会根据自身需要选择合适的支付方式。在印度，现金使用非常广泛，与此同时，数字化的非现金支付方式正在迅速发展。

（一）流通货币

2014—2018 年[①]，印度流通货币价值的复合年均增长率为 10.2%。2016 年，“废钞令”计划的实施以及印度国内生产总值（GDP）的快速增长，使流通货币价值占 GDP 的比重下降至 8.70%。虽然 2017 年和 2018 年分别

① 本文中的年份均表示印度财年，为该年 4 月 1 日到次年 3 月 31 日。

增至10.70%和11.2%，但与2015年的12.1%相比增长较缓。同时，2018年，全球除阿根廷、中国、印度尼西亚、俄罗斯、南非、瑞典、土耳其以外的其他国家流通货币价值水平均较2014年有所增加，但印度的流通货币价值水平有所下降。上述数据表明，印度从现金向数字化支付转移的趋势明显。

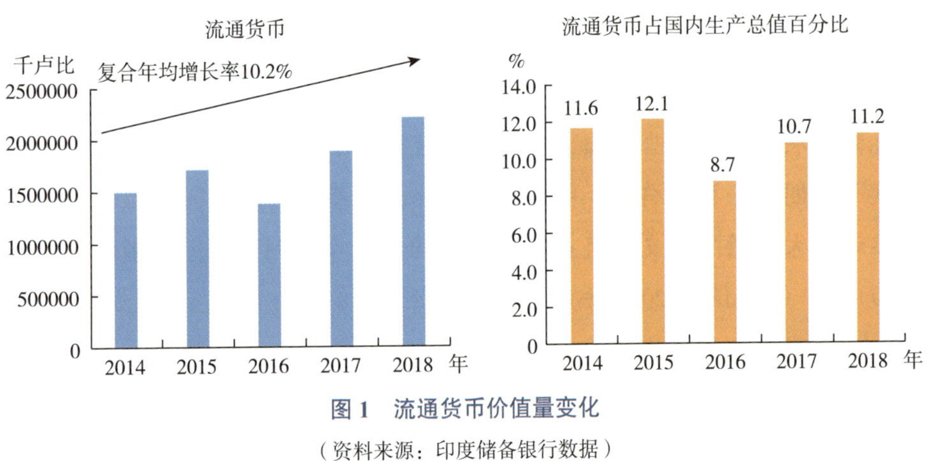

图1　流通货币价值量变化

（资料来源：印度储备银行数据）

（二）支付方式

据统计，世界各国目前占主导地位的支付方式仍是现金，但支付渠道正在快速向线上渠道扩展。研究显示，亚太地区的数字化支付交易量正在增加，并预测该地区的电子商务市场在2016年至2021年的复合年均增长率为12%，印度将是这一增长的重要驱动力。

《2018年全球支付报告》[①]指出，在全球范围内，除了德国、意大利、日本和俄罗斯等传统上具有现金偏好的国家外，信用卡已经取代现金成为主要的支付方式。但在印度，尽管现金仍然是零售交易的主要支付方式，电子现金[②]在线上支付方面占据了主导地位。与此同时，瑞士信贷集团报告指出，仍有72%的印度消费者习惯使用现金交易，这一数字是中国的两

① 资料来源：2018年11月The Worldpay发布的全球支付报告。

② 电子现金（e-money）是一种预付款支付方式。在印度，主要以数字钱包和银行卡或预付卡的形式发行。

倍。许多商家尤其是农村地区的商家，无法或不愿接受数字化支付，主要原因是网络连接问题，以及不愿为小额交易支付手续费。

二、数字化支付的推动因素

（一）移动电话和互联网

银行和非银行支付系统供应商正在利用日益增长的移动互联网用户和移动设备来提供支付服务。尤其是银行，已经通过短信、非结构化补充服务数据业务（USSD）和移动应用程序这 3 条渠道提供移动银行服务。

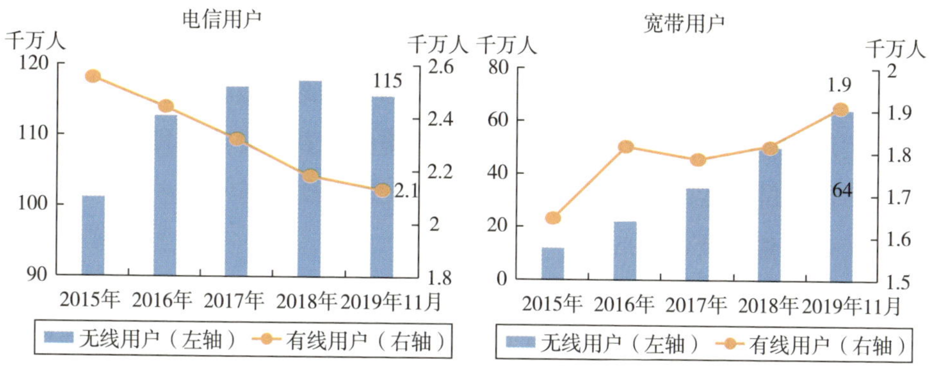

图 2　无线用户和有线用户户数

（资料来源：印度电信管理局（TRAI）数据）

截至 2019 年 11 月底，印度无线电话用户超过 11.55 亿人，普及率达到 88.90%。智能手机用户的增加有助于加快数字化支付的普及。此外，智能手机的出现还带来了支付方式的诸多创新，如智能手机可以通过绑定令牌等媒介或扫描二维码进行交易。这些都促进了从现金支付向数字化支付的转变。

印度的互联网使用率呈上升趋势。印度互联网和移动协会（IAMAI）的一份报告显示，2013 年之前，印度人在语音服务上的支出高于在移动数据服务上的支出，而现在移动账单大部分是数据服务费用。截至 2019 年 11 月底，印度无线和有线宽带用户分别超过 6.42 亿人和 0.19 亿人。互联网普及率的提高促进了数字化支付应用范围的扩大。

（二）银行账户

截至 2019 年 3 月底，印度包括地方性银行、小型金融银行、地区性农村银行等所有商业银行在内的存款账户数已增至 21.74 亿，银行账户的普及对数字化支付的发展起到了关键作用。

（三）印度生物识别数据系统

2009 年印度公民身份识别项目（Unique Identification Project，又称 Aadhaar）启动以来，已有超过 12.4 亿人拥有独一无二的身份证明编号。Aadhaar 支持的电子身份识别系统（eKYC）使印度数字化支付规模大幅度增长。政府允许能提供自己身份信息的公民将该系统编号与自身银行账户相关联，以便政府直接将相关福利补贴转入账户中。Aadhaar 的发展以及政府相关举措使银行账户数量大幅增加。Aadhaar 独特的生物识别技术广泛地运用到相关政府工作中，它能够剔除虚假受益人，也有助于现金支付向数字化支付的转换。

（四）借记卡和信用卡

2014 年至 2019 年 12 月，印度信用卡发卡量从 0.21 亿张增加到 0.55 亿张以上。同期，借记卡从 5.54 亿张增至 8 亿多张。银行卡发行量的增加促进了基于线上和 POS 终端的数字化交易方式的应用。

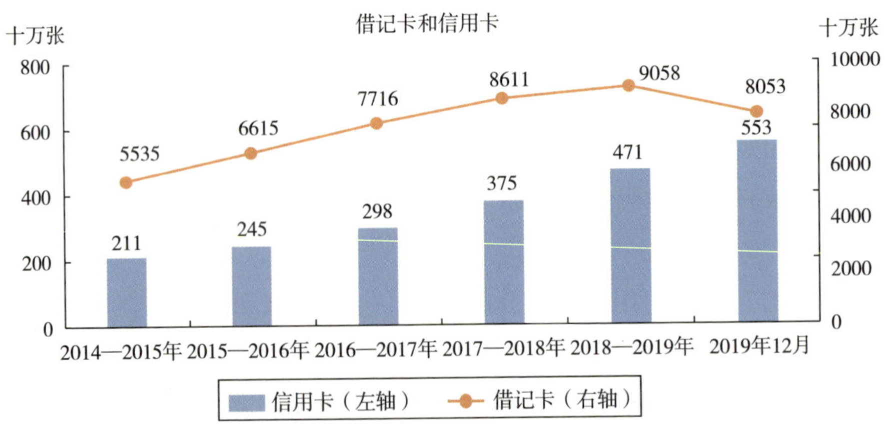

图 3　借记卡与信用卡存量

（资料来源：印度储备银行数据）

三、数字化进展

2014—2018 年，印度的数字化支付交易笔数和金额的复合年均增长率分别为 61% 和 19%，显示出由现金支付向数字化支付的快速转变。

（一）数字化支付的增长

在数字化支付领域，零售支付（包括贷记转账、快速支付、直接借记等）交易笔数和金额的复合年均增长率分别为 65% 和 42%。以电子钱包和预付卡的形式发行的储值现金交易笔数和金额的复合年均增长率分别为 96% 和 78%。借记卡和信用卡支付交易笔数和金额的复合年均增长率分别为 44% 和 40%。非接触式支付和支付标记化技术的创新为银行卡支付提供了支持，促进了交易笔数和金额的增长。此外，信用卡支付较信用卡提现有所增加。即时支付系统在世界各地日益普及，印度许多支付系统 7×24 小时运行，这促使客户转向更加便捷的数字化支付。目前，印度有即时支付系统（Immediate Payment Systems，IMPS）、统一支付接口（Unified Payments Interface，UPI[①]）、国家电子资金转账系统（National Electronic Funds Transfer，NEFT）等，其交易规模正大幅增长。

（二）数字化支付与 GDP 的比值

印度 ATM 取现金额占 GDP 的比例一直保持在 17% 左右，但在“废钞令”实施期间[②]，这一比例为 15%，仅高于全球公认的“现金较少”经济体（如法国、英国等北欧国家）。数字化支付与 GDP 的比值从 2014 年的 6.60 上升到 2018 年的 8.62，印度向数字化支付的转变显而易见。同支付与市场基础设施委员会（CPMI）统计的各国数字化支付与 GDP 的比值相比，印度与阿根廷、巴西、中国、韩国、土耳其和英国等少数国家情况类似，该比重有所增加。

---

① 一种用于手机支付的通用接口程序，银行和非银行机构（如钱包公司）均可接入。

② 印度“废钞令”实施日期：2016 年 11 月 8 日至 12 月 30 日。

（三）支付基础设施

银行分支机构和ATM数量的增多，在一定程度上加快了现金的流通，但是对数字化交易来说也是一项有利因素。POS终端和智能手机的普及直接导致数字化交易量的增加。2014—2018年，印度全国各商业银行分支机构数量增长3.5%。分支机构的增加特别是在农村和城郊地区分支机构的增加，有助于在这些地区逐步推行数字化支付业务。

截至2019年12月，印度POS终端数量大约为490万台。2014—2018年，印度ATM和POS终端的复合年均增长率分别为4%和35%。虽然ATM的数量增长缓慢，但以POS终端为主的非现金基础设施增长显著，这进一步刺激了数字化支付的发展。虽然印度在POS终端的布放数量大幅增加，但由于人口基数庞大，平均每台POS终端要服务358人。尽管与2014年每台POS终端服务1124人相比，这已是一个巨大的进步，但依然远低于CPMI统计的各国平均水平。

另一个重要的基础设施是数字POS终端或者说二维码。Bharat QR（Bharat Quick Response，BQR）已经发展成为一个支付品牌，其低成本的特点吸引了很多商户加入。未来几年，二维码的使用将大幅增加，与POS终端一起促进数字化支付的加快普及。截至2019年11月底，印度已在全国范围内发放了超过1600万个二维码（包括BQR以及其他二维码）。印度储备银行将成立专项委员会审核并最终确定一个统一的、可互操作的二维码体系。

四、未来展望

阻碍数字化支付推广的因素有受理设施不足、网络连接不畅、消费者对较新的支付方式不熟悉、投诉解决缓慢以及安全和隐私等方面的问题。为解决这些问题，印度储备银行将构建消费者保护体系、设立内部监察员、加大对收费标准等的审查。

《印度支付结算系统：愿景2019—2021》提出，要赋予每个公民更好的支付体验，提供更加丰富的支付服务选择。为此，印度储备银行将采取以下几种措施：自 2019 年 12 月 16 日起，全天候开启国家电子资金转账系统；自 2020 年 1 月起，客户通过国家电子资金转账系统发起交易时，银行不得收取手续费；准许所有经授权的支付系统与国家电子收费系统（National Electronic Toll Collection，NETC）联网；允许通过统一支付接口（UPI）处理交易电子授权。但仍有一些需要关注的问题，如从系统和消费者的角度，评估二维码多元化的必要性，以及它们共存或融合的优点。此外，印度储备银行将通过银行科技发展及研究学院（IDRBT）举办创新竞赛。这些措施将进一步加快数字化支付的发展。

五、借鉴与启示

（一）高度重视基础设施建设，加快建立全国统一的数字身份信息系统

印度生物识别数据系统（Aadhaar）是印度重要的基础设施，对促进数字化支付发展起到了至关重要的作用。我国应在现有的公民身份信息联网核查系统基础上，加快建设全国统一的数字身份信息系统，探索将公民生物识别特征纳入采集范围，并从技术层面研究制定统一标准，保障系统运行、数据库、网络访问和认证等环节的安全性和稳健性，为数字化支付乃至数字经济的快速发展提供有力的基础性保障。

（二）探索发展基于数字身份的普惠账户体系，更好地发挥数字化支付服务社会管理的作用

考虑为公民提供关联数字身份、具有唯一性的专有账户，支持政府直接将补贴资金转入受益人的专有账户。有效解决“发放一次补贴、开立一个账户”导致的账户冗余、受益人管理不便等问题，也有助于剔除虚假受益人，为政府部门强化补贴资金管理提供便利。同时，也有利于更好地发展基于账户的数字化支付业务，助力数字化经济的繁荣发展。

（三）完善法律保障体系，平衡好数字化支付的信息保护和使用的关系

数字化支付的发展衍生出大量的交易信息数据，如何保护和使用好这些信息数据，对于数字化支付的健康发展具有重要意义。应建立健全支付数据安全管理制度体系，明晰数据主体的权利和数据使用者的义务、保护

内容、约束措施、保障程序等内容，在切实保障消费者合法权益的同时，也为支付市场主体使用大数据探索更多创新产品和服务提供支撑。

（中国人民银行济南分行　董兰　崔倩　魏悦萍　编译）

“脱欧”背景下英国支付市场监管变化的研究

摘要：2020年1月31日，英国宣布正式脱离欧盟，过渡期为2020年2月1日至12月31日，英国将继续遵循欧盟的法规直到过渡期结束。由于“牌照通行权”的广泛使用及跨境壁垒的不断降低，英国和欧盟的支付市场已经高度融合，因此，英国将采取一系列措施维护支付市场秩序，保障“脱欧”后支付市场平稳过渡。这些措施包括对信贷机构、支付机构、电子货币机构等支付服务提供商启用“临时许可制度”，对于金融市场基础设施启用“临时认定制度”，并为市场退出提供了渠道。上述制度旨在保障英国支付市场平稳过渡，以及最大化保障消费者权益和业务连续性。本文对英国“脱欧”背景下支付市场相关法规制度的变化情况进行梳理，并提出密切关注英国“脱欧”进展、积极拓展英国支付市场、完善我国支付市场退出机制等启示建议。

一、相关背景

（一）英国“脱欧”进程

2016年6月23日，英国举行全民公投，52%的投票者选择“脱欧”。2017年3月29日，“脱欧”程序正式启动。2018年11月25日，欧盟正式通过《退出欧盟协议法案2018》（*EU〈Withdrawal〉Act 2018*）以及《英欧未来关系宣言》（*The Future Relationship between the United Kingdom and the European Union*）两份文件，统称“脱欧”协议。由于“脱欧”协议被下议院否决，导致“脱欧”谈判陷入僵局，英国一度可能面临无协议“脱欧”的局面。2019年10月17日，欧盟委员会与英国政府就英国“脱欧”达成新协议。2020年1月23日，英国女王伊丽莎白二世签署批准英国议会此前通过的《退出欧盟协议法案2020》（*EU〈Withdrawal Agreement〉Act 2020*），这标志着该法案正式生效成为英国法律。2020年1月31日，英国正式退出欧盟，过渡期正式启动，到2020年12月31日结束。

（二）英国“脱欧”涉及支付领域的准备工作

英国于1970年加入欧盟前身欧共体，成为成员国长达近50年。尽管英国货币仍保持独立，但其国家层面的监管立法已经与欧盟层级立法相融合，且随着欧盟单一支付市场的推进，欧盟在成员国内部采取了优化支付市场准入、降低跨境支付壁垒、促进信息流动等一系列措施，英国“脱欧”必定对欧盟及英国的支付市场监管造成较大的影响。尽管“脱欧”协议在2020年1月才正式签署，但英国财政部、英格兰银行、英国金融行为监管局、英国审慎监管局已在《退出欧盟协议法案2018》的基础上，于2019年4月启动支付领域相关法规制度的修订工作，确保“脱欧”之后英国的支付市场运行可以平稳过渡，并于2019年6月完成了第一阶段的修订工作。

二、支付市场监管的变化情况

英国“脱欧”背景下的支付市场监管主要在以下几个领域进行调整。

（一）支付服务提供商市场准入监管

1. 英国在过渡期内“牌照通行权”（Passporting）仍继续适用。为消除欧盟成员国之间跨境展业的壁垒，欧盟实行牌照互认机制“牌照通行权”，即包括信贷机构①、电子货币机构和支付机构在内的支付服务提供商，在任意一个欧盟成员国内获得许可后，均可以通过“牌照通行权”在欧盟其他成员国开展业务。在过渡期结束之前，“牌照通行权”在英国仍适用，但自过渡期结束日起将不再适用。

① 在次贷危机后，欧盟重视对信贷机构的宏观审慎监管，从2013年开始由欧洲央行对信贷机构进行统一牌照管理。

2. 英国在过渡期后实行“临时许可制度”（Temporary Permissions Regime）。该制度允许持有欧洲央行许可的信贷机构和欧盟成员国许可的电子货币机构、支付机构在过渡期结束后继续在英国开展业务。当前申请的通道已经关闭，暂未公布重新开放时间。“临时许可制度”最长有效期为3年，3年后如希望在英国继续展业，信贷机构需要向英格兰银行申请许可，电子货币机构和支付机构则需要向英国金融行为监管局申请许可。英国还出台了《脱欧：临时许可和金融服务合同工具》（*Exiting The European Union: Temporary Permission and Financial Service Contracts Instrument*），明确申请临时许可机构原则上仍按照欧盟或母国的监管要求，但在4个方面提出了新的要求，以维持消费者保护水平不受“脱欧”影响。**一是**要求加入金融服务补偿计划（Financial Services Compensation Scheme，FSCS）。该计划是英国金融行为监管局和审慎监管局发起的一项消费保护计划，由金融机构筹集资金，用于消费者的索赔。考虑到“脱欧”之后金融机构在英国的分支机构可能被其母国的消费者保护计划排除在外，因此申请临时许可且设有分支机构的信贷机构、支付机构和电子货币机构必须加入金融服务补偿计划；未设有分支机构则无须加入该计划。**二是**要求纳入金融申诉专员服务强制管辖权范围。金融申诉专员服务是一项金融纠纷调解服务，未在英国设立分支机构的信贷机构、支付机构和电子货币机构“脱欧”前不纳入强制管辖范围，只在自愿管辖范围，但进入临时许可制度后必须纳入强制管辖权范围，且必须支付案件处理费和年费，确保这些机构的用户在“脱欧”后不会失去获得投诉转介和争议解决方案的渠道；而在英国设立分支机构的信贷机构、支付机构和电子货币机构原本就在金融申诉专员服务强制管辖权范围内。**三是**获得管理层资质认证。金融机构如在英国设立分支机构，则所设分支机构管理层资质必须符合英国金融行为监管局颁布的《高级管理者和认证制度》（*The Senior Managers and Certification Regime*）要求；不设立分支机构、仅提供线上服务的金融机构则无该项限制。**四是**向公众披露的要求。临时许可机构必须履行告知义务，以书面的形式告知客户其加入了临时许可制度，并明确告知参与了何种消费者保护计划。

3. 英国在过渡期后实行“金融服务合同制度”（Financial Services Contracts Regime）。该制度是一项市场退出计划，旨在指引在过渡期后或“临时许可制度”结束后停止展业的信贷机构、电子货币机构和支付机构有序退出市场，并将提供额外的时间（最长期限为 5 年）确保机构可以履行过渡期结束前所签订的合同。英国发布的《脱欧与合同连续性》（*Brexit and Contractual Continuity*）阐述了该制度为支付服务提供商提供的两种退出路径。**一是**受监管退出路径（Supervised Run-off），适用于设立分支机构，或申请临时许可但未被批准的机构。该退出路径是指机构在退出期间需要与监管机构密切沟通，以便监管机构量化计算退出可能造成的市场风险和消费者损失，且需始终遵循与获得临时许可牌照机构相同的监管规则，监管机构有权在退出期间行使所有的监管权力。**二是**合同约定退出路径（Contractual Run-off），适用于未设立分支机构的机构，或未提交临时许可申请的机构。执行该退出路径的机构，除履行对监管机构的通知义务外，可获得豁免，无须遵循相关的监管要求，但监管机构如认为其退出过程损害了消费者权益时，仍有权力介入其退出过程，将其转为受监管退出路径。但此类退出方式意味着英国消费者可能不再受到欧盟消费者保护计划的保障，除非相关金融机构的母国监管机构有特殊规定。

4. 支付服务提供商不适用于欧盟“恒等性条款”的准入规定。根据英国《金融时报》2020 年 2 月 11 日报道，英国寻求通过欧盟金融服务“恒等性条款”的方式，确保英国的金融机构在“脱欧”后继续在欧洲市场提供服务。根据“恒等性条款”，执行与欧盟同等严格监管规定的国家和地区的交易平台、经纪商及其他公司为欧盟客户提供服务，不必重新申请许可。目前，欧盟的金融监管规定中约有 40 条“恒等性条款”，由欧盟进行统一判定是否遵循条款，日本、美国、加拿大、瑞士等 30 个国家和地区均采用了上述条款。然而，银行的存取款服务、支付服务、抵押贷款服务和保险服务均不在欧盟的“恒等性条款”范围之内，因此英国的支付服务提供商进入欧盟市场需要重新获取许可。

5. 欧盟执行原有的市场退出安排。欧盟并未针对英国“脱欧”重新制订退出计划，但强调持英国牌照在欧盟展业的信贷机构要严格按照《银行恢复和清算指令》（*Bank Recovery and Resolution Directive*）执行市场退出计划，电子货币机构、支付机构则要按照母国的监管安排执行退出计划。

（二）跨境支付的监管

欧盟致力于打造单一支付市场，采取了设置卡组织的交换费率上限、要求国内支付与跨境支付保持相同费率、欧盟成员国内部的跨境支付无须上报付款人姓名和地址等措施，以降低跨境支付壁垒。但英国“脱欧”后，上述的优惠政策将不再适用于英国。

1. 跨境支付费率上升。欧盟《交换费率条例》（*Interchange Fee Regulation*）规定，个人银行卡的欧盟成员国国内支付和内部的跨境支付，借记卡交换费率不得高于0.2%，信用卡交换费率不得高于0.3%，各国可以对其国内的支付设置更低的上限。英国“脱欧”之后，英国与欧盟的支付交易将不再属于欧盟内部的跨境支付，因此英国与欧盟成员国的交易优惠政策将不再适用，但具体的费率规定仍在商讨之中。根据英国财政部的声明，发卡机构和收单机构均在英国的交易仍遵循“借记卡交换费率不得高于0.2%，信用卡交换费率不得高于0.3%”的要求，但发卡机构与收单机构任意一方不属于英国的个人银行卡交易，交换费率将上浮。

2. 跨境转账与境内转账平等原则被打破。欧盟《跨境支付条例》规定，5万欧元（等值美元或瑞士法郎）以内的欧盟内部跨境转账，必须与国内转账保持平等的收费。但英国“脱欧”之后，这一条例不再适用于英国，英国巴克莱银行、苏格兰皇家银行等多家机构均对未来可能大幅上升的转账费用表示担忧。

3. 付款方要为收款方提供额外的付款人信息。根据《内部市场支付服务指令》（*Payment Service Directive*），支付服务提供商在进行欧盟成员国之间的付款时，不强制要求向收款方提供付款人的姓名和地址等信息。但英国“脱欧”后，英国与欧盟之间的跨境支付，付款方必须向收款方提供付款人的姓名和地址。

（三）金融市场基础设施的监管

1. 修订相关监管条款。英格兰银行对在英国运行的金融市场基础设施有统筹监管的职责，在英国达成最终“脱欧”协议之前，已经对金融市场基础设施的相关监管条款进行修订。修订的重点集中在以下三方面：**一是**重新明确金融市场基础设施的监管机构。在过渡期结束后，英格兰银行将全面承担在英国运行的金融市场基础设施的监管职责。**二是**修订在岸的金融市场基础设施的技术约束标准。英格兰银行认为依据欧盟法律《金融市场基础设施条例》（*Financial Market Infrastructure Regulation*）以及《中央证券存管条例》（*Central Depositories Regulation*）制定的技术约束标准已经不能完全适用，重点修订了欧盟内部交易的豁免规则以及出于欧盟金融稳定考虑制定的规则。**三是**考虑出台统一的金融市场基础设施监管规则。“脱欧”之前英国金融市场基础设施受欧盟和英国国内双重规则的约束，其中，中央对手方、证券存管系统、衍生市场结算系统主要根据欧盟法律监管，而支付系统、自动清算所则更多根据英国国内的法律监管，因此英国希望整合国内和欧盟的法律，避免出现冲突和漏洞。尤其是部分金融市场基础设施的定义引用自欧盟的法律，英格兰银行将尽快解决这部分的差异。

2. 建立金融基础设施准入和退出机制。一是建立“临时认定制度”（Temporary Designation Regime）准入管理机制。英格兰银行宣布从过渡期结束开始实行“临时认定制度”，最大化保障业务连续性。2020 年 2 月 1 日，英格兰银行更新了欧盟成员国在英国运行的金融市场基础设施名单，包括自动清算所、中央对手方、中央证券存管系统等 34 家系统运营商，并要求上述系统运营商从即日起需向英格兰银行告知是否加入“临时认定制度”的意愿。金融市场基础设施如需继续运营，则必须加入“临时认定制度”，该认定制度可以维持 3 年，3 年后需要重新申请并再次获得认定后方可运行。英格兰银行将对获得认定的非英国中央对手方、中央证券存管系统分别征收 3.0 万英镑、3.5 万英镑的认定费用。**二是**在最大程度上保障结算最终性。英格兰银行规定获得“临时认定”的金融市场基础设施运营商，自英国“脱欧”过渡期结束后 3 年内在英国的运营可以受到欧盟《结算最终性指令》（*Settlement Finality Directive*）的法律保护。除此之外，由欧盟各成员国央行运行的金融市场基础设施，在过渡期结束之后可以长期受到英国《金融市场和破产（结算最终性）条例》（*The Financial Markets and Insolvency Regulations*）的保护，但欧盟各成员国央行要向英国财政部提出申请。**三是**为金融市场基础设施运营商退出市场提供过渡期。在英国“脱欧”过渡期结束后，英国对选择退出市场、未提出加入“临时认定制度”申请的金融市场基础设施运营商，提供为期1年的过渡期，相关机构在1年内仍可在英国执行清算、结算业务，此后必须关停业务，不可再申请延期。

（四）信息安全、身份验证的监管

1. 英国将申请欧盟“充分性认定”，确保数据跨境自由流动。英国“脱欧”后，将不再遵循《通用数据保护条例》（*General Data Protection Regulation*）的规定，同时丧失与欧盟数据自由流动的权利。根据《通用数据保护条例》，获得“充分性认定”可以实现与欧盟的数据跨境自由流动，欧盟委员会根据申请国的信息保护水平，对认为达到与欧盟相同标准的给予认定。英国政府明确表示将寻求欧盟“充分性认定”，但欧盟委员会每4年才实施一次认定。因此，在未获得认定期间，英国负责数据保护的监管机构信息专员办公室（ICO）已向依赖欧盟数据传输的企业发布了建议，可以在企业之间签署具有约束力的标准合同条款（Standard Contractual Clauses，SCCs），按照《通用数据保护条例》标准规范双方企业的数据保护，之后可以进行自由的数据传输。

2.《电子身份识别条例》将被纳入英国法律。欧盟出台的《电子身份识别条例》（*Electronic Identification and Trust Services Regulation*，eIDAS）为欧盟公民跨境使用电子身份证提供法律保障，并促进了欧盟地区电子身份证的互操作性和数据保护。英国开发了电子身份证项目，但未将《电子身份识别条例》转化为本国法律，因此英国政府计划将该条例纳入本国法律，以保障电子身份证使用的合规性，并保留电子身份证的互操作性相关要求。

3. 英国将继续执行“强身份验证”制度。根据欧盟《支付服务指令》，为降低支付的欺诈风险，线上登录账户或发起电子支付需要执行“强身份验证”，即需要密码、实体装置和生物特征三类信息中的两类。欧盟曾对英国“脱欧”后是否实行这项政策表示担忧，并发表声明称，无论持卡人或收单机构是否属于欧盟，只要发卡机构为欧盟机构，就必须执行“强身份验证”；如果欧盟外的收单机构不支持“强身份验证”，欧盟发卡方需自行评估欺诈的风险，必要时可阻止访问或付款，否则发生欺诈需负责赔偿。英国于 2019 年 9 月正式实施“强身份验证”，并于 10 月修订了针对“强身份验证”监管的技术标准，此前欧盟所顾虑的情形并未发生。但英国设置了部分豁免情形，对低于 40 英镑的非接触式支付、低于 25 英镑的小额支付、同一持卡人不同账户之间的转账、“白名单”的收款人实行豁免。

三、相关启示

一是加强与欧洲央行、欧洲银行管理局、英格兰银行、英国金融行为监管局、英国审慎监管局等监管部门的沟通交流，密切关注英国“脱欧”事件的最新进展，充分掌握和了解英国及欧盟支付市场监管安排的动态情况，加大对我国支付服务市场主体在境外展业的指导力度，尤其是对通过“牌照通行权”在英国或欧盟地区展业的支付服务市场主体，确保其满足当地监管合规性要求，并在英国“脱欧”的过渡期间实现业务的平稳过渡。

二是引导我国支付服务主体积极“走出去”，鼓励其抓住英国“脱欧”的窗口时机，积极拓展英国支付市场。英国“脱欧”后，英国与欧盟的往来属于跨境往来，尽管双方正在商讨解决方案，但是部分欧盟的金融机构可能担心高额的合规成本而选择逐步关停在英国的业务或缩小市场份额。因此，英国“脱欧”为我国支付服务主体拓展英国市场提供了有利的契机。

三是进一步完善我国支付市场的退出机制。可借鉴英国设立临时许可牌照、细化适用退出路径的做法，出台我国支付市场退出制度，明确支付机构、卡组织、金融市场基础设施等主体退出市场的时限要求、路径安排、清算安排、业务连续性保障和消费者权益保护安排等内容，进一步促进我国支付市场健康有序发展。

（中国人民银行广州分行　孙方江　王濛　潘在怡　李俏莹）

中国香港和新加坡数字银行发展及启示

摘要：近期，伴随着香港金管局发放多张虚拟银行（Virtual Bank）牌照，新加坡金管局也公布了相关数字银行（Digital Bank）牌照申请要求，数字银行从理论变成现实。数字银行可能对传统银行在支付、吸储和借贷等方面带来一定挑战，且无相关监管经验可循，面临更高的风险。中国香港金管局和新加坡金管局秉持风险导向、关注初设风险、完善监管机制、创新监管手段、丰富市场供给和提升服务水平的金融监管理念，与我国境内支付牌照管理理念具有一定相似之处，其全生命周期监管方式也值得借鉴。

一、背景情况

中国香港地区和新加坡推出的数字银行与我国境内直销银行、民营银行概念类似，即业务拓展不依赖实体网点和物理柜台，主要通过互联网或其他电子渠道方式触及用户，致力于提供比传统银行更为高效、便捷和经济的金融服务，提升对个人及中小企业客户的服务水平。

表 1　与我国境内直销银行、民营银行的比较

	境内直销银行	境内民营银行	中国香港虚拟银行	新加坡数字银行
经营主体	以传统银行为主	以互联网企业为主	金融机构、科技公司等非金融机构	
牌照类型	独立法人运营需申请直销银行牌照	民营银行牌照	虚拟银行牌照	数字银行牌照
客户来源	主要服务个人及中小企业客户			

续表

	境内直销银行	境内民营银行	中国香港虚拟银行	新加坡数字银行
业务范围	有限银行牌照，在线下网点设立、展业范围等方面予以限制	有限银行牌照，在注册资本、贷款规模等方面予以限制	级别最高持牌银行牌照，通过互联网方式开展相关银行业务	牌照申请阶段，待明确
性质	传统银行参与互联网金融	互联网企业开展金融业务	金融机构、科技公司等非金融机构参与互联网金融	
代表企业	传统银行、百信银行	网商、微众银行	蚂蚁商家服务（香港）有限公司	申请阶段，尚未发牌

注：传统银行下属二级机构运营无需单独牌照。

（一）银行业结构

中国香港地区实行三级银行制，按照存款金额、年期及业务性质，划分为持牌银行、有限制牌照银行及接受存款公司。其中，持牌银行可以经营储蓄存款（无金额和存期限制）、支票等业务；有限制牌照银行可以经营商业银行和资本市场业务、储蓄存款（50 万港元以上，无存期限制）业务；接受存款公司可以经营私人消费贷款、商业贷款、证券、储蓄存款（10 万港元以上，3 个月以上存期）业务。

新加坡将吸收存款的机构划分为全类型银行、批发银行、商业银行和金融公司四类①。其中，全类型银行可以向新加坡国内外的客户提供各类存贷款业务、支票服务等；批发银行除了不能开展新加坡元零售业务外，可以经营与全类型银行相同的银行业务；商业银行可以经营贷款、资产管理、私人银行、证券和投资银行业务；金融公司可以经营的业务主要是吸纳存款和发放贷款。

（二）牌照发放情况

中国香港金融管理局（以下简称中国香港金管局）于 2018 年 5 月发

① 全类型银行和批发银行：根据新加坡《银行法》授予牌照，并遵循《银行法》要求。商业银行：根据《新加坡金融管理局法》批准设立，并遵循《商业银行运营指引》要求。金融公司：根据新加坡《金融公司法》授予牌照，并遵循《金融公司法》要求。

布《虚拟银行的认可》指引修订本以来，**先后向市场授出 8 张虚拟银行牌照，均是级别最高的持牌银行牌照**。蚂蚁金服旗下蚂蚁商家服务（香港）有限公司、腾讯与其他机构组建的合资公司（贻丰有限公司）均已获得虚拟银行牌照。

新加坡金融管理局（以下简称新加坡金管局）于 2019 年 6 月宣布**计划颁发 2 张数字全类型银行（DFB）牌照，以及 3 张数字批发银行（DWB）牌照**。至 2019 年 12 月 31 日申请截止前，新加坡金管局共收到 7 份 DFB 牌照申请和 14 份 DWB 牌照申请。申请机构包括蚂蚁金服、共享出行平台 Grab 和新加坡电信 Singtel 的合资公司等。新加坡金管局于 2020 年底公布了申请成功的机构名单，发放了 4 张数字银行牌照。其中，蚂蚁金服，以及由绿地金融、香港联易融数字科技和北京协同股权投资基金管理有限公司组成的合营公司获得了数字批发银行（DWB）牌照；共享出行平台 Grab 与新加坡电信组成的合营公司，以及电子商务公司 Sea Limited 获得了数字全类型银行（DFB）牌照。

二、准入条件和监管要求

中国香港金管局和新加坡金管局允许金融机构和科技公司等非金融机构申请数字银行牌照，并基于提升对个人或中小企业客户服务水平、降低金融服务成本和促进金融普惠的目标，设定了数字银行的准入条件和监管要求。

（一）准入条件

1. 对股东的要求。中国香港金管局和新加坡金管局均要求申请机构的股东承诺在必要情况下对新设数字银行给予资金、科技等方面的支持。此外，香港金管局要求持有申请机构 50% 及以上股份的股东应为一家信誉良好并受到香港地区或其他地方认可的监管机构所监管的银行或金融机构[①]；新加

① 如不满足该条件，申请机构应由一家在港成立为法团的中间控股公司持有，且该中间控股公司应满足香港金管局提出的其他附加要求，包括资本充足、流动资金、大额风险承担、集团内部风险承担及资产抵押、集团架构、业务活动、风险管理、董事及高级管理人员等。

坡金管局要求申请团体[①]中至少有一家机构具备3年或以上的科技或电子商务领域的经营记录。

2. 风险管理要求。中国香港金管局和新加坡金管局均要求申请机构具备审慎且可持续发展的数字银行业务模式，分析其作为数字银行而受到的影响，理解银行业关键风险，保证业务合规，并制订相应的风险管理计划。此外，香港金管局要求申请机构关注科技风险，按照其经营计划的需要，明确相关技术安排；新加坡金管局会考量申请机构的信誉、历史记录、财务健全性以及其股东的投入承诺等。

3. 业务计划要求。中国香港金管局和新加坡金管局均要求申请机构提交可信及可行的业务计划，业务计划应有助于提升新客户体验，包括通过技术创新来满足现有银行未触及客户的需求，以及促进中国香港地区和新加坡金融普惠和金融科技发展。

4. 退出计划要求。中国香港金管局和新加坡金管局均对数字银行开展全生命周期管理，要求申请机构在申请时提交退出计划，以应对其商业模式最终不可持续的情况，保证该银行退出时，相关程序能有序进行，不影响客户和金融体系稳定。

（二）监管要求

1. 持续监管方面。中国香港地区和新加坡的数字银行与传统银行遵循同样的监管要求和风险管理规定，应满足中国香港地区和新加坡相关法律规定的关于最低实缴资本、基于风险的资本和流动性要求，以及与应对技术风险、反洗钱和反恐怖主义融资相关的要求。

2. 客户保护方面。中国香港金管局和新加坡金管局均要求数字银行加强客户保护。其中，香港金管局强调虚拟银行自身的制度规则须列明银行和客户损失的分担安排，并指出除非客户欺诈或严重疏忽，否则客户不应为其账户未授权交易导致的直接损失负责；新加坡金管局则要求开展零售

① 关于申请团体的范围，包括申请机构的实体及其所有20%控制人。20%控制人是指持有不少于数字银行总发行股份的20%或控制数字银行不少于20%的投票权。

业务的数字银行，必须加入存款保险计划，以保证储户资金安全。

3. 开户及业务推广方面。香港虚拟银行被允许在香港地区通过互联网或其他电子渠道为客户提供远程开户服务。中国香港金管局不干涉商业机构的商业决定，但会关注起初数年其是否会不计成本提高市场占有率，强调虚拟银行业务不应过快扩张，以致其系统和风险管理能力无法承担。新加坡数字银行牌照暂未发放，开户及业务推广要求有待进一步明确。

4. 运营规划方面。中国香港金管局和新加坡金管局均推出监管沙箱，推动数字银行在正式面向市场提供服务前，加入监管沙箱试运行。不过，香港金管局不强制要求加入监管沙箱，虚拟银行服务可以直接推向市场；新加坡金管局则制订了更为明确的运营规划，即 DFB 正式运营[①]前需要进入监管沙箱运作，而 DWB 在起初 2~3 年内仅能开展其申请时确定的业务类型[②]。

表 2 持有 DFB 牌照数字银行分阶段投入运营

	测试阶段		正式运营
	初始阶段	过渡阶段	
最低实缴资本	1500 万新加坡元	逐步提高	15 亿新加坡元
存款限制	• 合计 5000 万新加坡元 • 7.5 万新加坡元 / 人 • 只能从有限的客户范围吸收存款	• 总限额逐步增加 • 7.5 万新加坡元 / 人 • 不再限制客户范围	无限制

三、发展现状及影响

（一）业务现状及前景

中国香港金管局和新加坡金管局允许科技公司等非金融机构申请数字银行牌照，将为数字银行服务市场带来独特的商业模式和价值主张，提升

① 新加坡金管局认为持有 DFB 牌照的数字银行将在开业后 3~5 年内进入正式运营，DFB 不能在初始阶段向公众吸纳存款，仅能向股东、员工、相关机构或个人募集存款。

② DWB 如需扩展业务范围，需向新加坡金管局提交申请，并经评估同意后进行。

对个人和中小企业客户的服务水平，为市场增加多样性和提供更多选择。目前，香港金管局已向市场发放 8 张虚拟银行牌照，授牌机构中非银行类的科技型公司占多数。2020 年 3 月，中国香港首家虚拟银行众安银行（ZA Bank）正式开业[①]，其他虚拟银行仍处于营业准备或试运营阶段。为维护新加坡金融市场稳定、尽量避免因新增发放数字银行牌照对传统银行业的冲击，新加坡金管局只会发放有限数量的牌照，即 2 张 DFB 牌照和 3 张 DWB 牌照，且短期内不会增加。

（二）产生的影响及挑战

一是关于支付，鉴于蚂蚁金服等科技巨头在支付领域的业务和技术积累，其主导的中国香港和新加坡数字银行可能推出的支付服务将对传统信用卡支付业务造成挑战，加剧市场竞争；**二是**关于存款，数字银行运营成本低、母公司财务实力强，倾向于在业务推广初期通过优惠利率吸引用户，这将对中国香港地区和新加坡中小银行的资金来源构成压力；**三是**关于贷款，数字银行受制于自身资本规模和业务模式，不会以服务大企业客户为主，而是倾向于利用科技实力和母公司的网络，服务更多个人和中小企业客户；**四是**关于风险，考虑到数字银行一般采用数据驱动和以互联网为中心的商业模式，其面临的风险相比传统银行更高。例如，人工智能和大数据分析技术的应用可能会引发网络安全和其他非财务风险。

考虑到数字银行推出的优惠利率更多的是短期促销行为，并且数字银行相比传统银行，资本规模较小，预计中国香港地区和新加坡传统银行有能力应对数字银行带来的挑战。不过，由于数字银行属于新生事物，无前期管理经验可循，中国香港金管局和新加坡金管局后续需要密切关注相关数字银行的业务运作和风险管理能力，并持续强化监管手段，确保数字银行业务平稳有序发展。

---

① 众安银行不设实体分行运营，所有银行服务都通过互联网进行，能够提供最快 5 分钟的远程开户、多货币储蓄账户、定期存款、本地转账及贷款等多项银行业务。

四、与我国境内支付牌照管理的比较及启示

近年来，我国境内金融管理部门同样推动出台了促进金融普惠和金融科技创新的监管政策。其中，人民银行于2010年发布《非金融机构支付服务管理办法》（以下简称《办法》），规定非金融机构从事相关支付服务的，应取得支付业务许可证（即支付牌照），成为非银行支付机构。境内支付牌照和数字银行牌照类型虽有所不同，但业务模式一般均基于互联网的金融创新业务，且申请主体多有重合[①]。

一方面，数字时代的相关金融监管理念在人民银行、中国香港金管局和新加坡金管局的监管实践中得到体现。**一是坚持风险导向、关注初设风险**。根据《办法》及其实施细则规定，人民银行同样要求支付机构的主要出资人提供盈利能力方面的证明，确保支付机构的主要出资人能够对支付机构给予必要的支持。此外，《办法》同时要求申请机构提交支付业务可行性研究报告，明确业务规划和市场前景分析等。**二是完善监管机制、创新监管手段。**与中国香港金管局和新加坡金管局做法类似，人民银行在审批发放支付牌照时，坚持审慎监管与创新发展并重、试点经验和常态化设立相衔接的原则，秉持包容和平衡监管的理念，帮助申请机构全面、准确了解监管规定，合理平衡金融创新和风险管控之间的关系。**三是丰富市场供给、提升服务水平。**人民银行、中国香港金管局和新加坡金管局均通过引入非金融机构申请相应牌照来丰富市场参与主体，促进金融产品和支付服务创新，降低服务成本并提升客户体验。同时借助非金融机构服务多样化和个性化的特点，有效增加金融服务供给，促进金融普惠。

另一方面，中国香港金管局和新加坡金管局关于数字银行全生命周期管理的监管方式值得借鉴。中国香港地区和新加坡在数字银行牌照申请时均要求申请机构提交退出计划。考虑到境内支付服务市场竞争激烈，人民

① 如蚂蚁金服、腾讯已获得境内支付牌照和香港虚拟银行牌照，同时蚂蚁金服正积极申请新加坡数字银行牌照。

银行在审批发放支付牌照时应充分评估申请机构后续可能的发展状态，可借鉴中国香港和新加坡的做法，要求申请机构提交有序退出的可行方案，建立全生命周期管理流程，维护我国金融市场稳定。

（中国人民银行支付结算司　吴桐　高志杨）

二、实践思考

跨境赌博“资金链”分析和监管思考

摘要： 跨境赌博直接危害人民群众财产安全，严重影响我国经济安全、社会稳定和国家形象。当前，跨境赌博犯罪团伙广泛运用云计算、分布式存储和人工智能等技术手段，犯罪活动的“资金链”呈隐蔽化、碎片化、分散化等特点，监测识别和追踪难度加大。本文对广东省5个跨境赌博案例进行了分析，梳理了跨境赌博犯罪资金结算模式，发现当前打击治理跨境赌博犯罪存在法律制度和治理机制仍未健全、开户审核渠道和开户数量限制力度有待加强、收款码缺乏有效管理、支付账户和银行账户交易监测力度不足、支付账户提现和转账限制较少、ATM取现验证要素简单等问题。建议推动完善跨境赌博治理法律制度；健全打击治理跨境赌博协作机制；加强账户开立和使用管理；加强商户真实性和收款码管理；优化交易监测模型；推动人脸识别等技术在转账、提现等环节的广泛应用。

一、跨境赌博案例“资金链”分析

跨境赌博的“资金链”一般分为境内流转和赌资出境两个阶段。线上跨境赌博赌资在境内流转较为复杂，犯罪团伙首先需要通过各种手段隐藏并“洗白”赌资交易，最新的作案模式包括“跑分”模式、“虚假交易”模式、“对调交易”模式等，赌徒将赌资充值至赌博团伙的一级账户后，再通过大量的账户进行拆分、转移、对冲等资金清洗工作，洗白后部分资金留在境内作为备付资金池，部分作为收益沉淀和运维费用通过地下钱庄、虚构外贸交易等方式输出境外。线下跨境赌博，由于赌场设在境外，赌资无须在境内进行流转，只需通过地下钱庄等非法渠道转移出境即可。

（一）利用收款二维码搭建“跑分”网络平台是跨境赌博支付环节运作的新手法

非法平台以发展会员的形式组成了海量的支付账户池，不法分子通过技术手段将赌资拆分成小额订单，再将赌客的入金订单和“跑分会员”的收款二维码进行自动匹配，赌资通过“跑分平台”的会员转移至赌博平台控制的账户，从而将赌资交易隐藏在个人日常交易流水中。

典型案例：“净网6号”专案。2019年7月，佛山市公安机关在多个省市同步开展专案收网行动，破获一个利用“赚呗”跑分APP平台接收、流转、“洗白”跨境赌资的新型犯罪团伙，每月涉案资金高达人民币2亿元。该犯罪团伙以传销的方式发展会员，由会员提供支付账户的收款码，会员加入“跑分平台”时上传本人的支付宝、微信收款二维码，另需向“跑分平台”充值相应的押金，押金作为抢单金额的上限。

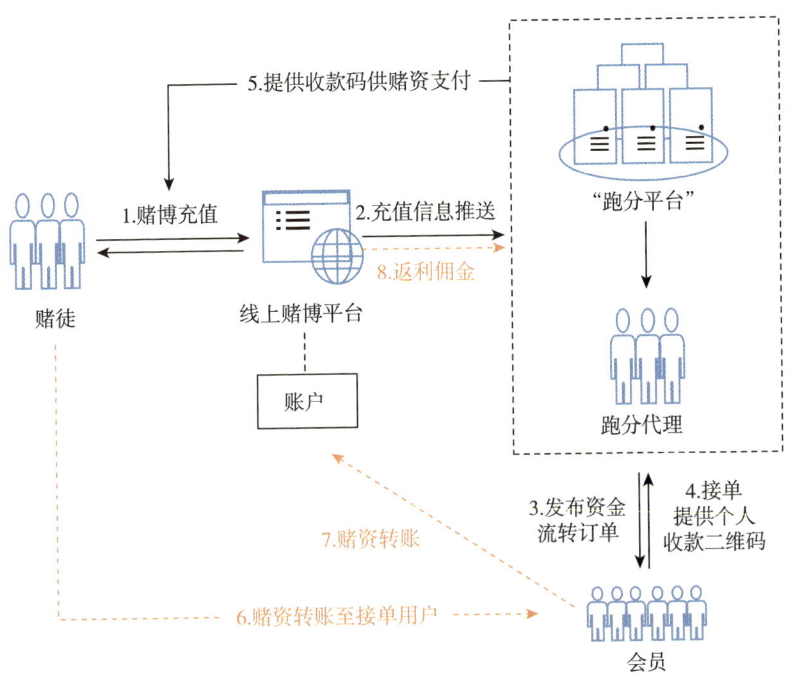

图1　案例1资金流向

本案的资金流向：**“赌徒账户—“跑分会员”支付账户—境外赌博网站控制的账户”**。当赌客充值赌资时，境外赌博网站会将充值信息推送至“跑分平台”，“跑分平台”发布充值订单，“跑分平台”的注册会员通过抢单的方式接收订单，赌客将赌资转账至抢单成功的会员，会员再将赌资转账至境外赌博网站控制的账户。境外赌博网站以交易资金的2.5%~2.8%作为佣金返还给“跑分平台”，“跑分平台”再将资金的1%~2%返还给会员。

（二）利用虚构交易，通过非法跳转网络支付业务接口完成支付是常见的洗白赌资交易方式

犯罪团伙通过非法聚合平台先注册大量空壳商户或控制大量收单商户，再根据赌资交易的金额、时间，调配空壳商户、虚假商户进行虚拟交易的收单，最后再由收单账户转至赌博平台控制的账户。目前还出现在大型电商平台注册虚假商户的情况，电商平台实际上构成一个聚合平台，将赌博充值包装成网购订单支付。

典型案例：2019年1月，广东省公安厅发布公告，对A公司“以合法公司名义帮助网络赌博”的案件进行了通报。该公司利用购买的41个空壳公司申请开通了410个支付宝账户，以及17个员工个人账户，为网络赌博平台提供资金收付通道并收取手续费，3个月非法资金流入额度达人民币34亿元。

本案的资金流向：**“赌徒账户—空壳公司账户—A公司账户—赌博游戏平台账户”**。非法的聚合平台实际上为赌徒的赌资交易提供了一个接口通道，A公司利用空壳公司注册大量支付账户，赌徒交易资金通过A公司构建的支付通道，进入空壳公司的支付宝账户，再从支付宝账户直接清分或通过A公司账户清分至赌博游戏平台账户。

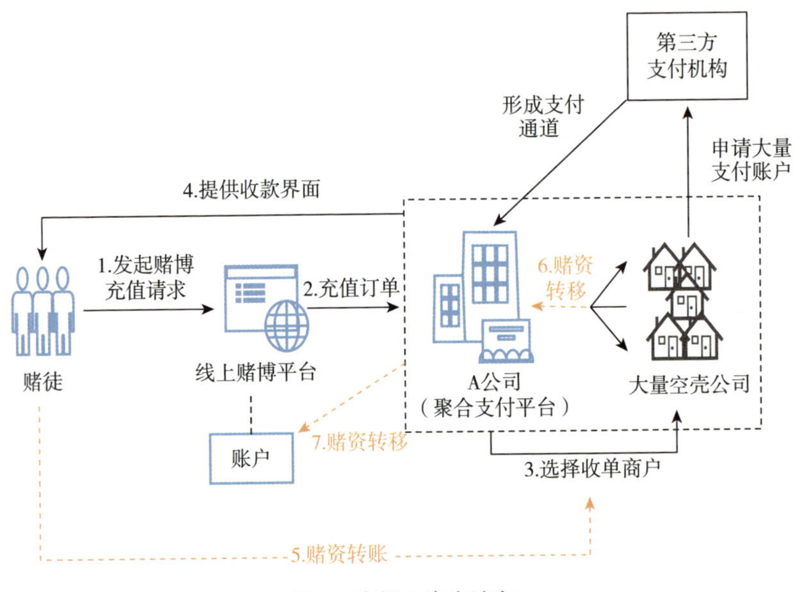

图 2　案例 2 资金流向

（三）对调消费充值等高频小额交易和跨境赌博交易是涉赌资金与真实交易资金混同的新方式

非法网络平台将赌资交易和话费充值、油卡充值、视频会员充值、抖音视频打赏等真实交易订单对调，使赌资流向真实订单的收单商户，正常用户的资金流至赌博平台的账户，从而规避监测。

典型案例：2019 年 9 月，广州市公安局对“922”特大跨境网络赌博案进行收网，涉案赌资高达人民币 26.1 亿元。该跨境赌博犯罪团伙利用网络支付平台，将赌资交易和话费充值等真实交易订单对调，对调主要步骤如下：**一是**正常用户发起话费充值请求，赌客发起赌资充值请求，具有运营商代理充值资质的二级代充商将话费充值请求形成正常话费充值订单，赌博网站将赌资充值请求形成赌资充值订单；**二是**二级代充商将话费充值订单出售给话费代理商团伙，赌博网站将赌资充值订单传输给负责支付链接的团伙；**三是**话费代理商团伙将话费充值订单传输给负责订单匹配的团伙，负责支付链接的团伙将赌资充值订单传输给负责订单匹配的团伙；**四是**负责订单匹配的团伙在订单池将话费订单与赌资订单按照“金额相同、时间接近”的条件进行匹配，匹配成功后，将赌资订单伪造成正常话费充值订单，形成收款二维码链接供赌客扫描支付，正常的话费充值资金则转入赌博平台账户。

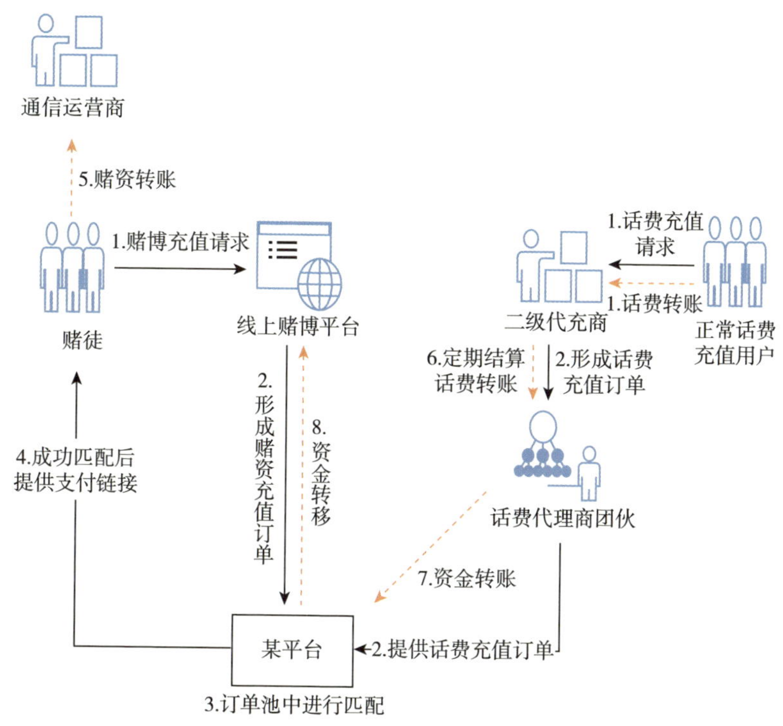

注：序号一样表明步骤可同步进行。

图 3　案例 3 资金流向

本案的“资金链”分为两部分。**一是“正常充值用户—二级代充商—话费代理商团伙—洗钱团伙—境外赌博团伙”**。正常用户将充值话费资金转入具有运营商代理充值资质的二级代充商，二级代充商再结算给话费代理商团伙，话费代理商团伙每日统计成功替换成赌资充值的金额，扣除佣金后，将剩余资金转给负责洗钱的团伙，负责洗钱的团伙直接通过其控制的大量银行账户以小额（低于人民币 5 万元）、分散方式结算给境外赌博团伙账户。**二是“赌徒—通信运营商”**。赌客通过扫描负责订单匹配的团伙反馈的二维码支付赌资，赌资直接转到通信运营商账户，用于正常用户的充值。

（四）利用多级账户进行转移分拆、通过ATM取现截断资金流向是赌资流转的重要路径

赌徒将赌资打入赌博团伙的一级账户后，赌博团伙往往会借助专业的洗钱团队，通过多级银行卡进行资金转移拆分，或通过提现的方式截断资金追踪路径，将赌资“洗白”，然后留置于一个安全账户内。

典型案例：2017年由珠海公安机关破获的“4・18”专案首次实现境内外同步收网，涉案金额达人民币1.45亿元。该跨境赌博网站主要面向境内赌客，涉案人员将“菲博娱乐”“KONB娱乐”等4个赌博网站的服务器设置在境外，并将客服、技术人员等团队整体迁移至菲律宾，实施跨境设赌运营，同时在菲律宾境内将“菲博娱乐”网站作合法注册，以掩饰其犯罪活动。

本案的资金流向：**“赌徒账户—犯罪团伙一级账户—分拆至犯罪团伙掌控的大量账户—通过ATM将账户资金提现—现金回流至赌博团伙的境内账户—地下钱庄账户—部分资金转移至赌博团伙境外账户”**。赌徒通过抖音等网络直播平台打赏、电商平台虚假下单购物等的二维码链接进行支付，资金流入犯罪团伙的一级账户；再由洗钱团伙将资金转入其控制的大量账户中，进行多轮、随机分级拆分、转移、对冲；然后通过各银行ATM进行取现，截断对资金路径的追查；取现后再回流至网络赌博犯罪团伙账户；之后以地下钱庄为中介，将部分资金转移至境外，支付犯罪团伙的日常运营费用。

（五）“对敲”“水客”“刷卡套现”等手段是地下钱庄实现赌资出境的主要方式

在赌资的出境阶段，往往需要借助地下钱庄完成，地下钱庄借助其自建的资金清算体系，在境内完成轧差清算，剩余头寸进行平盘。

典型案例：2018年“9・29”专案和2019年“2・19”案，珠海地下钱庄通过“境外投资”的方式，直接在澳门经营“兑换店”“洗码店”或者“码房”，建立了自身跨境头寸结算体系，建立代理关系，参考现行国际结算方式，互设“头寸”，减少跨境现金运输。剩余需要平盘的资金，

地下钱庄一方面通过在珠海注册大量贸易公司、投资公司、资产管理公司等“壳公司”，虚构往来业务，为资金跨境提供交易背景；另一方面通过活跃在拱北口岸的“水客”，利用一天内可多次往返粤澳的便利条件携带现金出入境，或通过赌场附近的“珠宝金行”、“典当押铺”和“货币兑换店”进行“刷卡取现”。

本案的资金流向：**“犯罪团伙境内账户—地下钱庄的境内账户—地下钱庄进行轧差清算—地下钱庄境外账户—犯罪团伙境外账户”**，进行平盘的资金流向为**“地下钱庄的境内账户—取现—‘水客’携带现金出境—境外地下钱庄账户”**。

二、跨境赌博“资金链”治理问题分析

（一）打击治理跨境赌博相关法律制度和工作机制仍未健全

一是法律层面，个人出租、出借、出售本人银行卡、账户等行为没有纳入《刑法》“妨害信用卡管理罪”进行管理。虽然人民银行建立了“5年内暂停银行账户非柜面业务、支付账户所有业务，并不得为其新开立账户”的行政惩戒手段，但威慑力不够，导致出租、出借、出售本人银行账户的行为屡禁不止。另外，如何界定账户是本人出租、出借、出售还是他人冒名开立，目前仍缺乏明确的指引。**二是**机制层面，跨境赌博治理涉及部门多、难度大，需要跨部门全力协作，形成打击合力，但目前跨部门打击治理跨境赌博机制尚未健全，尤其是在跨部门信息共享方面，如公安和银行、支付机构之间线索移交、涉案账户查冻扣机制有待完善。此外，在跨境层面也缺乏健全的监管合作和打击治理机制。

（二）账户管理方面，开户审核渠道、开户数量限制力度不足

一是支付机构尚未加入企业信息联网核查系统，无法及时查询到企业的信息及经营状况。**二是**银行和支付机构尚未与税务部门建立信息共享机制，无法获取企业纳税信息。跨境赌博犯罪团伙利用空壳公司创建相应金额、时间、地点的虚构交易进行收款，此类空壳公司一般都没有缴纳税款，如果银行和支付机构能及时掌握这些公司税务信息，则可以有针对性地采

取核实和管控措施。**三是**银行、支付机构无法通过通信运营商对开户预留的相关人员手机号所有人进行核查。手机号是身份核验的一个重要验证要素，尤其在远程开立账户时，如银行和支付机构能够对手机号进行实名实人验证，则有利于堵截冒名、假名开户和买卖账户的行为。**四是**支付账户开户数量的限制不足。当前仅对个人Ⅲ类支付账户开立数量进行限制，但对企业开立支付账户的数量未进行限制。不法分子经常利用注册的空壳公司，在支付机构开立大量支付账户用于涉案资金流转。

（三）交易环节方面，收款码缺乏有效管理，商户真实性核实管理有待加强，支付账户和银行账户交易监测力度不足

一是现行的制度中未就收款码的使用进行有效管理。当前的收款码为静态码，参与非法资金收付的个人、单位账户，只需要提供收款码，即可实现远程收款。但即便将收款二维码的使用限定在线下场景，不法分子也可以通过截图、下载、拍照、视频等方式实现远程使用，当前的技术仍不能有效杜绝收款二维码的线上使用。**二是**商户实名管理仍是薄弱环节。案例中涉及非法活动的聚合平台通过注册虚假商户获得了支付通道，也出现平台挪用正常的支付通道进行赌资收付的情况，支付机构在无法判断商户真实性的情况下，为非法资金交易开通了支付通道。“4·18”专案的侦查发现，除财付通、支付宝以外的其他中小支付机构流转的涉赌资金占比高达70%，且较多涉及借用支付机构通道的无证机构。**三是**交易监测的有效性有待进一步加强。在跨境赌博犯罪中，犯罪团伙控制的一级账户收到赌资后，还需进行“洗白”，对资金以秒级速度迅速随机拆分。为规避银行、支付机构的资金交易监测，加大公安机关追逃资金的难度，犯罪团伙需要快速切换账户和设备，经常出现同一台设备（IP）登录多个银行、支付账户，或不同设备（IP）登录同一账户，并频繁迅速切换进行交易的情况。但目前银行和支付机构对交易设备（IP）的监测分析力度不够，极少能主动发现交易设备（IP）异常。

（四）提现、转账环节限制较少，ATM取现验证要素简单

一是提现、转账限制较少，犯罪分子转移资金便捷。现行的制度中，

仅对支付账户提现至非柜面开立的Ⅱ类、Ⅲ类户有限制，而对于提现至Ⅰ类户缺少限制。此外，根据《中国人民银行关于改进个人支付结算服务的通知》（银发〔2007〕154号）规定：“从单位银行结算账户向个人银行结算账户支付款项单笔超过5万元人民币时，付款单位若在付款用途栏或备注栏注明事由，可不再另行出具付款依据，但付款单位应对支付款项事由的真实性、合法性负责。”犯罪分子利用提现、转账金额限制较少的便利，经专业的洗钱团队，对赌资进行快速拆分、转移，加大赌资的追踪和监测难度。**二是**ATM取现验证要素简单，容易截断“资金链”追踪。目前，大部分ATM仅凭密码即可完成取现操作，还未全面实行生物特征要素验证等实名制更强、安全级别更高的验证。

三、政策建议

（一）推动完善跨境赌博治理法律制度体系，健全打击治理跨境赌博协作机制

一是协调法律部门，以问题为导向完善打击治理跨境赌博“资金链”相关立法。如通过完善反洗钱立法，将为掩饰、隐瞒跨境赌博来源和性质的行为认定为洗钱罪；推动出台司法解释，明确将银行账户、支付账户的买卖行为作为犯罪行为纳入《刑法》，并配套出台银行卡买卖行为的认定细则，提升对账户买卖违法行为的惩戒威慑力；完善涉赌支付机构注销支付业务许可、强制退出市场的法规制度体系。**二是**推动建立涉跨境赌博黑（灰）名单体系，黑（灰）名单应涵盖个人和企业，银行、支付机构应定期对黑（灰）名单的个人和企业进行排查。**三是**完善打击治理跨境赌博警银协作机制。建立统一的跨境赌博可疑线索信息共享机制，推动公安部门、金融监管机构、金融机构等共同建立跨境赌博线索信息库，对跨境赌博资金转移中涉及的非法平台、洗钱团伙等相关可疑线索进行匹配或再筛选，提升打击的精准度；公安机关可进一步完善涉案信息沟通及风险提示机制，定期向相关部门通报跨境赌博典型案件、风险特征、作案手法、资金流特点和路径、涉案账户分布特征等情况。在跨境层面，应加大与重点国家和

地区监管机构的合作，完善跨境线索移交机制。

（二）加强账户开立和使用管理，畅通开户信息交叉核验渠道

一是合理限制个人、单位支付账户开立数量。参照当前个人、单位银行账户分类管理的方式，以支付账户现有的分类为基础，限制个人和单位在同一家法人机构开立支付账户的数量。同时，开展在同一机构内的同名支付账户排查，对于存量开立大量支付账户的单位和个人，限期进行清理。**二是**推动市场监管、税务、工信等部门向金融系统共享其掌握的个人和企业信息，进一步完善个人和单位客户身份信息核验渠道。推动银行和支付机构全面接入企业信息联网核查系统，个人非居民身份证件、失效居民身份证件信息联网核查系统等，探索将市场监管、税务、工信等部门的信息纳入开户核查内容。**三是**推动建立全国统一的电子身份信息系统，实现个人身份信息、生物特征信息全面数字化，金融机构可以在电子身份系统的基础上建立统一的个人、企业尽职调查数据库，提升金融机构的客户身份识别效率。

（三）加强商户真实性管理和收款码管理

一是按照"谁发展的商户，谁负责"的原则，压实银行、支付机构的主体责任，要求银行、支付机构切实加强受理终端、业务系统接口、收款码的管理。**二是**要求收款二维码仅限于面对面方式使用，并对收款额度进行控制；考虑将收款二维码由静态码改为动态二维码，并限制下载、截屏等功能，研究采取技术手段限制使用拍照或视频的方式进行远程扫码收款。

（四）加强交易监测，优化监测模型提升摸排打击赌博团伙、洗钱团伙的精准度

一是优化交易监测信息比对模型，推动市场监管、税务部门提供企业经营情况、纳税情况等信息共享渠道，银行和支付机构可将相关企业经营信息和税务信息纳入监测模型，构建商户资金流水、注册规模、缴纳税金的比对模型。**二是**深入研究跨境赌博资金交易模式以及赌资清洗模式，完善资金交易监测模型，要求系统可以准确识别IP地址、登录设备，并将其与交易金额、笔数、类型、时间、地点、频率和收付方等信息进行匹配分析。

（五）加强支付账户、银行账户的提现管理，推动人脸识别技术的广泛应用

一是控制提现金额。对支付账户提现至银行账户的金额进行控制，根据用户风险等级，设置与风险等级匹配的日内、月内限额，可考虑对同一个人名下的所有支付账户提现额度进行统一限制；同时，降低非柜面（如ATM）银行卡单日累计取款限额。**二是**在提现环节采用人脸识别技术。要求在支付账户提现环节，手机银行、网上银行、移动支付APP转账环节，以及在ATM存取现等环节，采用人脸识别技术留存使用者的人脸特征，加强账户实名管理。

（中国人民银行广州分行　黄润　孔凡东　张鹏飞　李俏莹）

滇越边境地区电信网络新型违法犯罪特征、问题与防治思考

摘要：本文基于毗邻越南的云南红河州辖区实际情况，以典型案例分析切入，梳理总结了边境地区电信网络诈骗的表现特征和防治对策：一是诈骗模式向专业化与产业化发展；二是诈骗手段从随机式向精准式演变；三是诈骗产业链跨地域转移蔓延；四是社交网络平台与手机 APP 成高危渠道；五是案件负面效应加大社会治理难度。打击电信网络诈骗的薄弱环节主要体现在基层综合治理成效不及预期、大数据综合分析应用滞后、惩戒不足缺乏震慑效果等，需从深化协同治理、深挖数据应用、强化法理支撑、加强社会监督等方面加以完善和改进。

云南与越南接壤，边境线长 1353 公里，是中越开展对外贸易的重要窗口，也是中国走向东盟的重要陆路通道。近年来，随着互联网技术的蓬勃发展，沿边地区逐渐成为电信网络诈骗的高发地。以毗邻越南的红河州为例，红河州公安局的数据显示，2019 年以来全州共实际发案 3318 起、涉案金额 1.25 亿元，同比分别增长 61.62% 和 130.76%；案件数和涉案金额分别占云南省 2019 年电信网络诈骗案件总数和涉案总金额的 13.06% 和 12.02%。

一、从边境典型案例看电信网络诈骗特征

（一）诈骗模式向专业化与产业化发展

当前电信网络诈骗团伙多成立企业型组织，培植各类专业化团队，运用智能化手段流程化完成诈骗行为，并实现资金的快速转移，同时不断

拓展与诈骗相关的上下游产业链，逐渐形成恶意注册、引流、诈骗、洗钱等上下游环节勾连配合的完整链条。分工精细、运作专业、技术应用领先的运作模式，不断助推电信网络诈骗迅速蔓延，大量汇集的非法财富又反哺壮大以电信网络诈骗为中心的“黑色生态链”向专业化运作、产业化发展。

典型案例：2019 年 12 月，红河州公安部门将某案涉嫌电信网络诈骗团伙犯罪的 15 名嫌疑人移交外省警方并案处理。据案情反馈，上述嫌疑人在该案中仅参与银行卡买卖环节，人员均为红河州弥勒、泸西本地人，主要负责诱导本地居民特别是农村群众购买电话卡、开立银行账户，再高价收购转卖外地，而整个诈骗团伙中还包括信息、话务、网络技术、资金转移等团队，以各类企业的形式存在，且相互之间组织独立、人员独立。

（二）诈骗手段从随机式向精准式演变

移动网络的发展让网络空间变成了“生活平台”，聚集了越来越多个人社交、工作、生活等方方面面的信息，电信网络诈骗团伙通过上游产业链获得信息后，综合分析选取受害人实施“精准诈骗”。与广撒网式的“随机诈骗”相比，“精准诈骗”能更高效地让受害人落入骗局陷阱，最大化榨取被害人的财产，达到“精、准、狠”程度。

典型案例：2019 年 8 月，诈骗团伙冒充公检法人员电话联系红河县迤萨镇一受害人，谎称受害人名下一个账户涉及刑事案件，使其产生恐惧心理，再通过事先收集到的受害人家庭、工作等各类信息证明“公检法”部门在办案，获得受害人信任后引诱其单独入住酒店，通过网上银行将“涉案”账户资金转至其指定账户。在受害人自有资金转完后，诈骗团伙进一步引诱受害人通过网贷 APP、借呗进行借款并转账，整个诈骗过程持续 2 天，受害人共转出资金 35.55 万元，直到家属怀疑受害人被绑架才报案。

（三）诈骗产业链跨地域转移蔓延

在多年严厉打击下，电信网络诈骗窝点由沿海地区、台湾地区逐步向国外转移。2017 年前主要集中在菲律宾、马来西亚、泰国等国家，2017 年后主要集中在缅甸、柬埔寨、越南，一些诈骗窝点还向韩国、日本以及非洲、大洋洲等国家和地区转移。当前中缅、中老、中越边境已成为电信网络诈骗团伙活跃的“金三角”，缅甸北部地区为主要聚居点，而中老、中越边境成为上下游“黑色产业链”案发地。

典型案例：2019 年红河州公安部门通报两起电信网络诈骗上游犯罪“跨境贩卖银行卡”案件，涉及银行卡 1437 张、U 盾 2445 个、电话卡 1552 张、手机 23 部、刷卡机 11 部、中国公司营业执照及法人印章 280 份、中国公民身份证 48 张。贩卖模式：越籍人员盗用中国公民身份，在河口地区代收贩卖团伙邮递的中国公民卡证材料包裹，之后通过边境互市将包裹运送至越南进行分发或邮寄，最终落入诈骗团伙手中。

（四）社交网络平台与手机 APP 成高危渠道

诈骗团伙利用社交网络平台、手机 APP 添加受害人为好友，经过一段时间培养“感情”取得受害人信任，发展为朋友、恋人关系后，推荐股票、博彩平台并诱导受害人进行账户注册、大额投资、无抵押贷款、担保金等资金支付，直至最后亏损或无法提现，受害人才发现被骗。

2019 年红河州公安部门采集的 37 个典型案例涉案总金额 627.79 万元，其中利用社交网络平台与手机 APP 实施的诈骗共 23 个，占比达 62.16%，涉案金额 545.54 万元，占比高达 86.9%，人均损失 23.72 万元，是 2018 年红河州城镇居民人均可支配收入（3.34 万元）的 7.1 倍、农村居民人均可支配收入（1.13 万元）的 21.0 倍。

（五）案件负面效应加大社会治理难度

电信网络诈骗“低投入、高产出”的特征极易造成违法人员对短期高频次、低风险、高效率敛财“非法获利”的认同心理；“扩散性、群体性”特征促使一人获利进而吸引和带动一群人，使诈骗团伙短期内急剧膨胀，造成群体性、区域性违法犯罪，特别是边疆农村群体容易受到诱导；“负能量、隐遗患”特征造成诈骗分子与受害群体向年轻人甚至未成年人扩散，诈骗活动的两端均在年轻群体中埋下撕裂社会的“毒种”，加大社会道德诚信治理难度。

2019 年红河州电信网络诈骗涉案人员多集中在辖区内红河县、元阳县、金平县、泸西县等边疆区域，4 县涉案人员在全州 13 个县市中占比高达 50.21%。从红河州公安部门采集到的 37 个典型案例中，受害人年龄在 13 岁至 85 岁，其中 20~40 岁人员占 69.45%，20 岁以下人员占 11.11%；本文第一个案例中的 15 名嫌疑人年龄均在 20~29 岁，学历以初高中、大专为主。

二、电信网络诈骗防治的薄弱环节

（一）基层综合治理成效不及预期

云南省红河州等基层地区虽已具备“警、银、通”三方，实施从接警到涉案资金快速止付、冻结，涉案通信号码即时拦截、封堵，案件查证、打击一体化工作机制，但联席部门相互间的统筹协调、信息共享、协同治理等还需进一步抓细抓实。

（二）大数据综合分析应用滞后

云南地处边境少数民族地区，涉及境内外的各类犯罪案例数据较多，但分散在各职能部门及行业中，导致数据收集与分析共享存在困难。从国家层面到各职能部门再到相关企业，各自都建立了防范电信网络诈骗方面的业务数据系统，并延伸到省、市、县分支机构，但对全国性和区域性数据的汇总、分析和应用却处于空白状态，相对于电信网络诈骗团伙对非法获取数据分析并应用于精准诈骗的现状，反诈防诈治理在大数据应用中明显处于劣势。

（三）惩戒不足缺乏震慑效果

2019 年采集的红河州 37 个典型诈骗案例，涉及省内收购个人身份信息、省外银行卡（电话卡）贩卖、国内快递及跨境运输、边境互市等线上、线下不同行业、不同人群的违法行为，在立案侦查、调查取证、司法追诉等方面都面临诸多困难。主要原因：**一是**电信网络诈骗上下游产业链法律法规适用不清或空白；**二是**国内跨地域及跨境案件侦办程序缺失；**三是**“重惩核心成员、轻罚协作团伙”弱化群体性治理效果，影响法律法规的权威性和震慑力。

三、对策建议

（一）深化联动合作，强化协同治理

一是落实不同行政层级间的横向配合与支持，深化各级联席部门的主体责任，强化部门间的协同联动，推进部门互信、信息互通，实现真正的跨地区、跨部门治理。**二是**发挥电信网络新型违法犯罪风险事件管理平台的数据聚集作用，依托公、检、法等职能部门，制定跨部门跨行业系统数据汇集、分析、应用的法规制度，使多行业多领域协同治理有法可依。

（二）深挖数据应用，增强技术防治

一是加强数据共享应用。以电信网络新型违法犯罪交易风险事件管理平台为中心，汇集整合各职能部门相关业务系统数据，实施数据模块化管理及优势技术应用。逐步建立电信网络诈骗案例的数据模块（包括但不限于电信网络诈骗犯罪信息）、个人（公司法人）的不同行业业务系统注册数据模块（包括不限于通信、网络和金融行业各类数据）、违法犯罪及投诉举报信息标识模块、类似人民银行征信系统的数据共享查询模块、向各行业系统推送风险提示与快速冻结业务指示的触发模块、基层职能部门区域性的数据分析模块等数据模块化，汇聚各行业优势技术力量，开展数据模型分析、应用，推动相关行业治理水平的共同提升。

二是加强模型监测分析。建立电信网络诈骗重点环节注册信息的分类评级及信息推送制度，对重点环节注册信息进行“实人制”①验证，促使信息责任人根据数据中心查询情况进行不同类别注册用户清理，加强大数据中心的模型化管理，通过多维度触发机制提升反诈防诈的敏捷反应水平，提高“事前”止骗命中率，为“事中”和“事后”资金支付追缴、不法分子打击处置提供高效可靠的解决方案。**以银行账户为例：**一旦某账户接收到数据中心推送的账户风险等级标识信息，在其标记后的第一次使用时，均要进行“实人制”验证，验证不通过即暂停相应业务；针对“实人制”

① 即人证合一，要求当事人的有效证件一定是本人持有并使用。

验证失败的账户责任人，可向数据中心申请账户查询并及时进行清理，同时由公安机关对非法注册账户采取相应措施；当某人向被标识为“诈骗行为账户”的账号汇款时，系统能够及时弹出“该账号曾参与诈骗活动”等类似提示；同时定期向社会推送案件共性特征和梯度处罚结果，警醒社会大众。

（三）强化法理支撑，做到有法可依

一是建议单独设立电信网络诈骗罪，制定电信网络诈骗上下游衍生违法犯罪的梯度惩处条款（条例），使电信网络诈骗全产业链违法犯罪的惩处有法可依。**二是**通过出台司法解释、发布指导案例等方式明确法律适用范围，明确针对实物及虚拟（电子）证据取证固证流程、跨地域管辖权属、国内国际刑事司法协助等节点的可操作性措施，使电信网络诈骗案件侦办、证据收集、跨地域调查等流程有规可循。

（四）加强社会监督，拓宽共治途径

一是强化黑名单制度。根据已经破获案例数据，将参与电信网络诈骗犯罪的公司、团伙、个人信息纳入相关领域的征信管理，并向全社会公开，分级加强曝光。**二是**丰富线上举报渠道。引导各层级职能部门及通信、互联网、金融等行业搭建小程序、网站、公众号、微博等平台，为用户提供线上举报入口，并将数据纳入反诈防诈数据中心管理，扩充大数据基础，提高数据分析的准确性，提升对于电信网络诈骗的预防、发现和打击效率，实现全民共同治理。**三是**构建思想安全防线。通过典型案例宣传、反诈警示，开展个人信息保护和依法维权教育，建立其反诈防诈思想防线。

（中国人民银行昆明中心支行
张耀　郭家源　郭珏　韦永生　李苏颖）

关于跨境网络赌博违法犯罪的监测分析及应对建议

摘要：随着互联网技术的发展，赌博等越来越多的违法活动开始通过互联网进行。由于网络赌博参赌便利、门槛低，且赌博团伙往往将服务器设在境外，采取类传销模式运作，因此存在查处难、取证难、打击难、治理难等问题。近年来，财付通支付科技有限公司不断加强对跨境网络赌博违法活动的针对性监测和管控，并进行了总结分析：网络赌博常常通过赌博网站、赌博 APP，或者更为隐蔽的赌博游戏形式进行，赌博资金交易分为赌资充值、赌资提现和赌资清洗 3 个环节。赌博平台常常利用个人账号、虚拟商品交易、空壳公司商户、大型电商平台商户收取赌博资金，给监测打击带来了很大挑战。为进一步有效防控打击网络赌博活动，建议银行和支付机构不断完善风控处置策略，相关监管部门加大对网络赌博的联合打击力度、建立风险信息共享机制和完善配套政策措施。

一、网络赌博主要表现形式

网络赌博平台为了躲避监管打击，通常会将服务器架设在境外，赌博平台的运营人员也大多藏身东南亚一带。在巨大的利益驱动和长期对抗下，赌博团伙之间的分工越来越精细化、专业化。以赌博网站为例，有专门做赌博网站开发的，也有专门给赌博网站做推广运营的，还有专为赌博网站提供充值服务的支付平台，以及为赌博运营团伙提供洗钱渠道的地下钱庄。

网络赌博主要通过赌博网站或赌博 APP 进行，赌博 APP 一般需要通过非正规平台下载安装到手机上。典型的网络赌博活动可以直接在赌博网站（见图 1）或赌博 APP（见图 2）进行充值和提现，还有部分更为隐蔽的网络赌博活动以游戏的形式存在，一般是捕鱼和棋牌类游戏，普遍存在“银商”与游戏运营平台勾结涉赌。所谓“银商”，是指提供虚拟币与人民币兑换和结算等服务的中间商，主要手法是将赌资充值提现渠道移到游戏外，而不是在赌博网站或赌博 APP 中，从而帮助游戏开发商躲避监管追查。

典型赌博游戏案例：2018 年 9 月，深圳博雅互动 A 公司与“银商”勾结，在博雅“得州扑克”平台从事游戏币买卖、游戏币与人民币兑换业务，被警方查获，涉案资金超亿元。

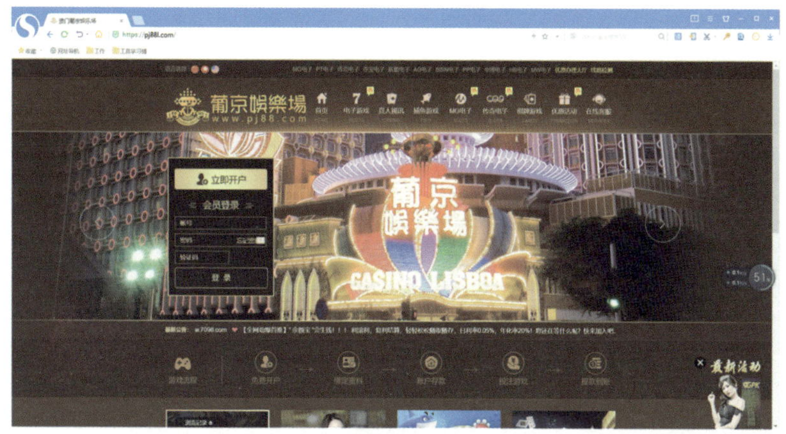

图 1　典型赌博网站

图 2　典型赌博 APP

二、网络赌博资金结算流程

网络赌博的资金交易大致可分为赌资充值、赌资提现和赌资清洗 3 个环节。

（一）赌资充值

赌资充值是指赌客充值资金到赌博平台账户的过程，赌资充值主要通过三种途径，即网上银行、支付账户和其他虚拟商品交易，其中以网上银行和支付账户为主。

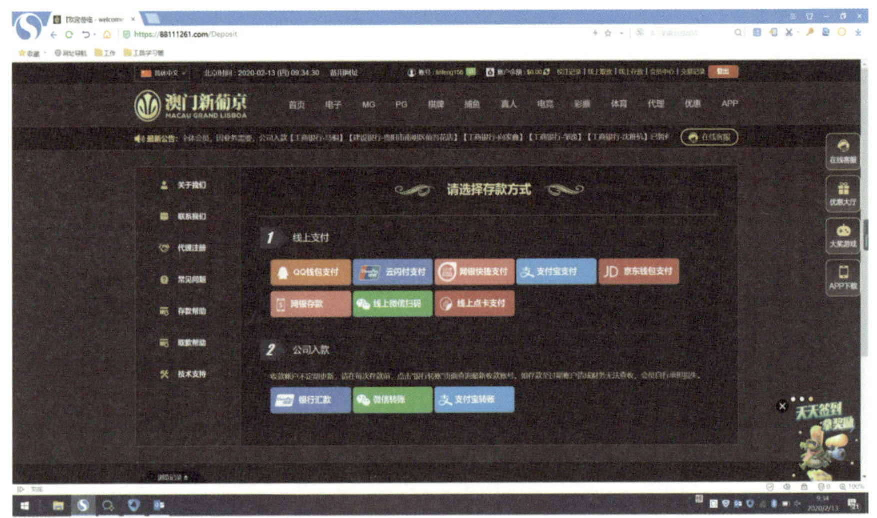

图 3　典型赌资充值截图

（二）赌资提现

赌资提现是指赌客申请从赌博平台提取赌博账户余额到个人账户的过程，主要通过网上银行进行。绝大部分赌博网站、赌博 APP 要求赌客在注册或提现环节绑定个人银行卡后，才能发起提现申请，随后赌博团伙的“财务人员”会通过网上银行向赌客银行卡转账。

（三）赌资清洗

赌资清洗是指赌博团伙将赌资从收款账户转移到赌博团伙所控制账户的过程，一般通过地下钱庄或者专门从事非法资金结算的团伙完成，其过程主要使用网上银行。近年来，随着电信网络诈骗和跨境网络赌博迅速蔓延，在东南亚的菲律宾、柬埔寨等国家和中国台湾地区出现了大量的专业“财务公司”和“水房”，为大额诈骗资金、赌博资金提供资金清洗服务。一旦赌资进入一级收款银行卡，“财务公司”工作人员会迅速通过网银将资金转移到数张二级银行卡，再由二级银行卡转移到大量三级银行卡上。经过多次转移后，涉赌资金可能会归集到数个账户后取款提现，也可能直接转账到地下钱庄账户，随后采取“对冲”“虚假贸易”等方式将钱转移至境外账户，导致资金流无法追踪，给公安机关的侦查和冻结工作带来极大难度。

三、支付机构打击网络赌博面临的主要挑战

在整个赌博资金链路中，支付机构主要被用于赌资充值环节。随着公安机关的打击，以及各支付机构风控力度的加强，赌博资金结算逐步呈现出隐蔽化、专业化和智能化等特点，与风控策略的对抗也越来越激烈。目前，网络赌博主要利用个人账号、虚拟商品交易、空壳公司、大型电商平台商户等收取赌博资金，各式各样的作案手法层出不穷，给打击网络赌博带来了不小挑战。

（一）利用个人账号收取赌博资金

犯罪团伙注册或购买大量个人支付账户用于赌博平台收款，赌资可以直接提现至绑定的银行账户。这种方式无须技术对接，具有简单、高效、低成本等特点，被风控识别处置的难度相对较低。2018 年底以来，一种采取“智能众包”模式的新型非法结算黑产迅速崛起（俗称“跑分”），其通过招募大量代理和兼职用户，为赌博网站提供非法结算服务。

典型案例：2019 年 4 月，财付通配合山东警方破获首例“智能众包”非法支付结算案，涉案金额 60 亿元，涉及的正常个人用户多达 6 万个。该案中，黑产团伙通过“抓蛋”APP 将大量正常用户的个人收款码自动上传至赌博网站收款，收到赌博资金后马上提现到银行，再通过银行转账与赌博集团结算。黑产团伙所使用的这些个人收款账号，都是通过“租号”和“租

码”的方式获取的，其核心手法是将涉赌资金分散到大量正常用户的支付账号来躲避风控模型的监测。

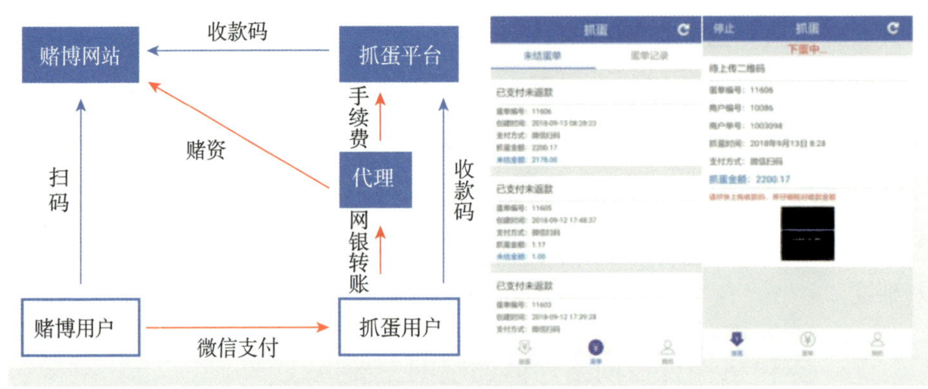

图 4 “智能众包”模式

（二）利用虚拟商品交易收取赌博资金

典型案例：2019 年 9 月，财付通配合警方破获全国首例利用运营商话费充值渠道入金的跨境网络赌博案，涉案金额 40 亿元。犯罪团伙将从运营商“话费代理渠道”获取的正常用户充值订单，与赌博网站充值需求进行

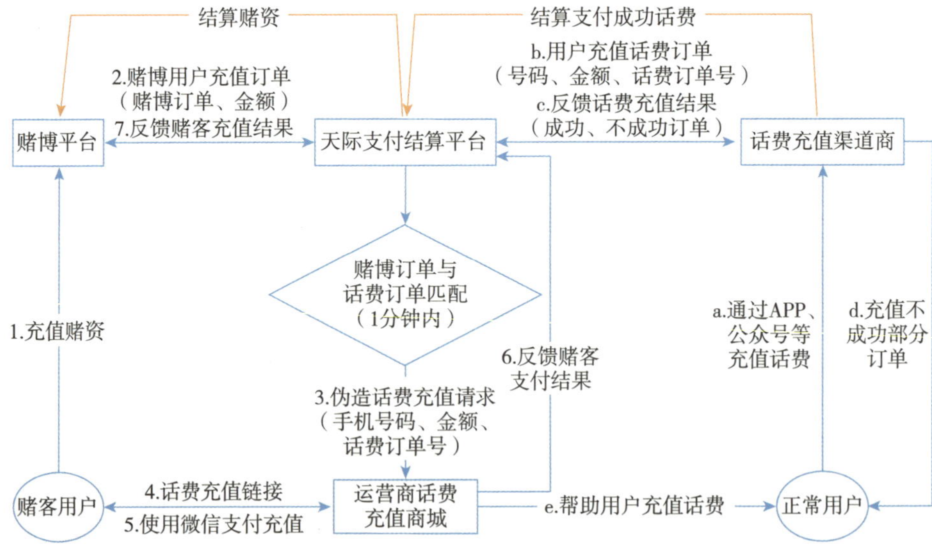

图 5 “话费充值”模式

实时匹配，将赌资导入运营商的商户，而正常用户支付的话费资金被结算给赌博团伙。犯罪团伙被捕时正在开发加油卡、视频会员等其他方式，由此可见，具有“高频”“虚拟”特征的商品，都有可能被犯罪团伙变成非法结算的“道具”。这类手法通过使用运营商商户收款作为掩护，且结算过程复杂，给支付平台风控识别和打击带来很大挑战。

（三）利用空壳公司作为商户收取赌博资金

犯罪团伙通过批量购买空壳公司的营业执照、法人身份证、银行卡、手机号等证照材料，利用支付机构或银行等渠道，申请开立企业账户获得支付接口，再将接口应用到赌博网站或赌博APP上收取赌资。这种挪用商户接口的行为，在非法结算黑产中比较常见，因为在国内注册一个公司并拿到相应的证照材料门槛并不高，所以这种手法长期存在，需要监管部门持续进行监测和对抗打击。

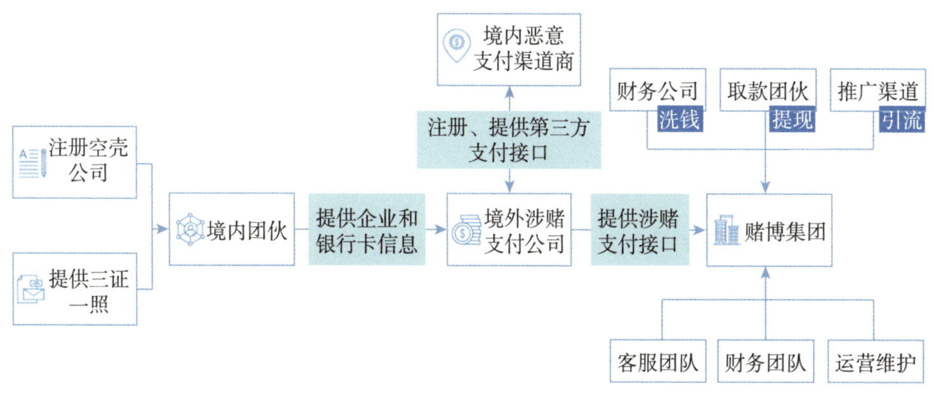

图6 “空壳公司”模式

典型案例：公安部治安局督办的“9·16”跨境网络赌博案，其中的黑产团伙在境内珠海、厦门等地注册大量空壳公司，并将营业执照、银行卡、身份证、U盾等贩卖给台湾非法资金结算团伙用于在支付平台申请开通商户支付接口，并将支付接口提供给网络赌博平台收取赌资。

（四）利用大型电商平台商户收取赌博资金

通常大型电商平台会为其平台商家开设子商户，其子商户的收款渠道依托支付机构给电商平台提供的支付通道，犯罪团伙正是利用大型电商平台商户的“代理”模式，绕开风控策略，为涉黄涉赌涉诈等犯罪活动提供资金结算通道。目前“黑产圈”已形成了比较成熟的注册、收款、结算链条，大批量入驻这些电商平台成为商家，虚设商品类型和价格，最终以“电商购物”为幌子，为犯罪活动提供收款服务。由于大型电商的内部结算体系脱离支付平台风控体系，支付平台无法直接处理电商商户，只能与其联合处置商家，导致风控打击成本较高，因此，这种方式被越来越多地用来收取赌博资金。

此外，在打击赌博过程中，支付机构对涉嫌赌博的账号一般会采取调查核实、延迟结算、终止服务等措施。但在实际操作过程中，由于缺乏对延迟结算资金进行处置的相关法规，导致该部分资金只能沉淀于平台备付金账户。与此同时，部分被处置账户持有人利用法律和政策空白，进行升级投诉或在网络上公开指责，甚至不断向各地人民银行金融消保部门投诉施压，个别涉案机构甚至公然提起诉讼，使支付机构面临巨大的法律风险和舆论风险，给支付机构打击网络赌博带来挑战。

四、应对策略和建议

（一）银行和支付机构提升技术手段，完善处置策略，加强对赌博“资金链”的打击

银行和支付机构可以提升技术手段，对赌博网站进行系统化的扫描和监控，对赌博网站上收款账号进行自动监控和实时处置。同时，还可以利用大数据、机器学习等技术，对赌博交易进行识别和打击。通过建立赌博用户、商户的分级体系进行不同程度的处置，如用户提醒教育、事中交易拦截、冻结账号等。对赌博网站通过“租号”和“租码”或者通信运营商等大商户进行收款来逃避打击的，可以通过系统自动扫描监控、完善大数据识别模型、建立大商户合作联动机制等措施来加强打击。

（二）加强对网络赌博平台的打击力度

建议公安部、工信部、网信办等主管单位加强联动，对涉赌网站、

APP 进行技术反制，从赌博信息治理的角度，加大对赌博网站的监测、封停和处罚力度。甚至可以联合开展线下专项刑事打击，从源头对赌博黑产进行治理，有效震慑赌博团伙。

（三）建设风险信息共享平台，实现赌博风险联防联控，提升黑产作案成本

建议人民银行牵头建立涉赌黑名单库和共享机制，将非法参与各类跨境赌博、灰黑产业活动的银行账户及支付账户纳入行业风险名单，名单可以根据涉赌行为进行细分，如可以分为赌博玩家、庄家、租号租码、赌资清洗等。银行和支付机构获得名单后，可根据涉赌的严重程度，制定差异化的管控措施，如针对赌博庄家和赌资清洗的用户，可全面限制交易，不再提供支付服务；针对租码租号和赌博玩家，可限制使用场景或交易额度，并进行交易警示和教育。

（四）制定配套政策

在打击赌博的过程中，延迟结算是银行和支付机构进行处置的主要手段。建议人民银行和相关部委牵头，明确涉赌行为的快速认定和处置流程。对于涉赌用户投诉事宜，制定针对性法律法规或管理办法，进一步维护支付行业消费者的正当合法权益。

（财付通支付科技有限公司　徐巍　王祎楠　王菲　董蕾）

从单位银行账户数据看经济运行情况

摘要：单位银行账户是各类企事业单位开展经营活动、实现资金收付的载体和前提，其数量变动情况是反映经济运行情况的重要先行指标。

《从账户数据看经济发展》分析显示：一是单位账户数量指标与经济运行指标高度相关；二是小微企业新开立基本户占比高、增速快，是我国市场主体的重要组成部分；三是农村金融机构重点服务乡村振兴和小微企业，小微企业及农业金融帮扶政策作用显现；四是“一带一路”倡议等重大政策实施对经济发展推动作用明显；五是不同省份重点行业新开立企业基本户增长因各地经济增长特点不同而有所差异。

《从账户数据看新冠肺炎疫情对经济的影响》对江苏省疫情期间单位账户数据变化进行分析：一是单位账户开户数量经历低谷后逐步回归正常水平；二是个体工商户等小微企业、文娱餐饮和交通运输等第三产业开户数量下降明显，受疫情影响更为严重；三是疫情期间政策性金融机构起到强有力保障作用，复工后中小银行传导货币政策落地服务小微企业效果凸显。

《从账户数据看经济发展》

一、单位账户数量指标与经济指标高度相关，是反映经济发展情况的重要参考指标

（一）账户数量是 GDP 的先行指标，GDP 数据与前一季度单位账户增量数据高度相关

银行账户是各类单位开展经营活动、实现资金收付的载体和前提。

单位银行账户数量的增长，表明各类单位生产经营等经济行为更活跃，从而预示着未来一段时间产出的增加。2015—2019 年的数据显示，GDP 增速与前一季度的单位银行账户数增量趋势高度一致，二者相关系数为 0.91，表明单位银行账户数量在一定程度上是反映经济发展情况的先行指标。

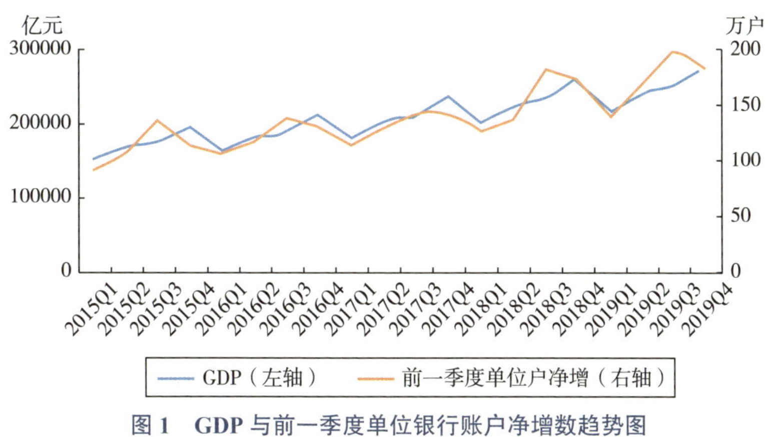

图 1　GDP 与前一季度单位银行账户净增数趋势图

（二）从各省来看，账户数量与当地 GDP 相关性较高，是反映各地经济发展水平的重要指标

分省来看，**各省存量单位银行账户与本地区生产总值成正比，二者相关系数为 0.95。**地区生产总值居前五位的省份分别为广东、江苏、山东、浙江和河南，五省 GDP 全国占比为 41.6%，与五省银行账户全国占比（42%）

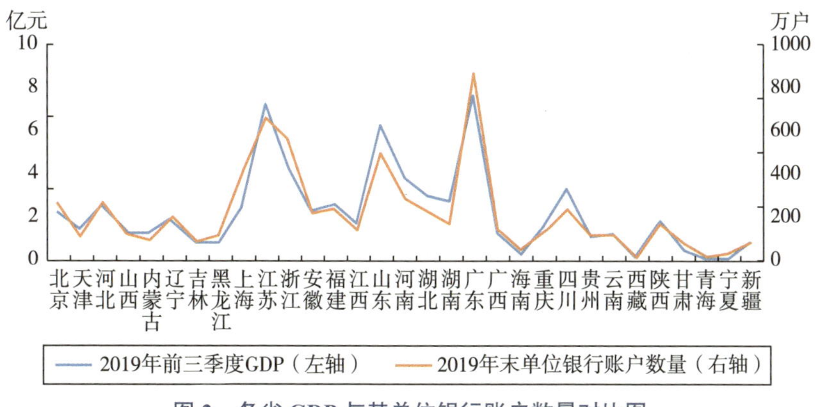

图 2　各省 GDP 与其单位银行账户数量对比图

基本一致，也从一个侧面说明单位银行账户数量可以反映该地区一段时期内经济活动的强弱。

二、小微企业及农业金融帮扶政策作用显现，带动相关单位账户数量同步增长

2015—2019 年的数据显示，小微企业账户数量①与小微企业贷款余额②高度相关，二者年均增速均保持在 8% 左右。2017—2019 年小微企业户均贷款余额在 86 万元左右，表明对小微企业的金融帮扶政策正在惠及更多实体，带动了更多小微企业的开办，从而带动小微企业账户同步增长。

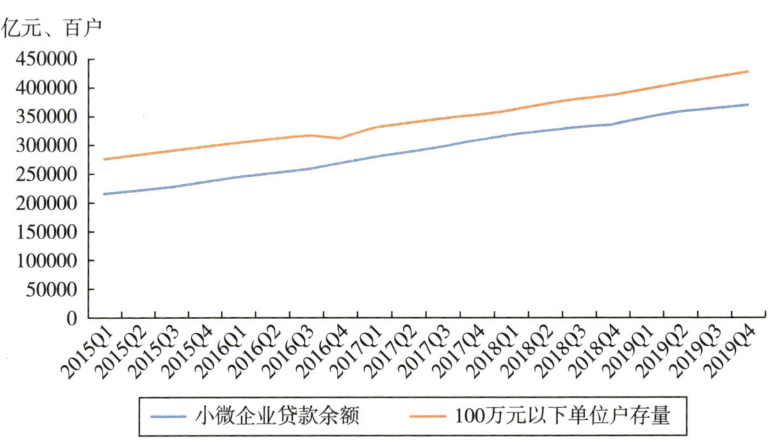

图 3　小微企业贷款余额与注册资金 100 万元以下存量单位账户趋势图

2017—2019 年数据显示，农林牧渔业开立的单位账户数量增速略高于涉农贷款余额③增速，相关单位户均贷款在 1000 元左右，表明金融助农政策使更多农户受益，但户均支持力度有待加强。

---

① 本文将注册资金为 100 万元以下单位视为小微企业。

② 小微企业贷款数据来源于银保监会统计数据中银行业金融机构用于小微企业的贷款，包括小微型企业贷款、个体工商户贷款和小微企业主贷款。

③ 涉农贷款数据来源于人民银行《金融机构贷款投向统计报告》中本外币涉农贷款余额。

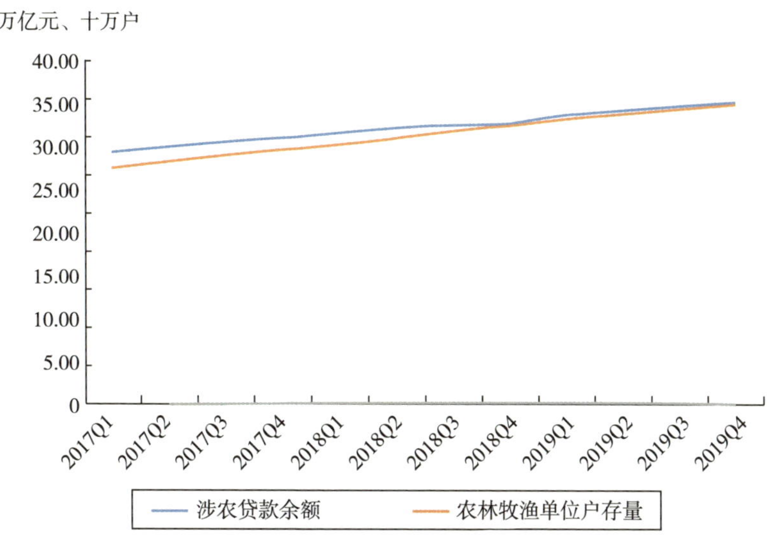

图 4　涉农贷款余额与农林牧渔业存量单位账户趋势图

三、小微企业新开立基本户占比高、增速快，农村金融机构重点服务乡村振兴和小微企业

（一）注册资金 100 万元以下企业基本户占比超七成，表明小微企业在我国经济运行中发挥重要作用

2019 年，注册资金规模在 100 万元以下、100 万 ~1000 万元、1000 万 ~1 亿元、1 亿元以上的企业新开立基本户数量分别为 569.9 万户、234.1 万户、34.1 万户和 2.8 万户，同比分别增长 18.2%、13.0%、1.0% 和 –3.1%。从存量上看，截至 2019 年末，注册资金规模在 100 万元以下、100 万 ~1000 万元、1000 万 ~1 亿元、1 亿元以上的企业基本户数量占比分别为 71.3%、23.4%、4.8% 和 0.5%。注册资金规模在 100 万元以下的小微企业基本户数量占比最大、增速最快，表明我国营商环境进一步优化，国家对小微企业的政策支持和金融服务效果逐步显现，小微企业已成为我国市场主体的重要组成部分。

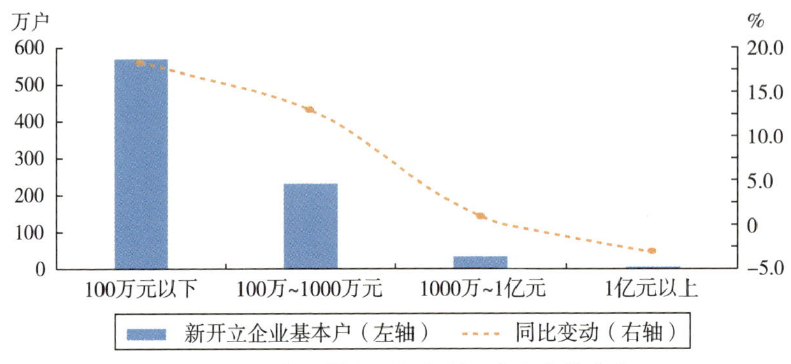

图 5　2019 年不同注册资金新开立企业基本户

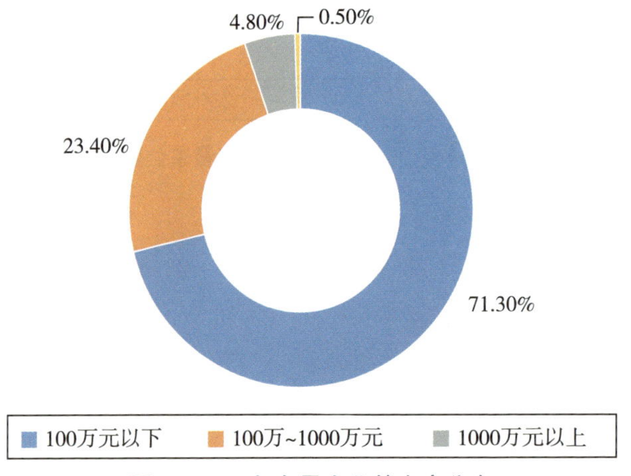

图 6　2019 年存量企业基本户分布

（二）农村金融机构重点服务乡村振兴和小微企业，有效助力金融普惠发展

从农林牧渔业企业开户情况来看，2019年，农村信用社、农村商业银行、农业银行新开立农林牧渔业企业基本户数量居前三位，分别为10.9万户、6.9万户和5.7万户，全国占比分别为31.0%、19.6%和16.3%；**农村商业银行、农村信用社、村镇银行新开立农林牧渔业企业基本户数量在其行内占比居前三位**，分别为13.6%、12.0%和8.9%[①]，较全国平均水平分别高出9.4个、7.8

① 2019年，村镇银行新开立农林牧渔业企业基本户9.4万户。因农业发展银行基数较小，未纳入排名。

个和 4.7 个百分点。从注册资金 100 万元以下企业开户情况来看，2019 年第三季度，**农村信用社、农村商业银行、村镇银行新开立注册资金 100 万元以下企业基本户数量在其行内占比居前三位**[①]，分别为 69.0 万户、38.5 万户和 7.2 万户，行内占比分别为 76.2%、76.0% 和 75.9%，较全国平均水平分别高出 8.4 个、8.2 个和 8.1 个百分点。

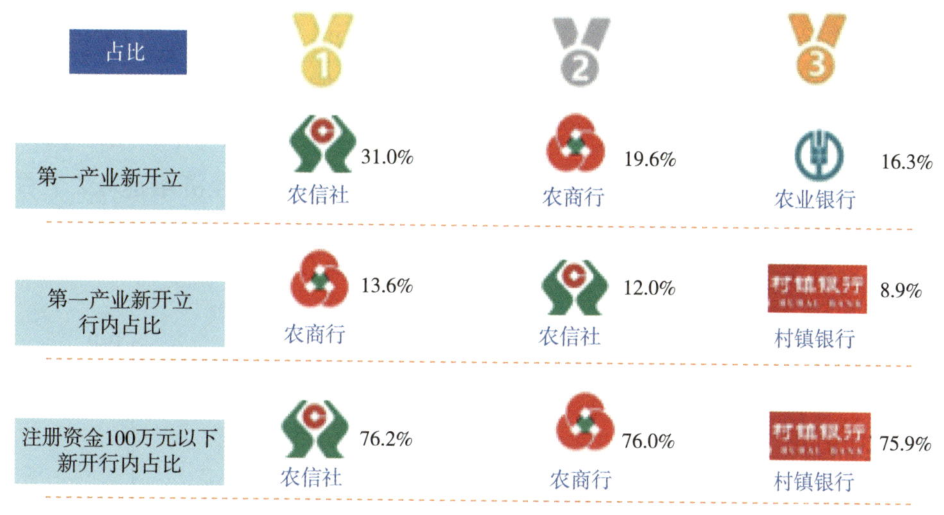

图 7　分银行类别服务乡村振兴及小微企业开户情况

四、“一带一路”经济区等地新开立企业基本户持续增长，不同地区重点行业账户数量发展与其经济发展特点紧密相关

截至 2019 年末，“一带一路”经济区[②]、京津冀协同发展经济区、长

① 因城市信用社、农村合作银行基数较小，未纳入排名。

② 国家发展改革委、外交部、商务部于 2015 年 3 月 28 日发布的《推动共建丝绸之路经济带和 21 世纪海上丝绸之路的愿景与行动》中，“一带一路”经济区涉及 18 个省份、10 个内陆节点城市、15 个港口城市和 2 个国际枢纽机场城市。为便于数据统计，本报告仅对 18 个省（直辖市）进行分析，包括新疆、陕西、宁夏、甘肃、青海、内蒙古、黑龙江、吉林、辽宁、广西、云南、西藏、上海、福建、浙江、广东（含深圳市）、海南和重庆。

江经济带[①]、粤港澳大湾区[②]等地区分别开立企业基本户2501.2户、484.1万户、2 114.6万户和632.9万户，分别占全国的50.9%、9.9%、43.0%和12.9%。

（一）各区域新开立企业基本户持续增长，新开户增速普遍高于本区域经济总量增速

2019年，"一带一路"经济区、京津冀协同发展经济区、长江经济带、粤港澳大湾区等地区分别新开立企业基本户405.7万户、75.1万户、362.2万户和104.1万户，共计712.7万户[③]，同比分别增长12.7%、9.4%、13.1%和10.4%，平均增长12.2%，均高于本区域经济增速，其中，**"一带一路"经济区企业新开立基本户活跃度最高，增速高出本区域经济增速4.7个百分点[④]，"一带一路"倡议实施对经济发展的推动作用明显。**

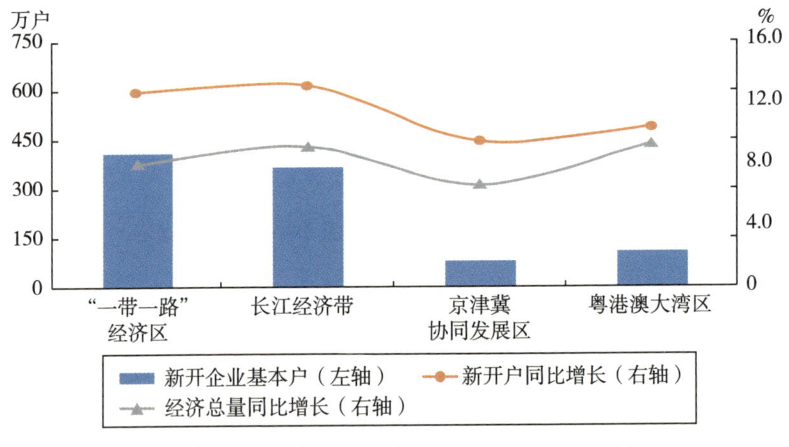

图8 "一带一路"等地区新开立基本户同比变动情况

① 包括上海、江苏、浙江、安徽、江西、湖北、湖南、重庆、四川、云南和贵州11省市。

② 中共中央、国务院于2019年2月18日印发的《粤港澳大湾区发展规划纲要》中，粤港澳大湾区包括香港特别行政区、澳门特别行政区，以及广东省广州市、深圳市、珠海市、佛山市、惠州市、东莞市、中山市、江门市和肇庆市。为便于数据统计，本报告对广东省（含深圳市）进行分析。

③ 各区域交叉的省市不重复计算。

④ 区域经济总量同比增速数据来自国家统计局官网。因2019年第四季度国家统计局官网尚未公布各省区域经济总量，此处各省区域经济总量使用2019年前三季度数据。

（二）不同区域新开立企业基本户重点行业各具特色，反映出各区域经济增长特点各不相同

2019 年，**“一带一路”经济区制造业**新开立企业基本户同比增长 5.0%，高于四大区域平均增速 0.9 个百分点；**京津冀协同发展经济区卫生及社保福利业**新开立企业基本户同比增长 12.9%，高于四大区域平均增速 10.5 个百分点；**长江经济带科研技术业**新开立企业基本户同比增长 27.7%，高于四大区域平均增速 10.3 个百分点；**粤港澳大湾区信息传输业**新开立企业基本户同比增长 24.0%，高于四大区域平均增速 10.0 个百分点。

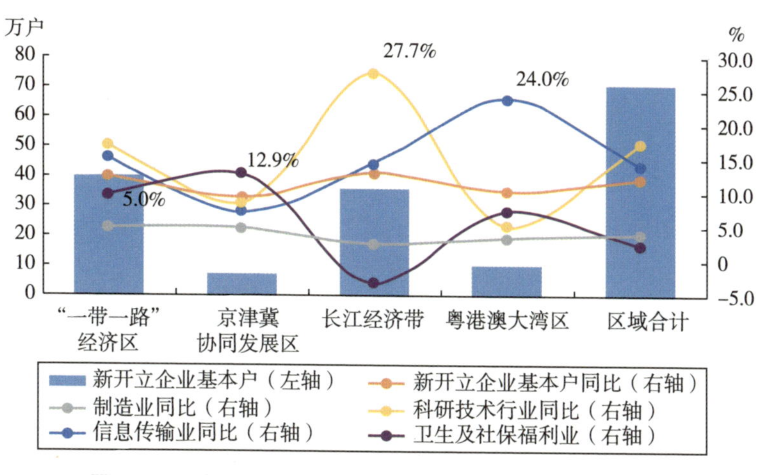

图 9　“一带一路”等地区分行业新开立企业基本户情况

（三）不同省份重点行业新开立企业基本户增长因经济增长特点不同而有所差异

2019 年，**科研技术行业**新开立企业基本户同比增速居前三位是河南、山西、重庆；**房地产业**增速前三位是天津、辽宁、重庆；**制造业**增速前三位是广西、云南、新疆；**建筑业**增速前三位是山东、天津、山西；**文教娱乐业**增速前三位是黑龙江、山东、河南；**信息传输业**增速前三位是贵州、广东、山西①。

① 基数较小的省份未进行排序。

行业	第一名		第二名		第三名		全国	
科研技术	河南	73.3%	山西	57.3%	重庆	53.2%	全国	19.7%
房地产业	天津	59.9%	辽宁	47.0%	重庆	44.2%	全国	19.0%
制造业	广西	50.3%	云南	32.1%	新疆	26.6%	全国	5.4%
建筑业	山东	69.1%	天津	58.1%	山西	58.0%	全国	37.2%
文教娱乐业	黑龙江	42.2%	山东	29.1%	河南	29.0%	全国	12.3%
信息传输业	贵州	35.3%	广东	34.7%	山西	33.2%	全国	15.2%

图10 各重点行业新开立企业基本户同比增速前三名的省份及全国均值

（中国人民银行支付结算司 赵朋飞 贾卢魁 曾思凡；
中国人民银行济南分行 丁岩 吴海红；
中国人民银行哈尔滨中心支行 郭世东）

《从账户数据看新冠肺炎疫情对经济的影响》

一、单位账户开户数量与疫情发展及各项支持企业复工复产政策同频变化，疫情初期开户数量受新冠肺炎疫情影响严重，近期逐步恢复正常水平

2020年1月20日至2月27日，随着新冠肺炎疫情形势的不断发展，

江苏省单位账户开户数量明显呈现 5 个阶段性特征。

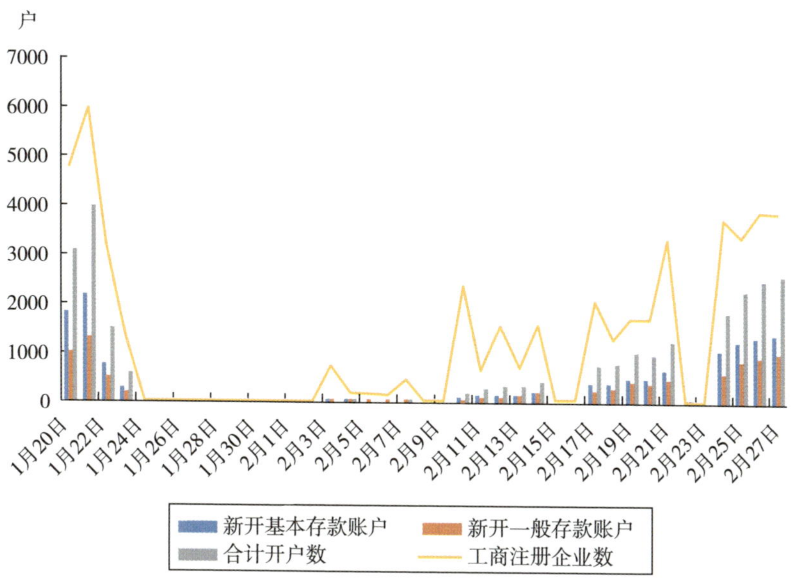

图 11　2020 年 1 月 20 日至 2 月 27 日江苏省单位账户开户情况

第一阶段是 1 月 20 日至 23 日，江苏省新冠肺炎疫情防控措施尚未启动，单位账户日均开立 2307 户，约占工商企业注册数的 65%，处于正常水平。**第二阶段**是 1 月 24 日至 2 月 2 日（春节假期期间），全国新冠肺炎疫情防控全面开始，江苏省人民政府启动突发事件一级响应，单位账户开户数量处于断崖式下跌状态，日均仅开立 4.2 户。**第三阶段**是 2 月 3 日至 9 日，新冠肺炎疫情防控仍处于紧要关头，单位账户开户数量继续低谷徘徊，日均开立仅 40 户。**第四阶段**是 2 月 10 日至 23 日，本阶段新冠肺炎疫情有所缓解，江苏省新增新冠肺炎病例进入零增长，因疫情受到控制企业积极复工，市场信心不断提振，单位账户开户数量回升态势明显，日均开户 473 户。**第五阶段**是 2 月 24 日至 27 日，江苏省规模以上企业复工率达 98%，单位账户日均开户 2325 户，基本恢复到春节前正常水平，各项金融支持疫情防控和中小微企业复工复产措施成效显著。

二、个体工商户等小微企业受疫情影响严重，账户开户数量下降幅度较大

受疫情叠加影响，本身抗风险能力较差的个体工商户等小微企业，复工复产正面临较大的资金和生存压力，其沿供应链、担保链传导而引发局部危机的风险需要警惕。从账户数据来看，2月3日至27日，江苏省开立单位银行账户1.6万户[①]，平均降幅为74.9%。其中，个体工商户开立账户降幅最大，同比下降80.6%，较平均降幅高5.7个百分点，本次疫情对以个体工商户为主体的小微企业影响更大。

表1　不同存款人开户情况

存款人类别		开户数量（户）		增减幅度
		2019年2月11日至3月7日	2020年2月3日至2月27日	
企业类	企业法人	45758	12299	-73.12%
	非法人企业	2541	541	-78.71%
企业类	个体工商户	14229	2762	-80.59%
	小计	62528	15602	-75.05%
非企业类	机关、事业单位、军队	504	167	-66.87%
	社会团体、宗教组织、民办非企业组织	807	184	-77.20%
	其他类别	637	249	-60.91%
	小计	1948	600	-69.20%
合计		64476	16202	-74.87%

① 此处对比数据取自2019年春节法定假期后25天，即2019年2月11日至3月7日。

三、第三产业整体受疫情影响最为显著，金融业为防疫和复工复产提供强力支持，文娱、餐饮等需求敏感性行业复苏尚需时日

2 月 24 日后，第一、第二产业新开户数量已逐渐恢复正向增长，同比增速分别为 5.7% 和 8.6%；第三产业恢复速度较慢，新开户数量同比负增长（–2.8%）。

从行业影响情况看，文娱、教育、住宿餐饮、居民服务、批发零售和租赁业等受疫情冲击最大，疫情期间新开户同比分别下降 81.1%、80.5%、79.5%、78.8%、76.9% 和 76.6%，高于行业平均降幅（74.8%），此类行业需求敏感度高，受前期交通管控、居家办公的影响尚未恢复。**建筑、房地产、制造业整体影响较为平稳，**此类行业供给周期较长，疫情初期受交通管控、居家办公影响较大，但随着交通恢复、复工复产政策作用，负面影响逐步平滑。**公共管理和社会组织、卫生社会保障和社会福利业、金融业受疫情冲击较小**，降幅分别为 62.1%、62.0% 和 41.6%，主要是防疫物资设备需求增加带动相关行业活力，金融业保障离柜服务的同时积极支持疫情防控和复工复产。

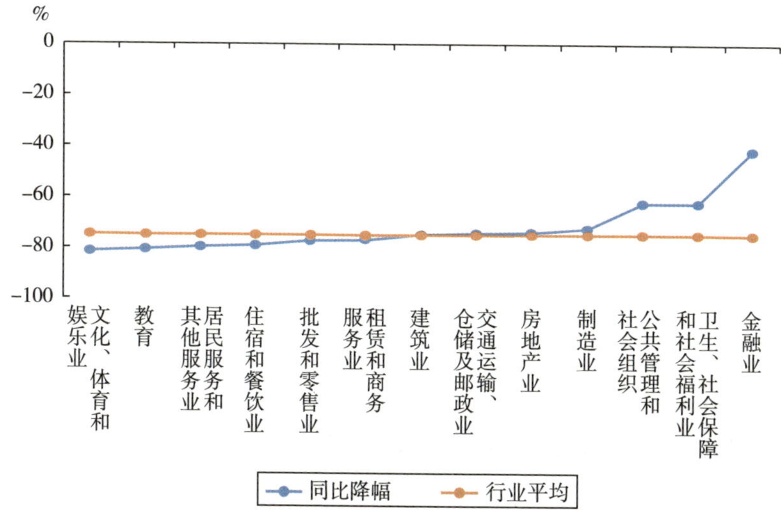

图 12　疫情期间各行业单位账户新开户数量同比情况

从行业复苏情况看，交通运输业、制造业复苏情况基本代表行业整体恢复速度和水平，各阶段新开户同比增速与行业平均增幅基本持平。在全国防疫工作紧密部署下，**卫生、社会保障和社会福利业基本与疫情防控阶段性特征一致，防疫中后期显示出强劲活力**，2月10日至23日、2月24日至27日新开户同比增速比行业平均水平分别高出16.7个和26.9个百分点。除春节和疫情初期阶段外，金融业基本能够保持较快发展趋势，大力支持全国防疫工作和复工复产，2月10日至23日新开户同比增速比行业平均水平高出40个百分点。**住宿和餐饮业因需求敏感性较高，疫情期间复苏速度较慢**，2月24日至27日新开户平均同比降幅19.3%，行业整体复苏仍需时日。

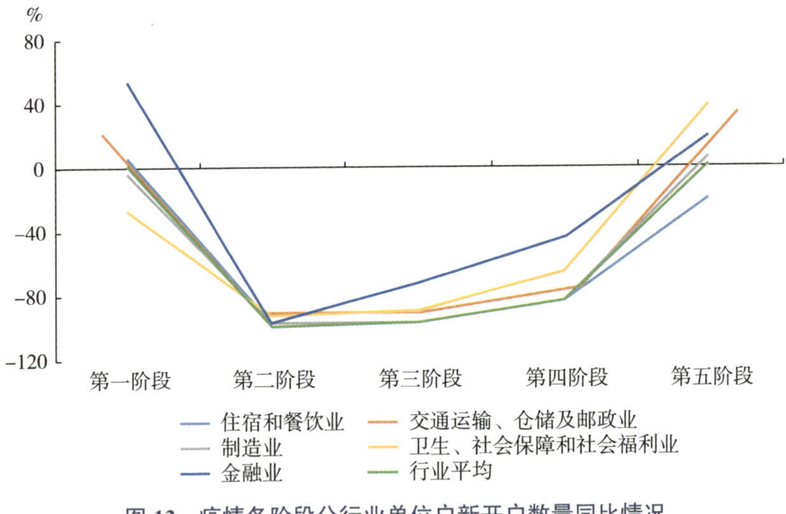

图13　疫情各阶段分行业单位户新开户数量同比情况

四、中小银行受疫情冲击大，但依托政策红利服务小微企业作用凸显

疫情期间政策性金融机构起到强有力保障作用，疫情对中小银行冲击更大，国有大型商业银行以及全国股份制商业银行新开户数量已基本恢复同期水平。疫情期间，各类别银行新开户数量均受到较大冲击，除政策性

金融机构外，新开户数量降幅均在 95% 以上。逐步复工后，政策性金融机构新开户数量较上年同期不减反增，体现了其落实国家政策助力抗击疫情工作的重要保障作用。至 2 月 27 日，国有商业银行、股份制商业银行和城商行新开户数量均已基本恢复同期水平。农商行和村镇银行恢复速度较慢，其新开户数量较上年同期分别下降 13.68% 和 27.03%，疫情对中小银行的冲击更大。

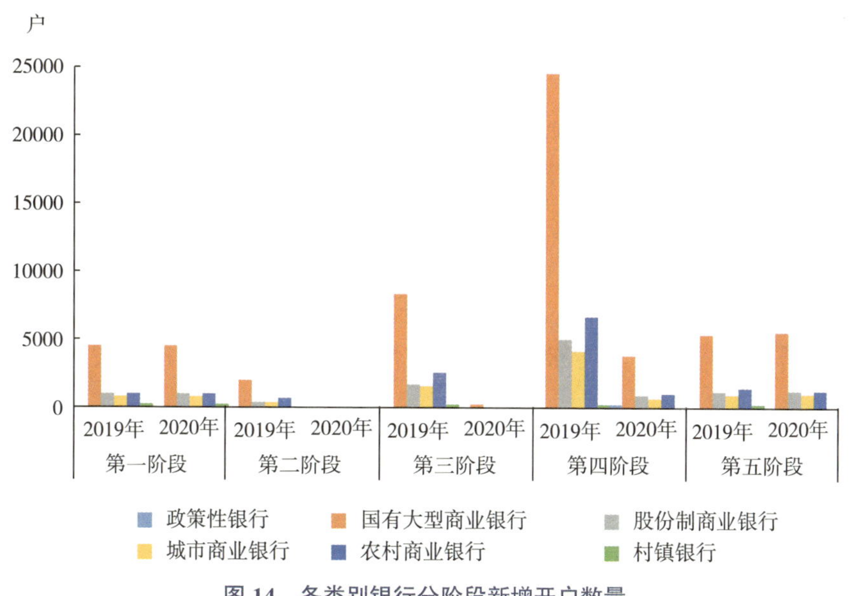

图 14　各类别银行分阶段新增开户数量

中小银行传导货币政策落地，服务小微企业作用凸显。2 月以来，人民银行相继通过再贷款再贴现、下调支农支小再贷款利率等政策支持企业复工复产，释放流动性，对银行信贷投放形成有力支撑。逐步复工后第一周，各类别银行为注册资金 1000 万元以下小微企业新开户数量呈现指数级上升；复工后第二周，江苏省内城商行小微企业日均新开户数量环比激增 56 倍，城商行和农商行支持小微企业作用凸显，有效服务中小企业资金运转需求。

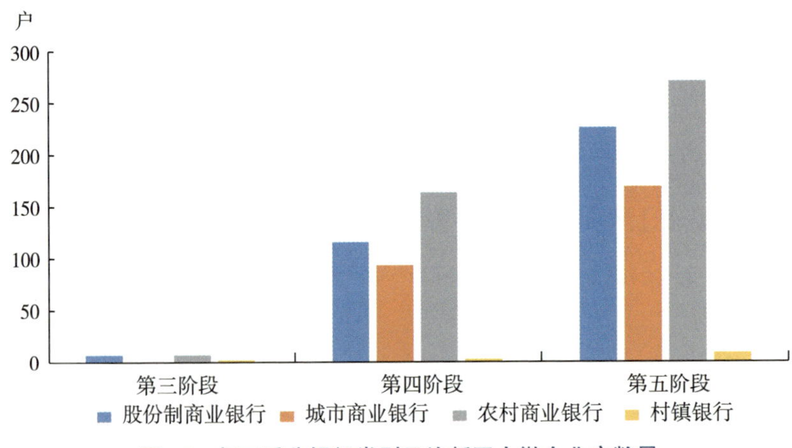

图 15　复工后分银行类别日均新开小微企业户数量

五、企业新开户逐步回升，政策支持防疫和复工复产成效初显

从新开户数量情况看，疫情期间江苏省单位基本存款账户新开立数量逐步回升，时序特征与江苏省疫情防控情况和政府复工复产政策基本一致。

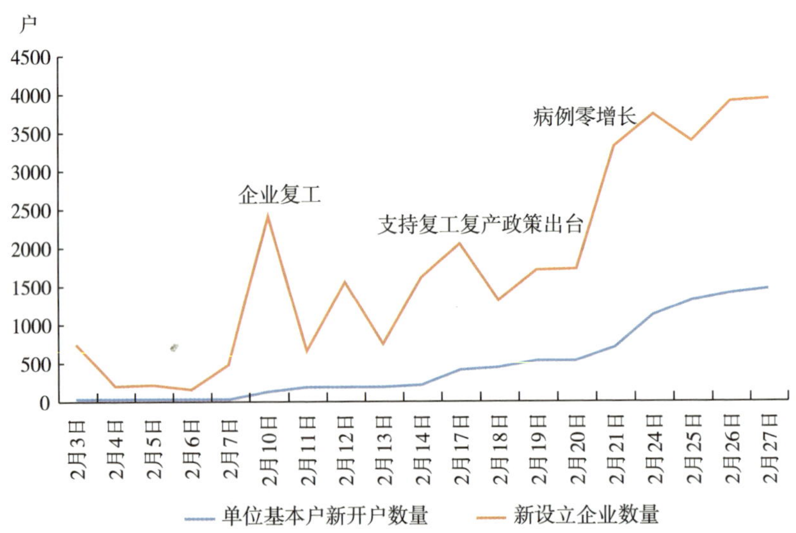

注：剔除周末数据（2 月 8 日，9 日，15 日，16 日，22 日，23 日）；新设立企业数量来源于江苏省市场监督管理局。

图 16　疫情期间基本户新开户数量和新设立企业数量

其中，2 月 10 日为企业复工时点，2 月 14 日江苏省各地密集出台一系列支持复工复产政策，2 月 19 日江苏省新增新冠肺炎病例进入零增长。

（中国人民银行南京分行　周晨阳　何彩云　王云艺；
中国人民银行支付结算司　赵朋飞）

关于企业银行账户收费情况的调查与思考

摘要：近年来，我国商业银行的竞争领域由传统的存贷市场不断向中间业务领域拓展，中间业务已成为商业银行资产业务、负债业务之外的第三大业务支柱，账户管理费等账户相关收费也成为商业银行中间业务收入的一项重要来源。本文对北京、郑州市内企业银行账户收费情况[①]进行调查，发现多数商业银行结合政府定价和市场原则，在企业账户开立、使用、撤销环节基本形成了市场化、差异化的账户收费定价体系，但仍存在收费项目、标准、方式等方面差异大，以中小企业为主的市场主体缺乏选择权和议价权等特征。此次调查反映的上述特征与我国金融行业改革进程和金融市场特点密切相关，建议商业银行采取科学、灵活、适度的定价策略，在成本、收益、风险管理以及承担的社会责任之间寻求契合点，合理制定企业银行账户收费价格，加大对民营企业、小微企业收费让利，并通过健全服务价格管理制度和内部控制机制，加强服务价格信息披露，不断完善账户服务价格管理体系。

一、企业银行账户收费的历史沿革

改革开放以来，市场经济环境和政府治理能力发生了巨大变化，商业银行经营模式从“大一统”逐步向企业化过渡。同时，商业银行基于银行

① 此次调查主要针对企业常规账户服务的收费项目，银行为企业深度定制的现金管理、银企通平台等高端增值服务收费暂未统计。

账户逐渐与企业构筑起相互依托、相互促进的互利关系，并基于账户向企业提供日益丰富的综合金融服务。与之相适应，银行账户服务也逐渐从免费过渡到收费，服务项目日趋多样。

（一）政府统一定价阶段

1995 年我国颁布《商业银行法》，规定商业银行办理业务按照人民银行的规定收取手续费。虽然当时商业银行已经开始进行改革，但业务上仍然以传统的“存款、贷款、结算”为主。服务收费上由于银行业基本处于改革初期，很多业务处于初创阶段，制度不完善，市场化程度低，计划经济时期遗留下来的陈旧观念和历史包袱一时难以化解，公众仍然把商业银行定位为政府职能机构，认为其应提供免费公共服务。**此时，基于银行账户的服务基本上处于收费定价的初始发展阶段，银行没有自主定价权，其服务定价由人民银行统一制定，很多项目基本不收取费用。**

（二）市场化改革初期阶段

2003 年 6 月，中国银行业监督管理委员会（以下简称银监会）、国家发展和改革委员会（以下简称发展改革委）联合颁布《商业银行服务价格管理暂行办法》，对商业银行服务收费进行了系统、具体的规范，明确了商业银行服务收费实行市场调节价和政府指导价两种方式。其中，人民币基本结算类业务、银行汇票、银行承兑汇票、本票、汇兑、委托收款、托收承付等业务实行政府指导价，其他银行服务项目实行市场调节价。根据该办法，银行对银行账户服务具有收费定价权，实施市场调节定价机制。**2003 年、2004 年，随着工商银行、农业银行在个人业务中开始“试水”账户服务收费，其他银行紧随其后，并将收费领域逐步扩展到单位银行账户，从此拉开了银行账户收费时代的帷幕。**

（三）市场化快速发展阶段

随着我国金融体制改革进一步深化，商业银行开始实行企业化经营，盈利性成为主要经营目标之一，银行服务收费成为其实现收入增长的重要来源。另外，我国加入世界贸易组织（WTO）后，银行服务业逐渐开放，为加快自身发展，同时应对外资银行带来的竞争挑战，我国商业银行急需扩大利润来源，服务收费项目逐渐繁杂，收费标准逐渐增加。账户相关收费项目不再局限于开户阶段，而涵盖了账户管理费、账户查询费、短信服务费、信息变更费、介质使用费、现金管理费等各个领域。**在此期间，商业银行在有限的政府指导定价的背景下，利用市场竞争尚不充分的特点，不断扩张银行账户服务收费领域，银行账户收费进入快速发展阶段**。

（四）指导规范发展阶段

为规范商业银行服务价格，银监会、发展改革委在 2014 年 2 月联合颁布《商业银行服务价格管理办法》，进一步明确商业银行服务价格实行政府指导价、政府定价和市场调节价管理，并发布《关于印发商业银行服务政府指导价政府定价目录的通知》，向社会公布政府指导价和政府定价目录。此外，该办法对银行收费定价等方面的监管要求和相关罚则进行了细化，明确“实行市场调节价的商业银行服务价格，应当由商业银行总行制定和调整。分支机构不得自行制定和调整服务价格”。**至此，银行账户收费项目作为市场调节价，逐渐进入规范发展阶段，收费项目趋于稳定，收费标准不断明晰，并按照监管要求向社会公众进行公示和提醒，适时进行调整或减免**。

二、企业银行账户收费调查情况

本文分别对北京、郑州市内 79 家、32 家银行机构账户相关收费情况进行了调查。调查发现，银行账户相关收费一般由总行依据市场定价，各地分支行可在总行确定的收费价格框架内，结合所在地区发展水平、经营策略、服务对象等因素，对收费项目和价格标准进行微调。但同时，也有部分企业反映银行收费多、收费贵、企业缺乏议价权、收费与服务质量不匹配等问题。

（一）账户开立环节

账户开立环节收费项目一般包括以下三部分：**一是**开户手续费；**二是**账户签约增值服务费，如企业网上银行、手机银行、短信提醒、定制回单、现金管理等服务费；**三是**介质工本费，包括支付密码器、电子密钥（UKey）、单位结算卡等工本费。**实际中，部分银行为提高市场竞争力，增强客户黏性，会采取减免部分或免收全部费用的优惠政策**。

1. 整体情况。受调查银行机构中，共有 32 家免收全部费用，占比 20.72%，其中有 9 家村镇银行免收全部费用，占被调查村镇银行总数的 81.82%，其余 79 家收费银行机构的平均开户费用为 1331 元，其中费用合计最低的为 36 元（徽商银行北京分行），最高的为 11200 元（法国巴黎银行北京分行）。从银行机构类别来看，国内村镇银行普遍收费较低，平均费用为 180 元；外资银行收费较高，平均费用为 3180 元（见表 1）。

表 1　　开户环节整体收费情况统计表

机构类别	收费机构占比（%）	最低收费（元）	最高收费（元）	平均收费（元）
政策性银行	42.86	236	269	252
国有商业银行	100.00	180	1765	765
股份制银行	83.33	40	1500	453
城商行	83.33	36	680	331
农商行	50.00	1012	1012	1012
村镇银行	18.18	160	200	180
外资银行	71.43	335	11200	3180
其他银行	50.00	336	335	335
机构整体合计	71.17	36	11200	1331

从开户所在地区来看，北京地区开户收费水平明显高于郑州地区。北京地区 79 家银行机构平均开户费用为 1180 元，郑州地区 32 家银行机构平均开户费用为 374 元，其中，以 6 家国有商业银行为例，除交通银行外，其他银行北京分行的收费明显高于郑州分行（见图 1）。

2. 开户手续费收费情况。受调查银行机构中，共有 79 家免收开户手续费，占比达到 71.17%。其余 32 家机构收取开户手续费，占比为 28.83%。**从银行机构类别来看，大部分村镇银行、外资银行、政策性银行和股份制银行免收开户手续费，其中村镇银行全部免收开户手续费，而国有商业银**

行中仅有 25% 免收开户手续费（见表 2）。

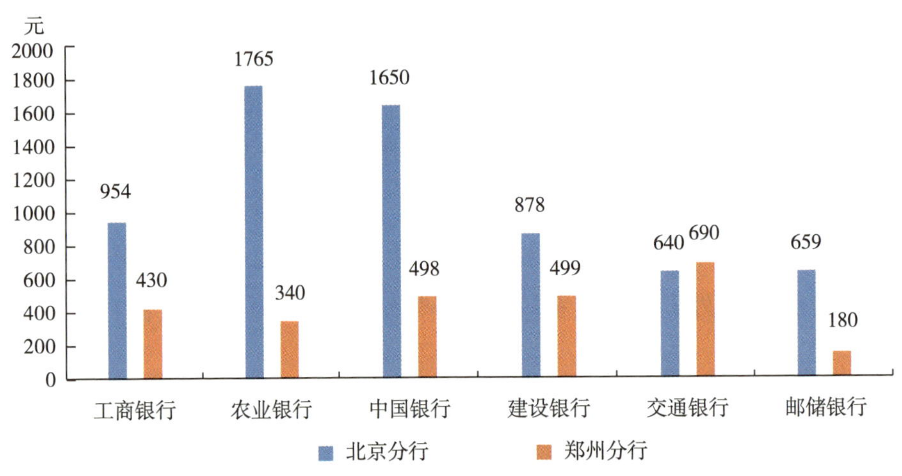

图 1　国有商业银行开户收费情况对比图

表 2　　开户手续费减免情况统计表

机构分类	调查机构数量（家）	免收开户手续费的机构（家）	免收开户手续费机构占比（%）
政策性银行	7	5	71.43
国有商业银行	12	3	25.00
股份制银行	24	17	70.83
城商行	18	10	55.56
农商行	2	1	50.00
村镇银行	11	11	100.00
外资银行	35	31	88.57
其他银行	2	1	50.00
合计	111	79	71.17

在收取开户手续费的 32 家机构中，收费标准从 50 元至 1250 元共分 7 个档次，主要集中在 100~300 元。**从银行机构类别来看，政策性银行收费较低，**均低于 50 元；**股份制银行、城市商业银行收费标准差异较大，**在 50~1200 元不等；**外资银行收费较高，其中汇丰银行北京分行收费为 1250 元**（见表 3）。

表 3　　开户手续费收费标准区间分布统计表

机构分类	收费标准						
	50 元	100 元	200 元	300 元	500 元	1200 元	1250 元
政策性银行	2 家						
国有商业银行		6 家		3 家			
股份制银行	1 家	2 家		2 家	1 家	1 家	
城商行	1 家	3 家	2 家	1 家	1 家		
农商行				1 家			
外资银行			2 家		1 家		1 家
其他银行			1 家				
区间占比	12.50%	34.38%	15.62%	21.88%	9.38%	3.12%	3.12%

3. 账户相关增值服务收费情况。大部分企业在开立银行账户的同时，会签约使用银行提供的增值服务，如电子银行（包括网上银行和手机银行）、短信提醒、单位结算卡、回单柜等。受调查银行机构中，共有 46 家免收全部增值服务费，占比 41.44%，**从银行机构类别来看，大部分村镇银行和政策性银行免收增值服务费**；其余 65 家按增值服务项目收取相关费用，占比 58.56%，**其中国有商业银行对增值服务均保留有收费项目**（见表 4）。

表 4　　账户签约增值服务费免收情况统计表

机构分类	调查机构数量（家）	免收增值服务费的机构（家）	免收增值服务费机构占比（%）
政策性银行	7	5	71.43
国有商业银行	12	0	0.00
股份制银行	24	9	37.50
城商行	18	8	44.44
农商银行	2	1	50.00
村镇银行	11	9	81.82
外资银行	35	13	37.14
其他银行	2	1	50.00
合计	111	46	41.44

（1）电子银行。电子银行服务费一般包含电子银行年费和数字证书费。受调查银行机构中，共有 46 家收取电子银行年费（41.44%），34 家收取数字证书费（30.63%）。其中，**有 20 家同时收取年费和数字证书费，其余仅单独收取年费或数字证书费**。

收取电子银行年费的 46 家机构中，普遍收费标准在 300 元以下，其中在 100 元以下的有 10 家（21.74%）；在 100 元至 300 元之间的有 16 家（34.78%）。**从银行机构类别来看，城商行、农商行和村镇银行收费较低，**均在 300 元以下；**外资银行整体收费较高**，其中 8 家外资银行收费标准在 3000 元以上（见表 5）。

表 5　电子银行服务费用情况统计表

机构分类	收费区间				
	100 元以下	101~300 元	301~1000 元	1001~3000 元	3000 元以上
政策性银行					
国有商业银行	4 家	2 家	3 家	2 家	
股份制银行	6 家	2 家	1 家		
城商行		5 家			
农商行		1 家			
村镇银行		2 家			
外资银行		4 家	1 家	5 家	8 家
其他银行					
区间占比	21.74%	34.78%	10.84%	15.22%	17.39%

收取数字证书年费的 34 家机构中，普遍收费标准在 50~200 元，在 50 元以下的有 9 家，占比 26.47%；在 50~100 元的有 6 家，占比 17.65%；在 100~200 元的有 19 家，占比 55.88%。**从银行机构类别来看，国有银行和外资银行收费标准较高，农商行和村镇银行均不收取相关费用**（见表 6）。

表 6　　数字证书费用情况统计表

机构分类	收费区间		
	50 元以下	51~100 元	101~200 元
政策性银行			2 家
国有商业银行	1 家	1 家	
股份制银行	4 家	3 家	2 家
城商行	2 家	1 家	4 家
农商行			
村镇银行			
外资银行	1 家	1 家	6 家
其他银行	1 家		
合计占比	26.47%	17.65%	55.88%

（2）**短信提醒**。银行为企业提供短信提醒服务，可选择按次数或套餐两种收费方式，其中选择按套餐收费需在开户时预先支付首期费用。受调查银行机构中，提供短信提醒套餐的有 19 家（17.12%），其中收费标准在 100 元以下的有 2 家（1.8%）；在 100~200 元的有 7 家（6.31%）；收费在 200~400 元的有 8 家（7.21%）；收费在 400 元以上的有 2 家（1.8%），**其中收费最高的兴业银行北京分行，为每年 1200 元**（见表 7）。

表 7　　短信提醒服务费用情况统计表

机构分类	收费区间				
	无套餐或不收费	100 元以下	101~200 元	201~400 元	400 元以上
政策性银行	7 家				
国有商业银行	5 家		2 家	4 家	1 家
股份制银行	20 家		2 家	1 家	1 家
城商行	16 家	1 家	1 家		
农商行	1 家		1 家		
村镇银行	11 家				
外资银行	31 家		1 家	3 家	
其他银行	1 家	1 家			
区间占比	82.88%	1.80%	6.31%	7.21%	1.80%

（3）单位结算卡。郑州地区受调查的32家银行机构中，有13家（40.63%）提供单位结算卡服务。其中，有8家在开户签约时需支付首次年费，**收费最低的建设银行为10元，收费最高的平安银行为600元，其余在200~240元**。此外，有3家银行为开户签约次年起开始收费，**2家银行免收单位结算卡年费。**

（4）回单柜。为方便企业对账，部分银行为企业提供回单查询（打印）服务。郑州地区受调查的32家银行机构中，有14家（43.75%）提供电子或人工回单柜服务。其中，7家收取回单服务费，**收费最低的招商银行为120元，收费最高的兴业银行为300元，其余收费均为200元；剩余7家免收回单服务费**。

4. 介质工本费。

（1）支付密码器。支付密码器是用于企业在柜面办理票据等支付业务时的安全认证工具，一般按申请数量收费。受调查银行机构中，有76家（68.47%）免收工本费或未提供支付密码器。其余有11家（9.91%）在100元以下；有9家（8.11%）在100~200元；有6家（5.41%）在200~300元；有9家（8.11%）在300元以上。**从银行机构类别来看，国有商业银行和其他银行收取工本费较低**，普遍在100元以下；**外资银行收费标准较高，其中华侨永享银行等3家外资银行北京分行收费标准为700元**（见表8）。

表8　单个支付密码器工本费用情况统计表

机构分类	收费区间				
	免费或未应用	100元以下	101~200元	201~300元	300元以上
政策性银行	7家				
国有商业银行	9家	3家			
股份制银行	15家	3家	2家	3家	1家
城商行	12家	1家	2家	2家	1家
农商行	1家				1家
村镇银行	11家				

续表

机构分类	收费区间				
	免费或未应用	100 元以下	101~200 元	201~300 元	300 元以上
外资银行	20 家	3 家	5 家	1 家	6 家
其他银行	1 家	1 家			
区间占比	68.47%	9.91%	8.11%	5.41%	8.10%

（2）**电子密钥（UKey）**。UKey 是企业通过电子渠道办理支付业务的身份认证工具，一般按申请数量收费，企业签约电子银行服务时至少需配备 2 个 UKey。受调查银行机构中，**大部分免收 UKey 工本费或收费较低**，其中免收 UKey 工本费的有 64 家（57.66%）；单个 UKey 收费标准在 100 元以下的有 36 家（32.43%）；在 100~300 元的有 6 家（5.41%）；在 300 元以上的有 4 家（3.60%）。**其中收费最高的法国巴黎银行，为 2500 元**（见表 9）。

表 9　单个 UKey 工本费收取情况统计表

机构分类	收费区间			
	免费	100 元以下	101~300 元	300 元以上
政策性银行	4 家	2 家	1 家	
国有商业银行	4 家	5 家	3 家	
股份制银行	13 家	10 家	1 家	
城商行	9 家	9 家		
农商行	1 家	1 家		
村镇银行	11 家			
外资银行	20 家	9 家	1 家	5 家
其他银行	2 家			
区间占比	57.66%	32.43%	5.41%	4.50%

（3）**其他介质工本费**。企业签约自助回单柜、单位结算卡等账户相

关增值服务时，还需申请回单柜认证 IC 卡、银行卡等介质。郑州地区受调查的 32 家银行机构中，有 4 家收取回单柜 IC 卡工本费，收费标准为 5~10 元；有 9 家收取单位结算卡工本费，收费标准为 5~20 元不等。

（二）账户使用环节

账户使用环节除账户相关增值服务的周期性收费外，主要包括对账户日常信息和功能维护管理（账户管理年费）以及账户异常状态处理的一次性收费[①]，包括办理账户信息变更、印鉴变更与挂失、回单补制、各类介质挂失补办等业务。**账户使用环节收费项目较多，收费标准一般较低，但企业使用或发生频率高。**

1. 账户管理费[②]。根据《关于印发商业银行服务政府指导价政府定价目录的通知》，商业银行根据客户申请，可免收一个账户的账户管理费，若客户在银行仅开立一个账户，则自动免收管理费。**目前，银行机构仅对企业开立多个银行账户的情况收取账户管理费。**受调查银行机构中，有 67 家（60.36%）对企业所有账户不收取账户管理费，其中村镇银行全部免收账户管理费，有 44 家（39.64%）对企业多开立的银行账户收取账户管理费。**从银行机构类别来看，政策性银行收费标准较低**，平均为 228 元；**外资银行收费标准较高**，平均为 5257 元，**其中德国商业银行北京分行和星展银行北京分行收费分别为 14400 元和 12000 元**（见表 10）。

表 10　账户管理费整体收费情况统计表

银行类别	收费机构占比（%）	最低收费（元）	最高收费（元）	平均收费（元）
政策性银行	71.43	120	300	228
国有商业银行	66.67	240	360	254
股份制银行	41.67	120	600	288
城商行	44.44	120	600	290

① 本次调查未将资金收付相关的结算类收费列入范围。

② 因账户管理费多采取后付费的方式收取，故未将其列入账户开立环节。

续表

银行类别	收费机构占比(%)	最低收费(元)	最高收费(元)	平均收费(元)
农商行	50.00	500	500	500
村镇银行	0	—	—	—
外资银行	34.29	200	14400	5257
其他银行	0.	—	—	—
机构整体合计	39.64	120	14000	1635

2. 其他一次性收费。银行按次对企业办理账户信息变更、回单补制、预留印鉴挂失（变更）、各类账户安全介质遗失补办等业务进行收费。郑州地区受调查的32家银行机构中，**大部分银行对于账户信息变更、回单补制业务免收相关费用，但对于预留印鉴、支付密码器、UKey等安全认证介质挂失（变更）收取一定费用**（见表11）。

表11　企业账户使用环节一次性收费情况统计表

收费项目	收费机构占比（%）	最低收费（元）	最高收费（元）	平均收费（元）
账户变重	21.88	10	100	20
回单补制（最低）	46.88	2	20	10
回单补制（最高）	46.88	10	200	20
印鉴变更/挂失	53.13	10	200	30
支付密码器	21.88	80	520	200
网银UKey	68.75	20	150	50
蓝牙Key	31.25	35	105	50
回单柜IC卡	28.13	10	30	20
结算卡	28.13	5	20	10

（三）账户撤销环节

银行账户撤销环节收费项目主要包括小额账户管理费、不动户维持费等，一般情况下直接在企业账户余额中定期自动扣除，直至账户余额为零。

企业办理销户业务时只需对上述收费项目累计扣款金额进行确认。受调查银行机构中，**仅农业发展银行河南分行在收费项目中明确对销户业务按每户 10 元收取服务费**。

三、企业银行账户收费特征分析

（一）银行在服务收费定价方面具有单方面主导权

商业银行作为银行账户服务的提供方，同时也是收费定价的控制方，可单方面确定收费项目和收费标准。实际中，企业虽同样作为市场主体，在选择开户银行时会谨慎考虑银行所提供的服务与收费情况，但开户后一般不会轻易改变开户行，此时如果银行单方面增加收费项目或提高收费标准，客户只能被动接受，选择权和议价权较弱。

（二）银行机构之间收费项目存在较大差别

国有商业银行因客户体量大，且受监管较为严格，账户相关服务收费项目细化且较为繁杂。例如，中国工商银行和中国农业银行营业网点公示的企业银行账户按市场调节价收费的项目按类别多达二三十项，涉及人工服务、系统服务、自助服务、工本费用、资源占用费用等多个方面。招商银行、广发银行、中信银行等股份制商业银行从客户体验角度，对收费项目进行了归整合并，实行统一打包计价。城农商行和村镇银行为吸引客户、增强客户黏性，收费项目很少或者绝大部分实行减免。

（三）收费标准在实际操作中存在差异

在实际操作中，各银行机构会针对不同存款人、在不同条件下、办理业务所耗费的不同成本，对同一收费项目采取不同的收费标准。**一是**对于不同类型存款人采取不同收费标准。例如，中原银行对普通企业开户收取 200 元手续费，但对注册资金在 1000 万元（含）以上的企业免收；中国建设银行对普通企业开户收取手续费 100 元，但对工业和信息化部、统计局、财政部和发展改革委四部门确定的小微企业免收。**二是**对存款人开户首年或保证存款余额的情况下进行减免。例如，中原银行在企业开户的前 6 个月内免收短信服务费，之后每月收费 5 元；郑州银行在账户首年日均余额

5万元以上的情况下，免收次年年费。**三是**根据客户所办理的业务，综合考虑所耗费的人力沟通成本等因素收取不同费用。例如，外资银行办理账户变更类业务时，考虑到人力和沟通成本等因素影响，普遍定价收费较高且很少减免。

四、相关建议

企业账户收费作为价格杠杆，在银行账户管理及客户关系维护方面的作用日益被商业银行所重视，**合理制定银行账户收费价格，需要在成本、收益、风险管理以及承担的社会责任之间寻求契合点**。商业银行应采取科学、灵活、适度的定价策略，针对不同阶段的账户，结合对客户群体的分类和账户风险等级，建立分层次、差异化的收费体系，同时，重视收费价格的公开透明，以提供更为优质的银行账户服务为基础，不断提升获客、黏客能力。

（一）合理定价，适当让利

商业银行作为经营主体，以市场化模式向客户适当收取服务费用具有客观合理性。但从持续优化营商环境、加快建设现代化经济体系的角度，商业银行还承担着促进实体经济发展、保障各类市场主体依法平等享受金融服务的社会责任。**一是**从服务实体经济的角度，结合“六稳”“六保”工作要求，加大对民营企业、小微企业的支持力度，现阶段可适当加大收费减免力度，降低企业经营成本。**二是**在服务定价、议价环节，商业银行同时应本着服务客户为基础的原则，合理确定账户相关服务收费范围，根据实际经营成本，减少不必要的收费项目。**三是**强化创新服务，充分利用新兴金融科技，在不断拓展账户服务领域和持续优化银行账户服务、管理的同时，降低自身经营成本。

（二）完善制度，规范管理

商业银行应进一步建立健全服务价格管理制度和内部控制机制，**一是**加强对自主定价收费业务的审批和合规管理，通过制定相关制度，细化管理内容，优化管理方式，规范各地分行的收费行为。**二是**对超过公示标准收取费用、未提供服务而收费、定价明显不合理等违规收费的现象及时纠正，切实保护金融消费者的合法权益。**三是**督促、指导各地分行按照审慎经营原则，建立清晰的服务价格制定和调整流程，严格执行内部授权管理。

（三）科学调整，充分披露

在市场经济环境下，商业银行在企业账户服务收费方面应遵循“科学、合理、公平”的定价策略，并按照“公开、透明”原则向社会公众公示，以市场需求为导向，提高收费弹性，建立完善的账户服务价格管理体系。建立科学的定价模型，适时对收费标准进行调整。充分利用门户网站、多媒体、营业网点、微信公众号等渠道，及时披露账户服务价格及调整信息，通过宣传引导客户建立良好的消费服务观念，树立正确的有偿服务理念。

（中国人民银行支付结算司　董王子；
中国人民银行营业管理部　倪璐；
中国人民银行郑州中心支行　郜磊　李润强）

江宁“2·10”民营企业账户资金失窃案分析与思考

摘要：2020 年 2 月，多家媒体报道南京江宁警方破获一起疫情期间特大盗窃民营企业账户资金案（以下简称江宁“2·10”案件）。警方通报显示，犯罪嫌疑人詹某某利用职务之便，掌握受害企业账户网银 U 盾，短期内通过网银转账转移企业账户资金 1900 余万元。为倒追相关问题、排查业务风险，人民银行对涉及的 11 家开户银行和 3 个特约商户开展支付业务核查。总体来看，虽然案件发生的直接原因是企业内部控制存在缺陷，但核查也发现相关银行存在开户尽职调查不到位、非柜面业务管理不审慎、账户交易监测缺乏有效性等问题。南京分行警示全辖“以案为戒”，全面实施开户责任告知制度，细化银行账户管理要求，强化跨部门联防联控和系统风险监测，开展存量风险排查，严肃责任追究。

一、基本情况和支付业务特征

（一）基本情况

犯罪嫌疑人詹某某于 2019 年 5 月冒用索某某身份应聘至受害企业甲公司，并担任公司财务总监。2020 年 1 月 26 日至 1 月 31 日，詹某某利用其掌握企业账户网银 U 盾的便利，以企业网银转账方式，分 14 次将受害企业账户中 1961 万元转移至乙公司单位银行账户，以及向某（乙公司监事）、魏某某的个人银行账户。2020 年 1 月 26 日至 2 月 1 日，从乙公司、蒋某某（乙公司法定代表人）、向某和魏某某的账户，通过 ATM 取款、柜面取现、网银转账和商户 POS 机消费兑换外币等多种方式实现资金分散转出，成功盗取受害企业巨额资金。

（二）支付业务特征分析

1. 利用职高学生开立银行账户实现资金转移。涉案的乙公司法定代表人蒋某某、涉案账户持有人魏某某分别为南京两所职业技术学院学生。其中，蒋某某注册乙公司，开立4个单位银行账户和5个个人银行账户；魏某某开立3个个人银行账户，上述银行账户均被用于涉案资金转移。学生群体因缺少社会经验和法律意识或受利益诱惑，易成为违法违规犯罪活动资金转移的帮凶。

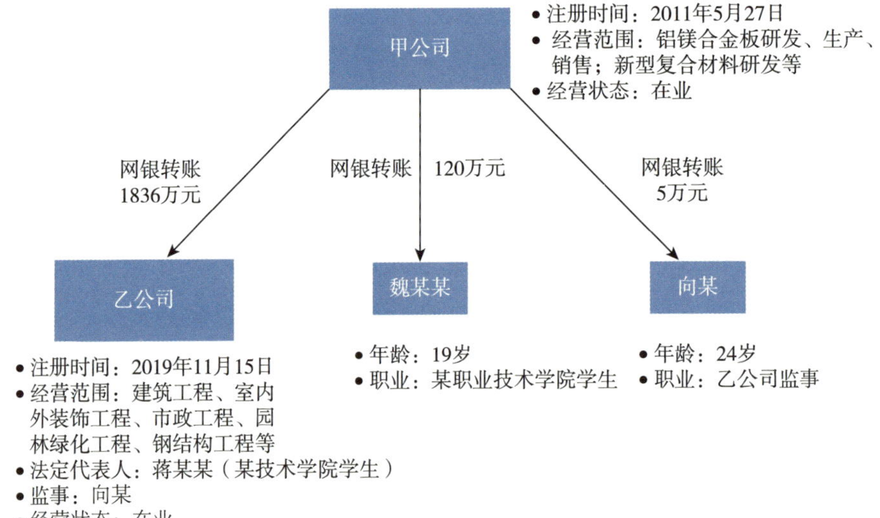

图1　江宁“2·10”案件涉及的主体情况

2. 涉案主体间业务关联度高，交易隐蔽性强。甲公司主营业务为铝镁合金板研发、生产、销售、新型复合材料研发等；乙公司主营业务为建筑工程、室内外装饰工程、市政工程等，两家企业的业务经营范围高度关联。从甲公司的日常交易流水看，该公司账户资金交易大，且交易对手中涉及建筑领域的较多。该公司于2020年1月26日至1月31日间与乙公司9笔共计1836万元的资金往来，因二者业务高度关联，个别开户行人工甄别认为无异常，未上报可疑交易。

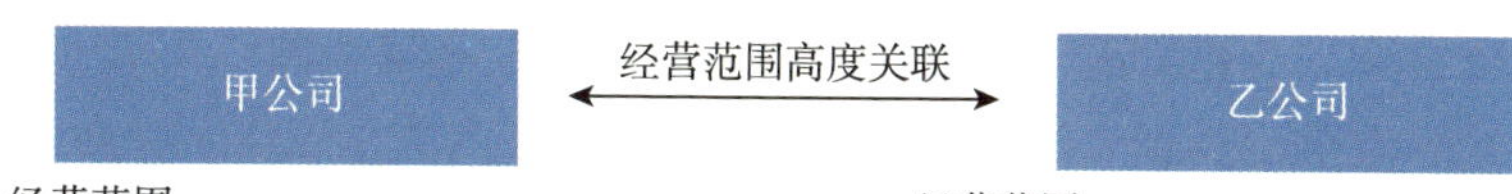

甲公司
经营范围高度关联
乙公司
经营范围：
•铝镁合金板研发、生产、销售
•新型复合材料研发
•新材料技术开发、咨询服务
•实业投资、项目投资信息咨询、仓储服务
•建筑材料销售等
经营范围：
•建筑工程、室内外装饰工程、市政工程、园林绿化工程、钢结构工程、道路工程、土石方工程、防水防腐保温工程、建筑幕墙工程、环保工程施工
•建筑劳务服务、建筑工程机械与设备租赁
•建筑材料、装饰材料、钢材、金属材料、石材、水泥、沙子、矿产品、五金交电、电线电缆、劳保用品、机电设备、环保设备销售等

图 2　涉案主体间业务关联度情况

3. 涉案账户间交易频繁，资金链路复杂。犯罪团伙将盗取的资金在不同涉案银行账户间、同名单位与个人银行账户间进行多次交叉转移，模糊交易链路。据统计，2020 年 1 月 26 日至 2 月 1 日，涉案账户间交叉转移资金笔数约 450 笔。其中，乙公司单位账户与蒋某某、魏某某和向某个人账户间分别进出资金 82 笔、166 笔和 80 笔，蒋某某个人账户与魏某某、向某个人账户间分别进出资金 41 笔、26 笔，向某向魏某某个人账户转移 5 笔；乙公司单位同名账户间进出资金 41 笔，蒋某某个人同名账户间进出资金 13 笔。

甲公司
转账5万元
转账1836万元
转账120万元
乙公司
5万元
396.01万元
877.9万元
792.2万元
100万元
消费7笔共计186万元
转至杨某某C银行账户1笔35万元
向某
6.03万元
120万元
魏某某
消费1笔36.1万元
现金支取33笔共计100.5万元
215.54万元
50.02万元
160.19万元
841.69万元
蒋某某
现金支取33笔共计93万元
转至杨某某G银行账户12笔共计638万元
转至杨某某C银行账户13笔共计780万元
消费4笔共计86.37万元

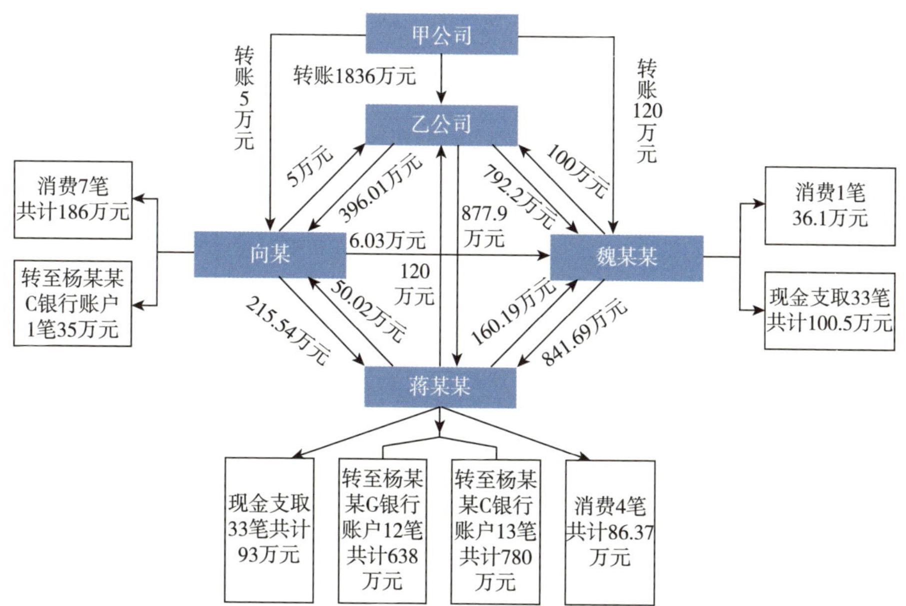

图 3　江宁“2·10”案件的资金流向情况（按主体）

4. 账户交易呈现“小额试探、分散转入转出、出入金额平衡”的特征。犯罪团伙利用 4 个单位银行账户和 12 个个人银行账户实现资金分散转移和最终资金转出，其中 4 个单位户和 10 个个人户均呈现明显的资金出入金额相等的特征。个别账户还存在“前期小额试探性转账，后期大额转入转出”特征。如乙公司 2020 年 1 月 6 日在某银行成功开立一般存款账户后，1 月 7 日即发生 60 笔金额为 1 元和 5 元的小额测试性交易，随后发生大量资金转入转出交易。

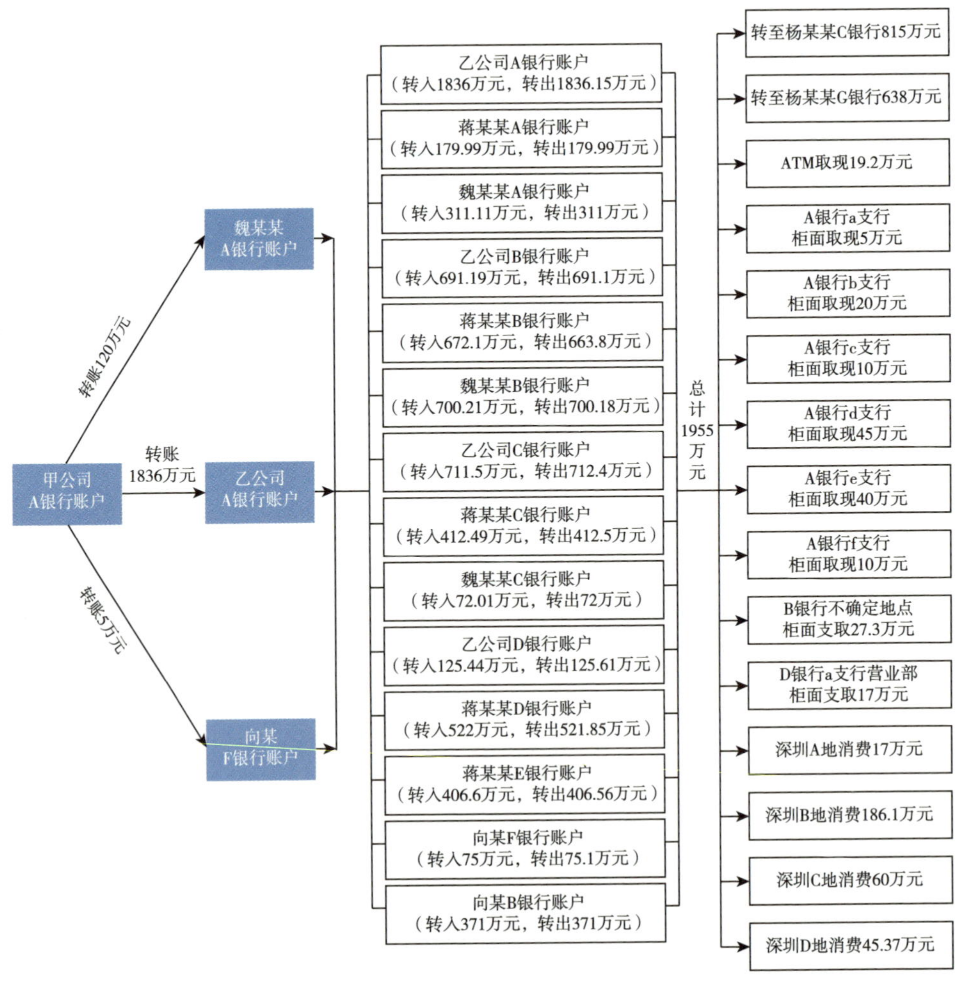

图 4　江宁“2 · 10”案件的资金流向情况（按行别）

二、业务管理中存在的问题

总体来看，本案发生的主要和直接原因是企业内部控制不严，犯罪嫌疑人詹某某利用担任财务总监的便利，掌握了企业网银U盾，通过企业网银将受害企业的资金转出。但经核查发现，相关银行在业务管理上仍存在薄弱环节，导致风险未能及时预警和防控，具体如下。

（一）账户管理方面

1. 尽职调查不到位。某银行南京分行营业部在为B公司开立基本存款账户时，未实地上门了解企业经营地址的真实性。某银行南京浦东路支行在为B公司开立一般存款账户时，未实地上门了解企业经营地址的真实性。某银行南京江北新区分行、某银行南京城南支行在为B公司开立一般存款账户时，上门核实留存的照片记录仅能证实该地址的真实性，未留存企业的经营牌匾、经营人员、经营产地等信息的照片记录。

2. 代理开户无授权书。某银行南京城南支行为B公司开立一般存款账户的留存资料中，未见代办人代理开户的授权书。

（二）非柜面业务管理方面

1. 网银交易限额设置不合理。某银行南京城南支行对B公司的网银交易未约定日累计转账限额。某银行南京江北新区分行对B公司的网银交易日累计转账限额设置为99999亿元，某银行南京浦东路支行对B公司的网银日累计转账限额设置为999万亿元，均为系统默认限额，限额设置明显高于企业日常经营需要。

2. 账户交易限额设置不审慎。蒋某某、魏某某在开通网银业务时年龄不超过20岁，职业登记为学生，某银行南京桥北路支行、某银行南京城北支行、某银行南京江宁经济开发区支行、某银行江宁科学园支行为蒋某某、魏某某设置的网银日累计转账限额为500万元，均为系统默认限额，未根据自身管理水平和存款人风险等级审慎确定银行账户的支付限额。

（三）交易监测方面

相关银行对涉案大额交易均报送了大额交易报告，但在可疑交易监测方面还存在以下问题。

1. 系统未能及时预警异常交易。某银行南京桥北路支行交易监测系统对蒋某某账户的异常交易未产生预警信息。某银行南京江北新区分行、南京江宁支行、南京城北支行和合肥三牌楼支行交易监测系统对B公司、蒋某某、魏某某、向某账户的异常交易均未产生预警信息。某银行南京鼓楼支行交易监测系统对蒋某某账户的异常交易未产生预警信息。某银行合肥三孝口支行交易监测系统对向某账户的异常交易未产生预警信息。

2. 未及时有效甄别并上报可疑交易。某银行南京分行反洗钱系统2月3日预警了B公司相关异常交易。该行反洗钱监测中心人员于2月10日处理预警案例，分析认为交易对手企业经营范围关联性高，未上报可疑交易。银行人员未结合“春节前后疫情高发，企业多已停产”的交易背景开展合理分析，人工甄别有效性不足。

3. 未能对异常交易开展背景调查。某银行南京城北支行、某银行南京鼓楼支行、某银行南京桥北路支行对蒋某某的账户在春节疫情期间突然发生大量资金转入转出交易且与其日常交易习惯严重不符的异常情形，未开展调查。南京江北新区分行对B公司账户初期频繁小额测试性交易、短期大量资金转入转出交易的异常情况，未开展调查。某银行南京城南支行对B公司账户初期大量资金转入、大量公转私交易的异常情况，未开展调查。

三、采取的工作措施

针对核查发现的问题，人民银行南京分行要求相关银行限期完成整改，全面改进有关内部制度、系统设置、业务管理要求和操作流程。同时，警示全辖“以案为戒”，进一步强化辖区账户管理，提高风险防控能力。

（一）实施开户责任告知制度

人民银行南京分行联合江苏省公安厅下发通知，规定自2020年5月6日起在全省实施企业基本存款账户开户申请人责任告知制度。企业申请开户时，应签署《开设单位银行结算账户涉通讯网络新型违法犯罪法律责任告知书》，银行机构应将申请人签名确认的告知书留存备案。目前全省累计签署责任告知书 26.28 万份。

（二）细化银行账户管理要求

对存在异常开户情形的，银行应采取上门核实企业经营地址、延长开户审查期限等措施。为企业开立基本存款账户时，不得仅依赖电话方式核实开户意愿。对首次开户的企业，应审慎为其开通网银、单位结算卡和电子商业汇票等非柜面业务。账户存续期间，应强化对企业开户资格和实名制符合性的动态复核，对于异常情况要提高动态复核频次。2020 年起，全省银行累计拒绝异常开户 3800 余起，延长开户审查期限 4200 余次，对 25.6 万余户采取账户控制措施。

（三）强化联防联控和风险监测

加强与行政审批、市场监管、税务等部门协作，强化企业登记、市场监管等前置环节管理和风险信息共享。针对涉赌涉诈涉案信息，与公安部门形成双向定期反馈渠道。完成“政银易企通”系统二期建设，上线涉企信息共享查询、可疑企业管理、灰名单管理和账户监测查询等功能，建立 10 余类异常企业账户监测模型。南京全辖 9284 个银行网点累计查询 15.88 万户企业工商登记信息，报送可疑企业信息 1100 余条；江苏全省各级人民银行共下发风险账户 7000 余户要求银行核实。

（四）做好风险提示和存量排查

针对发生的账户风险情况，人民银行南京分行编发 3 期《支付业务风险提示》、13 期《打击治理跨境赌博资金链工作简报》和 3 期《电信诈骗和跨境赌博典型案件分析》，总结账户风险特征，通报相关问题。组织全辖银行开展 2019 年以来的企业账户排查和企业账户网银 IP 地址排查。全辖共计排查企业账户 178.9 万户，初步研判可疑账户 8.6 万户，已对 8.3 万户采取账户控制措施，移送公安机关 7100 余户；累计发现 720 余个网银 IP 异常账户，涉及可疑交易信息 880 余条。

（五）严肃开展责任追究

人民银行南京分行及各地市中心支行组织召开银行机构账户风险管理工作会议，集中约谈涉案账户较多的银行机构负责人。南京营管部、苏州中支、徐州中支对落实主体责任不力、涉案账户较多的 24 家银行网点实施暂停新开账户业务 1~2 个月的惩戒。辖区银行机构对在账户管理工作中未履行风险防范职责、工作落实不力的单位和相关责任人员，采取通报、下调内控评分、计违规积分和扣减绩效等责任追究措施。

（中国人民银行南京分行　吉祖来　施春玲　何彩云　潘鹰）

非法买卖账户的法律问题研究

摘要： 近年来，不法分子在利益驱使下大量买卖银行账户和支付账户，用于电信网络诈骗、跨境赌博等违法犯罪活动，形成了一条境内开户、出售、转卖，境外使用的“黑色产业链”。本文对非法买卖账户的法律问题等进行了研究，发现当前非法买卖账户在法律适用、量刑定罪方面存在未单独入刑且认定难、司法实践中罪责刑不统一等问题。结合国际经验及我国实际，建议推动买卖账户罪责立法，及时补足法律真空；明确司法解释覆盖范围，实现账户类型全覆盖；构建立体式惩戒体系，区分对象人群实施惩戒。

一、买卖账户行为涉及我国《刑法》中四项罪名

《中华人民共和国刑法》（以下简称《刑法》）中“伪造、变造、买卖国家机关公文、证件、印章罪”、“妨害信用卡管理罪”、“帮助信息网络犯罪活动罪”和“洗钱罪”四项罪名的相关条款可适用非法买卖账户行为。

（一）伪造、变造、买卖国家机关公文、证件、印章罪

法律条款： 根据《刑法》第二百八十条，“伪造、变造、**买卖**或盗窃、抢夺毁灭国家机关的公文、证件、印章的，处**三年以下**有期徒刑、拘役、管制或剥夺政治权利，并处罚金；**情节严重的，处三年以上十年以下**有期徒刑，并处罚金”。

司法判例： 2020 年 5 月，厦门市湖里区法院对曾某、陈某利用本人身份证多次办理企业营业执照以及银行账户开立并出售的行为作出判决，以

买卖国家机关证件罪对曾某判处有期徒刑 2 年，并处罚金 5000 元，对陈某判处有期徒刑 10 个月，并处罚金 3000 元，追缴其犯罪所得。

（二）妨害信用卡管理罪

法律条款：根据《刑法》第一百七十七条之一第一款第（二）项，“有下列情形之一，妨碍信用卡管理的，处以三年以下有期徒刑或者拘役，并处或者单处一万元以上十万元以下罚金；数量巨大或者有其他严重情节的，处以三年以上十年以下有期徒刑，并处二万元以上二十万元以下罚金：（一）明知是伪造的信用卡而持有、运输的，或者明知是伪造的空白信用卡而持有、运输，数量较大的；**（二）非法持有他人信用卡，数量较大的；**（三）使用虚假的身份证明骗领信用卡的；（四）出售、购买、为他人提供伪造的信用卡或者以虚假的身份证明骗领的信用卡的。窃取、收买或者非法提供他人信用卡信息资料的，依照前款规定处罚。银行或者其他金融机构的工作人员利用职务上的便利，犯第二款罪的，从重处罚”。

司法解释：2004 年 12 月 29 日发布的《全国人民代表大会常务委员会关于〈中华人民共和国刑法〉有关信用卡规定的解释》明确了刑法规定的“信用卡”，是指“由商业银行或者其他金融机构发行的**具有消费支付、信用贷款、转账结算、存取现金等全部功能或部分功能的电子支付卡”**。

司法判例：2018 年 11 月 28 日，河南省郑州市惠济区人民法院以妨害信用卡管理罪判处李某等 4 名被告人有期徒刑两年至八个月，并处罚金人民币 5 万元至 10 万元不等。截至案发时，李某和赵某共非法持有并**出售他人银行卡** 44 套，被告人吴某收买该批 44 套他人银行卡后，又转卖给被告人刘某，刘某持有后将其中的二十多套转卖给齐某。

（三）帮助信息网络犯罪活动罪

法律条款：根据《刑法》第二百八十七条之二，“明知他人利用信息网络实施犯罪，为其犯罪提供互联网接入、服务器托管、网络存储、通讯传输等技术支持，或者提供广告推广、**支付结算**等帮助，情节严重的，处三年以下有期徒刑或者拘役，并处或者单处罚金”。

司法解释：《最高人民法院、最高人民检察院关于办理非法利用信息网络、帮助信息网络犯罪活动等刑事案件适用法律若干问题的解释》（法释〔2019〕15号）第十一条规定，可以认定行为人明知他人利用信息网络实施犯罪的情形：**（一）经监管部门告知后仍然实施有关行为的；**（二）接到举报后不履行法定管理职责的；（三）交易价格或者方式明显异常的；（四）提供专门用于违法犯罪的程序、工具或者其他技术支持、帮助的；（五）频繁采用隐蔽上网、加密通信、销毁数据等措施或者使用虚假身份，逃避监管或者规避调查的；（六）为他人逃避监管或者规避调查提供技术支持、帮助的；（七）其他足以认定行为人明知的情形。第十二条规定：明知他人利用信息网络实施犯罪，为其犯罪提供帮助，具有下列情形之一的，应当认定为刑法第二百八十七条之二第一款规定的“情节严重”：（一）为三个以上对象提供帮助的；**（二）支付结算金额二十万元以上的；**（三）以投放广告等方式提供资金五万元以上的；（四）违法所得一万元以上的；（五）二年内曾因非法利用信息网络、帮助信息网络犯罪活动、危害计算机信息系统安全受过行政处罚，又帮助信息网络犯罪活动的；（六）被帮助对象实施的犯罪造成严重后果的；（七）其他情节严重的情形。实施前款规定的行为，确因客观条件限制无法查证被帮助对象是否达到犯罪的程度，但相关数额总计达到前款第二项至第四项规定标准五倍以上，或者造成特别严重后果的，应当以帮助信息网络犯罪活动罪追究行为人的刑事责任。

司法判例：2018年5月，被告人侯某、刘某祈带领被告人刘某民、蔡某等在金华多家银行网点共开办了12张银行卡，开通网银功能，用于电信网络诈骗等违法犯罪活动。浙江省金华市婺城区人民法院以帮助信息网络犯罪活动罪判处侯某、刘某祈有期徒刑1年2个月，并处罚金人民币1万元；蔡某、刘某民有期徒刑9个月，并处罚金人民币5000元。

（四）洗钱罪

法律条款：《刑法》第一百九十一条规定，明知是毒品犯罪、黑社会性质的组织犯罪、恐怖活动犯罪、走私犯罪、贪污受贿犯罪、破坏金融管理秩序犯罪、金融诈骗犯罪的所得及其产生的收益，为掩饰、隐瞒其来源与性质，有下列行为之一的：**（一）提供资金账户的**；（二）协助将财产转换为现金或者金融票据的；（三）通过转账或者其他结算方式协助资金转移的；（四）协助将资金汇往境外的；（五）以其他方法掩饰、隐瞒犯罪的违法所得及其收益的性质和来源的。没收实施以上犯罪的违法所得及其产生的收益，处五年以下有期徒刑或者拘役，并处或者单处洗钱数额百分之五以上百分之二十以下罚金；情节严重的，处五年以上十年以下有期徒刑，并处洗钱数额百分之五以上百分之二十以下罚金。单位犯前款罪的，对单位判处罚金，并对其直接负责的主管人员和其他直接责任人员，处五年以下有期徒刑或者拘役；情节严重的，处五年以上有期徒刑。

司法判例：2007年10月22日上海市虹口区人民法院一审判决潘某民等4名被告人犯有洗钱罪，刑期自两年到一年三个月有期徒刑不等。法院认为，被告人潘某民、祝某贞、李某明、龚某明知是金融诈骗犯罪的所得，为掩饰、隐瞒其来源和性质，仍提供资金账户并通过转账等方式协助资金转移，其行为构成洗钱罪。

二、当前买卖账户法律层面存在的主要问题

（一）账户买卖未单独入刑

目前，法律体系中**尚无买卖账户罪及类似法律条款，没有可以直接定罪的法律依据，难以让社会公众直接认识到买卖账户的法律后果。**在已有的法院对买卖账户行为判例中，大多以妨害信用卡管理罪量刑。但妨害信用卡管理罪定罪依据为“非法持有他人信用卡，数量较大的”条款，实质上是对“非法持有”而不是对“买卖行为”进行认定。对买卖企业银行账户行为，根据涉嫌买卖国家机关证件罪判决，在实质上也是对买卖账户的上游环节即买卖营业执照进行定罪。买卖账户罪名的缺失，也导致社会公众对买卖账户应承担的法律责任意识淡薄，惩戒力度不足、法律震慑不够。

（二）账户买卖入刑认定难

一是对于“买卖国家机关证件罪”，若公安机关侦办案件时未能查获

身份证、营业执照等国家机关证件，则无法引用。**二是**对于“妨害信用卡管理罪”，需要证明行为人具有使用其所持有的信用卡进行违法犯罪的意图，且至少非法持有他人信用卡5张以上才能定罪，也无法惩戒账户出售方。**三是**对于“帮助信息网络犯罪活动罪”，“明知”前提难认定。在案件实际审理过程中，常因检方提供的出售银行账户非法收益证据不足而难以最终定罪。不同法院对于涉案账户提供的支付结算金额是否按进出账合计金额认定也存在分歧。**四是**对于“洗钱罪”，电信网络诈骗、跨境赌博等不在其七项上游犯罪范围内，无法完全适用该条款。

同时，随着银行账户“无卡化”和支付账户的广泛使用，认定相关涉案账户难度更大。**一方面，**部分法律条款无法直接适用，如司法领域对支付账户是否属于《刑法》规定的信用卡范畴存在较大争议。**另一方面，**相关账户电子化、线上化，没有实体介质，买卖行为全程线上化，取证证据链条难以构建。

（三）司法实践中罪、责、刑不统一

现行法律条款对于非法买卖账户行为中的购买方、组织方、出售方刑罚裁量标准未作明确区分，可能导致对情节较轻等普通群众刑罚过重，对组织者、“中间商”等多次甚至长期从事买卖账户行为的人员刑罚过轻。

三、其他国家相关监管法律及实践

从其他国家关于买卖账户的法律法规来看，日本在法律中将买卖银行账户直接入刑，俄罗斯、德国等国法律并未直接将买卖银行账户直接入刑，主要惩治“伪造”账户。

日本《防止犯罪收益转移法》第二十六条规定，以他人名义开立、使用银行账户，**无正当理由转让银行账户，或诱导他人买卖银行账户**的均处以不高于50万日元（约合人民币3万元）的罚款；**对于从事上述业务的人，**将被处最高2年有期徒刑或处以最高300万日元（约合人民币19万元）罚金，或二者并罚。

俄罗斯《联邦刑法典》第187条规定，以销售为目的而制作、**销售伪**

造的借记卡或贷记卡的，处 2~6 年有期徒刑，并处以罚款（500~700 倍最低劳动报酬或 5~7 个月工资）。**如果实施或组织团伙实施上述行为的**，处 4~7 年有期徒刑，并没收违法所得。

德国《刑法典》第 152a 条规定，伪造国内外支付卡、支票及本票，或**买卖伪造的支付卡、支票及本票的**，处以不超过 5 年的有期徒刑或罚款。**若上述行为是出于商业目的或作为团队行事**，处以 6 个月至 10 年有期徒刑。第 152b 条规定，若伪造担保支付卡或空白欧洲支票，判处 1~10 年有期徒刑。

四、相关建议

（一）推动买卖账户罪责立法，及时补足法律真空

买卖账户行为属于电信网络诈骗、跨境赌博、洗钱等犯罪活动的上游犯罪，属于应当重点打击治理的犯罪行为。建议在联合打击治理电信网络诈骗犯罪和跨境赌博工作机制下，推动买卖账户行为相关罪名直接立法，明确买卖银行账户和支付账户行为的法律责任，便于社会公众知晓和理解，加大法律惩戒力度，有效压缩黑产生存空间。

（二）明确司法解释覆盖范围，实现账户类型全覆盖

通过细化司法解释或判例共享的方式，规范买卖账户行为的事实认定机制。适度放宽“帮助信息网络犯罪活动罪”等相关条款中“明知”前提的判断条件，如澳大利亚《犯罪收益法》规定“明知”包括知道和应该有理由知道，使“明知”适用于更加广泛的情形。明确利用新型支付工具（如支付账户、收款码）为涉案资金转移提供帮助的统一司法表述，保证法律条款的适用性。针对新型支付工具线上交易的特点，增加“明知”认定条件的满足情形。

（三）构建立体式惩戒体系，区分对象人群实施惩戒

在推动买卖账户罪责立法的同时，完善司法、治安管理、金融监管等主管部门针对买卖账户行为的联合惩戒机制。对于买卖账户黑产的组织者、使用者和出售数量巨大的出售者加大打击惩戒力度，严厉执行刑罚措施。对于出售账户数量少或者确为初犯的，可通过金融机构行业自律机制或账

户协议实行民事约束等方式予以教育和惩戒。

（中国人民银行支付结算司　董王子；
中国人民银行福州中心支行　施蕾　陈杰　李森辉　林同华）

跨境零售支付体系发展与变革的思考

摘要： 随着全球经济的融合发展，国际贸易、跨境电子商务带动跨境零售支付需求快速增长，便捷、实时、安全、普惠成为跨境零售支付发展和变革的主要方向。本文对跨境零售支付进行了研究。现行格局下，全球各国公共和私营部门积极采取措施，包括加速布局快速支付系统、促进基础设施互联互通、促进电子支付和移动支付的发展、运用区块链技术简化代理行模式等，以提升跨境零售支付体验；同时，数字货币的发展也可能颠覆未来跨境支付的格局。建议加强国际合作，促进我国跨境零售支付体系与国际接轨；推动支付服务主体“走出去”，拓展全球跨境零售支付市场；促进金融科技与跨境零售支付的深度融合，争取数字经济发展主动权。

一、跨境零售支付体系基本情况

（一）跨境零售支付的定义和特征

根据支付与市场基础设施委员会（CPMI）于2018年2月发布的《跨境零售支付》报告，跨境零售支付是指由一个司法辖区中的个人、企业或政府组织向另一个司法辖区接收者付款的行为。主要特征有三个：**一是**交易者数量巨大，既包括企业对企业支付、企业对个人支付，也包括个人对个人的支付，呈现小额、高频的特点。**二是**支付工具和支付方式多样，包括线下场景的现金、银行卡、移动支付和线上远程的电子支付。**三是**大量使用私营的支付网络，广泛依赖银行卡清算机构、汇款公司等私营支付网络提供的服务。

（二）跨境零售支付体系的构成

跨境零售支付体系可分为两个构成部分，负责与付款人、收款人交互的前端，以及负责资金流与信息流处理的后端。前端的支付服务提供商主要包括银行机构以及汇款公司、支付机构等非银行机构[①]，新兴的参与者还包括大型科技企业。后端支付服务提供商主要包括代理行、支付系统的运营商、外汇代理机构以及跨境零售支付信息传递的网络提供商。前端支付服务提供商通过服务协议或外包协议，获取后端支付服务提供商的服务。

1. 跨境零售支付前端。前端主要分为三个要素，支付工具、服务通道和账户。**一是**跨境零售支付使用的支付工具。付款人和收款人可以使用多种付款工具来发起和接收跨境零售付款，包括现金、银行卡和电子支付。**二是**获取跨境零售支付服务的通道。服务通道和访问点是用于连接付款人、收款人与支付服务提供商的特定接口，包括银行网点、货币兑换点、ATM、POS 机、互联网等。其中，银行网点、货币兑换点和 ATM 等物理网点在 P2P 跨境交易中发挥主导作用，而涉及企业的 B2B 和 P2B 跨境付款则通常通过互联网或其他电子渠道发起和接收。**三是**账户。跨境零售支付可以分为使用银行账户、使用支付账户、无需账户三种情况。银行账户在跨境零售支付中占据基础性地位，使用支付账户的跨境零售支付一般也以银行账户体系为基础。使用现金的跨境零售支付无须经过银行账户，当前逐步发展的数字货币也可以脱离银行账户进行点对点跨境支付。

2. 跨境零售支付后端。后端主要分为两个要素：处理安排和处理事项。**一是**处理跨境零售支付的安排，包括四种模式。**代理行模式**是指一家银行（代理行）持有其他银行（被代理行）的存款，并向被代理行提供支付和其他服务。相互往来的代理银行可以使用来账、往账账户结算外汇交易。但实际上，在跨境支付交易中可能涉及一系列的代理行关系，从而增加了交易的复杂性、成本和处理时间。**闭环系统模式**是指支付服务提供商同时向收款人和付款人提供服务，如大型的跨国银行。在这种情况下，支付服务提供商不依赖代理行或外部基础设施，而是通过银行内部支付系统完成

① 根据 CPMI 的红皮书数据，截至 2018 年末，提供跨境支付的非银行机构占所有跨境支付服务提供商的 25%。

资金划转，通过电子钱包进行的跨境支付也属于该模式。**基础设施互联模式**是指涉及两个不同司法辖区支付与市场基础设施之间的互联，允许一个辖区的支付服务提供商将支付信息发送到另外一个辖区的支付基础设施。该模式可由公共或私营部门在不同辖区的自动清算所（Automatic Clearing House，ACH）或实时全额结算（Real-time Gross Settlement，RTGS）系统之间建立连接，连接的方式包括建立协议、通过技术接口和互操作性安排、将技术平台集成至统一系统等。如果基础设施以不同的货币结算，则需要进行外汇结算，但这样的直连可能成本很高，一般仅在经济、人员交往密切的国家或地区之间建立。**点对点模式**是指付款人和收款人之间无需支付服务中介机构，由分布式账本技术直接实现点对点转账。**二是**后端的处理事项，主要包括信息传输、清算、结算、外汇结算等。**信息传输**是跨境零售支付的重要环节，通过标识化的方式，传输付款人和收款人、付款账户和收款账户以及金额的信息。环球银行金融电讯协会（SWIFT）是全球最大的金融信息网络服务提供商。**清算**是指在结算之前传输、核对并确认交易的过程，包括轧差和确认最终结算头寸。与国内零售支付相比，跨境零售支付在消息格式、货币、时区方面都具有较大的差异。**结算**是指根据相关合同的条款履行付款义务，可以分为实时结算和延时结算。**外汇结算**是跨境支付的重要特征，跨境零售付款通常涉及至少两种货币，需要进行外汇交易，对于不可能实现直接结算的货币，还需要使用第三种货币作为桥梁进行外汇结算。

（三）跨境零售支付未来的发展方向

2019 年 11 月 26 日，欧洲央行与比利时国家银行联席会议“迈向未来的零售支付”在布鲁塞尔举行。会议中，欧盟执行委员会委员贝诺·科雷认为，未来跨境零售支付的发展应实现五个关键目标。**一是**确保跨境支付与境内支付的用户体验一致。通过健全有效的治理机制，实现跨境支付网络的规模效应，推动更多消费者信任和使用跨境支付网络。**二是**便捷且具有成本效益。仅当跨境零售支付解决方案完全满足用户需求时，用户才会接受该解决方案。因此，解决方案需要为消费者和商户提供简单、灵活、安全和用户友好型的支付体验，即可以使用不同的工具（如银行卡、智能手机、可穿戴设备），以及通过其他渠道和技术（如 NFC）进行支付，从而降低支付成本，使消费者和商户受益。**三是**安全保障。任何跨境零售支付解决方案必须符合所有相关的法律法规要求，应提供最高级别的欺诈预防，并具备可靠的投诉和退款程序，为消费者提供足够的保护。**四是**树立品牌形象。应通过战略安排和商业模式，规范所有跨境零售支付产业链条利益相关者的行为，形成统一的品牌。**五是**从区域向全球延伸。最终目标应该是构建跨境零售支付领域的全球统一标准。

二、促进跨境零售支付发展的最新举措

（一）公共部门最新举措

1. 加速布局快速支付系统。为提升零售支付效率，需要实时到账、全天候运行的零售支付系统作为支撑。实时全额支付系统可能已经难以满足零售支付的需求，因此各国陆续推出快速支付系统（Fast Payment System）。截至 2018 年，英国、澳大利亚、新加坡、墨西哥、意大利、荷兰等超过 40 个国家和地区均推出了快速支付系统。这些快速支付系统多用于境内零售支付，如澳大利亚的新支付平台（New Payment Platform，NPP）、中国香港的“转数快”快速支付系统（Faster Payment System，FPS）、新加坡的快速安全转账系统（Fast And Secure Transfers，FAST）以及美国计划推出的快速支付服务 FedNow。部分国家还出台强制措施，将满足一定条件的支付交易迁移至快速支付系统。如 2019 年，匈牙利中央银行要求银行将 1000 万匈牙利福林（约合 3.1 万欧元）以下的交易全部迁移至快速支付系统。

在跨境支付服务领先的欧盟地区，快速支付系统已经用于跨境零售支付领域。如 2017 年欧洲单一支付区即时贷记转账系统（SCT Inst）已覆盖 36 个欧盟经济区和 51 个支付服务提供商。该系统具有以下特点：**一是**规定最长响应时长。当付款方的支付服务提供商发起交易并使用时间戳（Timestamp）标记后，收款方的支付服务提供商必须在 10 秒内向付款方

的支付服务提供商反馈款项已收到或者交易已被拒绝的答复，如果存在特殊的处理情况，最长响应时限可延长至 20 秒。付款人不得在未收到反馈的时间内单方面拒绝交易。**二是**规定最高的资金限额。除非参与者另有协议，否则超过 15000 欧元的交易将被拒绝。同时，交易必须以欧元进行，但是支付账户可以使用其他币种，由支付服务提供商完成兑换。**三是**提供全天候的不间断服务。SCT Inst 全年不间断提供 24 小时的实时转账服务。

此外，2018 年欧洲央行在 SCT Inst 的基础上，推出了即时支付系统 TIPS，进一步提升了系统的灵活性和覆盖面。主要特点如下：**一是**利用实时全额支付系统（TARGET2）的账户平衡 TIPS 的头寸。TIPS 的参与者可以将一部分流动性留在 TARGET2 的专用账户中，能在 TARGET2 系统运行时间内向 TIPS 账户灵活转移资金。**二是**拓展了参与者，允许所有 TARGET2 的参与者加入 TIPS，参与规则保持一致。**三是** TIPS 设置了更灵活的框架，未来可以支持多种非欧元的法定货币进行转账。**四是**更加灵活的限额机制。不同成员国的参与者可以根据本国业务实际情况，评估所需的最大限额，TIPS 系统将根据各参与者的需要，动态调整系统限额。

2. 促进基础设施互联互通。一般而言，人员或经贸活动往来密切的国家和地区之间会倾向于构建区域性的基础设施网络，以实现在该区域内更高效的跨境零售支付。通过制定业务规则和标准，整合和连接不同国家和地区的支付系统，一般分为三种形式。**一是**建立双边连接。如墨西哥央行建立了互联互通支付系统 Directo a México，将美联储自动清算所与墨西哥的实时支付系统（Sistema De Pagos Electrónico，SPEI）通过安全的专用电信网络进行连接，可以支持美国报文格式自动转换成墨西哥标准，实现在一个工作日内完成跨境支付。**二是**开发通用的互操作性框架。如欧盟自动清算所协会（European Automated Clearing House Association，EACHA），为欧盟 27 个国家零售支付系统提供统一的标准，并开发了贷记转账和即时支付的互操作性框架，促进各国的自动清算所使用相同的技术标准和程序，实现报文完全自动化传输，推进单一欧元支付区计划。**三是**开发集中式平台。如阿拉伯区域支付系统（Arab Regional Payment System，ARPS）由多个阿拉伯国家[①]的中央银行发起，以降低在阿拉伯国家之间跨境零售付款的成本、流动性波动范围和运营需求量。该系统以单一的支付系统代替代理行模式，允许当地银行直接接入，预计可以压缩70%的跨境支付的时间和交易费用，已于2020年投入使用。

（二）私营部门最新措施

1. 促进电子支付和移动支付的发展。在支付工具创新应用方面，传统的支票支付、刷卡支付已经难以满足跨境零售支付的需求，移动支付、电子支付已经成为全球跨境零售支付的发展趋势。**一是**线上跨境零售支付。跨境汇款和跨境电商是跨境零售的主要领域，支付市场参与者通过提供电子化的跨境解决方案，实现快速便捷、覆盖多个国家（地区）和多币种的跨境零售支付服务。银行和银行卡清算机构是传统线上跨境支付服务提供商，但现在越来越多的电子钱包、汇款服务平台也开始提供线上跨境转账服务，且具备价格低、速度快的优势。如PayPal、Venmo、支付宝等电子钱包均可提供跨境汇款服务；国际汇款转账服务平台TransferWise提供覆盖全球大多数国家和地区的货币转账服务和多种货币的流动资金池；TransFast经营全球跨境A2A（Account To Account）[②]网络支付平台，业务覆盖125个国家和地区，连接300多家银行和其他金融机构，支持线上的资金收付。**二是**线下跨境零售支付。移动支付技术在境内零售支付已经广泛应用，但在跨境支付领域，由于跨境的线下收单需要获得相应的牌照，因此移动支付的跨境受理受到一定的限制，支付服务提供商正加速拓展境外业务，跨境并购成为获得当地牌照的重要方式。

2. 运用区块链技术简化代理行模式。区块链可以取代传统代理行的中转模式，改善传统信息网络速度慢、透明度低的劣势，其应用领域主要分

---

① 参与项目的阿拉伯国家包括阿尔及利亚、巴林、科摩罗、吉布提、埃及、伊拉克、约旦、科威特、黎巴嫩、利比亚、毛里塔尼亚、摩洛哥、阿曼、巴勒斯坦、卡塔尔、沙特阿拉伯、索马里、苏丹、叙利亚、突尼斯、阿联酋和也门。

② A2A是指一个用户的账户到另一个用户账户的直接转账。

为四类。**一是**用于跨境金融网络中实现快速的报文验证，并确保交易信息的保密性。SWIFT 启动的全球支付创新（gpi）项目应用区块链技术进行实时对账验证，选用超级账本 Fabric 数据库进行区块链支付业务场景验证，实现 50% 的跨境报文传递在 30 分钟内完成。**二是**用于银行间跨行信息网络，建立区块链的共享支付结算平台。摩根大通与加拿大皇家银行和澳新银行联合宣布成立银行间信息网络（Inter-bank Information Network，INN）系统，利用区块链技术优化和提高全球支付流程，解决银行之间支付信息共享问题，减少所需参与的代理行数量。目前全球已经有 259 家银行加入了 INN 系统。**三是**用于建立转账直连平台，实现金融机构的相互连接。国际商业机器公司 IBM 于 2019 年 3 月宣布启动区块链项目 World Wire，旨在建立一个跨境支付平台，支持使用数字资产（其价值与基础法定货币挂钩），通过分布式账本技术处理和结算跨境交易，所有交易明细均记录在区块链上，几秒内即可完成跨境的清算和结算。具体业务流程如下：两家进行交易的金融机构需同意使用稳定币、央行数字货币或其他数字资产作为任何两种法定货币之间的桥梁资产；金融机构使用其现有的支付系统（无缝连接到 World Wire 的 API）将一方的法定货币转换为数字资产；World Wire 将数字资产同时转换为另一方的法币，从而完成交易。**四是**用于建立单一的外汇交易同步结算网络。持续联系结算系统（Continuous Linked Settlement，CLS）处理全球超过 50% 的外汇交易结算，当前正在开发一个基于区块链的整合应用平台 Ledger Connect。银行和金融科技企业通过 Ledger Connect 可以建立对外汇结算基础设施的单一接入节点，通过单个网络获取服务。

三、未来跨境零售支付的展望

区块链、分布式账本等技术在金融领域的应用可能颠覆跨境零售支付未来格局。其中，央行数字货币和全球稳定币则可能成为下一代跨境零售支付的重要工具。

（一）公共部门探索发行央行数字货币

1. 发展概况。不同国家出于不同的政策目的，部署央行数字货币。一

是抵制美国经济制裁。如委内瑞拉发行以石油为价值储备的数字货币，作为价值流通手段，挽救主权货币通货膨胀严重的局面。**二是**摆脱对美元的依赖。如巴哈马、乌拉圭、泰国等弱势货币国家发行央行数字货币，争取更多经济主权。**三是**抢占数字经济发展的主动权。如中国、新加坡、加拿大等国家以金融科技推动支付体系的变革。**四是**助推无现金社会的发展。如瑞典、挪威等国家以央行数字货币进一步促进电子化支付发展，提升支付效率。

2. 在跨境零售支付领域应用仍待解决的问题。一是监管政策差异性问题。不同国家监管法规制度的差异可能阻碍央行数字货币的跨境支付。一方面，不同国家和地区在反洗钱、反恐怖主义融资等方面的要求不一致，而数字货币具有高度匿名性，对其跨境转移的合规性难以界定。另一方面，数字货币在用户实名制管理方面也存在政策的不确定性，尚未有明确的法规制度规范数字身份的管理，难以形成统一的身份验证和身份绑定机制。**二是**基础设施的技术兼容性问题。由于不同国家和地区央行数字货币的研发遵循不同的技术路径，分为“账户”和“代币”两种不同类型，其底层的系统存在根本性差异，难以实现互联互通。“账户”型的央行数字货币可能还需要依赖 SWIFT 网络进行跨境零售支付的信息转移，而“代币”型的央行数字货币可以采用分布式账本的基础设施进行跨境资金转移。**三是**汇兑风险难以消除。即便形成可以互操作的系统，但央行数字货币的本质仍是法币，跨境支付货币兑换过程中昂贵的汇兑成本很难得到有效改善。此外，央行数字货币与法币之间如果未能实现无障碍转换，还可能产生额外的费用。**四是**境内金融稳定和经济安全问题。如果非居民、境外银行、境外金融基础设施可以自由持有央行数字货币，可能对国家的资本流动、外汇政策和其他资产价格造成影响。数字货币的高度匿名化可能会导致更多的套利和隐性交易，增加资金外逃风险，加剧外汇市场波动。

（二）私营部门推出应用全球稳定币

1. 发展概况。各国政府对数字货币与法币的交易进行限制或禁止之后，数字货币开始寻找价值标杆，通过锚定法定货币或大宗商品价格等方式，重新建立数字货币领域价值尺度，稳定币应运而生，目前全球稳定币项目已经超过 20 个。稳定币能够广泛应用于跨境零售支付领域必须符合两个前提。**一是**可以由个人或普通企业持有。如脸书计划发布的 Libra，可以由任何的个人和企业持有；Tether 公司推出的美元稳定币，也是面向零售市场。而批发稳定币则仅可以满足金融机构间的跨境资金转移，如 USC 仅供属于 Fnality 联盟[①]的金融机构使用，因此无法用于跨境零售市场；摩根银行推出的 JPM Coin 仅在同业跨境支付中使用。**二是**实现币值的稳定。稳定币由于缺乏政府信用的背书，必须通过锚定资产价格才能实现币值稳定。零售稳定币由一篮子资产储备支持，资产储备可以包括法定货币、政府债券和大宗商品，其价值会根据资产储备的价值波动，是可变价值的稳定币。相较之下，批发稳定币则直接根据法币的面值进行交易，以完全相同的面值购买和赎回，是固定价值的稳定币。

2. 在跨境零售支付领域应用的潜在风险。

（1）持有者风险。一是使用私营部门的稳定币解决方案，可能使个人、资金等大量的隐私信息被私营部门掌握，个人隐私信息的集中储存可能导致信息滥用、信息泄露等风险急剧上升。如脸书用户使用 Libra 进行跨境支付，脸书将轻易掌握个人信息和资金流向等信息，如果进一步形成全球规模化应用，美国的私营部门将有可能掌握全球的资金流信息。**二是**稳定币的资金转移节点和应用场景分散。如 Libra 旨在通过全球的合作伙伴关系建立一个 Libra 支付的生态圈，但是应用场景和范围受到限制，如果未来同时出现多个全球稳定币的细分市场，那么持有者则需要在不同稳定币中分配流动性。

（2）行业风险。一是打破跨境支付体系的结构。大型科技公司正在使金融市场结构发生变化，并逐步取代传统金融中介的地位。2018 年，中

① Fnality 联盟的金融机构包括瑞银、巴克莱银行、桑坦德银行、纽约梅隆银行、加拿大帝国商业银行、德国商业银行、瑞士信贷银行、荷兰国际集团、KBC 集团、劳埃德银行集团、三菱银行、纳斯达克、三井住友银行和道富银行。

国大型科技公司的支付业务金额已经达到GDP的16倍[①]。未来若稳定币实现直接点对点的转账，形成自身的信用体系，则很可能导致金融脱媒的后果。**二是**导致银行存款外流，降低银行盈利能力。如果用户将银行存款用于购买稳定币，则银行的零售存款可能会下降，银行的资金成本将会大幅度上升。反过来，银行可能要从稳定币发行者手中获取存款。但对法定货币不在储备金内的国家而言，银行如果从稳定币发行者手中获取存款，还将承担额外的外汇风险。**三是**降低市场流动性。大量的零售存款如果用于购买稳定币，可能导致货币市场，尤其是弱势货币国家，缺乏优质的流动资产，从而加剧对金融稳定的影响。

（3）监管风险。一是跨境风险监管难度加大。由于数字货币的隐秘性，现行的母国监管体系的监管效能将被削弱，如果缺乏跨境监管合作，未能明确跨境监管职责以及对资金流动的事中、事后监管政策，可能引发监管套利和严重的跨境风险。**二是**稳定币可能通过跨境零售市场形成资金外流的高速通道。尤其在弱势货币的国家，公众对与一篮子资产挂钩的稳定币信心可能大于对本国法币的信心，从而将本国法币兑换成为稳定币，除非施加强制手段进行管控，否则一旦大规模发生此类兑换，将导致本国法币币值进一步下跌，形成正向反馈效应，加速资金外流。**三是**通过跨境渠道降低货币政策的有效性。稳定币如果发展成为被广泛应用的跨境支付手段，跨境资本流动可能会急剧上升。如果其进一步取代了现行的跨境支付基础设施，那么境外资产可替代性也会随之提升，从而扩大国内利率对外国利率的反应能力，降低货币政策传导的有效性，金融领域的风险将逐步转移至实体经济。

四、相关启示

（一）加强国际合作，促进我国跨境零售支付体系与国际接轨

一是建立健全我国跨境支付领域的法规制度，并积极参与跨境支付服

① 资料来源：2019年国际清算银行年度报告《大型科技公司进军金融领域：机遇与风险》。

务领域的国际合作和国际规则制定，密切同国际清算银行、支付与市场基础设施委员会、世界银行等国际组织的沟通合作，提升我国在国际支付规则体系中的影响力和话语权。**二是**加强我国跨境支付基础设施的标准化建设，推动我国跨境支付基础设施与国际通用的传输标准、报文标准等接轨，降低各中间环节转换格式所需的时间和人工成本。**三是**加快推动我国跨境零售支付系统互联互通进程，研究推进内地支付系统与港澳地区快速支付系统间的相互开放和功能优化，持续完善粤港澳大湾区公共交通、医疗养老、生活缴费等民生领域的跨境零售支付应用。同时，加强与“一带一路”沿线国家的合作，可考虑借鉴欧盟、阿拉伯地区整合区域内跨境零售支付系统的经验，探索建立区域性的跨境零售支付平台或通用的互操作性框架，实现区域内双边或多边更高效的跨境零售支付行业发展和监管合作。

（二）推动我国支付服务主体“走出去”，拓展全球跨境零售支付市场

一是推动支付服务主体实现全球布局。支持银行、支付机构、银行卡清算机构等支付服务主体从自身商业战略出发，通过境外投资、跨国并购、网点和标准输出等方式实现全球化布局，深化我国支付领域的对外开放。**二是**便利境内移动支付在跨境零售领域的应用。鼓励我国支付服务主体充分发挥移动支付优势，并在合法合规的前提下，积极拓展境外线上、线下移动支付应用场景，便利用户在境外使用移动支付进行零售消费，并研究优化境外居民在境内使用移动支付服务的创新举措。同时，引导境内支付服务主体加强同 PayPal 等已经获批进入境内市场的境外市场主体间的交流与合作，创新跨境零售支付服务解决方案，进一步提升我国支付产业的竞争力。

（三）促进金融科技与跨境零售支付的深度融合，掌控数字经济发展主动权

一是推动支付服务主体加强区块链等技术在金融领域的创新应用，鼓励其提升区块链等专利技术的自主研发力度，同时加强与全球金融科技、跨境转账等领域具有领先技术的平台合作，不断优化跨境零售支付的清算、

结算、外汇兑换等各个环节，提升用户体验。**二是**密切跟踪关注数字货币在跨境领域的应用，加强国际合作，探索数字货币在更高效、安全、普惠的跨境零售支付解决方案中的应用，争取数字经济发展的主动权。

（中国人民银行广州分行　陈玉海　孔凡东　潘在怡　李俏莹）

关于跨境电商支付市场的研究与思考

摘要：当前，跨境电子商务已逐步成为推动国际贸易发展不可或缺的力量，支付服务提供商也加强了这一蓝海市场的布局，本文对跨境电商支付发展进行了研究。研究发现，跨境电商支付逐步向专业化、本土化、严风控的方向发展，且在交易币种、账户类型、客户关系建立方式等方面呈现多样化。在此背景下，支付服务提供商通过争取外汇兑换和收单牌照、深化金融科技应用、打造综合平台、加强风控等举措来提升竞争力。同时，支付服务主体拓展海外电商市场的准入成本较高，跨境电商交易真实性核实难度较大，网络、隐私泄露风险较高，沉淀资金存在汇率风险等也是值得重点关注的问题。建议深化支付领域对外开放，推动与贸易往来密切国家的监管互认；加强跨境监管合作，建立健全跨境消费者权益保障体系；深化金融科技应用，打造跨境支付国际品牌优势；积极应对疫情对跨境电商市场的冲击，灵活采取应对措施。

一、跨境电商支付的基本情况

跨境电商的市场和规模正处于快速增长阶段。维萨（Visa）关于跨境电商的调查报告显示，2018 年跨境电商市场交易总额达 5620 亿美元，未来 8 年的年复合增长率预计将达到 27.4%[①]，跨境电商逐步成为支付服务主体重点拓展的蓝海市场。跨境电商支付还涉及外汇结算、资金跨境等更

① 资料来源：Visa 于 2020 年 1 月发布报告《Visa 全球电子商务的研究》（*Visa Global Merchant eCommerce Study*）。

为复杂的环节，在发展趋势和类型划分方面具备如下特点。

（一）跨境电商支付逐步向专业化、本土化、严风控等方向发展

一是跨境电商支付向专业化发展。跨境电商市场不断细分，形成B2B、B2C、C2C等经营模式，其对应的支付模式也开始分化。传统的B2B跨境电商更倾向于使用商业银行电汇或汇款公司直接汇款，不涉及收单环节；而近年来快速兴起的B2C、C2C等跨境电商，则更接近日常零售消费中的消费者付款和商户收单，支付服务提供商也开始专门针对跨境电商开发支付产品。

二是跨境电商支付向本土化、便利化发展。跨境电商的用户群体不断平民化，本土化支付方式是其顺利完成跨境电商购物的关键。跨境电商服务平台BlueSnap的调查数据显示，如果支付页面不以本土语言显示，75%的用户会放弃购物；如果支付方式不是本土化的，13%的用户会放弃购物。

三是跨境电商支付风险防控成为重点。新冠肺炎疫情暴发后，供需两端、国际物流的新形势也对跨境电商及其支付环节产生了重要影响。疫情导致网络购物量激增，部分国家境内消费市场萎缩，海外市场潜力被进一步挖掘。但由于产业链条断裂、国际运输和物流受阻，订单退款增加，欺诈风险也有所上升。

（二）跨境电商支付在交易币种、账户类型、客户关系建立方式等方面呈现多样化

一是按照交易币种划分，可分为本币支付和外币支付，二者区别在于是否进行外汇兑换，外汇兑换可由买方付款前或卖方收到货款后完成，也可以由支付服务提供商在中间环节完成。

二是按照账户类型划分，可分为使用银行账户和使用支付账户，银行账户占据基础性地位。通过银行账户支付分为两种：一种是用户通过直连的模式进行支付，即网关直接为卡组织的支付页面；另一种是将银行卡绑定在电子钱包内，通过间连的模式进行支付。支付账户则需完成充值后才能用于支付。

三是按照客户关系建立方式划分，支付服务提供商可同时拓展商户端

（B 端）和用户端（C 端）市场，形成一站式收款平台；也可拓展单方市场，通过代理及合作的方式，实现收付款双方支付通道的互联互通，或者与大型跨境电商平台合作，拓展平台内商户。

二、拓展跨境电商支付市场所需关键资质

促进跨境电商支付便利化，重点需解决下述问题：**一是**能否提供便利的外汇兑换服务；**二是**能否实现点对点的本土化支付。因此，获得外汇兑换和收单资质是提升跨境电商支付市场竞争力的基础，也是核心。外汇兑换和收单资质均需要监管部门的许可，目前，监管合规要求正不断完善，各行业主体也在积极争取相应的资质，拓展全球跨境电商布局。

（一）外汇兑换

1. 在监管层面，支付服务提供商外汇结算的法规制度不断健全。银行的外汇结算法规制度相对完善，但非银行支付机构作为新兴支付服务提供商，在跨境支付的制度层面仍处于不断完善的阶段。我国内地对支付机构外汇结算的监管具有两个特点，**一是**跨境业务颁发单独的许可，依照《支付机构跨境电子商务外汇支付业务试点的通知》为支付机构开展跨境业务颁发许可；**二是**要通过与银行合作来提供外汇结算服务，2019 年 4 月出台的《支付机构外汇业务管理办法》进一步规定“支付机构应通过合作银行为市场交易主体办理结售汇及相关资金收付服务，并按照本办法要求实现交易信息的逐笔还原，除退款外不得办理轧差结算”。从国际情况来看，其他国家和地区的监管政策有所不同，**部分国家和地区**将支付业务许可和跨境业务许可合并，也可以不通过银行，自主提供货币兑换服务。如**新加坡**于 2019 年 1 月开始实施的《支付服务法案》（*Payment Service Bill*）规定，获得“大型支付机构”牌照的支付机构可以从事国际汇款服务、货币兑换服务等支付服务，获得“标准支付机构”牌照的支付机构则不能从事上述服务。**印度**于 2019 年 4 月在《外汇管理法案》（*Foreign Exchange Management Act*）的基础上，起草了《自由汇款计划》（*Liberalized Remittance Scheme*），允许获得相应牌照的机构为跨境电商支付提供外汇结

算服务，并推出两种牌照：“银行”（Authorised Dealer-I）和“其他货币兑换机构”（Authorised Dealer-II），未获得牌照的机构不能为个人提供外汇结算服务。**我国香港地区** 2018 年 3 月出台的《打击洗钱和恐怖分子资金筹集条例》规定，机构只要获得海关颁发的“货币服务经营者”（Money Service Operator）牌照即可提供货币兑换服务和汇款服务。

2. 在行业层面，支付服务提供商提供跨境收款业务覆盖币种范围不断扩大。支持多个币种、本土化的收款平台有助于提高跨境电商支付的便利度。通过支付机构的跨境支付已经从原来的仅支持单一或主要结算币种拓展到近 30 个币种，但是与跨境汇款覆盖几十甚至上百个币种相比，跨境电商收款币种仍较少。我国的跨境支付平台支持收款的币种主要集中在人民币和主要结算币种，如支付宝仅支持人民币收款；连连支付支持美元、日元、英镑、欧元、澳大利亚元、加拿大元 6 种货币收款。国际支付巨头则支持更广泛的收款币种，如 PayPal 支持 26 种货币收款；Adyen[①] 支持超过 30 种货币收款；WorldFirst[②] 支持 6 种货币收款；Payoneer 支持 7 种货币收款。

（二）全球收单

在通过卡组织或其他代理中转方式完成的跨境支付中，支付指令需要在发卡机构和收单机构之间进行传输。但由于发卡机构与收单机构位于不同国家或地区，可能出现数据格式和要素不一致，导致收单机构无法识别支付指令的情况，降低付款成功率。因此，支付服务提供商希望打造“全球收单”，实现这一目标的关键点在于获得全球主要市场的许可。

1. 在监管层面，支付市场对外开放不断深化，全球化的收单市场正在形成，为跨境电商的本土化、点对点、无缝支付提供法律保障。

一是内外资支付机构准入标准趋同。近年来，我国持续稳步推进境内

① Adyen 于 2006 年在荷兰成立，是一家全球支付公司，在包括上海、香港等 22 个城市设立了办事处。Adyen 为电子商务提供在线服务，包括信用卡、借记卡和基于网银的转账服务，与 eBay、Spotify、Uber 等建立了合作关系。

② 总部位于伦敦的英国跨境支付公司 WorldFirst 完成所有权变更，成为蚂蚁金服集团全资子公司，已于 2019 年 2 月 14 日完成股权变更。

支付市场的开放，中国人民银行公告〔2018〕第 7 号要求外资机构拟为境内主体的境内交易和跨境交易提供电子支付服务的，应当按照《非金融机构支付服务管理办法》规定的条件和程序取得支付业务许可证。**其他国家和地区**对于外资支付机构的准入也以提供国民待遇为主，新加坡、中国香港、欧盟等国家和地区实施统一的发牌制度，不对境内、境外机构作区分。美国尽管在准入条件上不作区分，但是根据 2007 年颁布的《外国投资与国家安全法》[①]，美国外国投资委员会有权否决境外机构的业务准入。如支付宝希望通过收购美国汇款公司速汇金获得美国支付业务牌照，在董事会同意的情况下被美国外国投资委员会否决。

二是银行卡市场开放不断深化。我国银行卡市场开放稳步推进，美国运通相关机构成为首家获得“银行卡清算业务许可证”的境外卡组织。其他国家对于境外卡组织准入提供国民待遇。**欧盟**规定银行卡清算组织在允许机构入网开展收单或发卡业务时，必须同时允许其在欧盟全境开展业务，不得有地域限制，不得针对跨境业务有特殊的牌照限制。**我国香港地区**将国际性银行卡清算组织纳入零售支付监管系统，与境内机构接受统一的监管要求。**美国**对银行卡清算组织持开放态度，主张自由竞争，但美国外国投资委员会将对外资银行卡清算组织在美国的投资、入股等业务进行审查，对未通过审查的机构有权拒绝准入。

2. 在行业层面，争取多国收单市场准入、跨境并购、拓展全球合作伙伴是实现全球收单的重要途径。

一是在主要收单市场积极寻求展业许可。境内的支付机构中，连连支付获得超过 30 张境外支付牌照，其中 26 张是美国各州颁发的牌照；蚂蚁金服和财付通也在印度尼西亚、新加坡等东南亚市场成功申请到牌照。全球支付巨头中，PayPal 在美国、欧盟、马来西亚、新加坡等多个国家和地区具有支付牌照，Adyen 在欧盟、美国、加拿大、澳大利亚等 7 个市场具备支付牌照，且 PayPal 和 Adyen 在欧洲还获得了银行牌照。**二是**考虑

① 《外国投资与国家安全法》，*Foreign Investment and National Security Act of 2007*。

到常规途径申请牌照的合规成本较高，大型企业往往选择跨境并购的形式快速进入市场。如蚂蚁金服在完成对英国 WorldFirst 的收购后，间接获得 WorldFirst 在加拿大、澳大利亚等国的金融牌照；PayPal 在完成对国付宝信息科技有限公司 70% 的股权收购后，成为第一家获准在我国内地市场提供在线支付服务的外资支付平台。**三是**通过与当地有收单资质的机构达成合作伙伴关系，拓展跨境电商的收单市场。如 Payoneer 与多家银行建立合作伙伴关系，推动其服务遍布全球 210 多个国家和地区。蚂蚁金服也通过入股、建立合作关系的方式，与印度、泰国、菲律宾、巴基斯坦等国的银行和支付机构展开合作，构建本地化的收款平台。

三、提升跨境电商支付竞争力的其他举措

支付服务提供商为抢占跨境电商市场份额，形成规模效应，除上述提到的争取实现多币种外汇结算、全球收单外，还通过促进金融科技在跨境支付的应用、打造多种增值服务、与跨境电商平台达成合作协议等方式提升竞争力。此外，疫情暴发使全球跨境电商面临新形势，支付服务提供商也在积极应对。

（一）从长期看，深化金融科技应用，打造品牌优势，形成规模效应

1. 深化金融科技在跨境电商支付模式中的应用。一是区块链技术的应用。区块链具有成本更低、速度更快的特点，可有效降低跨境支付交易成本达 40%~80%，并将平均交易时间从 2~3 天大幅缩短至几分钟，实现点对点快速跨境支付。支付巨头希望通过与领先的区块链企业合作，加快区块链技术的商业化落地。如万事达卡（MasterCard）与区块链企业 R3 达成合作协议，速汇金与区块链企业 Ripple 达成合作协议。**二是**应用程序接口（API）技术的应用。更强的互操作性、实现账户到账户的无缝支付是争夺跨境电商市场的重要优势，而这一优势的实现主要依靠 API。Visa 于 2020 年 1 月以 53 亿美元收购 API 软件企业 Plaid，促进电子钱包间的互联互通。

2. 构建跨境电商综合金融服务平台。在跨境电商支付市场发展的起步阶段，很多支付机构通过低费率拓展市场，如连连支付、PingPong 等支付

机构进入市场初期以低于行业平均水准的费率（1%）拓展市场份额。但随着竞争日趋激烈，该方式已难以实现可持续发展，因此需要注重品牌打造，提供多样化、差异化增值服务，如通过代缴税费、出口退税、贷款、身份认证、跨境营销、纠纷解决等服务提升市场份额，并有效提升用户忠诚度。例如，合利宝支付科技有限公司以跨境电商支付业务为基础，进一步拓展资金融通、本外币跨境清结算和跨境金融等业务。连连支付为跨境电商的零售商、分销商、供应商、贸易商等全链条主体提供一站式服务，通过大数据分析为买家匹配优质的服务提供商。

（二）从短期看，推出让利举措帮助跨境电商企业渡过疫情难关，关注欺诈风险

新冠肺炎疫情对于跨境电商产生了重要影响，2020 年 5 月 4 日，世界贸易组织发布了题为《电子商务、贸易与新冠大流行》的报告，特别关注三点内容：**一是**考虑到数字经济在疫情期间发挥的核心作用，消除中小企业“数字鸿沟”成为迫切需要，尤其是欠发达国家和地区，而要实现这一突破，需要通信、计算机及支付等行业的共同推动。**二是**公共、私营部门必须采取行动，缓解电子商务在疫情期间的困难。这些措施包括降低数据服务费用、降低或取消数字支付和移动汇款的交易成本等。**三是**在跨境电商商品和服务贸易均受到了严重冲击的情况下，企业资金压力加剧，欺诈行为、网络安全风险上升。支付服务提供商已经意识到相关问题，并制定了应对举措。

1. 简化支付解决方案，推动中小企业数字化转型。由于“数字鸿沟”问题，部分欠发达国家的中小型企业在接入电子商务和电子支付方面存在困难，而这些企业往往受疫情影响更严重，支付服务提供商已经出台相应的帮扶措施。**一是**深化金融科技的应用，专门为中小企业打造支付解决方案。如 Visa 于 2020 年 6 月推出 Visa Everywhere Initiative 计划，通过征求金融科技解决方案帮助拉丁美洲和加勒比地区中小企业进入电子支付市场。**二是**与政府合作展开研讨会，为中小企业开展电子商务提供帮助。PayPal 与新加坡政府合作，开展帮助小微企业的计划，同时，与电子商务

平台 Shopmatic 合作，派出志愿者帮助企业开立电子账户并创建电商商户。

2. 出台让利措施，降低或减免提现、交易费用，以及延长支付时限。如 PaypPal 减免从支付账户提现至 Visa 和 MasterCard 银行卡的手续费，并免除退款时商户需要支付的手续费。蚂蚁金服为跨境 B2B 电子商务的小型企业提供 60 天的延长付款期限。MasterCard 推出即时付款的现金返还奖励。

3. 实施更灵活的风控措施。受疫情冲击，欺诈行为和退货退款行为明显增加，支付服务提供商需要出台更灵活的风控措施来应对。如 Adyen 升级了风险管理系统，商户可以根据其销售商品的特点，自定义交易风险规则标准，还可以根据购物者的个人资料、第三方的信息（如发卡行）、交易频率及金额等信息设置拦截交易的阈值，触发阈值后支付请求将被拒绝。Visa 实施了商户监测程序和欺诈监测程序，一旦商户退款申请数量触发阈值，Visa 会将商户代码发送至其收单机构，要求收单机构对其进行管控，Visa 于 2020 年 4 月 14 日宣布放宽退款申请的触发阈值，会根据疫情的影响动态调整。

四、值得关注的问题

（一）支付服务主体“走出去”拓展海外电商收单市场的准入合规成本较高

支付服务主体在为跨境电商提供收款服务时，如果通过代理商或者合作银行，则不利于构建品牌和核心竞争力；如果要打造自有品牌，则需在收单商户所在国家获得市场准入。**一方面**，通过并购的方式获得境外市场准入是较快捷的方式，但在境内支付主体缺乏强有力议价能力的情况下，支付服务主体可能面临较高的并购溢价。此外，在中美经贸摩擦加深的背景下，美国很可能通过否决的方式拒绝我国企业对美国企业的并购行为，并通过对其他国家施压的方式，阻碍我国企业跨境并购。**另一方面**，支付服务主体如果通过正常的程序申请牌照，则将面临耗时长、合规成本高等问题。

（二）交易和商户真实性核实难度较大

由于跨境电商的交易双方互相之间缺乏充分的了解，需要通过安全的支付媒介保障交易双方权益。但支付服务主体在保障跨境电商交易安全性和真实性方面也面临较大挑战。**一是**支付服务主体在为跨境电商商户提供收款平台时，对其审核仅停留在检查必要的证件或证明阶段，未进行持续的跟踪和动态复核。此外，大多数商户通过间连模式拓展，由当地银行或大型跨境电商平台代理完成商户尽职调查等真实性审核工作，商户真实性难以直接把控。**二是**由于跨境电商平台与支付服务提供商分属不同主体，无法进行有效的信息互换，导致支付服务提供商对贸易双方的交易内容缺乏了解，无法掌握相应的物流信息。因此，支付服务提供商难以对交易的真实性进行核验，导致跨境电商交易容易被犯罪分子利用，伪造或虚构跨境贸易，从而实现资金的非法出境。

（三）跨境电商支付中的信息泄露风险较高

跨境电商交易产生大量的个人信息，其中，部分还是个人金融信息。我国明确规定个人金融信息须在境内储存，对数据出境有明确的限制。但由于跨境电商支付涉及收付双方不同的司法辖区，对于个人信息保护、个人信息出境的法规制度差异较大，一旦过程中涉及数据泄露，或者利用相关数据进行欺诈行为，法律适用性的问题难以解决，责任追究和消费者权益保护较为困难；且在支付数据的传输过程中，不同国家格式、加密和解密规则存在差异，导致信息泄露的风险可能增加，进一步影响跨境电商支付的安全性。

（四）资金沉淀在汇率波动时构成一定的风险

由于跨境支付难以实现实时到账，且电商平台结算至商户的规则不一致，这部分时间差会导致资金沉淀。部分电商平台为方便退款和预防欺诈，付款方的款项可能不是直接进入跨境电商商户的账户，而是先进入支付服务提供商或者电商平台的账户。在这种情况下，该笔款项如果以付款方国家的货币进行支付，未进行外汇兑换，则收款商户在收到货款时可能承担汇率风险；如果在此期间已经完成外汇兑换，一旦发生退款，消费者可能需要承担汇率风险。

五、相关启示

（一）深化支付领域对外开放，推动与贸易往来密切国家的监管互认

一是加强与国际清算银行等国际组织及各国监管机构的交流和协作，推动与我国跨境贸易往来密切的国家和地区、“一带一路”沿线国家和地区之间探索建立监管互认机制，在风险可控的前提下，简化监管互认国家和地区之间相互的业务许可审核程序，降低境内支付服务主体拓展海外收单市场的合规成本。**二是**完善各类支付市场主体的外资准入、风险管理等规章制度，为外资支付服务主体与跨境电商合作构建平等的法律基础。制定统一的跨境支付业务管理制度，规范跨境外汇、跨境人民币支付业务，促进跨境电商外汇结算便利化。

（二）加强跨境监管合作，建立健全跨境消费者权益保障体系

一是在商户真实性审核方面，在监管层面加强合作，尤其是对于支付服务主体未获得市场准入而通过代理的方式拓展商户时，明确支付服务提供商的商户风险管理义务与责任，建立跨境电商商户的信息核验渠道，降低由于商户真实性审核不到位造成的欺诈风险。**二是**在个人隐私保护方面，跨境电商在订单环节、支付环节均涉及大量的个人数据，应对跨境电商交易所涉数据采集边界、数据储存、数据传输等进行规范，并明确数据出境和境内储存的相关要求。同时，明确在此过程中发生数据泄露的责任认定。**三是**在解决退款纠纷方面，规范支付服务提供商退款程序，进一步明确退款期间汇率波动时的消费者权益保护措施。

（三）深化金融科技应用，打造跨境支付国际品牌优势

一是加速金融科技在跨境电商支付各环节的应用，打造我国跨境支付的品牌优势。如加强生物识别、设备定位等技术在身份认证环节的应用；加强区块链在提升跨境支付速度的应用；利用 API 技术促进不同电子钱包的互联互通，实现点对点、账户对账户的无缝支付。**二是**推动利用地域、产品等跨境电商的细分市场，通过大数据等技术手段，对消费者和商户的适用习惯和需求进行精准“画像”，提供个性化、差异化的产品及增值服务，

以支付为纽带打通跨境电商支付“最后一公里”。**三是**关注中小企业的“数字鸿沟”问题，利用金融科技设计推出更加简化的应用程序，优化中小企业的支付解决方案，帮助中小企业进入跨境电商市场。

（四）积极应对疫情对跨境电商市场的冲击，灵活采取应对措施

一是鼓励支付服务提供商适当运用让利政策，主动对接商户需求，特别是受疫情影响较为严重的娱乐、旅游等商户，灵活调整其退款手续费，并对其交易手续费、提现手续费等进行减免，帮助相关企业渡过难关。**二是**借鉴有益经验，推动支付服务提供商建立健全风险监测模型，将消费者退款作为监测指标纳入对商户的管理，并畅通用户投诉渠道。同时，充分考虑疫情对跨境贸易、跨境物流的影响，灵活调整触发预警的阈值。

（中国人民银行广州分行　孔凡东　潘在怡　李俏莹）

中国台湾信用卡债务危机与市场复苏的经验启示

摘要：中国台湾信用卡市场在经历了2005年卡债危机之后已逐渐恢复活力。本文通过对台湾卡债危机及市场复苏历程研究发现，台湾卡债危机是在亚洲金融危机后银行大力拓展个人消费信贷业务的背景下爆发的，暴露出发卡机构恶性竞争、消费者过度借贷、金融监管缺位等问题。此后，台湾有关机构通过建立健全法规制度、强化金融监管、加强消费者权益保护等系列措施，缓解并逐步平息了危机。结合大陆地区信用卡发展现状，提出以下建议：一是完善信用卡持卡人权益保护法规制度体系，二是加强个人消费信贷领域共债风险防控，三是持续推进个人征信体系建设。

一、台湾卡债危机回顾

（一）危机爆发的原因

1. 宏观经济遭受冲击。20世纪80年代末，台湾金融业全面开放，民营银行获得准入，金融自由化进程开启。1990年“商业银行设立标准”推出，1991年就有15家民营银行获批设立，此后10年间，台湾岛内银行业机构数量由25家快速增加至53家。机构数量过多，为日后银行业过度竞争、卡债危机传导蔓延埋下伏笔。

20世纪90年代末，亚洲爆发金融危机，台湾经济受到冲击，岛内数10家大型企业出现金融债务积压，导致银行产生巨额坏账。同时，台湾大量劳动密集型制造企业迁往大陆，企业端的贷款需求进一步降低。多种因素交互影响下，银行经营重心逐步转向高利率、高收益的个人消费金融，开始大力拓展信用卡、现金卡业务。

2. 发卡机构恶性竞争。台湾地区主要发行两种具有消费信贷功能的卡：信用卡和现金卡。其中，信用卡相当于大陆地区的贷记卡，在发行对象上具有普遍性；而现金卡主要定位于中低收入人群，虽然也有发卡机构提供的无担保信用额度，但仅能在额度内预借现金或转账，不可直接刷卡消费，没有免息期，在核定额度内随借随还，按日计息，无固定循环信贷周期，可根据还款情况重新恢复额度。由于双卡利润可观，在激烈的竞争中，发卡机构为了扩大市场份额，随意降低双卡发卡审核标准，对信用卡申请人的财务状况、还款能力不作细致审核；在现金卡发卡审批中未见工作或收入证明也能“五分钟快速发卡”，甚至为无固定收入的学生、老年人，以及已持多张信用卡的客户“开绿灯”，并有意模糊现金卡计息收费规则，导致持卡人缺乏风险预判。双卡债务累积了大量风险，持卡人债台高筑，逾期率激增，行业坏账问题持续恶化。

3. 消费者过度借贷。由于双卡贷款的利率远高于其他金融产品，银行通过广告大肆鼓励民众超前消费，并降低信用卡最低还款比例至 2%~5%，减轻持卡人还款压力，使其放松风险警惕。2005 年，台湾地区刷卡消费金额占地区生产总值的比例高达 11.8%，消费者贷款[①]中的其他个人消费性贷款及信用卡循环信用余额占消费者贷款总额的比例高达 24.6%（这一比例在 2019 年下降至 12.4%）。然而，其间台湾民众的购买力却没有相应提升，2000—2005 年，有 4 年台湾家庭可支配收入呈负增长。过度消费引发的超额欠款导致大量的“卡奴”出现，他们通过动用最低还款比例进行循环信贷，利用多张信用卡及现金卡进行资金周转，拆东墙补西墙，加速债务累积，引发了极大的风险。根据台湾有关机构统计，截至 2006 年 2 月，账单逾期的持卡人达 52 万，约占台湾总人口的 5%，平均每人逾期金额达 30 万新台币（约合人民币 7.2 万元），其中还不包含逾期 2 年以上且失去联系的 9.8

① 消费者贷款包含购置住宅贷款、房屋修缮贷款、汽车贷款、机关团体职工福利贷款、其他个人消费性贷款和信用卡循环信用余额。

万借款人。

4. 监管偏离和缺位。亚洲金融危机后，台湾的消费者贷款占台湾地区生产总值的比例始终保持在40%以上，个人消费金融为台湾经济作出了重要的贡献。在卡债危机爆发前，消费者贷款占地区生产总值的比例大幅增长，由2002年的41%急速增长至2005年54.7%的历史高点。特别是，信用卡循环信用余额占消费者贷款的比重在2005年高达8%（2011年以后，该项指标维持在2%以内）。台湾有关部门为了刺激经济，迫切希望利用个人消费推动金融发展，忽略了风险隐患：**一是**发卡机构随意降低信审标准导致过度授信未得到有效监管；**二是**过度、过快地开放金融市场，导致机构间出现的不当同业竞争未得到有效控制；**三是**金融消费者的风险意识未得到有效引导和培养。

（二）危机爆发的表现

2005年，台湾信用卡危机爆发。当年，台湾地区流通中的信用卡量从2000年的1828万张迅速增长至最高点4574万张，人均持卡量由2000年的1.91张增长至4.55张，年均增速高达37.5%，全年信用卡刷卡消费金额达1.42兆新台币（约合人民币3406亿元）；现金卡已动用额度的卡量占比最高时达到70%，循环信用余额及预借现金额之和也达到最高峰值7102亿新台币（约合人民币1702亿元）。随着信用卡业务爆发式增长，卡债风险也在不断提升，2005年，台湾地区信用卡逾期率[①]从2004年6月的2.48%增长至2006年4月的3.38%，现金卡放款余额为2985亿新台币（约合人民币715亿元），现金卡逾放比[②]从2004年6月的1.36%增长至2006年8月的8.45%，远超过3%警戒线。2006年，台湾银行业转销双卡坏账1562亿新台币（约合人民币371亿元），全行业亏损74亿新台币（约合人民币17亿元）。

① 信用卡逾期率指信用卡逾期3个月以上的账款占应收账款余额（含催收款）的比率，相当于大陆地区的信用卡不良率。

② 现金卡逾放比指逾期3个月以上的账款占现金卡动用余额（含催收款）的比率。

信用卡债务危机爆发不仅影响金融业稳定，同时也带来了巨大的社会动荡，因负债压力过大而导致自杀、抢劫、贩毒等事件时有发生。

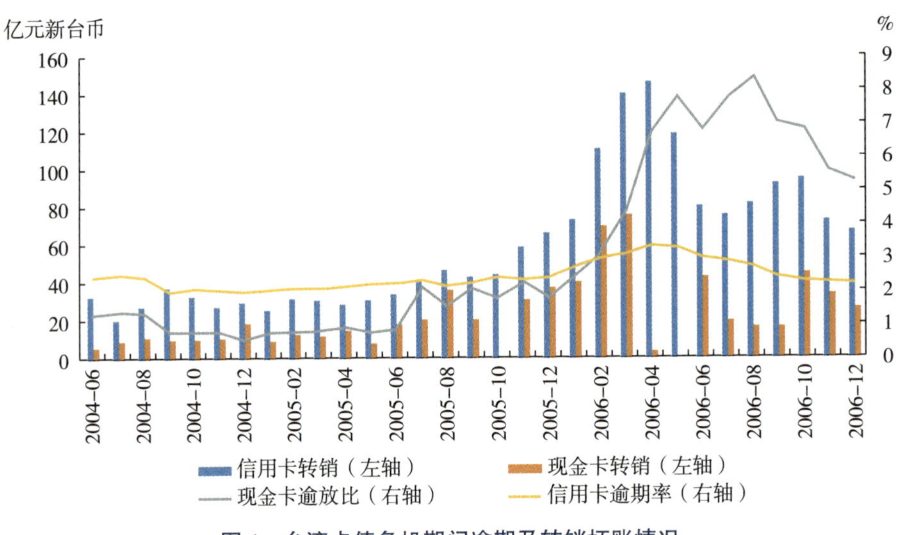

图 1　台湾卡债危机期间逾期及转销坏账情况

（资料来源：台湾金融监督管理有关机构）

（三）危机应对措施

1. 推行债务协商机制。2006 年，台湾有关机构推出信用卡债务协商机制，各银行设置专线服务电话，原有信用贷款合约或信用卡账单还款困难或已长期逾期的债务人，均可通过债务协商请求银行延长还款期限，降低还款利率，以减少每个月应负担的还款金额。债务协商期间，台湾财团法人金融联合征信中心①会对债务人进行信用标记，银行将暂停债务催收、强制扣薪、冻结账户及拍卖财产的行动。

然而，当时的债务协商机制不具有法律上的拘束力，而且债务人必须分别向不同的债权银行协商，各行协商后的金额加起来，往往仍远超他们

① 台湾地区在 1976 年成立了台湾财团法人金融联合征信中心，负责收集个人与企业的信用报告，并发展个人与企业的信用评分、建立台湾地区信用资料库，以提供经济主体信用记录及营运财务咨询给会员机构使用。

的还款能力。该机制的优惠政策缓解了卡债压力，降低了正常户变成逾期户的风险，但对真正因债务压力过大超过本人负荷的情况无明显成效。据统计，参加债务协商机制的卡债债务人仅有三成，且债务协商毁约状况仍频发。

2. 出台“个人破产法”。由于债务协商机制运作成效不显著，台湾当局加快修订“个人破产法”，在 2008 年正式出台并施行“消费者债务清理条例”，允许无力偿债的自然人申请破产，但条件严苛。该条例参考了“企业破产法”中的和解程序及破产清算程序，设计了债务清理的双轨制方案，原则上在司法权介入下由债务人与所有债权人制订偿债方案。条例鼓励债权债务人采用程序外的前置协商机制和解，对于无法协商的情况，债务人可以在更生程序和清算程序之间作出选择：选择更生程序后，债务人的债务可以给予一定折扣，并针对未来的收入与支出进行衡量及还款；选择清算程序后，债务人名下资产将通过法院处置并平均分给债权人，之后再申请免责及复权，债务不再扩大，不用支付高额利息。

3. 改善金融机构资产质量。一是主导民营银行成立民营资产管理公司，为金融机构提供专业的管理与经营服务，处理金融机构不良资产及其担保不动产，使金融机构收回部分资金，对于出售不良资产折价部分，以转销呆账方式处理，有效降低逾期账款占比，并借此建立不良资产的流通市场，使不良资产得到有效处理。**二是**成立公营的金融重建信托公司，为不具备清偿能力的“农渔会信用部”及信用合作社清理不良资产。**三是**降低存款准备金率及金融营业税，帮助金融机构消化坏账。**四是**开展金融市场改革，鼓励银行机构合并，增加头部金融机构的市场份额，缓解过度竞争。2008 年国际金融危机过后，台湾地区开展了“三次金改”，推动公营银行之间的合并，同时扶持台湾地区的金融机构到海外发展，以提升公营银行在本土和国际市场的竞争力。

4. 强化金融监督管理。台湾有关部门陆续发布了“调整信用卡业务监理政策”“现金卡监理措施”“信用卡逾期账款之监理指标、相关监理措施”等加强双卡监管的制度，提出一系列措施为银行债务问题解困。**一是**防范过度授信，规定债务人在各家银行机构中的全部待偿还无担保借款余额（包含信用卡、现金卡和个人信用贷款）的上限为每月平均收入的 22 倍，避免多头借贷造成负债过重。**二是**强化发卡机构的信审能力，要求发放信用卡和现金卡前应核验申请人工资收入等情况，以判断其还款能力，规范贷后复查等。**三是**针对最近一年缴款正常且信用良好的持卡人，主动调降利率，将循环信用利率上限由 20% 下调至 16%。**四是**提高最低还款比例，规定信用卡每月最低还款比例由原来的 2%~5% 提高至 10%。**五是**以逾期 6 个月以上的逾期账款比率为监测指标，对发卡机构信用卡业务风险采取差异化监管措施[①]。

5. 加强消费者权益保护。一是禁止不当催收。台湾有关机构出台“金融机构作业委托他人处理应注意事项”，对金融机构业务委外的相关事项制定一系列规定，明确了委外事项的范围，规定金融机构在委托他人催收应收债权时应提交相关资料由主管部门核准，受委托机构应具有该办法规定的资格条件。该办法严格禁止暴力催收，以及影响他人正常生活、学习和工作的催收，进一步保障消费者权益，避免因业务委外而发生债务代理与不当催收。**二是加强金融消费教育宣导。**规定信用卡发卡机构应在信用卡开卡文件、申请书中标注“谨慎理财、信用无价”等文字用语，提醒消费者重视自身信用，并利用宣传标语、媒体广告播放警示语，让消费者能够善用金融工具消费及融资。**三是保障消费者知情权。**要求金融机构为管控消费者的信用状况及确保债权，需要限制债务人的信用额度时，应以契约方式说明并书面告知债务人。

6. 借助个人征信优化利率定价。2006 年，台湾有关部门出台了“金融机构办理信用卡及现金卡业务订定差别利率应注意事项”，要求各发卡

① 当逾期 6 个月以上的逾期账款比率超过 3% 但低于 5%（含）时，书面警示发卡机构注意避免信用卡资产恶化并限期 3 个月内将逾期比率下降至 3% 以内；超过 5% 但低于 8%（含）时，限期 3 个月内将逾期比率下降至 5% 以内，若未按规定完成，有关部门将暂停其信用卡业务；超过 8% 时，有关部门将直接暂停其信用卡业务。

机构根据持卡人的双卡缴款记录、联合征信中心记载的信用记录、用卡情形、个人负债情况及与其他金融机构的往来资料等指标对持卡人进行信用评分，不同信用等级的持卡人承担不同的循环利率，信用等级越高，负担的利率越低。各发卡机构应在官网对外公开披露差别利率相关信息，并在信用卡、现金卡申请书中注明持卡人可能负担的利率及各项费用，银行公会定期向媒体公告各发卡机构信用卡及现金卡的利率供社会大众参考。

二、卡债危机后台湾信用卡市场发展状况

经过监管部门的一系列救市措施，席卷台湾地区的卡债危机逐渐平息，历经流通卡量连续 5 年负增长后，台湾地区信用卡市场终于在 2011 年以后重新走上了健康有序的发展轨道。刷卡消费金额及流通卡量平稳增长，循环信用余额趋于稳定，波动率较小，预借现金额保持低位。2019 年，台湾地区信用卡刷卡消费金额创历史新高，全年刷卡消费金额首度冲破新台币 3 兆元（约合人民币 2364 亿元）大关，不仅金额创新纪录，年增长率 11.76% 也突破了历史纪录。

图 2　台湾地区信用卡市场主要指标变化趋势

（资料来源：台湾金融监督管理有关机构）

（一）业务创新促进信用卡市场活跃与繁荣

从卡债危机中走出，台湾地区信用卡市场进入成熟期，激烈的竞争提高了信用卡业务的盈亏平衡点。面对产品同质性强、市场趋于饱和等问题，台湾地区各发卡机构通过不断的业务创新来提升竞争力。**一是服务创新。**通过增加旅游服务（如订票优先权、全球医疗紧急支援、意外保险）、特约商户折扣优惠等信用卡附加服务增强客户黏性。**二是营销创新。**深耕客户细分市场，根据性别、职业、年龄、教育程度等划分客户群体，研究不同客户的消费习惯和支付行为，制定不同的营销策略以满足客户差异化的需求。**三是产品创新。**针对低风险客户推出信用卡余额代偿业务，为符合条件的客户代为偿还他行未偿信贷余额，信用卡持卡人结清他行信用卡账单后，再向代偿银行分期偿还贷款本金并支付利息。其本质上是为持卡人提供中短期流动性，通过提供优惠利率、手续费以及还款时间差，减轻还款压力，并以此吸引客户转移债务关系[①]。在此背景下，台湾的信用卡业务在危机爆发后虽然出现了短暂的萎缩，但随后便繁荣发展，刷卡消费金额占民间消费[②]的比重在 2011 年突破了 2005 年信用卡危机期间 20.96% 的峰值水平，并保持持续增长势头，2019 年信用卡刷卡消费金额已占民间消费总额的 32.65%。

（二）非利息收入成为信用卡业务主要盈利点

卡债危机后，台湾地区银行业面临较严峻的经营挑战。**一方面**加权平均存贷利差急速下降，由 2000 年的 3% 下降至 2009 年的 1.22%，下降幅度达 59.33%，2009 年以后维持在 1.3% 左右的较低水平。**另一方面**贷款端增速放缓，其中消费者贷款在 2006—2019 年平均增速为 2%，企业贷款的平均增速为 3.3%，部分年份甚至出现负增长。贷款的低利差及低增速使台

---

① 信用卡余额代偿服务在台湾地区是被监管允许的，渣打银行等均开展了该项业务。该业务的一大特点是有固定的促销时期，促销期内利率较低，过了促销期后，利率会回升到正常值（循环信用利率），信用分高、风险低的客户可以享受更低的利率。

② 民间消费是以当期价格为基准统计的包含家庭消费及对家庭服务的民间非营利机构的消费总和。数据来源于台湾“行政院”主计处。

湾地区信用卡市场出现了明显的转变，各发卡机构的竞争重点从规模战、价格战逐渐转变为经营战、服务战，通过提升刷卡消费金额、激活睡眠卡、倡导理性消费以及丰富信用卡附加服务等方式吸引优质客户。发卡机构重新开始收取年费，盈利点逐渐转向手续费收入。2019 年，台湾地区循环利息收入占比由 2006 年的 75.98% 逐年下降至 27.11%，刷卡手续费收入[①]占比由 2006 年的 20.33% 逐年增长至 71.11%，从“冲量”到“提质”，健康可持续的盈利模式使台湾地区银行的信用卡业务收入并未受利息收入降低的影响，整体情况稳中向好。

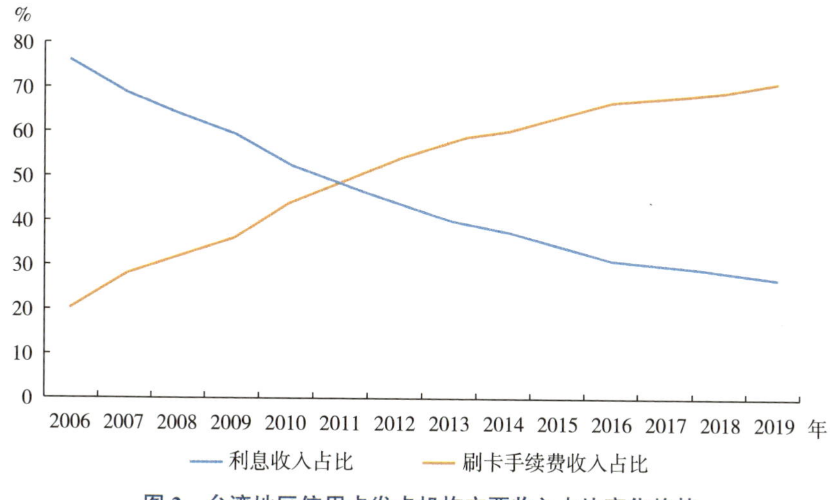

图 3　台湾地区信用卡发卡机构主要收入占比变化趋势

（资料来源：“台湾行政院”主计处）

（三）信用卡风险可控，头部机构更为稳健

总体来看，台湾地区信用卡逾期账款比率在卡债危机后迅速下降，由 2005 年的 2.75% 下降至 2011 年的 0.31%，平均每年下降幅度约为 29%；2011 年后，台湾地区信用卡逾期情况较为平稳，整体微降，转销呆账金额

① 台湾地区刷卡手续费中包含的收单服务费费率远高于大陆地区。以台湾银行为例，特约商户合约签订费率为按交易金额收取 1.8%~3% 的手续费，交易量大的商户可另议。

也始终维持在较低水平；2019年末，台湾地区信用卡逾期账款比率继续下降至0.21%。

从微观角度来看，截至2020年1月，流通卡量占比前五的银行为中国信托商业银行、国泰世华商业银行、玉山商业银行、台新国际商业银行及台北富邦银行（合计占流通卡总量的60%）的信用卡逾期率平均为0.15%，低于行业平均水平0.21%，平均备抵呆账提足率[①]为840.22%，远高于全行业的平均备抵呆账提足率490.40%，信用卡市场头部机构的风险控制能力更具优势。

三、台湾信用卡发展历程的启示

2019年，我国大陆地区信用卡发卡量为7.46亿张，人均持有信用卡0.53张，远低于台湾地区卡债危机期间人均信用卡持卡量（4.55张）。但2020年上半年末，因受疫情影响，大陆地区信用卡不良率达2.17%，较2019年末上升0.40个百分点，接近台湾卡债危机初期的逾期水平。目前大陆地区信用卡风险基本可控，但需持续关注疫情影响下的延续性逾期风险，建议从台湾等地信用卡市场发展历程中总结经验、吸取教训、探索规律，促进我国信用卡市场健康稳定发展。

（一）完善信用卡持卡人权益保护法规制度体系

完善的法规制度体系既是台湾卡债危机平息的前提和保障，也是市场重现活力的重要基石。台湾地区的“信用卡业务机构管理办法”“消费者保护法”等均对涉及持卡人权益的重要事项作出规定，体现了对信用卡持卡人的保护。结合我国大陆地区现阶段信用卡持卡人权益保护现状，提出如下建议：**一是**健全信用卡消费者权益保护制度，完善信用卡业务“适当销售规则”，规范发卡银行对持卡人的风险评级，并要求发卡银行据此销售适当的信用卡产品及相关服务。**二是**完善信用卡信息披露制度，进一步增强信用卡条款的透明度和可读性，对其中重大事项应以显著的方式作特

① 备抵呆账提足率是指实际提列备抵呆账占应提备抵呆账之比率。

别提醒，并且将信息披露制度贯穿信用卡业务事前、事中、事后全过程，提高信用卡消费者的风险意识。**三是**明确法律责任，对发卡银行违反信用卡营销、信息披露和说明、投诉处理、坏账催收等相关规定的，及时采取相应处置措施，提高发卡银行违规成本。

（二）加强个人消费信贷领域共债风险防控

近几年，个人贷款业务从商业银行逐步扩展到各类消费金融公司、互联网贷款平台，个人消费被过度刺激的现象日益增多，共债现象逐渐常态化，如支付宝花呗用户与商业银行信用卡客户重叠率接近25%[①]。要防范多头借贷的债务风险蔓延或引发系统性金融风险，建议人民银行、银保监会及政府相关部门建立个人消费金融风险防控统筹机制，一方面加强联动，探索行业协同机制，实现信用卡、消费金融、互联网小额贷款等客户数据共享，提高各大银行信用卡客户准入资质审核的准确性，加强对高等级共债风险客户的管控，扩大对高风险客户的警示范围，形成个人消费金融风控合力；另一方面研究建立个人消费信贷监管统一标准，根据个人消费信贷产品的贷款本质属性，确定一致性监管政策。

（三）持续推进个人征信体系建设

完备高效的征信体系是促进信用卡市场健康发展的重要保障。台湾信用卡市场从危机到复苏，征信体系的不断完善起着举足轻重的作用。目前，我国已基本建立较完善的个人征信体系，但仍然存在一定不足，如人群覆盖面不够广、数据渠道不够多、互联网金融背景下的个人征信资源整合与共享机制有待完善、个人隐私和信息安全保护力度不够等。建议如下：**一是**加强不同行业、部门、机构间的合作，打破壁垒，推动信用资源整合和信息共享。**二是**加快构建更为全面的个人信用信息数据库，覆盖个人基本情况、职业、收入、纳税情况等个人信用信息。**三是**推动网贷平台数据纳入征信体系，增加借款人在互联网金融和网贷平台的还款数据来源，提高

① 周燕，杨娴雅，刘培锋，岳亮．共债常态化背景下信用卡发展策略研究[J]. 中国信用卡，2020（3）:49-58.

数据的有效性。四是加强个人信息隐私保护，加快推进立法，完善个人信用信息披露和使用的法规制度，强化个人征信体系建设法治保障。

（中国人民银行南昌中心支行　谭侃　邱娜）

关于非银行支付机构退出市场的处置措施与研究思考

摘要：根据《非金融机构支付服务管理办法》有关要求，部分非银行支付机构的支付业务许可证到期后，因合规意识薄弱、无法适应市场环境变化等不宜再继续从事支付业务，被责令退出支付市场。稳妥完成支付机构市场退出工作，避免引发群体事件，对于促进支付市场稳定健康发展具有重要意义。本文以A支付有限公司为例，全面总结了支付机构在市场退出过程中，面临的资金损失、负面舆情、群体事件、股东变动等风险，以及人民银行采取的处置措施：一是建立畅通的退出处置工作机制；二是约谈支付机构，加强正面引导；三是把控好备付金管理等重要环节；四是实施技术管控，强制关停业务；五是及时发声，正向引导市场舆情；六是及时核实退出工作落实情况。建议建立健全支付机构“生前遗嘱”制度安排，定期核验制度安排的可操作性；持续推动出台“非银行支付机构条例”等支付机构监管制度，明确支付机构市场退出的工作程序及具体要求。

一、背景介绍

A支付有限公司（以下简称A公司）成立于2011年7月，注册地为云南昆明，注册资金1.05亿元。2012年6月27日获准开展银行卡收单业务，业务范围为云南省和北京市。2013年1月6日业务范围获准扩大至全国。2016年A公司日均清算资金达29.18亿元，业务规模全国排名较为靠前。因A公司存在转让、出租、出借“支付业务许可证”等违规行为且情节严重，2017年6月26日中国人民银行发布《第四批非银行支付机构〈支付业务许可证〉续展决定》，对 A 公司支付业务许可证不予续展，要求 A 公司通过 6 周时间（2017 年 8 月 20 日前），完成全国市场的全部业务退出，并依法依规处置后续事项。

二、退出风险

A 公司在退出支付市场时主要面临资金损失、负面舆情、群体事件、股东变动、信息泄露等风险。由于 A 公司经营规模较大、特约商户众多，微小的风险都可能演变成群体事件，对支付市场产生较大影响，甚至可能影响社会稳定。

（一）资金损失风险

包括客户备付金损失风险、代理商分润资金和保证金损失风险等。其中，客户备付金损失风险的影响面较大且较为恶劣，容易引发群体事件。

（二）发生负面舆情和群体事件风险

A 公司活跃商户数量巨大，短时间内业务退出会大面积影响客户刷卡业务，如处理不当容易引发群体事件。同时，A 公司部分高管在得知“支付业务许可证”不予续展后，情绪不稳定，对不予续展的决定和处置工作有一定的抵触，可能引发针对决定和处置工作的负面舆情或群体事件的风险。

（三）股东变动风险

A 公司股东需要对 A 公司的相关行为承担一定的责任，一旦 A 公司股东在处置过程中发生变动，会影响 A 公司偿付能力和股东担责能力。

（四）自有资金监控过程中的法律风险

因为无法判断风险演变路径和程度，需对 A 公司自有资金实施监控，保证托底资金。但在对 A 公司的自有资金进行全面监控防止发生资金损失的过程中，缺少足够的法律依据。一旦 A 公司对资金的监控行为提出异议，人民银行将面临舆论、司法、行政等各方面的压力，公信力可能会受到影响。

（五）客户信息泄露风险

A 公司的特约商户多、涉及面广，公司掌握了大量客户资料及交易信息。

注销 A 公司“支付业务许可证”，如果后续处理不当，可能导致客户信息泄露风险。

三、业务退出处置措施

为顺利完成 A 公司业务退出工作，人民银行成立领导小组，采取正面舆论引导、严格资金管控、函请各相关机构协助等措施，及时处理业务退出过程中暴露的工作难点，稳妥有序推进处置工作。

（一）加强领导，建立畅通的退出处置工作机制

建立人民银行牵头组织、中国银联配合的工作机制，同时将退出工作安排事项函告全国 35 家分支行及中国银联，明确协助开展退出工作有关事项。建立多级响应机制，制订风险处置预案，防范突发事件。

（二）正面引导，最大限度降低风险隐患

多次约谈 A 公司高管，重申监管红线，要求 A 公司正确面对、积极配合，加强退出期间大额异常交易、套盗刷、洗钱等风险交易的监测力度，不得直接通过系统后台进行对接，不得从事“二清”、转包服务等违规业务。同时要求 A 公司主动公布退出工作方案，明确退出处置工作范围与目的。

（三）把控重要环节，防范支付风险

1. 实时监控客户备付金，保证客户备付金安全。自 2017 年 6 月起，人民银行对 A 公司清算渠道、业务权限、客户备付金账户实施集中实时监控，除保留民生银行昆明分行和厦门分行这两家备付金存管银行必要的渠道和账户外，对其他清算渠道、备付金账户及限制性业务权限要求于 2017 年 7 月 7 日前强制作关停或注销处理。对保留的备付金账户进行实时关注、定时统计，对大额及异常出金实行及时报告制度，切实防范化解客户备付金挪用风险。

2. 适当管控机构自有资金，保证兜底支付需要。函请上海、北京、重庆、广州、南京、武汉、石家庄、南昌、深圳、厦门、宁波等地区分支行对 A 公司自有资金账户大额出金和异常交易进行监控，每日汇总出入金情况，防止 A 公司抽逃资金。同时，要求 A 公司以其自有的 5.2 亿元理财资金为

担保，出具承诺函，承诺在人民银行监管下，将其作为可能出现的待支付资金保障；中国银联要求 A 公司交存 3000 万元作为差错处置结算保证金。

3. 冻结工商变更，防止股东抽逃。为有效防止清退过程中可能出现的因股权变更引发的债权债务风险，人民银行将 A 公司列入云南省互联网金融风险工商注册登记信息变更及注销管控名单，并及时函告云南省工商局商请暂停 A 公司的一切工商变更事项办理。

4. 切实保障客户资料安全。要求 A 公司妥善封存客户资料和交易记录，后期根据相关规定进行客户资料和交易记录的移交或销毁工作，防止发生客户信息泄露事件。

（四）实施技术管控，强制关停业务

一是要求 A 公司对商户资质不规范或存在风险隐患的商户进行梳理，集中关停 MPOS 终端商户及一批非活跃商户。要求各商业银行于 2017 年 6 月起停止对 A 公司银行卡收单业务 T+0 结算业务的资金和渠道支持。**二是**协调中国银联关停 A 公司商户注册公共服务系统新增商户权限，停止办理 A 公司新增商户业务。逐步下调 A 公司贷记额度至 0 元，缩减 A 公司 T+0 业务带来的交易量，快速降低交易总量。以 A 公司主动退出为主，函请中国银联在其未按时完成退出工作且风险可控的前提下，按照退出计划安排，关闭 A 公司对应地区的受理交易权限与预授权交易权限，确保退出工作如期完成。

（五）主动发声，引导市场正向反应

针对退出工作安排及市场观望、等待情绪，人民银行果断在官网发布公告，明确传递总行关于 A 公司退出银行卡收单市场的决定，提前分批面向社会公布退出工作的完成地区、完成时间点等工作安排，正面引导舆情，消除机构和商户侥幸心理，引导市场主动消化退出地区的商户，避免引发群体事件，并督促机构按照计划主动完成对应地区的退出工作。

（六）及时跟进，核实退出工作落实情况

为保证退出工作落实到位，及时发现存在的问题，保证工作不留死角，保障下一阶段工作平稳有序推进，人民银行函请各省分支行及中国银联对退出工作的相关内容进行核实确认，对承接工作情况进行调查核实。

四、后续处置措施

A公司退出银行卡收单市场后，根据《非金融机构支付服务管理办法实施细则》的规定，A公司业务系统及重要数据需要自2017年9月1日起，保存5年，至2022年8月31日止。由于A公司客观上不适合继续保管客户身份信息和支付业务信息，需要寻求合适的主体承担A公司业务系统及重要数据保管、查询等事项。

同时，A公司遗留大量不属于A公司自有财产的特殊待处理资金，为保护相关各方合法权益，保障支付市场稳定，也需要探索合法程序实现第三方依法接收特殊资金，以备后续相关债权人的追索。人民银行采取以下措施推进处置工作。

（一）充分协商论证，完成业务系统及重要数据的完整移交

人民银行积极组织A公司与中国支付清算协会充分沟通，确定中国支付清算协会为A公司业务系统及重要数据承接单位，并经反复论证制定了相关接管方案、协议及技术管理规则。完成相关文件的制定后，A公司与中国支付清算协会签订了《系统和数据接管协议》，将业务系统设备及后续工作（司法协查、后续出款核实、反洗钱调取数据）所需的数据移交中国支付清算协会。同时，安排A公司向中国支付清算协会介绍原司法协查工作，制定相关工作流程，并将“A支付有限公司风险专用章”移交给中国支付清算协会。

（二）依法推进A公司特殊待处理资金的处置

1. 审慎确定承接机构。鉴于A公司未结算的客户备付金账面有明确的客户归属，待处理客户结算资金涉及数量巨大的债权人，为规避处置不当遗留问题，需要有兜底机构承担或有债权追诉，确保后续真实债务追诉兑付需要，并承办相关司法机关查询、处置等后续事项。由于A公司已经是无证机构，人民银行接管及处置其客户备付金无法律依据；A公司的备付金存管银行民生银行昆明分行在其不予续展和注销后不再承担相应的备付

金管理职能。最后确定由人民银行授权中国支付清算协会托管，并对相关资金进行处置。

2. 在现有法规框架内，探索特殊资金处置模式。指导 A 公司与中国支付清算协会签订《代管资金承接协议》，中国支付清算协会根据协议在民生银行昆明分行开立了专用存款账户，对相关资金进行承接。**一是**将计提风险准备金余额划入中国支付清算协会（A 风险）专户，用于弥补 A 公司客户备付金特定损失以及中国人民银行规定的其他用途。**二是**清算公告期间无人申领的待处理客户结算资金，按相关规定清理确认后，划入中国支付清算协会（A 客户）专户处置。**三是**已有司法处理意见的司法冻结资金按相关规定划款到规定账户；对尚未明确司法处理决定的冻结资金，建立台账，并划入中国支付清算协会（A 司法）专户存管。

（三）指导 A 公司依法开展注销清算

在 A 公司业务退出后，人民银行监督其依法开展主体注销，审核各项移交协议、清算报告、审计报告等法律文件，保证清算解散过程合法合规。2017 年 10 月，A 公司全面启动分子公司注销工作，截至 2019 年 4 月，A 公司 37 个分公司和 1 个子公司全部注销完毕。2019 年 12 月 17 日，A 公司完成总部税务注销。2020 年 1 月 8 日，向股东分配利润总额 1.19 亿元。2020 年 1 月 8 日和 2 月 26 日，分两次向股东退还注册资本 1.05 亿元。2020 年 5 月 13 日，A 公司完成工商注销。

五、完善退出机制的思考与建议

（一）建立支付机构“生前遗嘱”制度

根据《中国人民银行关于〈支付业务许可证〉续展工作的通知》，客观审慎开展续展的情形共有十一类，但除“（二）已获许可部分或全部支付业务未实质开展过，或连续停止 2 年以上的”外，其他情形都具有一定的突发性。当支付机构的“支付业务许可证”不予续展时，人民银行可能对其各项数据资料的掌握并不充分，通过技术手段从支付机构系统调取数据并验证数据的准确性也存在较大困难，仅能依靠支付机构提供相关数据。

因此，可考虑借鉴银行类金融机构“生前遗嘱”制度，建立支付机构“生前遗嘱”制度，定期核验此类制度安排的可操作性。同时，加快建设支付机构非现场监管系统，要求支付机构定期向人民银行报送业务数据，确保在处置支付机构时有全面准确的数据。

（二）进一步明确支付机构市场退出的工作程序和具体要求

《非金融机构支付服务管理办法》中只规定了自愿退出的情形，对其他被动退出的情形则无详细规定。建议加快出台“非银行支付机构条例”及后续配套细则，明确在“支付业务许可证”不予续展或人民银行要求终止业务的情况下，支付机构必须完成系统数据移交、客户备付金处置、公司主体注销等相关后续工作。同时，在行业保障基金相关制度中将支付机构特殊性质资金列为资金来源，明确由中国支付清算协会统一接管处置特殊性质的资金、业务系统及重要数据，并负责配合司法等部门完成数据的查询、调取及投诉举报的处理工作。此外，支付机构主动或被动终止业务时，都应明确将其列为无证机构，待人民银行验收处置完成后再将其移出无证机构名单。

（中国人民银行昆明中心支行　朱兆虎　郭家源　孙融　罗廷漪）

从中小型支付机构变更事项看行业发展趋势

摘要：中小型支付机构作为支付市场重要参与者，近年来面临较大的生存压力，其转型变化及战略选择也能在一定程度上反映支付行业未来的发展趋势。本文通过对深圳辖区内16家中小型支付机构变更事项进行研究分析发现，股权变更、高管人员变更和公司组织形式变更是影响最大的三类变更，中小型支付机构呈现出“金融集团型支付生态”“实体经济型支付生态”“金融科技型支付生态”三大发展态势。值得重点关注的问题包括金融集团内部交易风险、其他业务与支付业务融合效果不及预期、科技赋能难以解决市场需求痛点、价格竞争与盈利诉求导致粗放扩张等。建议进一步完善支付市场退出机制，促进优胜劣汰；加强消费者权益保护，规范业务融合；加快支付行业标准制定，为支付生态优化提供标准和技术支持。

一、影响中小型支付机构发展的重大变更事项

深圳辖区内共17家支付机构，其中年累计交易金额3万亿元以下的中小型支付机构有16家[①]，数量占比为94%，2019年交易金额占比为6%。

① 包括平安付科技服务有限公司、银盛支付服务股份有限公司、深圳市快付通金融网络科技服务有限公司、深圳市深银联易办事金融服务有限公司、深圳市银联金融网络有限公司、顺丰恒通支付有限公司、美的支付科技有限公司、腾付通电子支付科技有限公司、嘉联支付有限公司、中付支付科技有限公司、乐刷科技有限公司、深圳市讯联智付网络有限公司、智付电子支付有限公司、捷易付科技有限公司、广东盛迪嘉电子商务股份有限公司、深圳市商连商用电子技术有限公司。

通过对16家中小型支付机构2011年以来重大变更事项进行全面深入分析可以发现，影响最大的三类变更分别是股权变更、高管人员变更和公司组织形式变更。其中，股权变更是最基础的变更，可同步引发名称、住所和董监高变更；高级管理人员变更重塑了支付机构的人才结构，对机构创新业务、合规经营产生影响；公司组织形式变更反映了机构在激烈竞争中求变求生存的多元化诉求。三类变更事项反映出中小型支付机构在应对行业竞争加速、支付生态急剧变革浪潮中所采取的应对举措，勾勒出中小型支付机构未来的发展态势。

（一）股权变更

辖区内16家中小型支付机构中，共有7家因股权并购，实际控制人发生变更。其中，**6家支付机构直接出资人发生变更，**壹卡会公司2011年被平安集团收购，更名为平安付公司；商连商用公司2014年被贝来电器收购；神州通付公司2015年被美的家电收购，更名为美的支付公司；兄弟高登公司2015年被捷顺科技收购，更名为捷易付公司；讯联智付公司2016年被证通集团收购；嘉联公司2017年被新国都集团收购。**1家支付机构间接控制人发生变更，**前海人寿2015年收购快付通公司股东深圳市金融联广告有限公司，实现间接控股快付通公司51%的股权。

股权变更同步引起董事、监事、高管人员、法定代表人变更33人次，公司名称变更3次，住所变更6次。

（二）高级管理人员变更

剔除股权变更影响因素后，辖区内16家中小型支付机构共发生高级管理人员变更83人次，机构覆盖率为100%，人员稳定性较低。其中，总经理及副总经理变更24人次，占比29%；技术负责人变更24人次，占比29%；合规负责人变更18人次，占比22%；财务负责人变更17人次，占比20%。

（三）组织形式变更

1家支付机构变更组织形式，即银盛公司2015年启动了在新三板上市计划，将组织形式由有限责任公司变更为股份有限公司。此外，乐刷公司

2020 年 6 月通过其关联境外公司在港交所上市。

二、变更动因及趋势

（一）通过股权变更，寻求新的差异化发展定位，形成“金融集团型支付生态”“实体经济型支付生态”“金融科技型支付生态”三大行业生态

从股权收购动因来看，一方面，网络支付市场高度集中，支付机构两极分化加剧，中小型支付机构的生存压力推动了支付牌照并购转移，7 家被收购的中小型支付机构均无持续稳定的业务场景，且 4 家累计亏损占其实缴货币资金的比例近 30%。另一方面，在支付机构准入收紧的政策环境下，未取得支付业务许可证的大型企业往往选择股权收购的方式从而获取支付业务经营资质。

1. 金融集团归集支付功能，强化用户统筹管理，打造独立支付板块，形成“金融集团型支付生态”。如平安集团通过平安付公司，为其控股的保险、基金、融资租赁、小贷等金融领域提供定制化支付服务，实现集团对用户资金支付的统筹管理；前海人寿控股快付通公司后，为其保险领域提供资金结算服务。

2. 实体企业通过支付业务实现商业生态延伸，支付场景与产业链融合，形成“实体经济型支付生态”。如美的集团收购支付牌照后，着力构建家电零售门店以及产业供应链的线上支付方案；捷易付公司结合捷顺科技集团资源，在传统预付卡基础上增加门禁、考勤、通行等功能，提高预付卡的使用黏性；贝来电器收购商连商用公司后，在新能源充电领域提供了预付卡发卡使用场景。

3. 金融科技企业利用支付牌照嫁接技术创新，打造支付应用新平台，形成“金融科技型支付生态”。科技公司进入支付领域，抓住金融科技迅速发展的风口，有针对性地开发了优化金融支付服务的产品，驱动支付服务科技化转型。如新国都收购嘉联支付后，通过智能 POS 机技术、人脸识别技术等优化了支付流程与终端产品。

（二）高管人员变动呈现“内部循环为主、外部流动为辅”的态势，薪酬与个人职业发展是变动的主要推力

支付机构高管人员变更是最频繁的变更，平均任期为3年，变更人员主要在支付机构或其集团公司内部进行循环，内部调整是变更的主要动因，小部分在金融行业体系内循环。高管人员离职主要原因包括薪酬待遇、职业发展等，反映出支付机构在发展空间和市场化待遇方面，对专业化人才的吸引力不高，人才队伍建设面临诸多困难。

1. 从高管任职来源看，七成来自支付机构内部，三成来自银行、互联网科技公司。从中小型支付机构高管人员履历来看，新任高管来自支付机构或其集团内部的有58人，占比70%；来自银行等金融机构的有11人，占比13%；其他支付机构有11人，占比13%；互联网科技公司3人，占比4%。

2. 从高管离职去向来看，去往银行、支付机构等金融体系的占六成左右，金融体系外的占四成左右。去往金融行业以外的有37人，占总离职人数的44%；去往内部集团其他岗位任职的有27人，占总离职人数的33%；在支付行业内循环的有13人，占总离职人数的16%；去往金融行业的有6人，占总离职人数的7%。

3. 从高管离职原因来看，六成左右高管因薪酬待遇及个人职业发展原因离职。14家支付机构共50名高管因薪酬待遇、个人职业发展等主动离职，占比60%；9家支付机构因集团内部调整变更27人次，占比33%；6家支付机构因发生风险事件而主动追责，解除劳动关系6人，占比7%。

（三）组织形式变更体现了中小型支付机构在激烈竞争中求变求生存的诉求和多元化布局的战略发展规划

2015年，银盛公司改变组织形式后，希望在新三板申请上市，进一步提升品牌知名度，扩大支付业务规模，后续因业务违规处罚、发生风险事件而终止上市。近年来，中小型支付机构寻求上市的动力增强，2020年6月间接上市的乐刷公司及正在筹备上市的部分公司，借助“金融科技”“综合性服务集团”等标签进行上市规划。上市成功后，**一是**加大人才、系统、

营销等基础支付业务投入，丰富和完善商户多样化支付结算需求，以获取更多的优质商户，扩大市场份额；**二是**进行多元化布局，通过为商户提供一站式的支付、软件开发、营销、财务管理、硬件维护等解决方案，提升服务能力。

三、值得关注的问题

（一）“金融集团型支付生态”存在内部交易风险

一是金融控股公司并购支付机构后，关联子公司间不同金融业务的交叉渗透，可能导致业务主体权责不清晰。**二是**同一金融集团内不同法人主体间客户信息的授权、共享、传递，可能出现违规收集、存储客户信息的情况。**三是**关联公司的金融风险对支付机构信用资质产生的叠加影响。如2020 年以来，平安付公司集中爆发了 70 余单支付业务投诉，反映出平安付公司为平安陆金所、平安普惠等关联公司提供支付结算服务时，存在资金结算与授权关系不匹配等问题。

（二）“实体经济型支付生态”下的业务融合效果不佳

一是并购主体主营业务与支付业务未能完全契合，支付机构缺乏持续稳定的经营场景，如讯联智付公司、快付通公司在并购后，大部分业务仍依赖外部拓展。**二是**预付卡行业并购效果较差，虽然收购企业为预付卡机构提供了专属领域的应用场景，但消费者支付习惯难以扭转，预付卡场景被市场淘汰，可能引发生存危机，如商连商用、捷易付等预付卡机构仍处于勉强维持经营或持续亏损状态。**三是**实体企业控股支付机构后的高管任职、财务独立情况需要关注，如关联公司资金拆借、对外担保产生或有负债等。如辖区内腾付通公司支付业务和公司经营严重受到其集团腾邦国际的干扰，存在股权被部分质押、共同担保母公司债务、核心高管由集团高管兼任等问题，导致腾付通公司高管对股权质押、担保债务等重大事项失去决策权。

（三）“科技应用型支付生态”下的科技赋能难以解决市场需求痛点问题

部分中小型支付机构利用人脸识别、大数据等技术，提升身份识别的准确性和便捷性，完善风险监控模型，优化技术架构体系，改进支付结算系统等，向智能化、数字化转型，但金融科技最终目标是解决支付机构的持续发展问题。就中小型支付机构而言，主要是解决产品服务同质化竞争与市场需求痛点问题，目标在于为各行各业提供特色化、定制化支付解决方案，形成核心竞争力，但目前中小型支付机构产品与服务市场替代性较强，金融科技强化应用仍未能改善同质化竞争局面。

（四）价格竞争与盈利诉求双重压力下，中小型支付机构高管团队专业性、独立性受到制约，导致粗放经营

近年来，线上线下融合支付方式快速发展，大型支付机构逐渐掌控大量个人用户和优质对公客户，同时掌握支付业务的定价主动权，对线下收单型的中小型支付机构形成巨大冲击。支付行业本身高管人员流动性大、稳定性差，加上部分机构股东急于上市、扩大业务规模，高管人员为了追求短期业绩而粗放经营，甚至涉足黑灰产业，在行业内屡见不鲜，这也是近几年支付机构投诉举报、风险事件频发的重要原因。

四、相关建议

（一）探索完善支付市场退出机制，促进中小型支付机构优胜劣汰

一是推动无业务发展前景、亏损较大的预付卡支付机构逐步退出支付市场。**二是**推动同一实际控制人旗下的支付机构，通过合并退出方式，逐步缩减牌照数量，强化实际控制人对旗下支付机构的统一直接管理。**三是**继续深化支付服务市场供给侧结构性改革，通过并购退出、不予续展等方式，推动无技术、无稳定应用场景、前景不明朗以及投诉举报高发的涉黑灰领域支付机构稳妥退出市场，从源头上提升行业有序性。**四是**强化支付机构股权并购与上市后的监管，引导中小型支付机构深耕细分市场，减少业务不稳定、不持续带来的经营风险。对于已上市的支付机构，要重点关注其业务创新方向与未来战略布局，加强合规监管力度，提高执法检查频率，密切防范其因盈利压力而铤而走险，违法违规，继而诱发资本市场信用事件，酿成信用危机，波及整个支付行业。

（二）强化消费者权益保护，规范支付与其他金融业务融合

一是强化对同一集团内不同法人主体间客户信息共享、传递的监管力度，督促支付机构完善客户授权流程，防范合作机构违规收集、存储、出售客户信息。**二是**从充分保障消费者知情权入手，明确要求支付机构不仅要承担用户支付入口管理责任，还要承担必要的跨界金融类产品信息披露责任，防止合作机构借助交叉产品权责不清等特点，对消费者进行误导宣传，造成金融产品风险延伸至支付机构。**三是**明晰不同主体业务边界，如对网络贷款与支付服务嵌合的业务，可要求支付机构通过后台业务逻辑设置，分离贷款业务流程与支付业务流程，将所有支付资金统一纳入支付监管体系进行管理，避免消费者对贷款业务、支付业务产生混淆。

（三）加快支付行业标准制定，推动开展相关金融科技评估，为构建良好支付生态提供标准和技术基础

一是针对行业条码标准不一、相互独立、彼此排斥现象，建议尽快出台行业国家标准，从源头上解决资源重复浪费和资金清算路径复杂的问题。**二是**加大对支付相关金融科技的应用评估，鼓励有实力的机构加大金融科技投入力度，形成适应市场变化的创新产品研发能力，并引导中小型支付机构通过成熟稳定的金融科技应用提升风险防控水平。

（中国人民银行深圳市中心支行　范潇）

支付行业职业投诉举报的行为模式研究及治理建议

摘要： 近年来，全国范围内针对支付行业的投诉举报数量大幅增长，其中部分带有明显的职业投诉举报特征，其主要目的是谋取私利而非维护支付行业健康发展，既浪费了行政资源，又给支付市场发展带来不利影响。本文梳理发现支付行业职业投诉举报行为具有利益驱动明显、回避司法机关介入、多种途径施压、团伙化发展等特征，此类行为难以杜绝的原因包括对投诉举报人滥用救济权利缺乏有效打击手段、目前的救济和惩戒机制存在欠缺等。建议加强法治建设，为限制和打击支付行业职业投诉举报提供有力的法理支撑；借鉴相关部门有益做法，探索建立不良记录名单机制；强化人民银行内外部协作，形成打击职业投诉举报的内外部共识；坚持支付市场严监管，切实维护金融消费者合法权益；加强市场引导和舆论宣传，提高公众认识。

一、支付行业职业投诉举报行为的主要特征

目前法律上对职业投诉举报人（以下简称职业投诉人）及职业投诉举报行为尚无定义，参考工商、食药、环保等领域对职业投诉举报行为的研究，可发现职业投诉举报行为通常具有3个特点：（1）在没有法律依据的情况下谋取赔偿；（2）本人或者接受他人委托以投诉举报等非司法途径提出赔偿诉求；（3）屡次从事此类活动。结合现有支付领域部分案例，可以发现支付行业的职业投诉举报行为具体表现出以下特征。

（一）投诉举报行为明显受利益驱动，目的只是谋取赔偿

职业投诉人（或委托人①）多数在前期主动参与非法平台②交易活动。当非法活动盈利时，职业投诉人通过参与非法平台，以较少资金获取高额利润，实现非法盈利的目的；当非法活动亏损时，职业投诉人不愿意承担资金损失，便以银行、支付机构涉嫌为非法平台提供支付服务造成自有资金损失为由，要求银行、支付机构赔付其亏损资金。因此，支付行业职业投诉举报行为的主要目的是期望银行、支付机构能够作出“妥协”，赔付职业投诉人参与非法平台的亏损资金，通常以同意撤回投诉举报为条件与银行、支付机构进行谈判。

（二）方式上以向人民银行投诉举报为主，回避司法途径解决支付争议

针对同一事件，职业投诉人除向人民银行投诉举报外，还会向银保监会、国家信访局等部门多头投诉举报，更有甚者以聚众抗议、假扮弱势群体吸引社会媒体关注等方式作为要挟，通过多种途径施压，让银行、支付机构因害怕承受监管处罚或市场经营风险，从而妥协答应赔付资金。同时，因为职业投诉人前期参与非法平台本身具有不正当性③，为逃避可能对自身的司法处罚，职业投诉人在投诉举报过程中往往很少选择司法途径解决支付争议。

（三）形式上投诉举报、信访、复议、诉讼并举，多种方式向人民银行施压

职业投诉人在向人民银行投诉的同时，往往也会提出举报，希望人民

---

① 以谋取赔偿为目的，委托职业投诉人从事投诉举报行为的人员，可视为间接参与职业投诉举报活动。

② 非法平台主要包括网络赌博平台、非法外汇平台、非法贵金属交易平台、非法证券期货类交易平台、非法代币发行融资及虚拟货币交易平台等未经批准的互联网平台。

③ 根据《最高人民法院、最高人民检察院关于办理赌博刑事案件具体应用法律若干问题的解释》（法释〔2005〕3 号）、《关于严厉查处非法外汇期货和外汇按金交易活动的通知》（证监发字〔1994〕165 号）等相关规定，从事网络赌博平台、非法外汇平台等交易的，均属于违法行为。

银行对相关银行、支付机构“施加压力”，达成其获得没有法律依据的赔偿的目的。如 2019 年 12 月，人民银行上海总部协助上海市公安局成功破获的职业投诉案件中，犯罪嫌疑人在事先不与支付机构沟通投诉事项的情况下，反复向少数几家支付机构施压，并扬言要去人民银行进行投诉。更有甚者，在人民银行职能部门按照规定流程受理完投诉举报后，部分职业投诉人还会向人民银行纪委部门信访，谎称人民银行职能部门人员存在“徇私舞弊，包庇纵容银行、支付机构”的行为，甚至提起行政复议、诉讼，借此给人民银行职能部门制造“麻烦”，意图利用合法形式掩盖其非法目的。人民银行重庆营管部近 3 年共收到举报 41 件，其中涉及信访、复议、诉讼的有 9 件，占比达 22%。

（四）投诉举报手段程式化，部分人员在组织上呈现团伙化趋势

职业投诉人往往会选择经营实力较弱或被监管机构处罚过的支付机构作为投诉举报对象，因为此类机构容易妥协，进而与投诉举报人协商和解。职业投诉人一般十分熟悉投诉举报程序和证据规则，善于运用多种手段搜集证据并固定证据[①]。同时，部分职业投诉人还改变以往单点投诉的方式，通过组织教授投诉举报经验，扩大职业投诉群体，以“团队战”“车轮战”的方式持续对监管机构和支付机构施压。如 2019 年 7 月，人民银行成都分行接到的一起投诉中，据职业投诉人冯某交代，其不仅多次恶意投诉银行和支付机构，还以“拜师傅、收徒弟”的方式相互传授经验，甚至建立了专门进行恶意投诉举报的微信群，带动一大批人通过向人民银行投诉举报对支付机构施压。

二、支付行业职业投诉对社会造成的危害

（一）存在一定的社会治理风险

一是职业投诉人在明知存在风险的情况下，仍向非法平台支付资金，在一定程度上助长了非法平台的发展态势，给专项清理整治非法互联网金

① 对证据采取措施加以固定并提取。

融活动工作带来困难。**二是**大量职业投诉人通过“家族式”团伙式运作，带来不良社会示范效应。一旦个别银行、支付机构答应了赔偿要求，就会有更多的职业投诉人进行模仿，把投诉举报银行、支付机构作为一条可复制推广的盈利捷径，投机取巧。**三是**部分职业投诉人为扩大社会影响，会采取集访、闹访等比较极端的方式进行投诉，极易引发社会负面舆论，影响社会稳定。

（二）扰乱正常社会秩序，涉嫌违法犯罪

一方面，职业投诉人常在公共场所起哄闹事，破坏公共秩序，符合《中华人民共和国刑法》扰乱公共秩序罪情形中寻衅滋事罪[①]的构成要件；另一方面，职业投诉人恶意捏造事实、提供虚假材料，以非法占有为目的威胁支付市场主体，索取钱财，符合敲诈勒索罪的构成要件。职业投诉人涉嫌寻衅滋事、敲诈勒索等违法犯罪活动，严重扰乱了正常的社会秩序，一经查实应当严厉打击。

（三）加剧当前行政资源的紧张和浪费

只要职业投诉人资金赔偿没有获得满足，无论人民银行是否根据其投诉举报线索对相关银行、支付机构进行了处罚，职业投诉人仍会利用投诉、举报、信访、行政复议等不同途径，重复提交诉求，甚至将订单等交易信息分拆，逐笔作为举报线索向人民银行分别提交。人民银行作为国家行政机关，针对投诉、举报、信访、行政复议等都有严格的工作流程，尽管知道职业投诉人的诉求并不合理，但仍需要按照工作流程完成调查、答复等工作，挤占了有限的行政资源。

三、支付行业职业投诉举报行为存在及难以完全杜绝的法理分析

公民向国家机关寻求帮助的法律渊源最高可追溯至《中华人民共和国

① 根据《中华人民共和国刑法》规定，寻衅滋事罪是扰乱公共秩序罪的多种具体情形之一，是定罪量刑的具体罪名。

宪法》[1]，然而权利的行使不应当违背禁止权利滥用原则[2]。支付行业职业投诉中，投诉人前期参与非法平台的活动往往是明知风险存在而自陷风险的行为，这种行为超出了权利救济的必要限度[3]，应当对其进行否定性评价。但在工作实践中，职业投诉举报行为仍难以完全杜绝，主要存在以下三方面原因。

（一）投诉人滥用其救济权利，恶意滥诉

人民银行作为行政机关，为构建非诉纠纷解决机制、完善我国高效的法治实施体系，坚持以人民为中心、履职尽责受理投诉举报，把矛盾化解端口前移，有助于社会关系及时修复，促进矛盾纠纷依法、有效化解。目前立案受理上力行“支付为民”，能收尽收，只需要有明确的被举报人或者投诉人、具体事实等形式要件，对保障当事人诉权具有积极意义。职业投诉人知悉人民银行履职情况，恶意、虚假投诉，滥用救济权利，难以有效打击。

（二）救济机制本身具有局限性，难以完全定分止争

针对支付行业民事纠纷，人民银行更多是一种居中调停的角色，并非司法裁判者，可采取的方式或决定不具有强制执行力。针对支付行业违规行为，“非法平台”往往涉及上游犯罪，超出支付监管范畴，非法事实认定需要司法部门的协助，人民银行难以独自完成。局限性的存在使投诉举报作为行政救济机制无法真正替代司法救济，同时，职业投诉举报行为本身具有社会危害性和趋利性，为逃避司法处罚，只依赖行政救济，最终导

---

① 《中华人民共和国宪法》第四十一条第二款规定：“对于公民的申诉、控告或者检举，有关国家机关必须查清事实，负责处理。任何人不得压制和打击报复。”

② 《中华人民共和国民法总则》第一百三十二条规定：“民事主体不得滥用民事权利损害国家利益、社会公共利益或者他人合法权益。”

③ 关于权利的限度及滥用可从以下 3 个要件分析：一是具有权利滥用的主观意思。权利人应当具有滥用权利的主观意思表示。二是实施权利滥用的客观行为。权利人实施权利滥用行为且该权利滥用行为应当与其主观意思具有联系。三是造成利益受损或利益受损可能。权利人实施行为损害了他人利益，或具有造成他人损害的潜在可能。

致职业投诉举报行为反复发生。

（三）惩戒机制欠缺，缺乏联动执法合力

针对职业投诉举报，人民银行目前没有相应的惩罚机制，在巨大的非法利益面前，职业投诉人即使在初次未达目的，还可反复投诉举报，违法试错成本低廉。同时，对于职业投诉人恶意投诉、敲诈勒索等违法违规行为缺乏长效的警银协作机制，导致执法力量无法彻底打击职业投诉群体。

四、支付行业规制职业投诉举报行为的相关建议

（一）加强法治建设，为打击职业投诉举报行为提供法理支撑

职业投诉举报行为已从食品、医药、环保等领域逐渐向支付领域蔓延。参照其他相关领域关于打击职业投诉举报的做法①，特别是《市场监督管理投诉举报处理暂行办法》（国家市场监督管理总局令第 20 号）认为职业投诉人不是消费者，职业投诉争议也不属于消费者权益争议，支付市场监管可充分吸纳相关法理，推动出台规范性文件，便于增强行政指导与监管的针对性和有效性，以压减职业投诉举报行为的生存空间。

（二）借鉴相关领域有益做法，建立职业投诉人不良记录名单机制

在实践中，财政部令第 94 号公布的《政府采购质疑和投诉办法》第

---

① 目前其他领域限制和打击职业投诉举报行为的文件主要有：

1.《中共中央　国务院关于深化改革加强食品安全工作的意见》第三十七条中，明确了对恶意举报非法牟利的行为，要依法严厉打击。

2.《国务院办公厅关于促进平台经济规范健康发展的指导意见》（国办发〔2019〕38 号）明确了依法打击网络欺诈行为和以“打假”为名的敲诈勒索行为。

3.《最高人民法院办公厅对十二届全国人大五次会议第 5990 号建议的答复意见》（法办函〔2017〕181 号）中，最高人民法院办公厅回函国家工商行政管理总局办公厅关于引导和规范职业打假人的答复意见中，认为在除购买食品、药品之外的情形，应逐步限制职业打假人的牟利性打假行为。

4.《市场监督管理投诉举报处理暂行办法》（国家市场监督管理总局令第 20 号）第十五条，明确了不是为生活消费需要购买、使用商品或者接受服务，或者不能证明与被投诉人之间存在消费者权益争议的，不予受理。此项规定明确了对职业投诉人的投诉举报可以不予受理。

三十七条[①]包含的黑名单制度在遏制虚假恶意投诉举报上作用显著。在打击支付领域职业投诉人方面，可探索依托现有支付结算领域投诉举报信息跟踪、分析系统，建立职业投诉人不良记录名单机制，将全国范围一年内三次以上投诉查无实据的，纳入支付结算投诉举报人不良记录名单，促进支付市场风险防范化解，维护执法权威。

（三）强化内外部协作，形成打击职业投诉举报行为的内外部共识

一是人民银行内部加强沟通，形成内部共识。在办理职业投诉举报案件时，一方面，下级行及时主动与上级行加强业务沟通，上级行加强对下级行的业务指导；另一方面，分支行内部执法部门与法律部门加强业务联系和受理甄别，避免复议诉讼风险。**二是**加强与公安、法院的工作联系，强化行政执法和刑事司法衔接，形成外部共识。在办理投诉举报的过程中，加强案件分析，将涉嫌参与非法平台、敲诈勒索等违法行为的职业投诉人犯罪线索及时移送公安部门立案侦查，维护良好社会秩序。同法院建立协商处理机制，将明显属于职业投诉举报的行政诉讼案件明确纳入不予受理的案件范围，并将相关职业投诉案例在社会上予以通报，发挥警示作用。

（四）坚持支付市场严监管，加大对支付市场乱象的打击力度

职业投诉举报行为的存在，客观上反映了支付市场存在一定程度的乱象，建议继续强化对支付市场主体的严监管态势。对于被投诉举报较多的支付市场主体，纳入经营异常名录，加大执法检查和处罚力度，尤其关注其是否落实“了解你的客户”（KYC）原则，是否加强特约商户、账户的全生命周期管理，是否强化风险监测、规范交易资金结算等。如果风险防控能力达不到相关要求，可依法暂停甚至关停支付市场主体相关支付业务，提升支付市场主体合规意识。

① 《政府采购质疑和投诉办法》第三十七条规定：“投诉人在全国范围 12 个月内三次以上投诉查无实据的，由财政部门列入不良行为记录名单。投诉人有下列行为之一的，属于虚假、恶意投诉，由财政部门列入不良行为记录名单，禁止其 1 年至 3 年内参加政府采购活动：（一）捏造事实；（二）提供虚假材料；（三）以非法手段取得证明材料。证据来源的合法性存在明显疑问，投诉人无法证明其取得方式合法的，视为非法手段取得证明材料。”

（五）践行“支付为民”理念，切实维护金融消费者合法权益

进一步畅通投诉举报渠道，依法高效办理群众投诉举报。对于投诉举报人的合理诉求，要严格按照分办受理程序高效处理，积极回应群众关切，耐心细致地做好解释答复工作；充分发动银行、支付机构等各方力量，积极引导支持投诉举报人通过合法司法途径解决争议、挽回损失，切实维护金融消费者合法权益。

（六）加强市场引导和舆论宣传，提高公众认识

建议将职业投诉举报行为的违法性纳入金融消费者权益保护宣传教育，通过援引司法判例、宣传法律条款等方式，展开舆论宣传，进一步加强市场引导，提高公众依法举报、依法办事的意识。

（中国人民银行重庆营业管理部　雷珅　陈泰林）

关于支付领域“先行赔付”监管职责边界的分析与思考

摘要：互联网金融风险外溢导致支付领域投诉举报频发，投诉人多依据《非银行支付机构网络支付业务管理办法》中“先行赔付”条款，向人民银行投诉举报，要求支付机构赔偿投资损失，当诉求未能被满足时甚至提起行政诉讼，要求人民银行责令机构先行赔付。针对此态势，2019年3月，人民银行营业管理部在唐某行政诉讼案件中积极与司法部门沟通，明确主张人民银行不具有责令支付机构履行先行赔付义务的法定职权，得到法院裁定支持。判例激起巨大社会反响，也引发了监管责任与先行赔付责任边界的讨论。“先行赔付”制度对推动支付机构增强系统安全建设，进而保障客户合法权益、降低金融消费者维权成本具有一定积极意义，但也存在易被消费者曲解、成为职业投诉人牟利工具、大量消耗行政资源等现实困境，影响人民银行良好形象。建议进一步加强消费者宣传解释，帮助消费者正确理解“先行赔付”制度，谨慎投资，依法维权；对恶意投诉人，运用法律武器积极应诉回击；指导支付机构以协议或信用承诺等形式，明确先行赔付条件；探索将先行赔付纳入非诉讼纠纷解决机制中，加强金融消费者权益保护。

一、案例与背景

（一）背景介绍

近年来，随着互联网金融领域风险整治进入攻坚期，P2P网贷、股权众筹、非法平台等风险逐步溢出，支付领域投诉举报高发。以北京地区为例，2018 年和 2019 年共收到支付结算领域投诉举报 3200 余件（含重复），多数为投诉人参与网络赌博、期货外汇投资等非法活动，导致资金亏损，转而投诉作为支付服务提供方的非银行支付机构（以下简称支付机构），并依据《非银行支付机构网络支付业务管理办法》（以下简称《网络支付办法》）“先行赔付”条款[①]，要求支付机构先行赔付其投资损失。当诉求未能满足时，投诉人甚至提起行政诉讼，要求人民银行责令机构先行赔付。若处理不当，不仅易引发群众矛盾，也大大增加了人民银行履职风险。

（二）“先行赔付”判例情况

2018 年 3 月，唐某向人民银行营业管理部（以下简称营业管理部）投诉称，其在“鼎展国际”网络平台参与非法外汇期货投资被骗，某支付机构为其提供支付服务时存在违规。营业管理部开展调查后，向唐某作出书面答复。2019 年 1 月，唐某不服营业管理部答复，向北京互联网法院提起诉讼，诉求之一即要求营业管理部督促支付机构履行“先行赔付”义务。

营业管理部创新应诉思路，从两方面开展答辩：**一是**明确指出《网络支付办法》中规定的支付机构“先行赔付”义务，仅限于因未按相关规定执行客户支付指令产生的客户资金损失。唐某发起交易类型为网关支付，交易过程均经持卡人自主输入卡号、银行卡密码等验证，支付机构已按其支付指令划转资金。唐某资金损失为其自身在交易平台投资非法期货所致，系与交易平台间民事纠纷，与支付机构无关。**二是**指出人民银行及其分支机构不负有督促支付机构“先行赔付”的法定职责。

2019 年 12 月，北京互联网法院作出裁定，依法驳回唐某起诉。唐某不服，上诉至北京市第四中级人民法院。2020 年 5 月，北京市第四中级人民法院

---

① 《网络支付办法》第十九条：“支付机构应当建立健全风险准备金制度和交易赔付制度，并对不能有效证明因客户原因导致的资金损失及时先行全额赔付，保障客户合法权益。”第二十五条：“支付机构网络支付业务相关系统设施和技术，应当持续符合国家、金融行业标准和相关信息安全管理要求。如未符合相关标准和要求，或者尚未形成国家、金融行业标准，支付机构应当无条件全额承担客户直接风险损失的先行赔付责任。”

经审理，采纳了营业管理部提出的主张。法院明确指出，包括《中华人民共和国中国人民银行法》在内的法律、法规、规章并未规定人民银行营业管理部具有责令支付机构履行“先行赔付”义务的法定职权，并作出裁定，驳回唐某上诉[①]。至此，营业管理部两审终审均胜诉。相关判决经法院公示，并由媒体广泛转载，取得了良好的社会效果。

二、“先行赔付”制度实践的分析与反思

（一）“先行赔付”的理论争议与实践困境

一是易与特殊立法领域的先行赔付混淆，引发“先行赔付”即“无条件全额先行赔付”的误解。《中华人民共和国食品安全法》[②]和《中华人民共和国药品管理法》[③]中均有“先行赔付”相关规定，其立法目的是加强食品、药品领域人身安全保护，避免各责任主体相互“踢皮球”。消费者可免于过错举证而直接向产品与服务的提供方即食品药品的生产经营者主张赔偿。现实中，金融消费者却错误地认为支付“先行赔付”条款也应“参照”上述理解，认为作为交易第三方，仅为产品与服务交易提供资金清结算服务的支付机构应当先行赔偿其投资损失，混淆法律适用。在现有司法判决中，法院往往不支持由支付服务机构全额赔付的诉求，认为“支付公司作为第三方支付平台，其对交易双方的基础交易关系没有实质审查义务”[④]。

二是对“先行赔付”的错误解读易被从事职业举报的“索赔掮客”利用。

---

① 参见北京市第四中级人民法院（2020）京04行终10号行政裁定书。

② 《中华人民共和国食品安全法》第一百四十八条：“消费者因不符合食品安全标准的食品受到损害的，可以向经营者要求赔偿损失，也可以向生产者要求赔偿损失。接到消费者赔偿要求的生产经营者，**应当实行首负责任制，先行赔付，不得推诿**；属于生产者责任的，经营者赔偿后有权向生产者追偿；属于经营者责任的，生产者赔偿后有权向经营者追偿。”

③ 《中华人民共和国药品管理法》第一百四十四条：“因药品质量问题受到损害的，受害人可以向药品上市许可持有人、药品生产企业请求赔偿损失，也可以向药品经营企业、医疗机构请求赔偿损失。接到受害人赔偿请求的，**应当实行首负责任制，先行赔付**；先行赔付后，可以依法追偿。”

④ 参见北京市第一中级人民法院（2019）京01民终1344号民事判决书。

近年来，因刑事诉讼追赃难度过大，在非法网络期货平台遭受资金损失的投资者将索赔对象转向支付机构，进而催生了一批专业代理索赔的“掮客”，通过缠访闹访对支付机构和监管部门双向施压，并坚持前述不当混淆理解，打着“依法”维权的幌子，要求人民银行通过行政手段干预支付机构给付钱款。部分支付机构迫于信访维稳压力，或担心监管不力评价，选择“破财免灾”，向外界传递了关于“先行赔付”的错误解读，也不利于支付领域营商环境的优化。

三是群众误以为人民银行有权责令机构先行赔付，引发大量投诉致使人民银行行政资源被不合理挤占。以北京地区为例，2018年以来，人民银行营业管理部受理针对支付机构的举报月均上百件，举报人多否认自身作为赌博、非法投资活动参与者的主体责任，混淆行政责任和民事赔付责任，以支付违规为名，认为其损失非自身原因，并简单断定支付机构应当先行赔付其损失，要求人民银行责令支付机构先行赔付。对于每份举报，营业管理部均需在法定时限[①]内，轮转数个部门经多个环节办理，才能完成工作全流程[②]。同时，近年来针对举报衍生出的各类现场信访、纪检检举、政府信息公开申请、行政复议、行政诉讼等，均呈爆发式增长。据初步统计，人民银行营业管理部支付结算处每年用于投诉举报相关事宜处理的行政资源约占全处人力的40%。

四是存在引发群众矛盾、影响人民银行良好形象的风险。对“先行赔付”立法本意的曲解，导致群众误以为自身赔付诉求未得到满足即由于人民银行不作为，甚至认为人民银行“偏袒”支付机构。有部分群众拒绝听取解释，坚持将其与支付机构和商户在消费领域的民事赔付纠纷，进一步误解、混淆为对人民银行投诉举报处理的不满，将矛头直接指向人民银行依法开展的投诉举报处理、日常监管等行为。以重复多头来信、集体上访、缠访闹

① 根据《中国人民银行举报处理操作指南（试行）》相关规定，一般为60日。

② 全流程包括文件流转、案情调查、业务研判、文稿拟写、法律分析、律师复核、领导签批、回复函件寄送、案卷整理归档等。

访，甚至纪检举报、行政复议、行政诉讼、政务公开等多种方式，从工作量、履职压力、社会舆情等方面造大声势、全面施压，或影响人民银行“支付为民”的良好形象。

（二）“先行赔付”的积极意义

一是倒逼支付机构加强系统安全建设，保障支付安全。非银行支付作为新兴行业，相比商业银行普遍存在治理能力弱、安全意识淡薄等问题。虽然支付机构仅需对因自身系统引发的差错处理承担相应责任，但“先行赔付”制度的确立和实施，在一定程度上倒逼支付机构在行业及企业自身发展初期加强系统安全建设。目前，支付机构的系统差错处理能力持续提升，客户权益保障力度持续加强，建立了较为完善的支付风险控制和客户权益保护体系，对于因支付业务处理系统缺陷、支付指令执行错误等导致的资金不到账或其他客户权益损失，能及时完成差错处理，保障客户合法权益。

二是督促支付机构依法履约，降低支付服务对象依法维权成本。例如，在出现商户收单不到账等情形时，虽然支付机构与商户间存在关于争议解决的协议约定，但若通过司法途径解决，将面临耗时长、成本高的局面。“先行赔付”制度有助于督促支付机构积极履行协议义务，降低支付服务对象依法依约维权的成本与难度。

三、“先行赔付”制度的理论廓清

（一）“先行赔付”不等于无条件赔付

信访实践中，受损的消费者多将《网络支付办法》中的先行赔付与《中华人民共和国食品安全法》和《中华人民共和国药品管理法》中的先行赔付类比，认为只要支付机构提供了支付服务且存在过错，就应当先行全额赔付受害人损失，将“先行赔付”条款理解为一种“万能险”。此理解实则为对法律的误读。

1.“先行赔付”条款非强制性条款。一是如将该条款理解为强制性条款，将与《中华人民共和国侵权责任法》[①] 相冲突，不符合《中华人民共和国立法法》原则。**二是**如将该条款理解为强制性条款，不符合法律的体系化解释原则。《中华人民共和国食品安全法》和《中华人民共和国药品管理法》的“先行赔付”条款中，均赋予了赔付主体追偿权。而《网络支付办法》中则无追偿权表述，且其层级仅为规范性文件，是否有权规定支付机构应以企业自有资金承担先行赔付责任有待商榷。换言之，支付机构“先行赔付”当前缺少足够的上位法律依据，即便支付机构先行赔付后，也无法向真正责任主体追偿，有违责任承担基本原则。**三是**将“先行赔付”作为非强制性条款，已有先例。商务部等六部门《关于完善跨境电子商务零售进口监管有关工作的通知》（商财发〔2018〕486号）规定，消费者在（跨境电商）平台内购买商品，其合法权益受到损害时，平台须积极协助消费者维护自身合法权益，并履行“先行赔付”责任。条款显然不能理解为在跨境电商平台购买的商品均由平台“先行赔付”。故《网络支付办法》“先行赔付”相关制度应基于法治原则、市场原则，以依法、灵活、柔性的方式予以适用。

2. “先行赔付”条款有其适用条件。以《网络支付办法》第十九条为例，客户须在支付行为中遭受资金损失，才可请求支付机构先行赔付。对于绝大多数参与赌博等非法交易的举报人，其“资金损失”系其投资行为造成的，而非支付行为。支付机构根据客户发起的交易指令，准确、及时地将资金结算给指令对应商户，即依约履行了相关支付职责。因此，支付机构仅对未依规将客户资金划转至指定商户的情形承担先行赔付责任，如常见的因系统错误导致的付款错误、因支付机构安全漏洞产生的盗刷等。人民银行于2018年发布的通知文件[②] 中，对先行赔付条件作出如下补充：因收款人、

---

① 《侵权责任法》第六条：“行为人因过错侵害他人民事权益，应当承担侵权责任。”第七条：“行为人损害他人民事权益，不论行为人有无过错，法律规定应当承担侵权责任的，依照其规定。”

② 详见《中国人民银行办公厅关于开展2018年清理整治为赌博等非法交易提供支付结算服务专项检查的通知》（银办发〔2018〕151号）。

付款人之间的消费、转账、投资、赠予等交易纠纷造成的资金损失，不属于《网络支付办法》第十条、第二十五条规定范畴。

（二）人民银行不具有责令先行赔付的职责

在唐某不服营业管理部举报答复的诉讼中，营业管理部创新答辩思路，指出人民银行及其分支机构不负有督促支付机构先行赔付的法定职责，就“先行赔付”的适用条件向司法机关积极发声，化危为机，最终获得两级法院认可，取得了良好社会效果。根据法院判决，包括《中华人民共和国中国人民银行法》等法律、法规、规章并未规定人民银行分支机构具有责令支付机构履行“先行赔付”义务的法定职权。故“先行赔付”的适用与执行，应通过司法、行业自律或非诉纠纷调解等方式予以解决，而非监管机关强制，否则会助长投诉群体信“访”不信“法”的不良观念，不利于依法治国的深度推进和营商环境的持续优化。

正面司法判例的树立，是对恶意举报诉讼人的有力回击。针对明知自身有责仍反复缠诉、缠访的无理举报人，人民银行可参照唐某诉讼案，通过法律手段，给予正面回击。

四、相关建议

（一）进一步做好金融消费者宣传与释法工作

人民银行及其分支机构在履职过程中，应充分做好金融消费者的宣传与释法工作。**一是**加强对支付机构的支付流程、特点等的宣传与普及工作，尤其是要帮助偏远、乡村地区群众了解相关支付流程，正确使用支付服务产品。**二是**多渠道积极对“先行赔付”予以释法。人民银行及其分支机构可通过信访接待、业务咨询、投诉回复、举报答复、公开宣传等多种途径，对“先行赔付”进行解释答疑，帮助金融消费者正确理解支付领域“先行赔付”的概念和适用条件，引导金融消费者依法维权，避免金融消费者单纯地想通过投诉举报解决纠纷，延误通过公安追偿、司法诉讼、协商调解等合法途径维权的时机。**三是**加强金融消费者法律知识与投资知识宣传教育，避免投资人上当受骗，从源头防范金融侵权与诈骗事件发生。

（二）加强与司法机关沟通协调

因唐某诉营业管理部案未纳入最高人民法院指导性案例，仅可供司法审判实务借鉴，人民银行各级分支机构应进一步加强与属地司法机关沟通协调，争取以会商纪要、联合发文等形式，进一步释明先行赔付的附条件性和非强制性。同时，利用好司法案例，加大宣传解释力度，引导投诉人理性维权，严厉打击职业投诉和恶意投诉，依法维护支付消费者正当权益。

（三）指导支付机构以市场化形式明确先行赔付条件

"先行赔付"相关制度是保护金融消费者合法权益的重要手段。虽然人民银行并无督促支付机构"先行赔付"的法定职权，但考虑到消费者合法权益的保护问题，建议支付机构以支付服务协议或公开信用承诺的形式，将"先行赔付"内容纳入其中，并根据提供支付服务的具体内容，明确"先行赔付"适用条件及适用程序。一旦发生支付损失或消费争议，严格依照约定或承诺内容，履行"先行赔付"责任。人民银行可对上述承诺或协议内容加以必要的辅导和规范。目前，部分支付机构已通过上述形式开展实践，如联动优势科技有限公司即在其官网公布了《网络支付业务客户交易安全保障规则》，对因交易风险产生的客户资金损失适用风险补偿规则，并明确风险补偿的条件。其中提出"对于符合条款的客户补偿申请，本公司会及时调查（必要时会要求客户提供补充材料），并根据实际情况做出相应处理，进行**先行补偿**"①。此不失为法治化、市场化支付维权行为的有益尝试。

（四）逐步将"先行赔付"纳入非诉讼纠纷调解机制（ADR）②

作为ADR机制的重要实践，营业管理部已于2019年指导成立北京市

① 资料来源：联动优势官网，https://www.umpay.com/index/baozhangguize。

② ADR（Alternative Dispute Resolution）即"替代性纠纷解决方式"，起源于20世纪60年代的美国，是指争议各方同意寻求中立的第三方机构的协助，以解决纠纷的一种"非诉讼纠纷解决方式"，具有更加简便迅捷、方式灵活、成本较低的优点。当前主要的ADR方式有调解（Mediation）、仲裁（Arbitration）、早期中立评估（Early Neutral Evaluation）等。

金融消费纠纷人民调解委员会（以下简称调委会）[①]，受理北京地区金融消费者纠纷案件调解。2020年共成功调解信用卡类、支付机构类等纠纷1559起，群众反响良好。未来，可考虑将先行赔付相关纠纷纳入非诉调解案件中，经调委会审查认为符合"先行赔付"条件的，以调解形式引导促成支付机构积极赔付，这样有利于化解金融消费领域社会基层矛盾，构建和谐营商环境。

（中国人民银行营业管理部
李海辉　徐海勇　冯玮　侯圣博　张昊然）

① 北京市金融消费纠纷人民调解委员会聘请具有丰富金融消费领域从业经验的行业专家担任调解员（含兼职），从事金融消费纠纷调解工作，详见《北京市金融消费纠纷人民调解委员会章程（试行）》。

成本因素对现金流通量的影响分析及政策建议

摘要： 面对现金流通量减少的现状及非现金支付方式对其影响的多方解读，本文从支付服务成本角度切入，通过在现金投放量较大的广东省（不含深圳）开展现金服务成本构成调研，对非现金支付方式对社会公众现金使用量的影响进行了分析，并在此基础上提出了从需求侧提升现金流通规模的相关政策建议。

一、现金和非现金支付服务成本情况

（一）现金服务成本情况

从银行供给成本来看。与非现金支付通过网络远程实现后台集约化供给的方式不同，现金支付服务供给具有区域性、属地化的特点。银行机构提供现金服务的成本包含大量的人员、场地费用以及外包押运清分费用，与当地经济发展水平、工资水平、不动产价格、区域市场竞争等因素紧密相关。以广东省为例，银行机构提供现金服务涉及的主要成本项目包括调拨运输成本（约占 6.45%）、库存保管成本（约占 6.88%）、资金占用成本（约占 1.93%）、现金管理成本（约占 5.61%）和现金业务处理成本（约占 79.13%）。此外，现金支付服务成本受银行机构管理水平影响较大。广东省 8 家股份制银行中，综合现金服务成本最高的达 0.6%，较低的至 0.1%，二者相差近五倍；同为广发银行提供的现金存取服务，经济发达珠三角分支行现金服务成本为 0.28%，而经济发展相对滞后的粤东西北地区分支行现金服务成本为 0.16%，前者比后者高出 75%。

从市场使用成本来看。对于消费者，使用成本主要集中在银行取现收费。但是除跨行 ATM 取现需向银行支付一定费用外，其他现金存取业务均不收费。目前银行机构对于本行银行卡柜面和 ATM 存取现均采取免费政策，绝大多数银行机构本行银行卡在他行自助设备上的存取现交易收取的综合手续费率也低至 0.12%~0.35%。对于商户，现金收款相关成本分为显性成本和隐性成本。显性成本主要包括现金验钞机具采购、安保措施等投入，收取假币的坏账损失，往来存取备用现金产生的人力消耗及备用现金的利息等。关于隐性成本，根据调研情况，绝大多数提供生活服务的小微企业主认为，现金收款与非现金支付收款均需部署收银系统，但是现金收款还额外存在其他隐性成本：一是需要投入人力处理零钞；二是可能影响高峰时段的客户接待能力；三是无法有效支持用户线上线下导流等。

（二）非现金支付服务成本情况

从银行供给成本来看。在非现金支付服务中，银行机构成本主要涉及硬件投入、系统运营维护投入等。一方面，银行作为发卡机构，需要承担系统建设和运营成本、信用卡资金成本、营销激励成本等；另一方面，银行作为收单机构，需要承担终端布放、改造和维护成本，收单系统建设和运营成本，以及商户管理、业务处理和风险管理成本等。

从市场使用成本来看。商户使用非现金支付收取资金需支出一定成本。以银行卡刷卡手续费为例，一笔完整的银行卡支付交易由发卡机构、收单机构和清算机构共同完成，涉及发卡行服务费、网络服务费和收单服务费，通常由商户承担，并在不同主体之间分配。其中，发卡行服务费是支付给发卡银行的费用，网络服务费是支付给卡组织的费用，收单服务费是支付给收单机构的费用。根据发展改革委和人民银行联合印发的《关于完善银行卡刷卡手续费定价机制的通知》（发改价格〔2016〕557 号），发卡行服务费、网络服务费统一实行政府指导价，上限管理；收单服务费实行市场化定价，由收单机构和商户协商确定。这些成本直接关系居民和企业的日常生产消费以及商户经营利润，较为敏感。

二、现金使用减少的原因分析

（一）现金服务需求降低

在社会消费品零售领域网上交易规模迅速增长的背景下，为满足交易网络化、非面对面的实际需求，支付方式逐渐由现金支付向电子化、移动化支付发展。甚至连银行卡、商业汇票等传统非现金支付方式，也在不断地向无卡支付、电子商业汇票等电子化趋势发展。因此，即便银行机构增加现金流通基础设施投入也难以有效扭转现金需求下降趋势。调研数据显示，2018 年广东省 ATM 数量同比增长 13.48%，但是现金存取交易笔数占 ATM 处理业务量的比重从 2017 年的 88.83% 下降至 83.46%，现金存取交易金额占 ATM 处理业务量的比重从 74.41% 下降至 68.11%，同比分别下降 5.37 个和 6.30 个百分点。

（二）非现金支付服务创新发展

非现金支付服务以其便利、安全、无假币风险等优势，为越来越多的消费者和商户所接受。近年来，支付机构一方面利用自身优势，结合电商、社交等平台，不断创新支付方式，丰富支付场景，优化各类支付产品功能和用户体验；另一方面通过补贴等形式拉低非现金支付服务收费，吸引消费者和商户使用，提升用户黏性，这导致作为现金替代品的非现金支付服务需求进一步增加。

（三）零钞使用较不便捷

从消费者角度看，零钞携带较为不便。从商户角度看，随着消费者现金使用需求减少，商户准备现金用于找零的机会成本上升，现金零钱的储备不断减少，导致接受现金的能力下降，又进一步降低了消费者使用现金支付的意愿。同时，电子化的非现金支付工具能够与收银系统等配合使用，为商户的日常经营管理提供了便利，提高经营效率。

三、下一步工作建议

综上分析，并结合非现金支付方式快速发展经验，建议从需求侧发力，推动提升现金流通程度。

一是组织开展现金使用行业分布调研，并选取经济活跃度较高的部分地区，试点联合相关行业主管部门，对文化旅游业、餐饮娱乐业等客户使用现金潜在需求较大行业采取措施，刺激现金需求、挖掘现金使用场景。

二是联合行业或区域管理主管部门，重点加强现金潜在使用量较大行业或区域非法拒绝接受现金行为治理力度，有效维护人民币法定货币地位，保障人民群众对支付方式的自由选择权。

三是引导银行机构调整现金自助设备及存取网点空间布局，以需求为导向，优化文化旅游区、生活超市、肉菜市场及老年人聚居区等现金潜在需求较大区域中现金自助设备及营业网点的布局，提高现金流通基础设施服务效率，特别是满足因数字鸿沟影响其自由选择支付方式的相关公众的现金服务需求。

四是引导银行机构加强现金服务成本科学管理，科学制定营业网点和自助设备建设计划，通过“降低固定成本 + 提高运营效率”方式，有效控制单位现金供应综合服务成本，保障现金供应充足。

（中国人民银行支付结算司　麻昊昱；
中国人民银行广州分行　罗月乔）

商业汇票风险研究及工作建议

摘要：我国票据业务已有40余年的发展历程，本文研究发现，商业汇票发展呈现出纸质和电子商业汇票业务此消彼长、银承汇票市场规模占绝对主导地位、票据业务规模下降但融资属性凸显、合规风险和信用风险仍不容小觑等特征。商业汇票的主要风险包括信用风险、市场风险、欺诈风险、合规风险和操作风险五大类，风险产生的主要原因包括市场发育不完善、法律体系不健全、机构经营理念不端正、内部管理不到位等。结合我国实际，建议构建完善的商业信用体系，加快培育健康的票据交易市场，尽快修订完善票据相关法律法规，持续打击票据领域违法违规行为，强化商业银行合规经营意识。

一、商业汇票发展现状

我国票据业务发展与宏观经济状况和金融监管环境息息相关，经过40余年发展，商业汇票已从单一的支付结算工具转变为集支付、信用、融资等多功能为一体的金融工具，具有四方面特征。

（一）总量特征：纸质、电子商业汇票业务此消彼长

从数据总量来看，自上海票据交易所正式挂牌运营、全国统一的现代票据市场框架初步建立后，电子商业汇票业务量快速增长，对纸质商业汇票产生了规模替代效应。江苏省2019年电子商业汇票交易总额较2014年增长了6.51倍，笔均交易金额较2014年下降了83.95%，电子商业汇票已成为中小企业便捷的结算及融资渠道。

图 1　2014—2019 年江苏省纸质、电子商业汇票业务量

（资料来源：pisas 系统，业务数据包括承兑、贴现、转贴现业务）

（二）结构特征：银承汇票市场规模占绝对主导地位

从票据结构看，历年来银行承兑汇票在各类票据业务中均占据绝对主导地位，银行承兑汇票在商业汇票市场的极高占比在一定程度上让承兑业务的信用风险集中在银行体系内；商业承兑汇票交易笔数占比一直保持个位数水平，直至 2019 年交易金额占比也仅略高于 10%，票据市场商业信用基础仍然薄弱。

表 1　2014—2019 年江苏省商业汇票承兑、贴现和转贴现业务量（按票据种类）

年份	承兑业务量				贴现业务量				转贴现业务量			
	银行承兑汇票承兑笔数占比	银行承兑汇票承兑金额占比	商业承兑汇票承兑笔数占比	商业承兑汇票承兑金额占比	银行承兑汇票贴现笔数占比	银行承兑汇票贴现金额占比	商业承兑汇票贴现笔数占比	商业承兑汇票贴现金额占比	银行承兑汇票转贴现笔数占比	银行承兑汇票转贴现金额占比	商业承兑汇票转贴现笔数占比	商业承兑汇票转贴现金额占比
2014	99.92%	97.04%	0.08%	2.96%	95.90%	85.15%	3.10%	14.85%	95.64%	90.10%	4.36%	9.90%
2015	99.76%	94.22%	0.24%	5.78%	96.68%	86.18%	3.32%	13.82%	96.85%	88.79%	3.15%	11.21%
2016	99.55%	92.61%	0.45%	7.39%	97.84%	91.36%	2.16%	8.64%	97.85%	93.54%	2.15%	6.46%
2017	98.92%	89.82%	1.08%	10.18%	97.81%	89.84%	2.19%	10.16%	95.55%	93.56%	4.45%	6.44%
2018	97.32%	86.14%	2.68%	13.86%	98.29%	87.34%	1.71%	12.66%	96.60%	85.34%	3.40%	14.66%
2019	95.32%	84.56%	4.68%	15.44%	98.37%	86.86%	1.63%	13.14%	96.56%	85.83%	3.44%	14.17%

（三）属性特征：票据业务规模下降，但融资属性凸显

从属性特征来看，2016 年以来，A 银行 39.15 亿元票据案、B 银行 7.86 亿元票据案等多起票据大案、要案集中爆发，人民银行、原银监会陆续开展了涉及票据业务的专项治理工作[①]，金融监管趋严导致银行机构持票意愿下降，票据业务规模明显收缩。在经历了去杠杆和脱虚向实后，2018 年商业汇票融资业务（贴现、转贴现）迅速反弹（见表 2），显示市场票据融资需求旺盛，商业汇票的融资属性开始凸显。

表 2　2014—2019 年江苏省商业汇票承兑、贴现和转贴现业务量和同比情况

年份	承兑业务量				贴现业务量				转贴现业务量			
	商业汇票承兑笔数（万笔）	同比	商业汇票承兑金额（亿元）	同比	商业汇票贴现笔数（万笔）	同比	商业汇票贴现金额（亿元）	同比	商业汇票转贴现笔数（万笔）	同比	商业汇票转贴现金额（亿元）	同比
2014	520.97	/	36003.32	/	47.65	/	17298.99	/	96.45	/	84910.43	/
2015	419.50	−19.48%	31540.76	−12.39%	67.95	42.60%	19934.17	15.23%	125.79	30.42%	116082.18	35.71%
2016	341.45	−18.61%	23586.91	−25.22%	63.49	−6.56%	19530.68	−2.02%	80.29	−36.17%	79796.43	−31.26%
2017	336.25	−1.52%	18166.68	−22.98%	41.88	−34.03%	9849.33	−49.57%	59.95	−25.33%	54197.27	−32.08%
2018	373.52	11.08%	23508.24	29.40%	75.44	80.13%	15254.00	54.87%	98.73	64.69%	39275.18	−27.53%
2019	377.96	1.19%	27452.03	16.78%	111.89	48.32%	19468.36	27.63%	91.97	−6.85%	46002.79	17.13%

（四）风险特征：合规风险和信用风险仍不容小觑

从风险特征来看，商业汇票拒付总量无明显降低，电子商业汇票拒付比例逐年提高，银行承兑垫款情况有所抬头，票据合规风险及信用风险仍

① 2016 年，人民银行和银监会联合发布《关于加强票据业务监管促进票据市场健康发展的通知》，2017 年，银监会陆续发布《关于开展银行业“违法、违规、违章”行为专项治理工作的通知》《关于开展银行业“监管套利、空转套利、关联套利”专项治理的通知》《关于开展银行业“不当创新、不当交易、不当激励、不当收费”专项治理工作的通知》《关于集中开展银行业市场乱象整治工作的通知》，开展“三违反、三套利、四不当、十乱象”专项治理工作。

在不断累积叠加。2020 年以来，在宏观政策逆周期调节和金融支持疫情防控措施持续发力的背景下，商业汇票业务发展出现新的变化，其中的风险需加以分析研判。

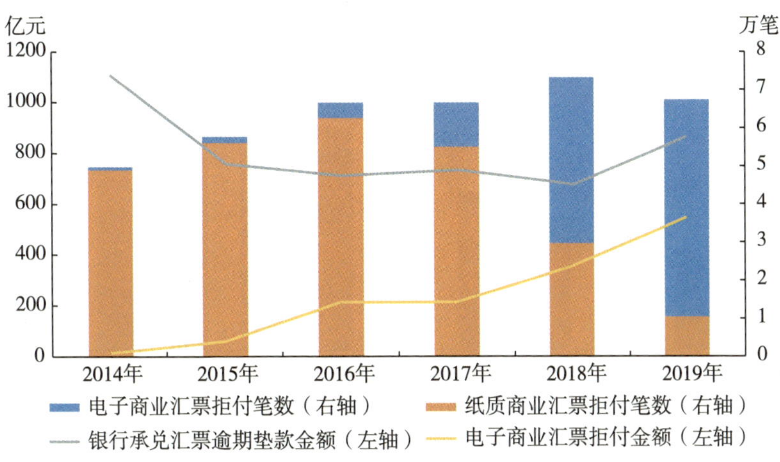

图 2　2014—2019 年江苏省商业汇票违约情况

（资料来源：pisas 系统）

二、当前票据业务的主要风险类型

（一）信用风险

主要指因为出票人、承兑人在资金、信用等方面出现问题，导致持票人、贴现人到期收不回票款的风险。票据的信用风险主要来自出票企业，表现为企业对到期票据不能足额及时付款；其次来源于个别金融机构，表现为承兑的票据到期后因流动性不足无法全额兑付票款。

1. 企业信用风险高企。从汇票逾期垫款看，2019 年江苏省各银行发生商业汇票逾期垫款 865 亿元，兑付商业汇票 17006 亿元，逾期垫款率达 5.08%。分季度看，2018 年以来，银行承兑汇票逾期垫款基本呈逐季小幅上涨态势（见图 3）。从商业汇票拒付情况看，2019 年江苏省商业汇票承兑业务量 364.71 万笔，拒付业务量 6.74 万笔，拒付率达 1.85%。从银行承兑汇票在不同规模企业分布看，2020 年 4 月末，江苏省大中型企业银票余额占全部企业银票余额比例为 66.96%，小型企业占比 30.61%，微型企业占比 2.42%。以上数据反映票据信用风险仍然不可忽视，拒付、垫付情况时有发生，银行对信用风险较高的小微企业授信非常谨慎。

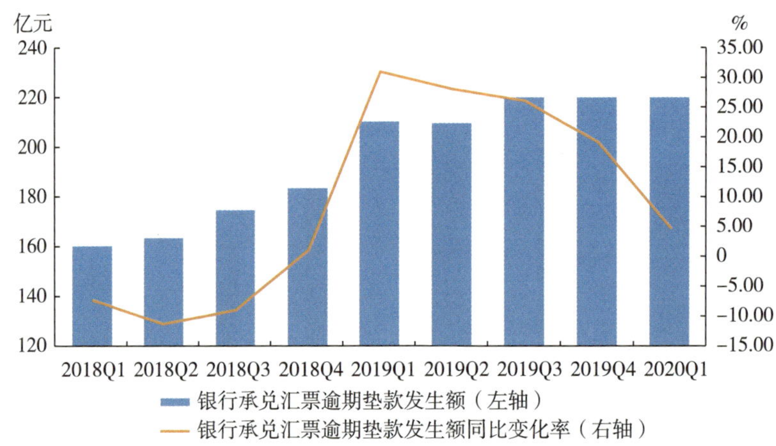

图 3　2018 年第一季度至 2020 年第一季度江苏省银行承兑汇票逾期垫款发生额变动情况

2. 银行信用风险凸显。包商银行事件打破了银行承兑汇票的刚性兑付，5000 万元以上的票据暂按 80% 兑付。此次事件后，一些风险较高的地方性法人银行、财务公司，其承兑的票据信用风险明显提升，市场接受度大幅下降，一度出现被拒贴、拒收的情况；但即使被接收，贴现价格仍比国有银行票据利率高出 30~70 个基点。

（二）市场风险

主要是指因市场机制失灵或扭曲导致的风险，包括以下两个方面。

1. 票据市场价格倒挂。为应对新冠肺炎疫情影响，2020 年以来，人民银行持续向市场注入流动性，推出了 3000 亿元抗疫专项再贷款和 1.5 万亿元普惠性再贷款再贴现，票据市场利率不断下降，目前的银票直贴利率已下降到 2.2% 左右，低于人民银行的再贴现利率，也低于银行结构性存款利率。如果企业购买利率为 3% 以上的结构性存款，以其质押开票，开票后以 2.2% 左右的利率进行贴现，在不考虑质押率的情况下银行要倒贴 80 个基点的利息。

2. **票据流通不畅。**由于商业汇票有一定期限、贴现需支付利息，一些产品供不应求的企业或强势企业往往拒收商业汇票。在供应链中，核心企业为节省财务成本，往往优先签发商业承兑汇票向其上游企业进行支付。上述情况无疑影响了票据的流通性，增加了持票风险，也增加了中小企业、弱势企业的资金压力和财务成本。

（三）欺诈风险

主要指在票据签发、承兑、背书、贴现、托收各环节，相关当事人弄虚作假，导致银行、企业资金损失或业务违规的风险。

1. 伪造、变造纸质票据。常见的手法如下：伪造一张根本不存在的假票据；连续签发多张金额大小不一的票据，然后将小面额票据变造为大面额票据；克隆一张真实存在的票据，以逃避银行的查询。

2. 利用虚假资料办理票据业务。一方面是申请银行承兑、贴现，部分企业签订假合同、伪造增值税发票、虚构真实贸易背景，甚至先开发票提供给银行再进行作废处理。处在灰色地带的票据中介、金融掮客、理财公司，深度介入票据业务各个环节，它们以合法公司为幌子，帮助企业进行票据包装，加剧了票据欺诈风险。另一方面是部分不法分子私刻印章、伪造证件，冒充央企、知名企业在银行开立账户并签发商业承兑汇票，或冒充银行在其他银行开立同业账户并办理票据业务。

3. 电子汇票“保证待签收”欺诈。票据申请人在电子商业汇票系统中开立银行承兑汇票，在还未提示银行承兑之前，提交他人做保证申请，保证人误以为保证签收即为取得该票据的所有权，在线下将资金划给出票申请人。

（四）法律风险

主要指商业汇票相关业务因法律法规不完善、不明确或监管政策滞后可能导致违法违规形成损失的风险。主要表现为以下几个方面。

1. 电子商业汇票法律不完善。目前各银行已广泛开展电子商业汇票业务，2009 年人民银行制定实施了《电子商业汇票业务管理办法》及配套出台相关制度，但也仅是从部门规章和规范性文件层面对电子商业汇票业务进行了规范和保障。

2. 票据融资功能定位不明确。《票据法》规定汇票的签发和取得必须以真实合法的交易关系和债务关系为基础，强调票据的真实贸易背景。但近年来，随着票据市场的不断发展，票据的融资需求和属性也越来越明显。

（五）操作风险

主要指在票据签发、承兑、转让、托收等各环节，因为企业和银行经办人员的操作，造成票据无效、灭失，或其他影响到票据权利行使的风险。操作风险在纸质票据和电子票据上表现出不同的特点。近年来，随着电子商业汇票业务的推广和各银行系统、内控制度的不断完善，票据操作风险总体得到有效控制。

1. 纸质票据常见情况：在签票环节，由于票据书写、签章不符合要求导致票据无效；在背书环节，被背书人名称、日期填写错误，签章不正确导致背书不连续或无效，空白背书留下风险隐患；在托收环节因票据超过提示付款期被拒付；因保管不善造成纸质票据毁损、遗失或被盗窃；等等。

2. 电子商业汇票常见情况：企业在背书时误选了不可转让，导致后手不能继续背书转让票据或向银行申请贴现；在托收环节因票据超过提示付款期被拒付；银行在票据到期托收时划款入账串户。

三、商业汇票风险原因分析

（一）市场发育不完善

一是存贷款基础利率还未完全实现市场化。我国目前仍然呈现利率二元结构，常常导致票据与结构性存款等产品利率倒挂，即可获得无风险利差。如果企业杠杆率已过高，严重依赖票据等短期融资维持周转，一旦资金周转紧张，即会随着票据流转扩散至上下游企业及金融机构。**二是**部分票据中介游离于监管之外。近年来票据中介越来越多样化，包括小贷公司、投资咨询公司等各类（民间）融资机构，在正规的票据市场之外形成灰色市场。**三是**资金脱实向虚。银行为了获得开票收益和腾挪存贷款额度，往往会主动配合企业虚开套利票，甚至超出自身兑付能力签发和承兑票据，影响货币政策传导有效性。

（二）法律体系不健全

现行票据法律法规、监管理念与金融市场现实需求存在矛盾，催生市场风险、信用风险等。《中华人民共和国票据法》等法律法规更加强调票据支付结算功能。随着票据市场快速发展，票据作为企业资金融通、货币市场工具等功能已得到了实质性体现，但在政策层面还得不到合法支持。

（三）经营理念不端正

一是中小金融机构流动性风险管理能力不足，常常依赖票据融资、同业融资等负债来源补充流动性。包商银行事件打破了同业刚性兑付，促使中小金融机构被动收缩同业信用、去杠杆，商业汇票信用风险明显增加。**二是**将票据视为调节存贷款规模工具。银行同业之间票据资产交易以腾挪信贷规模、减少资本占用为目的，可能导致信用过度膨胀、信贷数据失真等问题，以及带来其他不可预知风险。**三是**银行未能严格审查企业商业汇票业务开办资格。银行为企业开立账户的同时开办商业汇票业务，若企业被冒名开立虚假账户，那么其商业汇票业务也会被不法分子利用。

（四）内部管理不到位

一是票据从业人员管理有待加强。部分金融机构人员风险防范意识淡薄，致使不法分子钻了管理和制度上的空子。此外，票据中介尤其民间票据中介多为空壳公司，从业人员稳定性、专业性不高。**二是**部分银行的银行承兑汇票业务发展不审慎。从银行内控内管看，部分银行票据内控制度存在盲点和漏洞，业务操作规程不尽严密，审核不严。从对客户授信调查、授权看，部分银行机构未能按照《中国银监会办公厅关于加强银行承兑汇票业务监管的通知》要求，严格审核票据申请人资格、贸易背景真实性及背书流转过程，对票据承兑和直贴业务以及贴现、买入返售、卖出回购等业务区别对待办理。

四、相关建议

（一）构建完善的商业信用体系

一是健全银行信用体系。建立银行票据风险指标，从票据承兑垫款率、票据贴现逾期率、票据案件发生率、票据资金损失率等维度进行评估，定期发布和监测银行机构总体风险情况；强化对中小金融机构风险监测和防控，建议参考同业存单发行备案制模式，综合考虑金融机构资产负债规模、股东治理情况、业务发展需要和风险控制能力等，按年核定承兑票据余额，约束中小金融机构过度加杠杆行为。**二是**培育企业信用体系。引入专业评级机构和评级机制，参考企业信用评级体系以及短期债券评级体系，确保评级结果的客观性、真实性以及可应用性，审慎为低评级企业开通商业汇票签发承兑功能，防止商业信用风险传导至银行体系甚至金融市场。**三是**丰富企业增信服务手段。除鼓励推出供应链票据、产业链票据、应收账款票据化等票据产品外，将信用担保、信用转化作为增信服务的补充手段，如由政府部门对特定行业合格企业给予一定额度内的共担信用背书，以获取短期票据融资，或通过大数据、区块链等技术将企业真实贸易背景的物流、信息流转换为商业信用。

（二）培育健康的票据交易市场

建议依托上海票据交易所构建政府监管、行业自律、社会监督、公司治理“四位一体”的健康票据交易市场，形成政策可传导、票据可溯源，风险可控、发展规范的良好局面。**一是**增强监管合力，建议从市场主体管理、基础设施建设、信息披露机制等方面完善上层制度框架，加快推进存款利率和金融市场利率“两轨并一轨”，打开银行端负债端成本下降空间，进一步引导银行机构和企业通过电子渠道签发承兑商业汇票，便捷票据流通和真实性验核。**二是**充分发挥金融科技赋能作用，探索大数据、人工智能等技术在客户准入、风险识别、预警触发等领域的运用，提高业务管理和风险识别的智能化水平，推动银行机构风控管理的转型升级。**三是**加快建立票据经纪管理体系。引导、整合、取缔、规范民间票据中介，吸收非银机构组建的票据专营机构，建立合规票据经纪的管理体系，明确准入门槛、经营范围、业务制度、监管制度等，扩充小微企业商业汇票合法合规融资渠道。**四是**整合披露票据市场主体信用信息，包括上海票据交易所、市场监督管理部门、司法部门等相关交易信息、经营信息和诉讼信息等，纳入企业金融基础信用信息平台，并可通过票据交易所（以下简称票交所）平台开放查询，接受社会监督。

（三）尽快修订完善票据相关法律法规

针对《票据法》等法律法规布局不完善、融资类票据等业务创新缺乏上位法的法律支撑等问题，建议**一是**加快推动《票据法》的修订，弥补制度短板，为融资类票据、票据衍生产品、标准化票据等票据创新创造有利的法律环境。**二是**先行配套建设制度，搭建票据市场法制体系框架。如配套建设票据市场合格投资者制度、票据市场风险监测与管控制度、票据信用评级制度、票据违约惩戒制度等，理顺票据市场各参与主体、基础设施、商业信用环境的建设体系，激发票据市场活力，规范商业汇票特别是商业承兑汇票的合理有序发展。**三是**建议选取部分票据交易活跃的地区探索开展融资类票据交易试点，为进一步探索建立相应管理制度、风险防控机制积累工作经验。

（四）打击票据领域违法违规行为

提高对票据风险的识别、监测、处置能力，持续打击票据领域违法违规行为。**一是**建议票交所打造信息分析预警监测平台，利用海量票据交易数据，对票据市场进行多维度、多层次、精细化的分析监测，实现异常宏观指标、异常主体行为等风险预警功能，不定期公布市场上出现的新风险动态和典型案例，减少信息不对称现象。**二是**对票据业务违法违规行为，保持严监管严打击态势，秉持“发现一起处置一起”工作原则，防范操作风险、欺诈风险。

（五）强化银行机构合规经营意识

督促银行机构坚持审慎经营理念，摒弃“重盈利轻管理”“重指标轻风控”的不当思想。针对爆出的商业汇票大案、要案，对风险岗位、要害人员进行道德风险、操作风险、合规风险等再培训和再教育，定期开展同业银行账户等关键要素的专项自查，重新审视商业汇票全流程产品线风险管理和岗位制约的有效性、制度执行的刚性，加强风险防范理念向下传导。积极开展单位客户票据业务风险宣传教育，引导客户珍惜自身信用，严防内外勾结、合谋套取信贷资金等违法违规行为。

（中国人民银行南京分行　吉祖来　王云艺　何彩云）

三、金融科技

科技巨头在新兴市场提供金融服务的特点、扩张因素和风险

科技巨头的两万亿牛市

澳联储关于金融科技、支付创新和数字货币的报告

关于全球央行数字货币的调查报告

央行数字货币：基本原则与核心特征

中央银行视角下的金融科技数据需求、缺口及应对措施

数字时代的中央银行与支付

科技巨头在新兴市场提供金融服务的特点、扩张因素和风险

摘要： 2020年10月12日，金融稳定委员会（FSB）发布了关于科技巨头（BigTech）在新兴市场和发展中经济体（EMDE）提供金融服务如何影响市场发展和金融稳定的报告。报告显示，与发达经济体相比，新兴市场金融包容性水平较低，且存在大量潜在客户群体，科技巨头依靠自身技术创新和低边际成本等优势，在新兴市场金融服务领域迅速扩张，这有助于新兴市场提高金融服务效率、发展普惠金融和完善金融基础设施，但同时也引发了运营风险、消费者权益保护、市场竞争及金融稳定等方面的问题。报告总结了新兴市场监管部门对科技巨头的监管实践经验，认为应当加强金融基础设施建设和金融科技发展，有针对性地强化对科技巨头金融服务的监管，从而促进金融创新和降低金融风险。

一、科技巨头在新兴市场提供金融服务的模式与特点

（一）科技巨头在新兴市场提供金融服务的模式

1. 移动支付服务。 移动支付服务是科技巨头在新兴市场提供的主要金融服务之一。在撒哈拉以南非洲和东南亚等新兴市场，科技巨头提供的移动支付服务普遍扩大了当地金融服务的覆盖面。例如，肯尼亚移动运营商Safaricom在2007年推出移动支付服务M-Pesa，随着移动设备在新兴市场的不断普及，截至2017年末，该服务已经覆盖了约73%的肯尼亚民众。

2. 一站式综合金融服务平台。 在亚洲和南美洲部分地区，科技巨头提供一站式综合金融服务，其人均授信金额甚至超过了发达国家。中国是全

球最大的科技巨头信贷市场，中国的科技巨头通过建立一站式综合金融服务平台（如阿里巴巴集团旗下的蚂蚁金服、腾讯集团旗下的微众银行等），提供支付、信贷、理财、保险等多种金融服务。据估计，2019 年，中国科技巨头发放贷款高达 5160 亿美元，使用过其信贷服务的用户达数亿人。沙特阿拉伯的 STC 支付公司开发的支付产品提供用户转账、当地银行转账、国际汇款、银行卡以及账单付款等多项金融服务，其中，主要针对侨民市场的国际汇款和全数字化服务在当地备受侨民欢迎。

（二）科技巨头在新兴市场的发展特点

1. 新兴市场中的科技巨头更容易出现财务问题。相比发达经济体，新兴市场中的科技巨头通常市值规模和信用评级不高，尤其是某些提供金融服务的电信运营商，更容易出现财务问题。一些未上市但有着高估值的科技巨头由于过度依赖融资，认为发展前景比获取当前利润更为重要，可能长期处于亏损状态。

2. 新兴市场中的科技巨头与金融机构之间存在竞争及合作关系。一是竞争关系。新兴市场中的科技巨头因为具备自主的金融服务系统，与现有金融机构构成竞争关系。不同之处在于，科技巨头致力于为那些难以获得现有金融机构服务的潜在客户群体提供信贷服务，而非争夺金融机构的现有客户。**二是**合作关系。科技巨头与现有金融机构合作，以提供渠道的形式帮助其销售金融产品并提供技术服务和基础设施支持。此外，科技巨头还可充当金融机构与其客户之间的中介，如蚂蚁金服在中国市场的“助贷”业务，通过向其庞大的客户群推广金融服务提供商，从而促成信贷交易。

二、科技巨头在新兴市场中快速扩张的因素

（一）需求侧驱动因素

1. 新兴市场金融包容性水平较低。新兴市场的金融包容性水平较低，给科技巨头的金融服务创造了巨大的需求市场。2017 年，全世界约 17 亿人没有银行存款，其中近一半人在新兴市场。尤其在低收入人群较多、传

统金融机构服务不足的农村地区，人们难以获取金融服务，相关需求得不到满足，这大大增加了科技巨头的吸引力，金融服务得以快速扩张。

2. 新兴市场存在大量潜在年轻客户群体。新兴市场拥有全球 85% 的人口，其中 30 岁以下占比 90%，这部分年轻群体通常对金融服务的便捷性和个性化有着更高的要求，而科技巨头的创新性技术、定制化服务及品牌效应与其需求相契合，使其更愿意接受科技巨头的金融服务。

3. 科技巨头具有较低的金融服务成本。新兴市场中低收入人群较多，价格是他们选择金融服务的首要考虑因素。而科技巨头与传统金融机构相比，通过技术创新大幅降低了固定成本和交易成本，从而能以较低的边际成本吸引低收入群体。

（二）供给侧驱动因素

1. 技术进步。一是互联网和移动设备的普及。近年来，互联网和移动设备迅速发展，目前全球 67% 的人口拥有移动设备，这给科技巨头业务拓展创造了机会。**二是**大数据应用。科技巨头拥有先进的数据分析和管理技术，通过收集更多的数据，深入分析、预测和量化客户行为，有助于公司作出决策，为客户提供合适的金融服务，填补了传统金融机构无法提供的金融服务空白。

2. 竞争优势。在金融基础设施处于早期发展阶段的新兴市场，由于传统金融机构竞争力较弱，科技巨头得以提供覆盖面更广的金融服务。报告显示，科技巨头在银行业竞争力较弱的国家提供更多的信贷服务。

3. 政府支持。新兴市场包容的金融监管态度允许科技巨头在适当的监管框架下提供某些金融服务，这为科技巨头拓展金融服务创造了有利环境。一些新兴市场政府通过发展金融基础设施，如开发新的支付系统、完善数字身份技术、应用监管沙箱等，支持科技巨头的金融服务业务发展。

4. 资金和人才的可获得性。随着新兴市场的风险投资越来越活跃，融资可获得性不断提高，许多科技巨头将总部设在新兴市场，以谋求快速发展。同时，新兴市场的发展吸引了全世界一流人才聚集，这对科技巨头业务发展和技术创新有着正面促进作用。

三、科技巨头的金融服务为新兴市场带来的收益与风险

（一）收益

1. 推动普惠金融发展。科技巨头提供的金融服务门槛低、受众广、包容性强，提高了新兴市场中低收入、农村地区等传统金融服务无法覆盖人群的金融服务可获得性，使他们得以进入正规的金融体系，并获得某些保护，如消费者保护监管和存款保险，这有助于增加新兴市场的消费者福利、促进金融稳定。

2. 提高金融服务效率。科技巨头通过技术应用提供更便宜、更方便、更适合用户需求的产品，从而提高金融服务效率。与发达经济体中科技巨头的金融服务主要集中在支付领域不同，新兴市场中由于传统金融机构金融服务渗透率较低，因此科技巨头可以提供范围更广的金融产品。此外，传统金融机构通过与科技巨头合作也能加强与客户的联系、提高金融服务的效率，如科技巨头为传统金融机构提供新的终端用户界面，有助于改善客户关系、提升客户体验。

3. 完善金融基础设施。在金融基础设施不太发达的新兴市场，科技巨头对科技的应用有助于促进核心金融基础设施发展，提高金融体系的韧性和包容性。金融机构通过与科技巨头合作能够提升其运营弹性，如使用科技巨头的云计算或分析工具提高金融科技水平。一些科技巨头还投资于创新技术解决方案，以克服当地基础设施落后的问题，如开发离线支付功能，保障在互联网中断时可以使用数字支付。

（二）潜在风险

1. 对传统金融机构产生威胁。科技巨头在新兴市场中提供的金融产品可能与传统金融机构产生激烈竞争，如存款类产品的竞争，可能会影响银行的资金成本和稳定性。在中国，部分银行通过提高存款利率刺激客户回流，以应对科技巨头提供的数字钱包等竞争。这导致传统金融机构的资金成本大幅增加，同时客户存款流动性的增加也会降低银行资金的稳定性。

2. 损害消费者权益倾向。一是新兴市场中较弱的消费者保护和监管框架可能导致消费者获得与其需求和风险状况不匹配的金融服务。科技巨头使用自身的信用评分体系评估客户，使一些客户获得比传统金融机构提供的更多、更快的贷款，这可能导致客户作出过度负债等财务决策。**二是**科技巨头对客户数据的不当使用也会损害消费者权益。相比发达国家，一些新兴市场缺乏对客户数据使用的严格监管，部分科技巨头缺乏对客户数据的有效保护，并且尚未明确从科技巨头非金融业务部门获取的数据的使用权利。同时，新兴市场的消费者为了获取科技巨头提供的服务，可能愿意放弃个人数据和隐私保护。

3. 科技巨头的主导地位影响市场竞争和金融稳定。一是相比传统金融机构，科技巨头面向更多的潜在客户群体，因此在某些金融服务领域，科技巨头占据市场主导地位。如肯尼亚的一家科技巨头是移动转账服务的市场领导者，拥有超过 2500 万用户，占肯尼亚人口一半以上。科技巨头会通过开发系列产品打造闭环系统、利用对通信等基础设施的控制等手段削弱竞争，不断强化其市场主导地位。**二是**科技巨头在新兴市场的金融服务规模和集中度较高，一旦拥有系统性金融服务业务的科技巨头中断服务，可能使其所服务的新兴市场发生系统性风险，从而影响金融稳定。

4. 对监管构成挑战。一是新兴市场的监管部门可能缺乏对科技巨头监管的资源或能力。科技巨头技术成熟、规模巨大、公众形象较好，使科技巨头拥有一定的与监管部门谈判和议价的能力，可能倾向于不遵守某些监管要求。**二是**科技巨头跨国、跨地区经营会增加监管漏洞的风险。为了确保对科技巨头跨国金融服务进行有效监管，监管部门需要增强跨地区、跨部门合作，并制定新的监管框架和标准。

5. 在基础设施薄弱地区有较大运营风险。大部分新兴市场的基础设施建设水平较低，恢复和响应能力不够强，使依赖电信等基础设施的科技巨头在新兴市场中存在较大的运营风险。如科技巨头在新兴市场的金融服务容易受到网络安全事件影响，使新兴市场金融基础设施稳定性和弹性较差，对其金融稳定构成较大的风险。

四、新兴市场对科技巨头的金融监管实践经验

新兴市场的监管部门通过制定一系列政策有效促进了金融服务创新。部分新兴市场政府通过推动支付基础设施和数字身份的发展以提高金融科技水平。阿根廷、波兰、沙特阿拉伯、俄罗斯和泰国已设立专职机构（如创新中心、监管沙箱试点）等，以制定支持创新的政策。部分监管部门利用专门的“创新促进者”协助金融服务业的新从业者，或通过圆桌会议和其他形式的活动加强与科技巨头的联络。

（一）针对科技巨头与金融机构不同的互动模式采取相应监管政策

如果科技巨头与现有的金融机构采用合作模式，监管部门应明确划分金融机构与科技巨头的责任和义务，并评估潜在的集中和操作风险。如果科技巨头与现有机构之间构成竞争，虽然监管职责无须保护金融机构免受竞争，但金融监管部门可继续观察金融机构的商业应对措施，以及相应的风险状况、可行性和抗风险能力。

（二）加强国际监管合作以应对科技巨头在跨境业务上的扩张

监管部门应制定、应用和调整其监管框架，以确保对科技巨头提供的跨境金融服务进行有效监管，同时应密切留意其发展对金融稳定的影响，并加强银行、证券和保险监管部门之间的国内和国际合作等。如各国监管部门间应加强对跨境支付和汇款方面的政策共识，从而提高平台间的互操作性。

（三）以“相同的风险、相同的监管”为原则对科技巨头加强监管

虽然科技巨头的核心业务并非金融业务，但金融监管部门也应对其金融服务进行适当的监管，如有必要，还应调整监管框架，确保所有金融服务活动受到监管。此外，科技巨头与科技供应商或其他公司如有新形式的合作，或在单一平台上提供一系列金融服务活动，这些活动都应该受到监管。一些新兴市场的监管部门已经制定了基于业务的监管法规，以适应科技巨头推出的金融服务，如撒哈拉以南非洲的一些地区为电子货币机构制定了专门的监管框架和许可证。

（四）强化对数据管理、运营风险、消费者保护等方面的监管

一是健全数据治理框架。监管部门应就数据权利的明确性、数据的保密性和可用性、数据隐私、数据的道德使用等方面的问题对科技巨头加强监管，同时应关注跨境数据流动的问题。**二是**考虑科技巨头金融服务运营风险。在新兴市场中，科技巨头的金融服务活动依赖当地通信、网络等基础设施，因此监管部门应考虑到运营弹性等因素，加强跨部门合作，提升基础设施的业务恢复能力。**三是**注重消费者保护。在新兴市场，科技巨头持有大量消费者的资金，监管部门应加强对客户资金等方面的保护，如要求隔离客户资金、建立存款保险计划、利用技术等手段加强监督和法律保护等。

（中国人民银行广州分行
孔凡东　叶婷婷　潘在怡　杨博文　编译）

科技巨头的两万亿牛市

摘要：2020 年 2 月 22 日，《经济学人》杂志发表封面文章《科技巨头的两万亿牛市》。文章指出，科技巨头股价快速上涨引发了对市场泡沫以及因权力高度集中而导致经济危机的担忧，但它们的消费者认同度、巨大的市场规模和发展空间，仍然会推动其继续扩张，而且监管机构就税收、个人隐私保护和不正当竞争等问题对其处罚造成的影响也十分有限。文章阐述了科技巨头当前发展面临的主要问题，一是对非科技公司的利润挤压导致民众生计受到影响，从而使民众对科技巨头产生抗拒、愤怒的情绪；二是经济衰退时科技巨头打击竞争对手的一些做法可能会引发民愤；三是科技巨头在政治领域影响力的增加，也使它们的形象受损。文章还介绍了主要国家和地区对科技巨头的监管政策。

2018 年，硅谷词典引入新名词“Techlash”，指消费者和监管机构对科技巨头的抗拒情绪所带来的风险，但如今这种风险似乎已经不复存在。尽管监管机构仍在讨论新的监管规定，消费者仍为个人隐私担忧，美国五大科技巨头[①]的股价却在过去一年内出现牛市行情，股价上涨 52%，总市值增长了近 2 万亿美元，相当于德国证券市场上市公司的总市值。其中，Alphabet、Amazon、Apple 和 Microsoft 的市值都超过 1 万亿美元，Facebook 的市值也达到了 6200 亿美元。尽管投资者一直讨论“Techlash”带来的投资风险，但波士顿、伦敦和新加坡的基金经理却认为市场无须担心，

① 分别是 Alphabet（谷歌重组后的公司）、亚马逊（Amazon）、苹果（Apple）、微软（Microsoft）和脸书（Facebook）。

"Techlash"无法阻止科技巨头继续盈利，他们还表示将进一步加大对上述科技巨头的投资。

科技巨头股价的飙升，引发了两种截然相反的担忧。一种担忧是**投资者的追捧是否引发了投机性的市场泡沫**。数据显示，当前五大科技巨头总市值高达 5.6 万亿美元，约占美国标普 500 指数股票市值的五分之一，而上一次股票市场的市值集中度达到这个数值还是 20 年前，但随后市场就出现了泡沫破裂，并最终导致股票市场崩盘。另一种相反的担忧是投资者可能是正确的。**科技巨头的巨额估值表明，其利润将在未来 10 年内翻番，这将造成经济和政治权力的高度集中，并可能引发更大的经济危机。**

对股票市场泡沫的担忧非常合理。周期性的技术变革是现代经济中不可或缺的一部分，如 20 世纪 80 年代出现了半导体热潮，随后 90 年代个人计算机和互联网快速发展，但每个周期都以泡沫破裂告终。2007 年 iPhone 的推出标志着新周期开启，但到 2018 年似乎开始进入衰退期，智能手机的销售面临瓶颈，Facebook 的数据泄露丑闻则暴露了科技巨头对公众的个人隐私保护问题。与此同时，全球反垄断监管机构对科技巨头的监管也越发严厉。Uber 和 WeWork 等科技"独角兽"公司开始不断亏损，预示着已经开始出现繁盛期尾声的投机性市场泡沫。但对于五大科技巨头而言，当前的市场估值具备一定的基础，数据显示，在过去一年中，五大公司投资现金流合计 1780 亿美元，且市场规模扩张并未放缓，最近一个季度的营业收入增长中位数达 17%，增速与 5 年前基本保持一致。

虽然消费者对科技巨头的个人隐私保护有所担忧，但他们更愿意享受这些公司的服务所带来的购物和消费便捷度的提升，如便利地进行电子支付。2018 年，Facebook（包括旗下的 Instagram、Messenger 和 WhatsApp）的用户数就增长了 11%，达到 23 亿。监管机构已就科技巨头的税收、个人隐私保护和不正当竞争等问题进行了处罚，但这些处罚的金额显得有点微不足道，还不足五大科技巨头总市值的 1%。另外，一些"独角兽"公司及其最大的投资者软银（SoftBank）的失败经历表明，当今市场仍难以复制五大科技巨头的规模和网络效应。

与此同时，科技巨头的发展潜力和空间仍然巨大，许多经济领域尚未实现数字化。在西方国家，仅十分之一的零售业务是在线上完成，五分之一的计算工作通过 Amazon、Microsoft 等公司的云端完成。**科技巨头在全球范围内运营，为其提供了更大的扩展空间，尤其是在数字技术上投入仍相对较低的新兴经济体中。**

当前科技巨头的发展也面临一个问题，即如果投资者认为科技巨头规模将继续扩张，并进入更多行业实现多元化发展（如医疗保健、农业），那么民众对科技巨头的抗拒和愤怒不会消失，反而会愈演愈烈。**一方面**，随着科技巨头市场业务范围的扩大，非科技公司的利润空间将受到挤压，越来越多民众的生计将受到影响，从而对科技巨头产生抗拒、愤怒的情绪。目前，粗略衡量科技巨头规模的一种方法是计算其某年全球利润相对于美国当年 GDP 的比值。按照该方法计算，正在向服务业大规模进军的 Apple，其规模已与标准石油公司和美国钢铁公司 1910 年鼎盛时期相当；Alphabet、Amazon 和 Microsoft 则将在未来 10 年内达到这一规模。**另一方面**，当经济衰退时，科技巨头会引发新的民愤。五大科技巨头在全球雇佣了 120 万名员工，每年支出近 2000 亿美元。一旦出现经济衰退，这些公司将采取类似 20 世纪 70 年代汽车制造商以及 2008 年国际金融危机时华尔街的做法，不断挤压供应商盈利空间、削减投资或打击实力较弱的市场竞争对手。此外，科技巨头在政治领域也已经开始扮演“反面角色”，通过网络、媒体等不断影响全球不同国家和地区的选举。

从目前的情况来看，民众对于科技巨头的愤怒可能远未达到顶峰。在美国以外的其他国家和地区，监管机构已采取行动，但仍处于探索阶段。中国已对本土科技巨头进行战略性国家监管，并希望减少对 Apple 等硅谷公司的依赖，而 Apple 等硅谷公司本身也已经受到新冠肺炎疫情等其他不利因素影响。全球至少 27 个国家正在考虑或已经开始征收数字税。印度出台政策打击电子商务相关违法行为。欧盟保护个人数据主体对数据的所有权和控制权，尽管这需要经过多年的创新和努力去构建一个便于消费者使用和受益的体系。此外，欧盟还在本周提议限制人工智能。即使在美国，反垄断团体也可能对科技巨头并购初创企业进行限制，而这恰恰是Alphabet和Facebook能够成功所采用的重要策略。

五大科技巨头总市值已经高达5.6万亿美元，将可能成为有史以来最成功的公司。只要全世界都袖手旁观，它们的规模甚至会比现在大很多。直至今日，科技巨头基本都安然无恙，但如果它们的规模继续扩张，就越来越有理由怀疑这种扩张是否还能持续下去。

（中国人民银行广州分行
孙方江　王濛　潘在怡　李俏莹　编译）

澳联储关于金融科技、支付创新和数字货币的报告

摘 要： 2020 年 1 月 8 日，澳大利亚储备银行（Reserve Bank of Australia，以下简称澳联储）向参议院金融技术和监管技术特别委员会提交报告。报告介绍了澳大利亚支付方式转变、新支付平台（NPP）上线、金融科技公司助推支付创新等方面的变化，阐明了澳联储在支付系统中的监管定位及其清算账户监管政策，通报了澳联储近期在金融科技、NPP 建设及治理、零售支付法规完善等方面的调研磋商进展情况。报告还阐述了澳联储对数字身份认证和数字货币的观点和看法，一是认为数字身份认证服务有利于在线上互动中建立信任，同时支持数字身份认证框架“TrustID”；二是支持七国集团（G7）峰会关于不允许私营部门发起全球稳定币计划的观点，认可央行数字货币（CBDC）具有低成本高效率等优势，也进行了一项关于央行数字货币的创新试验，但目前尚无发行央行数字货币的考虑。

一、支付系统变化趋势和创新

（一）技术创新使支付方式逐渐从现金和支票向电子支付转变

一是借记卡和信用卡在小额支付领域中的应用不断普及，这是电子支付增长最显著的特征。**二是**银行卡收单机构新推出的感应式“一触即付”（Tap and Go）支付方式[①]已被人们广泛接受，交易量已占银行卡消费交易

① Tap and Go，简称“一触即付”或“感应式支付”，是指银行卡、手机或可穿戴设备与感应设备彼此靠近的情况下进行数据交换，从而实现小额快捷付款的方式。

量的 80% 左右。**三是**电子商务业务量随着银行卡线上支付交易的不断增长而增长。

（二）新支付平台的上线是支付领域的另一重大变革

新支付平台（New Payments Platform，NPP）是澳大利亚于 2018 年推出的实时零售支付系统，它具有以下特点：**一是** 7×24 小时不间断运行，支持用户电子账户收付款实时到账；**二是**用户可以用电子邮箱或手机号码进行认证并绑定账户作为付款身份标识（PayID），PayID 的应用使支付更加简单便捷，其中 PayID 包含电子邮箱地址和电话号码；**三是**采用 ISO20022 信息标准，付款时可传递更多信息用于支持其他业务活动。

NPP 由 NPP 澳大利亚有限公司（NPP Australia Limited，NPPA）拥有和运营。该公司由包括澳联储在内的 13 家金融机构共同出资组建，其中澳大利亚四家大银行贡献了 NPPA 约 75%的资本，但在目前董事会投票中，只拥有 11 票中的 4 票。NPP 的参与者主要有四种类型：**一是**直接参与者，使用自己的支付网关直接接入 NPP。它们必须是有资质的存款机构（ADI）或受限制的存款机构（RADI），必须在联邦银行开立清算账户并成为 NPPA 的股东。**二是**间接参与者，通过直接参与者的支付网关接入 NPP。它们也必须是 ADI 或 RADI，在联邦银行开立清算账户并成为 NPPA 的股东。**三是**特许参与者，由直接参与者代理其参与 NPP 清算。特许参与者无须是 ADI 或 RADI，也无须是 NPPA 股东或在联邦银行开立清算账户。**四是**关联机构，使用自己的支付网关接入 NPP，能够通过 NPP 发送支付发起或信息类（非交易类）报文，不参与支付和清算环节，无须成为 ADI 或 RADI，也无须在联邦银行开立清算账户。目前，NPP 还没有关联机构，但 NPPA 表示正在与许多有意向的参与方开展探讨。

NPP 具有较好扩展弹性，能适应支付创新发展的需要，极大地解决了原有银行转账到账延迟（特别是在非工作日）等问题，推出以来业务量稳步增长。截至 2019 年 11 月底，共有 80 多家金融机构向最终用户提供 NPP 支付服务，通过 NPP 可以访问超过 6500 万个澳大利亚银行账户，已注册 PayID 共 380 万个，每人每年大约有 16 笔交易通过 NPP 完成。

（三）科技公司进入支付领域推动澳大利亚支付市场不断创新

在大多数情况下，无论是科技巨头企业还是小型金融科技公司，都仍然依靠现有的支付基础设施和支付系统参与者来进行支付领域创新，这些创新包括，**一是**移动支付平台或数字钱包。如Apple、谷歌和三星提供的数字钱包，可用于近场通信（NFC）或二维码（QR）与支付终端通信，进行非接触式付款。**二是**“先买后付”（BNPL）服务。客户可先购买商品或服务，然后通过低利率或零利率的分期付款方式向“先买后付”提供方延迟付款，一般可延迟1~2个月，目前这些服务已被线上线下零售商所广泛接受。**三是**应用程序内付款（In-app Payment）。将付款嵌入交易中，一次性获取客户详细信息，无须对后续交易进行授权，通常用于打车软件和送餐服务软件中。**四是**线上国际汇款业务。该业务提供者通常绕开传统的代理银行业务流程，通过使用各个国家和地区当地的银行账户进行资金归集和转移，转账服务比大多数银行更便宜、更快捷。

澳大利亚支付系统的种种变化和创新有助于提高整体经济的生产效率，为澳大利亚向数字经济转型提供有力支持。充分利用支付交易附带数据的能力，如NPP在支付时传输电子发票、付款信息、财务报告等数据，可能成为最大限度提高支付系统生产力的重要举措。这些功能行业内部已经在开展研究，可能在未来几年内实现。向“支付+数据”的转变也给金融科技公司带来了更多机会，推动其通过开发数据创新服务，提高支付的便捷性和效率，并降低支付系统风险。

二、支付系统监管

（一）澳联储监管定位

依据1959年澳大利亚《储备银行法》，澳联储对澳大利亚支付系统进行监管，其下属支付系统委员会（PSB）负责制定支付系统监管政策。澳联储的监管具有以下特点：**一是**澳联储部分监管依赖行业自律（如支付清算系统框架由澳大利亚支付网络协会进行管理），澳联储仅在行业无法或不愿解决的情况下，基于公众利益实施必要监管，主要包括制定相关系统的准入标准和访问权限、制定银行卡系统的交换费以及与商户有关的规则，监管范围相对狭窄。**二是**澳联储不对支付服务提供者发放牌照或进行授权，金融科技公司等**提供零售支付服务的机构无须向其申请金融许可或授权，只有当金融科技公司接入受澳联储监管的支付系统时才被纳入其监管范畴。三是**制定有利于促进市场竞争的准入制度。目前，澳联储对 Visa 和 MasterCard 等卡组织实施准入，而由各卡组织自行制定透明且适当的基于风险的成员机构资格评估标准，并向澳联储报告成员机构有关信息，这便于非银行机构加入卡组织清算网络。澳联储 2009 年推出的 ATM 系统准入制度也有同样考量，其目的就是便于新加入者成为 ATM 系统的直接参与者，促进市场良性竞争。

（二）澳联储清算账户政策

1999 年，澳联储放宽了非银行支付机构取得清算账户资质的准入条件，成为最早放宽清算账户准入条件的中央银行之一，导致清算账户持有者数量持续增加，如 Tyro、Adyen、First Data 和 EFTEX 等非银行支付机构都拥有清算账户。近期，澳联储加大了对包括金融科技公司在内的清算账户持有者的审查力度，更新了清算账户政策（已于 2019 年 7 月正式生效），旨在促进市场竞争的同时，确保操作风险、流动性风险等得到有效管控。主要变化包括，**一是**申请人需要提供更详细的资料信息，如经审计的财务报表、业务连续性计划、公司治理和运营报告等。**二是**澳联储有权要求申请人提供以下一项或多项信息，如关于申请机构本身、董事、主要管理人员、股东和其他关联方的有关报告等。**三是**澳联储有权要求申请人提供经其认可的独立专家出具的报告，以评估申请人是否落实反洗钱和反恐怖主义融资（AML/CTF）等有关政策和要求。

三、澳联储各领域调研磋商进展情况

（一）金融科技公司方面

近几年，澳联储重点调研了分布式账本等新技术在支付系统中的应用问题，并就特定政策和法规等问题与部分金融科技公司及利益相关方展开了磋商。**一是** 2019 年 4 月，针对 ISO20022 报文标准应用于部分支付系统信息传递征求意见。ISO20022 报文强大的数据承载能力可以使金融机构为客户提供更多创新且具有竞争力的服务。**二是** 2018 年年中开始，澳联储参与了金融监管委员会（CFR）对储值支付工具（SVF）框架的审查，旨在建立一个促进竞争和创新的监管框架、提供适当的消费者保护、精简监管流程。CFR 最近结束了审查，建议政府简化和改进与 SVF 有关支付系统部分的监管要求，打破行业准入壁垒便于金融科技公司进入，并在新 SVF 框架中引入更多的分级监管。

（二）新支付平台（NPP）方面

2018—2019 年，在澳大利亚公平竞争和消费者委员会（ACCC）帮助下，澳联储对 NPP 的功能和使用情况进行了调研，部分金融机构及金融科技公司等利益相关方表达了它们的看法。报告认为 NPP 的建成在一定程度弥补了原有支付系统的不足，但主要银行推出 NPP 服务缓慢且不均衡，报告还对 NPP 提出了以下建议：**一是**接入条件方面。建议 NPPA 重新评估参与者必须是 ADI 的接入要求；建议 NPPA 通过降低参与者持股要求下限，如允许参与者通过分期付款认购股份等方式降低持股要求。**二是** NPPA 公司治理方面。任命第三位独立董事；重新审查关于接入申请审核等制度安排；每年至少发布一次年度接入者申请数量报告；当 NPPA 董事会拒绝系统接入申请时，应在一周内通知支付系统委员会。**三是**建议 NPPA 提高 NPP 关于批发交易手续费定价的透明度。除了对修改参与者 ADI 接入要求提出异议外，NPPA 表示采纳绝大部分建议。

（三）零售支付法规方面

澳联储每 5 年对银行卡支付监管框架进行一次全面审查，并于 2019 年 11 月发布了初步报告。本次审查不局限于银行卡支付规定本身，而将调研范围扩大至银行卡支付系统以外的支付系统，鼓励利益相关方在以下方面提出反馈意见：**一是**根据新技术、新参与者或新商业模式，是否需要修改现行法规、是否有必要采取进一步措施来鼓励支付行业的创新和技术发展等。**二是**移动设备、数字平台的发展日益重要，对零售支付系统和澳联储监管框架产生了哪些影响。**三是**与“先买后付”服务增长潜在相关的政策问题，如其是否应遵循与传统银行卡支付系统相同的附加规则等。**四是**在银行监管中使用监管科技的可行性。

四、澳联储关于数字身份认证和数字货币的观点

（一）数字身份认证

1. 数字身份认证服务有利于在线上互动中建立信任。如在金融领域，数字身份认证服务有助于减少身份欺诈，提供便捷安全的方式来验证个人身份，是“开放银行”的一部分。

2. 数字身份认证服务可以促进竞争。一方面，可以减少客户身份识别所需的尽职调查成本；另一方面，可使在线申请账户更快捷便利。

3. 澳联储大力支持以澳大利亚支付委员会（APC）为首的支付行业在澳大利亚发展便利化数字身份认证服务。APC 在 2019 年 6 月完成了首版数字身份认证框架“TrustID”，该框架可解决目前澳大利亚数字身份认证竞争问题，允许用户在首个服务提供商进行身份认证后，在其他网站共用该认证结果，不再重复进行身份认证。

4. 澳联储鼓励市场参与者利用这些框架推出数字身份认证服务。希望可以建立一个受众面广的数字身份认证系统，并提供有竞争力且可共享的数字身份认证服务，金融科技公司也可参与建设数字身份认证系统。

（二）加密货币

1. 迄今为止现有的加密货币未提供完整的货币职能。第一代加密货币（如比特币）价格波动很大，其价值储藏职能不足。加密货币很少用作记账单位，因为商品和服务通常以本国货币定价。虽然可将加密货币用作支付手段，但目前尚未广泛使用或接受。

2. 稳定币等加密货币，试图解决现有加密货币的缺陷。Libra 协会最近宣布启动“全球加密货币”计划。基于拥有庞大客户群和技术能力的 Facebook 等多家公司的参与，Libra 可能被广泛使用。Libra 有别于现有加密货币，它将得到包括一篮子银行存款和以多种货币计价的短期政府证券

在内的资产储备的全面支持，目的是增强公众对加密货币的信心，并在一定程度上减少其价格波动。Libra 等稳定币具有在全球范围内运作的潜力，促使全球监管机构密切关注加密货币的潜在风险和收益。

3. 澳联储支持 G7 关于不允许私营部门发起全球稳定币计划的观点。2019 年 10 月，G7 发布的全球稳定币报告称，与现有支付方式相比，加密货币更有效率和包容性，尤其是在跨境支付方面，但也带来了重大的法律和监管风险，包括对消费者和投资者的保护、数据隐私、货币政策和金融稳定等方面。因此，G7 警告称，在解决所有风险和满足监管要求之前，不允许私营部门发起全球稳定币计划。澳联储支持这一观点，认为监管机构应研究现有监管框架是否足以应对全球稳定币带来的风险，确保私营部门稳定币计划在监管框架下运作。在澳大利亚，即使全球稳定币符合所有监管要求，也不确定是否有强烈的市场需求，尤其是国内市场已经有各种低成本、高效率的实时付款方式（如 NPP）。此外，尽管银行在跨境支付服务方面做得还不够好，但已经有很多非银行支付机构开始提供便捷且便宜的跨境汇款服务。

（三）央行数字货币

近年来，私人发行加密货币引发了人们对央行发行数字货币的讨论。央行数字货币是一种数字形态的货币，在区块链平台上由中央银行（而不是商业银行）发行。与现金、银行存款类似，央行数字货币将以主权货币计价，并可与其他形式的货币等价兑换。

1. 尚未确定发行央行数字货币以供家庭使用的必要性。因为商业银行存款既可以计息，也具有支付功能，并受到“金融债权机制”的保护（每户最高 250000 美元），家庭对央行数字货币的需求可能很少。当然，也不排除市场对央行数字货币的需求突然涌现，如果央行数字货币很容易从商业银行存款中转出，那么可能引发银行挤兑，所以需要仔细考虑央行数字货币对金融稳定的影响。此外，如果家庭对央行数字货币的需求持续旺盛，则意味着商业银行的存款将持续下降，用于家庭和企业贷款的可用资金将减少，因此，还需要仔细考虑央行数字货币对金融体系结构的影响。

2. 使用央行数字货币也具有一定优势。一是付款速度快、成本低、可靠性强。完全集成到区块链平台中的央行数字货币可以全天候供参与者进行实时支付，而无须依赖外部支付系统。**二是**更容易支持“原子交易”。集成在区块链平台中的央行数字货币可以轻松实现“原子交易”，意味着交易要么全部执行，要么都不执行，应用到券款对付结算（DvP）时，可以减少结算风险。**三是**属于可编程货币。央行数字货币与区块链上的智能合约相结合，可实现新型的可编程货币。货币的支付或划转可自动执行，而无须依托可信第三方。

3. 目前尚未有应用央行数字货币的考虑。“政府支持的数字主权货币”在澳大利亚金融科技行业 14 种可能促进增长的政策措施中排序靠后。2018 年下半年，澳联储建立了一个小型内部创新实验室，进一步了解与监管政策、监管职责相关的新技术的发展情况。澳联储期望通过创新实验明确，作为现金的发行者和支付体系的监管者，澳联储发行中央银行数字货币（即数字澳元）是否符合其职能定位。目前在创新实验室里进行的一个重要工作就是，在一个私营的、经许可的以太坊网络下，模拟整个清算系统运行，以及央行向商业银行发行数字货币、商业银行间进行资金清算、货币回笼等全流程的概念验证操作。澳联储计划在未来继续拓展这项研究。

（中国人民银行天津分行　郭巍　柳勇　刘洋；
中国人民银行支付结算司　蒋文超　张玲　王军　编译）

关于全球央行数字货币的调查报告

摘要：2020 年 1 月 23 日，国际清算银行（BIS）发布了全球央行数字货币（CBDC）调查报告，调查显示，越来越多的央行正在开展有关数字货币的研究，新兴市场经济体开展研究的动机更强烈，研究重点为应用于零售交易场景的通用型数字货币。现金使用情况是很多国家开展央行数字货币研究的关键因素，但目前只有四分之一的央行拥有或即将拥有发行央行数字货币的法律权力，大部分国家短期内发行央行数字货币的可能性仍然较小。此外，大多数央行也在关注加密货币和稳定币的潜在影响。

一、调查背景及概况

央行数字货币是由一个国家的中央银行（以下简称央行）发行的数字货币。根据可获得性的不同，可将央行数字货币分为批发型（Wholesale）和通用型（General Purpose）两类。其中，批发型央行数字货币是基于代币用于批发结算的数字货币，可应用于银行间或证券结算等，它的使用受到严格的限制，侧重于提升效率；通用型央行数字货币是基于代币或账户对社会公众发行的数字货币，类似于数字现金，主要应用于零售交易，可被广泛使用。

2018 年，国际清算银行支付与市场基础设施委员会对全球 63 个国家和地区（覆盖全球约 80% 的人口）的央行数字货币相关情况进行了调查，结果表明大多数国家和地区已经开始研究央行数字货币的影响，但大部分研究是概念性的，只有少数国家和地区表示会发行央行数字货币。2019 年，国际清算银行再次组织对全球 21 个发达经济体、45 个新兴市场经济体（覆盖全球约 75% 的人口和 90% 的经济产出）的央行数字货币相关情况进行了调查，调研内容主要包括是否计划发行央行数字货币、是否具有发行的法律权力、发行的动机和预期、可能发行的类型和工作进展等。

二、调查结果

（一）越来越多国家和地区正在开展或即将开展央行数字货币研究

调查显示，约 80% 的国家和地区正在开展央行数字货币研究工作，较 2018 年提高了 10 个百分点，其中一半的国家和地区同时关注批发型和通用型央行数字货币；约 40% 的国家和地区对央行数字货币的研究已从概念研究发展到试验或者概念验证；约 10% 的国家和地区已开发试点项目，均为新兴市场经济体。尚未关注央行数字货币的国家和地区主要位于小的司法管辖区，它们认为相比央行数字货币，有其他更紧迫的事项需要优先考虑。许多国家和地区的央行表示，将继续依靠国际组织特别是国际清算银行和国际货币基金组织开展相关研究。

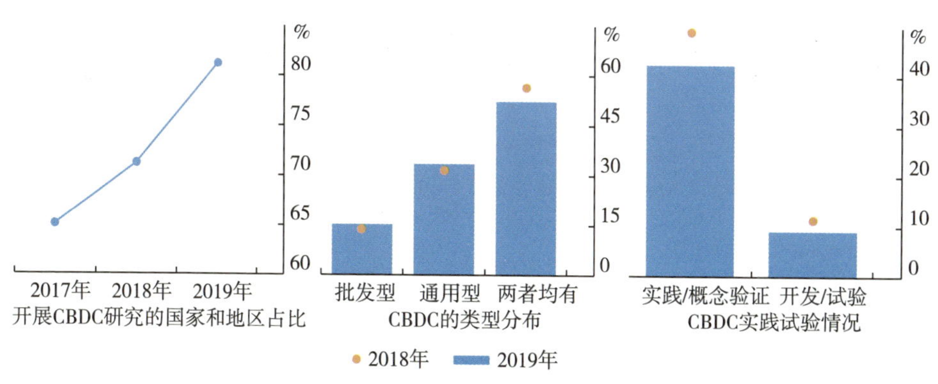

图 1　各国央行数字货币研究总体情况

（二）新兴市场经济体开展央行数字货币研究工作的动机更强烈

调查显示，与发达经济体相比，新兴市场经济体具有更强的动机开展央行数字货币相关工作，尤其是视为现金补充或替代的通用型央行数字货币。各国央行研究通用型央行数字货币的动机也普遍强于批发型央行数字货币。新兴市场经济体认为，央行数字货币在提高金融稳定性、促进金融普惠性、提升支付效率和安全性等方面具有非常重要的作用。而发达经济体则认为，央行数字货币主要在提高金融稳定性及支付安全性方面具有非常重要的作用。

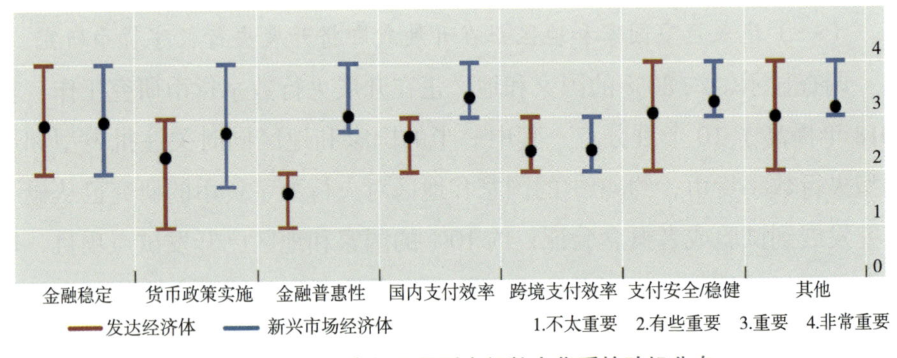

图 2　各国央行发行通用型央行数字货币的动机分布

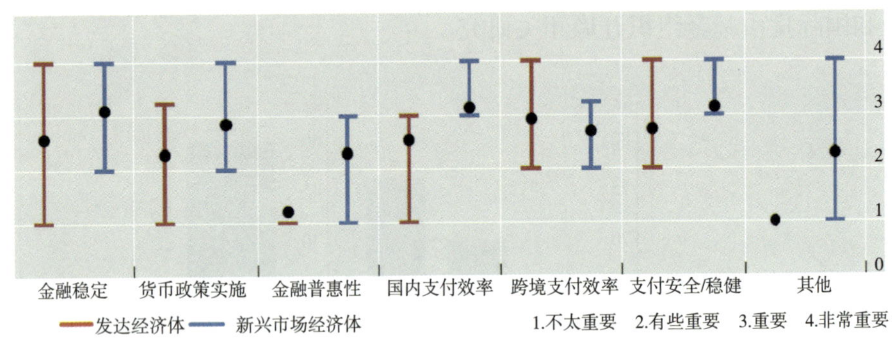

图 3　各国央行发行批发型央行数字货币的动机分布

（三）央行数字货币可能解决现金使用带来的挑战

调查显示，近一半的央行正在调查公众使用现金的情况，三分之一的央行担心中期内现金的使用率可能下降。一些国家开展央行数字货币研究的动机与现金的使用情况有关。部分国家和地区高度依赖现金，其发行央行数字货币的动机主要是降低成本、落实客户身份识别（KYC）原则和打击恐怖主义融资；部分国家和地区则面临相反的挑战，现金使用率呈下降趋势，其发行央行数字货币的动机主要是让公众持续使用央行货币。

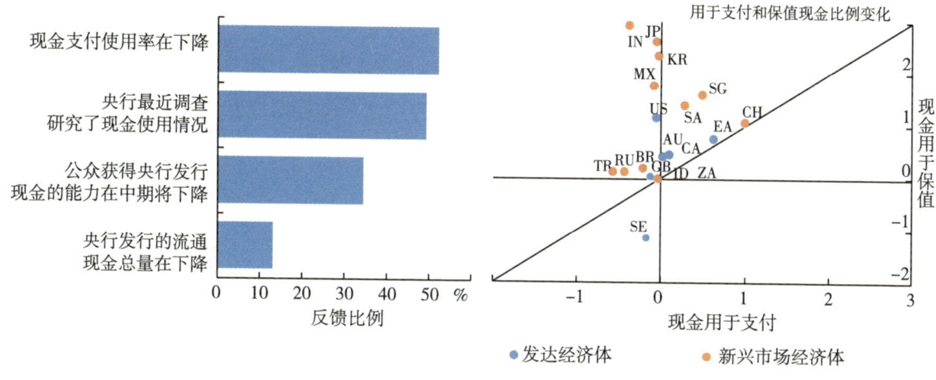

图 4　现金支付使用率呈下降趋势

（四）发行央行数字货币的法律权限存在不确定性

调查显示，约四分之一的央行拥有或即将拥有发行央行数字货币的法律权力，三分之一的央行没有法律权力，约 40% 的央行仍然不确定是否具有法律权力。此外，由于部分央行尚无任何发行央行数字货币的计划，因此可能无法描述其关于发行央行数字货币的职权。

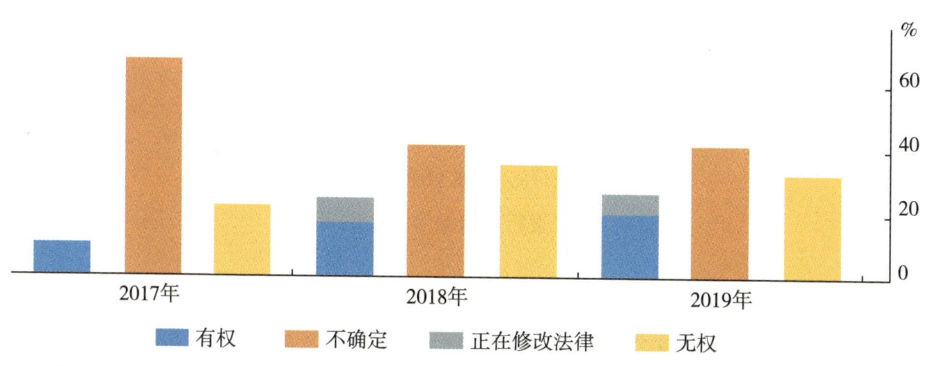

注：在 2017 年调查中未设“正在修改法律”的选项。

图 5　发行央行数字货币的法律权限

（五）绝大多数国家发行央行数字货币的可能性仍然较小

调查显示，约 70% 的央行认为在可预见的未来不太可能发行央行数字货币，10% 的央行表示可能在短期（3 年内）发行通用型央行数字货币，20% 的央行表示可能在中期（6 年内）发行通用型央行数字货币。从全球影响力来看，短期内发行的影响可能更大，因为在短期内可能发行通用型央行数字货币的国家和地区占据了五分之一的人口，而中期可能发行通用型央行数字货币的国家和地区的人口仅占全球的 2%。此外，很少有央行表示将在短期或中期发行批发型央行数字货币，甚至在 2019 年表示短期内会发行批发型央行数字货币的央行中，有一半表示目前没有短期发行计划，分布式账本技术仍面临较大的挑战。

与发达经济体相比，新兴市场经济体发行央行数字货币的可能性相对更大。表示在短期内可能发行通用型央行数字货币的均为新兴市场经济体；在中期可能发行通用型央行数字货币的经济体中，90% 为新兴市场经济体。接受调查的发达经济体央行均认为，在中短期内不太可能甚至极不可能发行批发型央行数字货币。

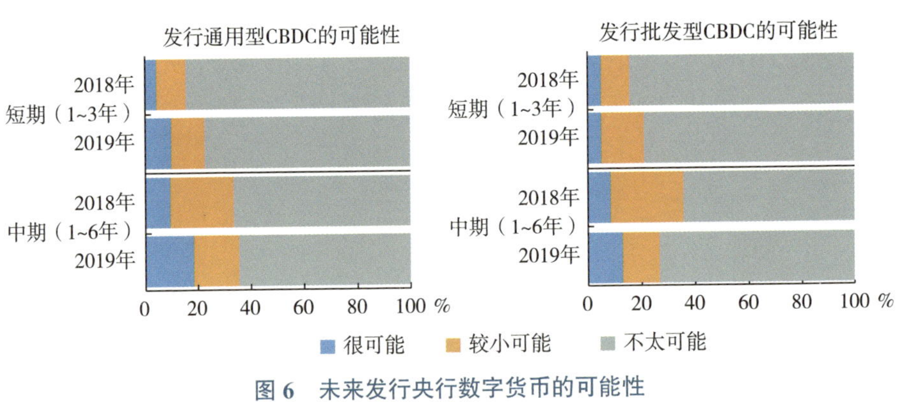

图 6　未来发行央行数字货币的可能性

（六）大多数央行关注加密货币和稳定币的潜在影响

加密货币是无发行人、不代表任何基础资产或负债的分布式数字代币，稳定币是具有可识别的发行人、代表基础资产所有权的代币。调查显示，加密货币尚未在各国国内或跨境支付中得到广泛应用，G7 认为稳定币在全球范围内可用时会带来许多风险，约有 60% 的央行在研究分析稳定币对货币和金融稳定的影响，而未考虑稳定币影响的几乎都是新兴市场经济体。只有少数央行表示，研究央行数字货币的动机来自对加密货币或其他私人数字代币的担忧。

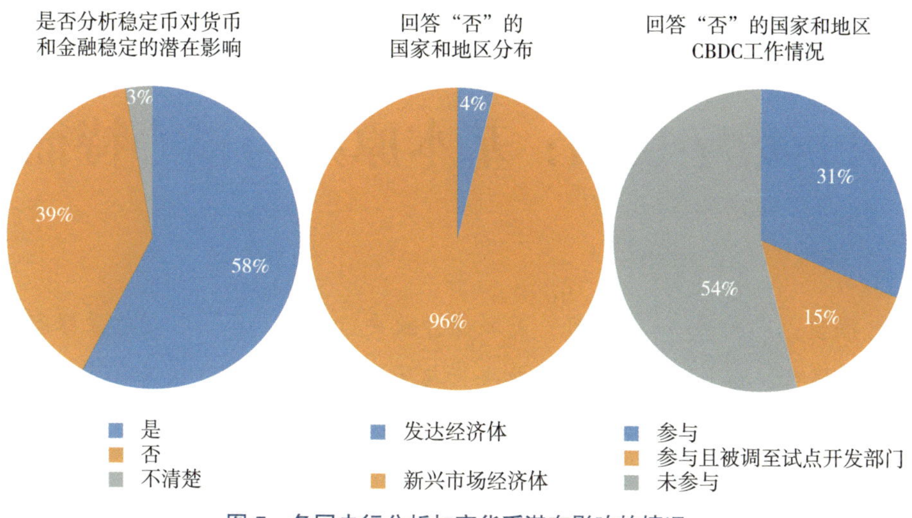

图 7　各国央行分析加密货币潜在影响的情况

三、结论

各国央行正持续推进央行数字货币研究，也有一些国家的央行在尝试各种设计，但尚未在全球扩展到广泛的试验或试点阶段。尽管各国央行研究央行数字货币的动机多种多样，但现金使用情况是推动许多国家研究央行数字货币的关键因素。新兴市场经济体央行旨在减少对现金的依赖，而发达经济体则希望能提早采取措施，防止未来公众使用央行货币时可能面临的问题。

数字货币的发行也可能引发跨境溢出效应，为避免无法预见的国际后果，各国央行有必要通过国际清算银行创新中心等国际机构开展合作，进一步加强在评估私人数字货币影响方面的协作。此外，稳定币可能会在那些数字货币没能成功的领域得到广泛的应用，越来越多的央行正在关注稳定币可能带来的金融体系以外的风险，并探索通过央行数字货币来对此加以改善。

（中国人民银行杭州中心支行　吴伟岐　蒋盈　施雯　编译）

央行数字货币：基本原则与核心特征

摘要：2020 年 10 月 9 日，美联储、欧央行、日本银行、英格兰银行、加拿大银行、瑞士国家银行、瑞典央行与国际清算银行联合发布了题为《央行数字货币：基本原则与核心特征》的报告。报告明确了什么是央行数字货币，分析了发行央行数字货币的动机和面临的风险挑战，指出了发行央行数字货币的 3 个基本原则——“无害”、共存、创新与效率，以及 14 个核心特征——可转换、便利、接受和使用、成本低、安全、即时、弹性、可得性、系统容量、可扩展、可互操作性、灵活性和适应性、健全的法律框架、适用标准。报告提出，未来要在遵循基本原则的基础上对各种影响公共政策目标实现的关键因素进行权衡；各国要在推动国内工作的同时，研究央行数字货币的跨境互操作性；国际组织要持续发挥协调作用，开展国际协作和信息共享。

一、央行数字货币的定义

央行数字货币（CBDC）是一种数字支付工具，是中央银行的直接负债。CBDC 不同于由私营支付服务提供商发行的、与中央银行持有资金相匹配的负债，私营支付服务提供商发行的数字货币本质上是一种“狭义银行货币”，最终用户对央行不拥有债权。“狭义银行货币”缺乏中央银行货币的中立性。中央银行可以在短时间内扩大其资产负债表并创造额外的负债，以应对潜在的需求，而私营支付服务提供商不能做到每笔负债都与央行持有的资金相匹配，因此“狭义银行货币”也不具备中央银行货币的流动性。本报告所指的 CBDC 是可供公众用于日常支付的

CBDC，不局限于批发型 CBDC。

二、发行 CBDC 的动机和面临的风险挑战

（一）支付动机和风险

1. 持续获得中央银行的资金。当前，在一些现金使用量较少的国家存在一种风险，即家庭和企业很难获得无风险的央行资金。而向公众提供央行资金是中央银行的义务，对于维护公众对货币的信心至关重要，CBDC 可以扮演“数字纸币”的角色，并履行这一义务。

2. 提高运作弹性。如果电子系统停止运作，现金可以作为备用的支付方式。然而，如果获取现金的渠道被边缘化，那么在需要的时候，现金作为一种备用方式的作用就会减弱。CBDC 可以作为另外一种支付方式，提高运作的弹性。与现金相比，在偏远地区或发生自然灾害期间，CBDC 是分配和使用资金的更好方式。值得注意的是，由于 CBDC 系统的端点数量大大超过目前中央银行系统的端点数量，如果对 CBDC 系统进行网络攻击可能迅速威胁到大量用户，所以防御网络攻击将成为重要课题。

3. 增加支付多样性。支付系统与其他基础设施一样，受益于强大的网络效应。支付服务提供商有动机将其平台构建为闭环系统。当仅少数系统占据主导地位时，就会出现高进入壁垒和高成本。如果存在多个系统，各个系统具有各自专有的报文传递标准，必然增加互操作的成本和复杂性。CBDC 提供了一种在分散的闭环系统之间进行转移的通用方式。

4. 促进普惠金融。数字化进程的加快可能使社会的某些阶层因为数字素养①、信息获取和数据隐私方面的障碍而落后于社会发展，从而形成“数字鸿沟”。对于许多新兴市场经济体的中央银行来说，研究 CBDC 的一个关键驱动力是促进普惠金融。考虑到这个问题的复杂性以及数字包容方面的问题，任何 CBDC 发行方案都需要考虑广泛的改革内容。

---

① 2012 年美国图书馆协会（ALA）将数字素养定义为利用信息与通信技术进行检索、理解、评价、创造和交流数字信息的能力。

5. 改善跨境支付。CBDC跨境支付涉及不同货币地区或货币种类，可以提高跨境支付的效率，系统的互操作性在改善跨境支付方面将起到重要作用。跨境支付本质上比纯粹的国内支付更为复杂，因为涉及大量的参与者、时区、司法管辖区和法规。对于CBDC系统来说，需要制定共同的国际标准，这就需要中央银行在开发过程中进行广泛合作。不同的法律和监管框架对跨境支付构成了重大障碍，CBDC跨境支付对货币政策和金融稳定的影响分析也需重点关注。

6. 保护公众隐私。现金的一个关键特征是不存在集中的持有或交易记录。一些人认为CBDC可能带来的主要好处是使电子支付具有某种程度的匿名性。但完全匿名是不可能的，虽然反洗钱和反恐怖主义融资的要求并不是中央银行的核心目标，也不是发行CBDC的主要动机，但各央行应设计符合这些要求的CBDC。对于CBDC及其系统来说，支付数据将是存在的，决定谁、什么情况下可以访问其中的哪些数据将是一个关键的政策问题。

7. 提高财政支付效率。对于一些司法管辖区来说，在应对2020年新冠肺炎疫情大流行的过程中，政府可以在危机中迅速向公众和企业转移资金，具有确定用户的CBDC系统也可有效提升财政支付效率，这充分证明了拥有高效支付基础设施的好处。

（二）货币政策的动机和风险

国际清算银行支付与市场基础设施委员会（CPMI）在2018年将“有利息”作为CBDC的五个关键设计要素之一。理论上，有利息的CBDC可以将政策利率变化立即传递给CBDC持有者，这也激励银行提高利率传导效率。但为了有效地传递货币政策，需要给出具有竞争力的利率，并允许公众持有可观的货币数额，这可能加剧资金流动的不稳定性。一些学者还探讨了中央和地方政府将负利率转嫁给公众的可能性。然而，负利率可以通过持有现金、使用外币或所谓的“加密货币”来避免，这将限制政策利率传导的有效性，并增加金融稳定风险。

除了利息之外，学者还讨论了如何利用CBDC直接向公众支付，或者与特定的货币政策相结合来刺激总需求。然而，这些问题的关键是如何准确识别接收人和他们所拥有的账户。CBDC 不是一个先决条件，也不一定有用，同时还可能模糊货币政策和财政政策之间的区别，尽管 CBDC 提供了一系列帮助货币政策执行的可能性，但还需要进一步考虑其可操作性。货币政策不会成为发行 CBDC 的主要动力。

（三）金融稳定风险

1. 银行脱媒现象。根据 CBDC 的设计原则，可能产生银行脱媒或者因不稳定因素造成资金挤兑的风险，从而破坏金融稳定。如今，公众可以通过提取更多现金来挤兑资金，但在存款保险和银行清算机制下，此类挤兑非常罕见。然而，CBDC 的广泛使用可能将以前所未有的速度和规模实施针对中央银行的“数字挤兑”。如果银行存款开始流向 CBDC，银行可能会更加依赖融资，并可能限制经济中的信贷供应，从而对经济增长产生潜在影响。

2. 保护货币主权。大量采用以非主权货币计价的货币，可能限制货币政策的效果以及维护金融稳定的能力。国内用户大量使用所谓的“加密货币”和境外 CBDC，将减少国内主权货币的使用。在极端情况下，诸如“数字美元化”可能导致一国货币被另一国货币取代，本国央行逐渐失去对货币的控制。通过提供高效和方便的 CBDC，中央银行可以降低非主权货币计价的货币占主导地位的风险。此外，中央银行可以与国内私营支付服务提供商合作，以确保国内支付系统的安全高效，满足社会需求。

（四）平衡动机和风险

在极端情况下，不断变化的支付格局和技术发展会挑战中央银行实施公共政策的能力。中央银行着手发行 CBDC 需要平衡对其履职的积极影响和承担的风险。各国中央银行所服务的管辖区在金融体系、经济、社会和法律结构方面存在巨大差异，不同中央银行平衡的动机和风险大不相同。但是，鉴于中央银行有共同的目标，建立 CBDC 的共同原则和要求是可行的。

三、基本原则和核心特征

（一）三个基本原则

作为公共政策目标的一部分，中央银行一直向公众提供可信赖的资金。

对于中央银行考虑CBDC发行而言，存在三项共同的基本原则，这些原则源于它们的共同目标。**一是“无害”。**中央银行提供的新货币形式应继续支持公共政策目标的实现，不应干扰或妨碍中央银行履行其维持货币和金融稳定职责的能力。例如，CBDC应该维护货币的“单一性”或统一性，允许公众互换使用不同形式的货币。**二是共存。**不同类型的央行货币，包括新发行的CBDC和现有的现金、储蓄或结算账户资金应该相互补充，并与私人资金（如商业银行账户资金）共存，以支持公共政策目标。只要公众有足够的需求，中央银行就应继续提供现金。**三是创新与效率。**如果没有持续的创新和竞争来提高支付系统的效率，用户可能采用其他安全性较低的工具或货币，这会损害经济和消费者利益，并有可能损害货币和金融稳定。支付生态系统由公共当局（特别是中央银行）和私人代理（如商业银行和支付服务提供商）提供。在提供支付服务方面，公共部门和私营机构都有责任创造一个安全、高效和便捷的系统。

（二）14个核心特征

为了满足CBDC发行的三个基本原则，确定了CBDC发行的14个核心特征（见表1），涵盖了CBDC工具、系统以及制度框架三方面。

表1 核心特征

工具特征	
可转换	为了保持货币的单一性，CBDC应该可以与现金和私人货币进行同等的兑换。
便利性	CBDC支付应像使用现金、刷卡或手机扫码一样容易，方便使用和访问。
接受和使用	CBDC应该可用于许多与现金相同的交易类型，包括销售点交易和面对面交易，以及脱机交易。
低成本	对于最终用户来说，CBDC支付应该是非常低的成本或没有成本，也应该有最低的技术投资要求。
系统特征	
安全性	CBDC系统的基础设施和参与者都应具有极强的抵御网络攻击和其他威胁的能力，同时应确保防止伪造。
即时性	系统的最终用户应该可以立即或几乎立即完成最终结算。
弹性	CBDC系统应该对操作故障和中断、自然灾害、电力中断及其他问题具有极强的恢复能力。如果网络连接不可用，还应具有一定的离线支付能力。

续表

系统特征	
可得性	系统的最终用户应当可以在任何一天的任何时间进行支付（365 天，7×24 小时）。
系统容量	系统应该能够处理大量的交易。
可扩展	为了适应未来的大容量，CBDC 系统应该具备可扩展性。
可互操作性	系统需要提供与私营部门数字支付系统的充分互动机制，以允许资金在系统之间自由流动。
灵活性和适应性	CBDC 系统应该灵活适应不断变化的形势和政策要求。
制度特征	
健全的法律框架	中央银行应拥有支持其发行 CBDC 的明确授权。
适用标准	CBDC 系统（基础设施和参与主体）应符合适当的监管标准。

四、CBDC 设计的关键考量

（一）设计选择

在工具的设计方面，需要考虑两个要素，即是否以及如何产生利息、对持有额度的限制。许多中央银行正在考虑发行一种“类似现金”的 CBDC。然而，设计一个从现金类属性转变为“存款类”属性的 CBDC 可能加速现有存款接受者的脱媒。持有额度的限制可以减轻这种脱媒现象，同时可防止危机期间的“CBDC 挤兑”。持有额度限制的一种可能替代方案是按持有的数量对利率进行分层。

在分类账的设计方面，有五个关键因素，分别是结构、支付认证、功能、访问和管理。**结构上，**可以采用集中式、分布式或者组合式。集中式分类账将需要中介机构管理和转移债务，保证反欺诈和安全功能，而分布式分类账可使点对点和离线支付更容易，组合式分类账产生的复杂性可能会对系统的功能造成很大的负担。**支付认证上，**基于身份、口令或多因素的支付认证设计将决定 CBDC 系统的基础数据结构、与其他系统的集成以及为系统用户提供的隐私级别，不同的支付也可以使用不同的身份验证方式。

功能上，分类账可以只作为中央银行债务的简单记录，也可以包含更复杂的功能。**访问上，**应确定哪些主体可以读取和写入账本。**管理上，**需要制定规则手册，以规范运营商、参与者以及潜在的其他服务提供商和利益相关者的角色与职责。

在激励设计方面，应确定由谁承担发行成本；使用中央银行的公共收益和（或）铸币税可以减少或消除收费的需求；而私营支付服务提供商也可通过运用可行的商业模式来收回成本。

（二）技术考量

发行符合政策目标的 CBDC 对技术的适用性提出了要求。多项互补技术可支持核心特征，相关技术考量见表 2。

表 2　　技术考量

核心特征	技术考量
便利性	➢ 用户使用智能手机、储值卡和安装了近场通信（NFC）的定制设备付款，包括使用 NFC 或手机内置摄像头进行的二维码（QR 码）支付，应操作简便。不同的支付场景（如电子商务或面对面付款）应支持多种用户友好型的付款方式。 ➢ 对没有智能手机的用户，央行（或面向客户的中介机构）可提供专用设备，如储值卡或多显示屏交互式设备，支持离线交易。 ➢ 要为有认知、运动或感觉障碍的用户提供便利。
安全性和弹性	➢ 为了保护用户数据，集中式或分布式分类账可灵活地采用多种成熟的加密技术。通常，在集中式分类账中，由系统管理员执行隐私政策，在分布式分类账或基于设备的环境下可能面临软件中对隐私保护的复杂要求。对于重要的本地存储系统，诸如信用卡和智能手机中的防篡改硬件可以存储其他形式的敏感数据，这也是确保本地化 CBDC 安全性的基础。 ➢ 作为关键基础设施，CBDC 的弹性要与当前支付系统的弹性相当，并能提供 24 × 365 服务。原则上分布式账本技术（DLT）系统可以通过多台计算机复制数据来保证弹性，拥有少量数据中心的集中式分类账也可以。
快速且可扩展性	➢ CBDC 系统应以合理的成本来满足交易量和吞吐量（每秒交易量）的需求。理想情况下，可以将边际成本降到极低。 ➢ 对可扩展性的研究表明，经许可的 DLT 网络可以克服与公共 DLT 网络相关的性能问题。尽管如此，对当前和未来的 CBDC 交易量和吞吐量进行估计是非常复杂的，如智能设备生成的付款请求以及大量小额交易的发展势头等也加剧了其复杂性。

续表

核心特征	技术考量
可互操作性	➢ 支持平台业务模型且允许第三方在 CBDC 系统上建立服务的技术也已成熟，如使用应用程序接口（API）。与现有付款方式间可互操作的挑战取决于其设计，但大多数设计都具有标准化的机制来实现账户间的交易。 ➢ 通用数据标准（尤其是 ISO20022《金融服务金融业通用报文方案》[①] 可能会实现与其他支付系统的可互操作）。在具有中介的 CBDC 系统中，其设计应支持一个中介上的客户同其他中介上的客户进行在线或离线付款，同时应防止用户被锁在一个中介上。
灵活性和可适性	➢ 决定 CBDC 系统可适性的因素包括准确界定货币和支付的基本概念、具体且分工明确的层次设计、前瞻性地预测环境变化（如微观交易、密码学的变化）等。

五、未来工作展望

（一）在遵循基本原则的基础上对各种影响公共政策目标实现的关键因素进行权衡

下一步工作中的关键权衡点包括：如何保证使用 CDBC 的方便性和安全性，如何保证提高跨境效率的同时防止货币溢出，如何权衡高质量的用户服务和提供商的低成本，如何设计一个适应环境不断变化的系统，系统如何防御最复杂的攻击，当前的网络安全技术是否可靠，哪些加密技术可以应用于保护公众隐私，除了技术之外还需要哪些制度安排。未来将根据政策目标、实际情况和技术问题进行下一步的研究和试验。

（二）在推动国内工作的同时，研究 CBDC 的跨境互操作性

各国央行在推进国内工作、探讨实际问题和应对各类挑战的过程中也应致力于推动国际协调。中央银行在 CBDC 的研究推进中应考虑跨境的互操作性以及国际货币和金融体系的安全运行。一个管辖区的 CBDC 可能影响其他管辖区的货币政策执行或金融稳定，或在管辖区外被用来规避法律法规。各国央行和公共机构需要协调解决层出不穷的问题。

---

① ISO20022《金融服务金融业通用报文方案》在 ISO15022《证券报文模式》基础上制定并发布，目标是实现金融报文的直通式处理，降低交易成本。资料来源：第 16 届中国标准化论坛文集。

（三）国际组织持续发挥协调作用，开展国际合作和信息共享

国际清算银行将继续与各国央行一起，包括发展中经济体的央行和其他国际组织，继续就 CBDC 积极开展合作，促进各央行间在 CBDC 研究方面的信息共享，就 CBDC 在跨境流通、维护金融稳定等方面面临的实际问题开展公开透明的对话，为各利益相关者提供参与对话的机会。国际清算银行创新中心将继续就 CBDC 实现可互操作性及跨境交易开展试验。

（中国人民银行济南分行　张艳　李琼　黄鹏　编译）

中央银行视角下的金融科技数据需求、缺口及应对措施

摘要：2020 年 2 月 25 日，国际清算银行发布了欧文·费雪中央银行统计委员会（IFC）的调查报告——《中央银行与金融科技数据问题》。报告指出，金融科技正在大多数国家快速发展，中央银行有关部门尤其是支付体系监管部门对金融科技数据的需求较大；因为无法准确识别金融科技公司，金融科技的发展通常游离于监管之外，导致中央银行统计存在较大的数据缺口；半数以上的中央银行正积极采取更新金融科技公司名单、收集金融科技公司财务报表等措施，缩小金融科技数据缺口。未来，建议我国坚持金融科技发展与监管“两手抓、两促进”，强化金融科技监管，加强数据治理应用，同时密切关注金融科技的潜在风险，提升风险防控能力。

一、调查背景

近年来，金融科技推动商业模式、应用、流程和产品创新发展，越来越多的公司正在利用新技术提供不同的金融产品和服务，主要分为三类：第一类是新兴金融科技公司，主要提供支付结算、信贷、投资管理等金融服务；第二类是大型科技公司，将金融服务作为其延伸业务；第三类是传统金融机构，通过设立专用部门、投资新型金融科技公司，或者与外部建立合作关系，调整其商业模式以应对数字创新。

金融科技在不同领域、不同地区的发展方式存在明显差异。从业务领域看，70% 的金融科技公司提供支付清算和结算服务，50% 的金融科技公

司提供信贷服务，近 40% 的金融科技公司提供投资管理服务，25% 的金融科技公司提供保险服务（见图 1）。从地区分布看，金融科技公司在高金融科技型国家（High-FinTech Countries）[①] 的分布更广，地区分布差异取决于金融科技公司的业务类型，提供支付结算服务的金融科技公司在不同国家的分布相似，而提供其他服务的金融科技公司在低金融科技型国家（Low-FinTech Countries）的分布明显较少（见图 2）。

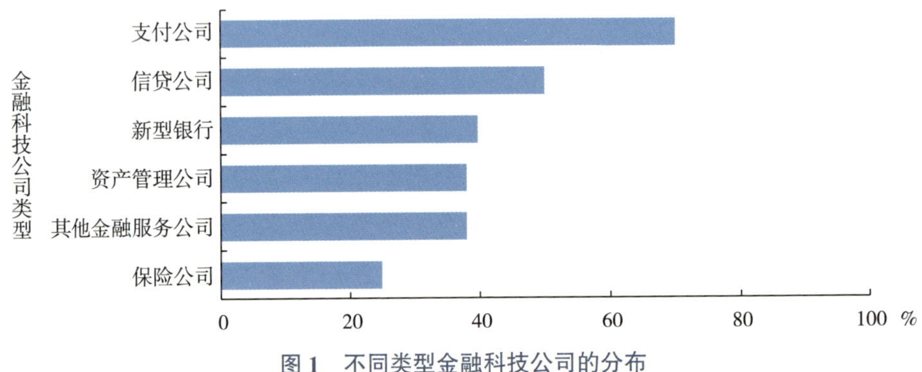

图 1　不同类型金融科技公司的分布

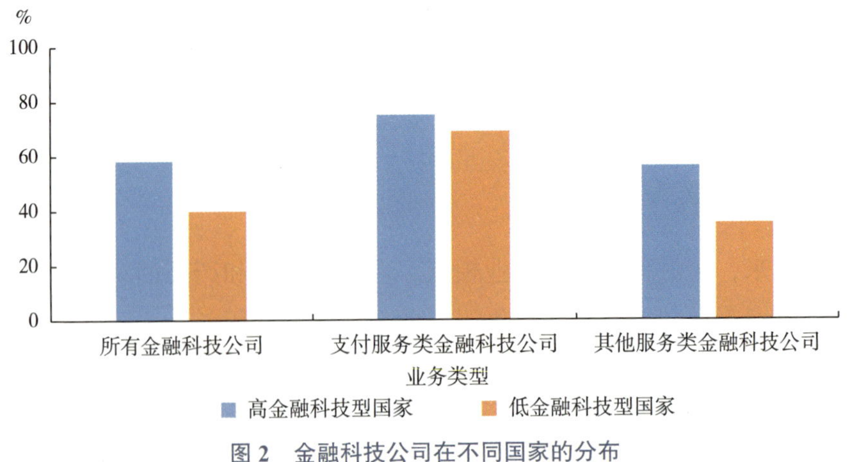

图 2　金融科技公司在不同国家的分布

① 剑桥大学新兴金融研究中心（CCAF）将国家分为高金融科技型国家和低金融科技型国家，其中高金融科技型国家包括澳大利亚、巴西、加拿大、法国、德国、爱尔兰、以色列、印度、日本、韩国、新加坡、瑞士、英国和美国，其余为低金融科技型国家。

为保证中央银行统计数据的全面性、准确性和及时性，有效支持决策，IFC 就中央银行与金融科技数据相关问题开展了调查。此项调查覆盖全球 61 个国家的中央银行，主要目的是了解金融科技数据需求，评估潜在的数据缺口，并提出改进措施。

二、数据需求

（一）中央银行不同业务领域的数据需求

调查显示，约 50% 的中央银行表示支付领域对金融科技数据的需求“非常大”，约 33% 的中央银行表示金融稳定领域对金融科技数据的需求“非常大”，而中央银行其他领域对金融科技数据的需求“相对较小”，不到 25% 的中央银行表示调查研究、货币政策、银行监管领域对金融科技数据的需求“非常大”。银行监管领域偏低的数据需求既反映出金融科技信贷规模仍较小，也说明部分国家的中央银行并不直接监管银行。货币政策和调查研究领域对金融科技数据的需求更小，表明金融科技发展对中央银行监测通货膨胀、分析货币政策传导等工作没有实质性影响（见图 3）。

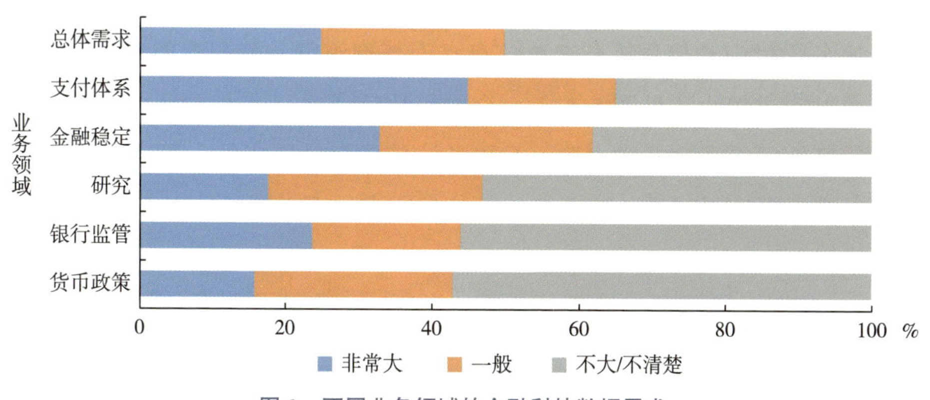

图 3　不同业务领域的金融科技数据需求

（二）不同地区中央银行的数据需求

调查显示，40% 的高金融科技型国家、略高于 20% 的低金融科技型国家的中央银行表示对金融科技数据的需求“非常大”。尽管金融科技在全球支付领域的发展类似，但不同地区中央银行支付部门对金融科技数据的需求差异较大，75% 的高金融科技型国家的中央银行表示支付领域对金融科技数据的需求“非常大”，而低金融科技型国家的比例仅为 35%（见图 4）。

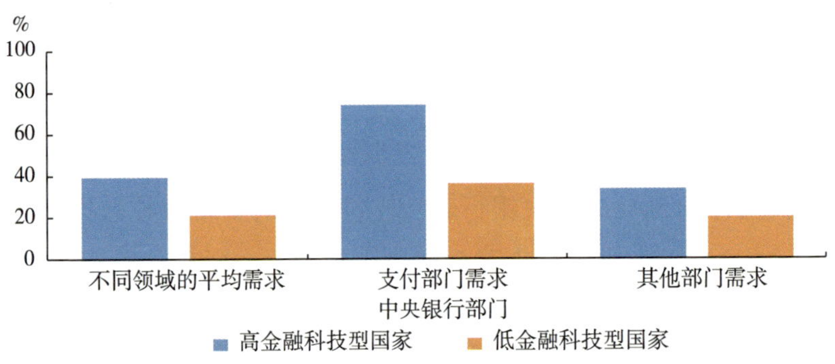

图 4　不同地区中央银行对金融科技数据的需求

（三）不同金融科技数据的需求

IFC 重点调查了中央银行对金融科技公司名单和金融科技信贷项目两类数据的需求情况。金融科技公司名单需求方面，近 50% 的中央银行表示需求“非常大”，20% 的中央银行表示需求“一般”，其中需求较大的是支付服务提供商和信贷平台名单信息，而新型银行、资产管理人和保险公司名单的需求较小（见图 5 左）。金融科技信贷项目需求方面，约 33% 的中央银行表示需求“非常大”，且更关注信贷存量和流量；超过 50% 的中央银行表示对交易对手、商业模式等信息需求“不大”（见图 5 右）。

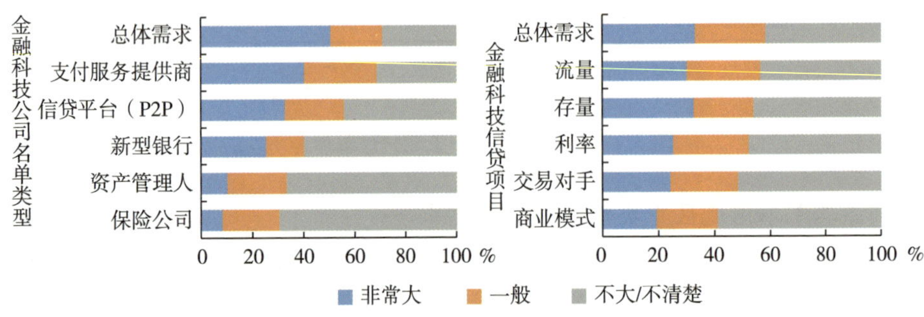

图 5　中央银行对金融科技公司名单（左）及信贷项目（右）的数据需求

（四）新兴金融科技数据需求

中央银行越来越关注大型科技公司所发挥的作用。25%的中央银行表示对金融科技数据总体需求“非常大”，但仅20%的中央银行表示对大型科技公司数据的需求“非常大”（见图6）。主要原因如下：**一是**大型科技公司集中分布在亚太和北美地区，其他地区的中央银行对大型科技公司数据的需求不大；**二是**大型科技公司的部分信息已通过商业数据提供商对外公开，可以满足相关统计需求；**三是**大型科技公司金融服务的市场份额仍较有限。

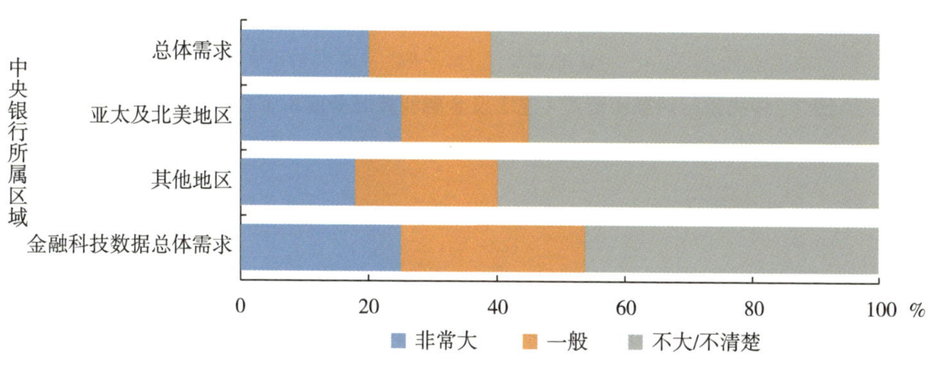

图6　中央银行对大型科技公司数据的需求

中央银行日益关注加密资产数据。调查显示，各国中央银行对加密资产数据有一定的需求，表明加密资产对金融稳定、支付体系和货币政策传导机制等存在潜在影响。中央银行日益关注加密资产持有量、价格和交易特征，但仍有过半数的中央银行表示对这些数据的需求“不大”（见图7左），说明许多地区加密资产的规模仍很小，金融机构可以有效控制相关风险。

中央银行对金融科技服务应用数据的需求相对较低。尽管金融科技服务应用数据有助于评估金融科技对推动经济主体参与金融市场、促进金融普惠发展的作用，但只有不到三分之一的中央银行表示对此类数据的需求“非常大”（见图7右）。金融科技服务应用数据调查需要大量的统计知识、基础设施和资源，并针对家庭和非金融公司等特定对象开展调查，成本高且耗时长，实践中仅少数中央银行按年开展调查。发展中国家和发达国家逐渐认识到金融普惠发展的重要性，一些中央银行表示计划收集金融科技服务应用数据信息。

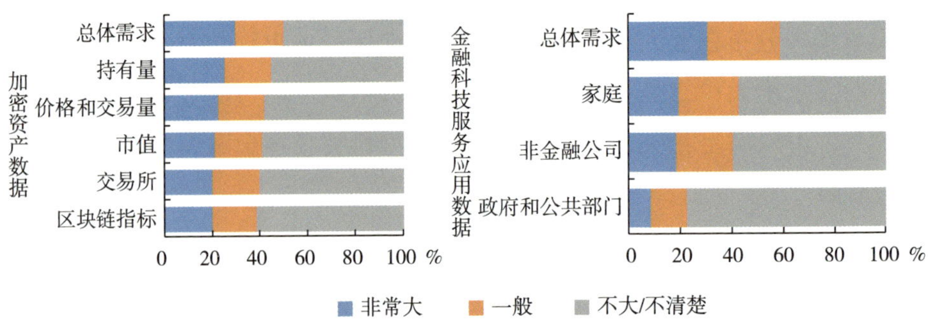

图 7　中央银行对加密资产（左）及金融科技服务应用（右）数据的需求

三、数据缺口

（一）数据缺口及成因

目前，中央银行存在金融科技数据缺口问题，特别是支付、货币和金融机构、金融账户数据的统计未有效覆盖金融科技服务提供商。调查显示，三分之二的中央银行表示存在金融科技的数据缺口，涉及超过 80% 的高金融科技型国家以及近 60% 的低金融科技型国家（见图 8）。

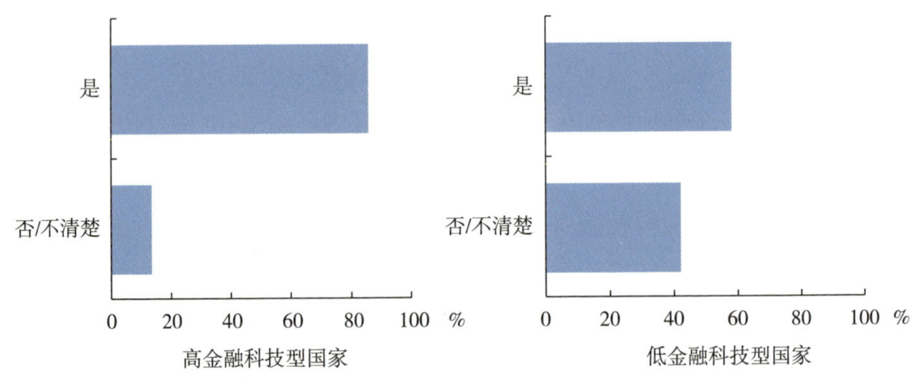

图 8　金融科技是否形成中央银行统计数据缺口

绝大多数（80%~95%）的中央银行认为，造成数据缺口的主要原因是金融科技的发展游离于监管之外。大多数金融科技公司的前身是传统的科技公司，当信贷、资产管理等成为其主要经营活动时，应当被重新划分为金融公司。实践中，中央银行对企业重分类较难且耗时较长，需要跟踪其不断发展的业务流程。超过 80% 的中央银行认为多数新设公司规模小、类型多，不容易被传统的统计机构识别。此外，现有的数据采集框架不够精细，无法评估金融科技的发展。

超过 50% 的中央银行认为，传统金融机构金融科技的应用情况是形成数据缺口的另一个原因。因此，中央银行要解决两个问题，一方面，要了解传统金融机构对外部金融科技服务的依赖程度及可能产生的风险；另一方面，要了解传统金融机构提供金融科技服务的情况。实践中，一些传统金融机构通过设立集团控股的公司提供 P2P、众筹等新兴金融服务，但集团合并财务报表难以反映金融科技信贷发展情况。

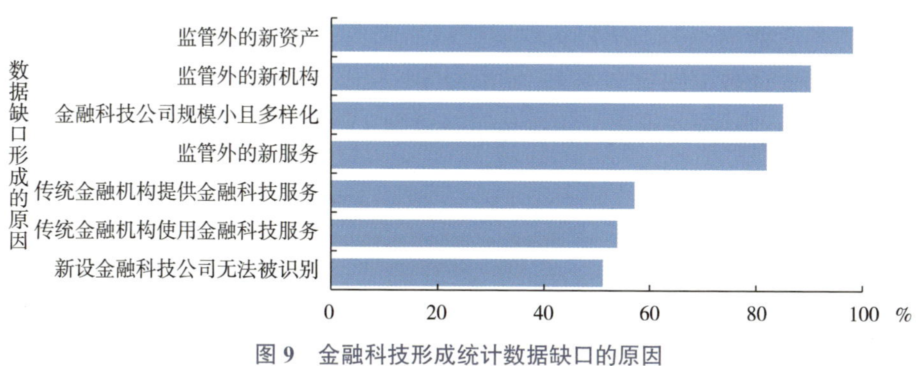

图 9　金融科技形成统计数据缺口的原因

（二）对中央银行数据统计的影响

金融科技数据缺口影响中央银行统计数据的覆盖面。目前，绝大多数的中央银行收集货币金融机构和货币总量数据，约 80% 的中央银行收集支付、金融账户、外债和银行监管数据，50% 的中央银行收集与金融普惠相关的数据，25% 的中央银行收集非金融账户和非金融机构名单等数据（见图 10）。

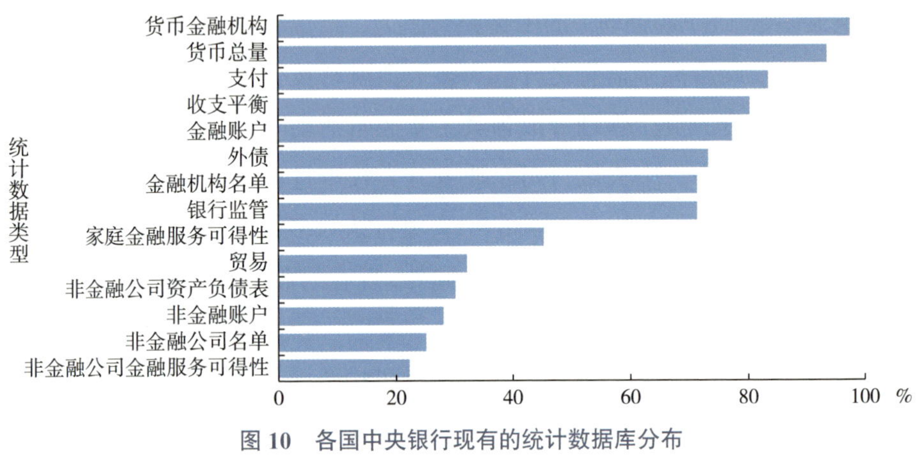

图10 各国中央银行现有的统计数据库分布

金融科技对中央银行数据统计的影响比较复杂，但总体可控。33%的中央银行表示支付领域的统计数据缺口“非常大”，其数据缺口相对最大；约20%的中央银行表示金融机构、金融账户统计数据缺口“非常大”。尽管如此，不应该高估金融科技数据缺口的总体严重性，超过60%的中央银行认为大多数领域的金融科技数据缺口“不大”，认为贸易、外债、非金融账户等统计数据缺口“不大”的中央银行比例达到80%，说明金融科技相对于传统金融体系来说占比仍较小（见图11）。

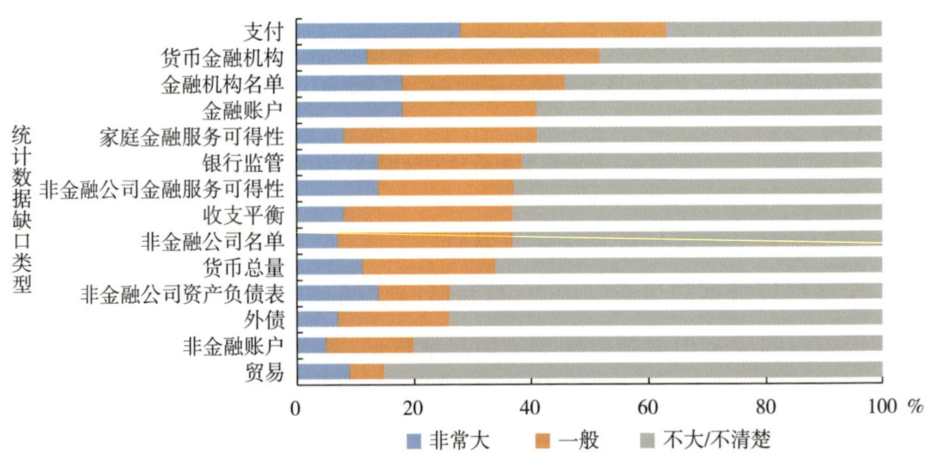

图11 金融科技形成的统计数据缺口分布

（三）改进措施

各国中央银行有多种措施解决金融科技数据缺口问题。超过 80% 的中央银行表示，调整统计报告要求、收集金融科技贷款数据和金融科技公司财务报表对解决数据缺口问题"非常重要"或"一般重要"。同时，还可以通过定期更新金融机构名单、行业重分类、改编统计手册、发起或修订金融服务可得性调查、加强与内外部利益相关方的合作等措施，缩小金融科技数据缺口。尽管各国中央银行日益重视人工智能，但仅 25% 的中央银行认为网络抓取、应用程序接口（API）等大数据技术对解决金融科技数据缺口问题"非常重要"（见图 12）。

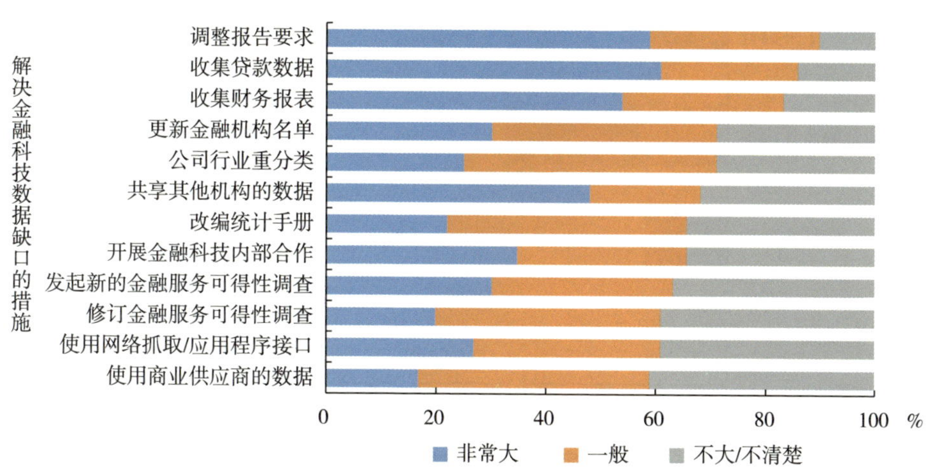

图 12　中央银行认为可以解决金融科技数据缺口的措施

四、中央银行正采取的措施

各国中央银行正积极采取措施缩小金融科技数据缺口，60% 的高金融科技型国家、33% 的低金融科技型国家的中央银行表示已采取应对措施（见图 13）。同时，中央银行也是收集金融科技数据最活跃的机构，50% 以上的中央银行通过各种渠道收集金融科技数据，其他金融监管机构、国家统计部门收集金融科技数据的比例分别约为 33% 和 10%（见图 14）。

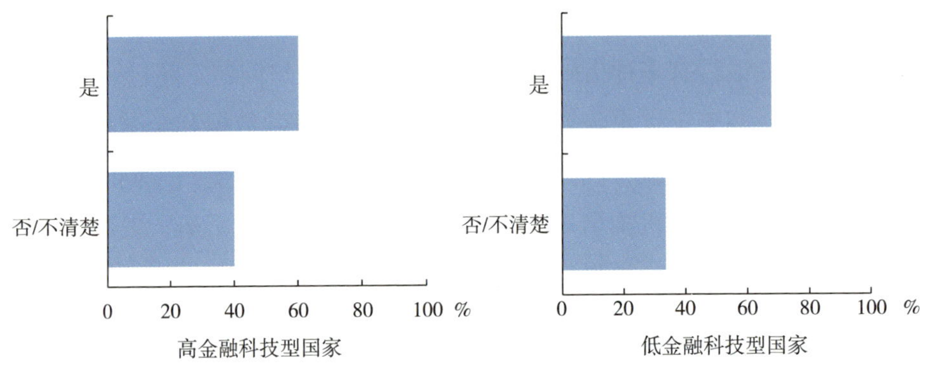

图 13　中央银行是否采取措施缩小金融科技数据缺口

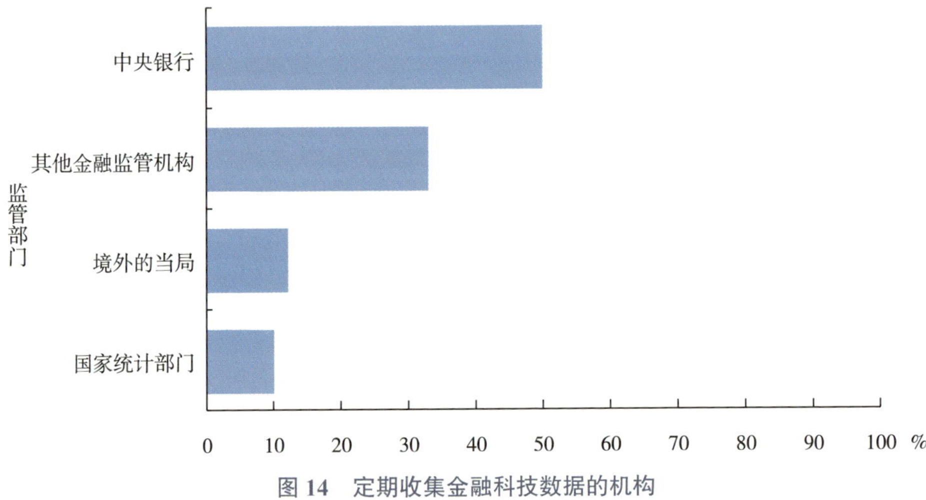

图 14　定期收集金融科技数据的机构

从各国中央银行缩小金融科技数据缺口的措施来看，主要考虑预期收益、成本、现有统计基础设施三个因素。已采取措施的中央银行中，有 70% 更新金融科技公司名单，约 50% 收集金融科技公司的财务报表，部分中央银行还采取网络抓取、API 等成本相对较低的措施收集金融科技数据，而收集金融科技服务应用数据的相对较少（见图 15）。重大措施的实施通常以调整现有统计基础架构为前提，需逐步实施。此外，中央银行可以利用金融科技提高其统计数据产出，内设部门间的合作对缩小数据缺口也非常重要。

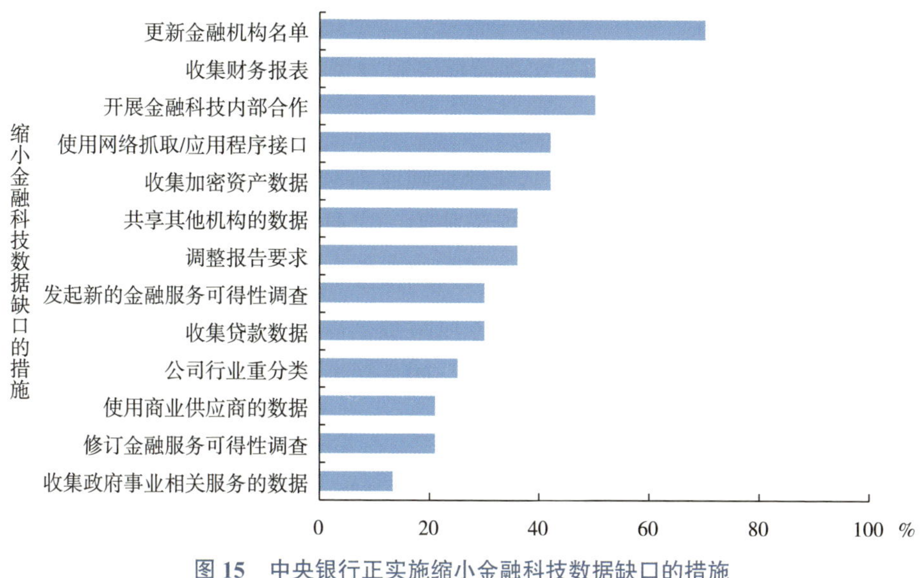

图 15　中央银行正实施缩小金融科技数据缺口的措施

五、借鉴与启示

2019 年 8 月，人民银行印发《金融科技（FinTech）发展规划（2019—2021 年）》，标志着我国金融科技发展进入新的阶段，建议坚持金融科技发展与监管“两手抓、两促进”，推动金融科技安全可持续发展。

（一）强化金融科技监管

一是制定完善金融科技公司相关的法律法规，明确经营范围、准入标准、监管规则、法律责任等，落实金融持牌经营制度。**二是**研究制定金融科技创新应用监管基本规则，尽快出台区块链技术、人脸识别技术、人工智能、API 在金融领域的应用规范。**三是**全面推行金融 APP 备案登记，强化金融 APP 治理管理，提升线上金融服务安全管理水平。

（二）加强数据治理应用

一是全方位评估金融科技数据的需求及潜在缺口，研究构建系统、完整的金融科技数据收集、分析和应用框架。**二是**充分发挥大数据、人工智能等技术作用，拓宽金融科技数据获取渠道，建立数字资源目录，建设数据采集和管理平台，强化数据安全管理。**三是**建立健全跨地区、跨部门、跨层级的数据融合应用机制，实现数据资源有效整合和深度利用。

（三）提升风险防控能力

一是加快出台金融业关键软硬件基础设施安全规划，加强金融网络安全管理，提升金融基础设施安全保障能力。**二是**密切关注金融科技发展应用中的潜在风险，完善金融科技风险监测指标和分析模型，尽早识别并有效防范相关风险。**三是**建立金融业务风险数据库，及时收集并向金融机构和社会公众发布风险提示与防范措施。**四是**研究制定金融信息全生命周期管理制度和标准规范，保障客户身份、账户、交易、信用等数据信息安全。

（中国人民银行杭州中心支行　吴伟岐　陆丹婷　徐雯　编译）

数字时代的中央银行与支付

摘要：2020 年 6 月 24 日，国际清算银行发布的《数字时代的中央银行与支付》报告指出，支付业务重要性凸显，各种因素叠加将其推到各国中央银行的主要政策议程；中央银行通过优化金融基础设施、推动互联互通等系列措施，在支付体系发展中始终发挥重要作用；当前全球支付体系存在普惠性不足、支付便捷性与公众期待存在差距、参与主体之间互联互通不足等关键特点。对标国际情况，我国支付体系发展基础扎实，移动支付等新型支付方式处于全球领先地位。下一步，应当持续巩固我国支付体系发展领先优势，建立健全现代支付体系，助推实体经济高质量发展。

一、国际清算银行主要观点

（一）支付重要性凸显，成为各中央银行主要政策议程

健全的支付体系有利于促进经济活动并支撑经济长期增长，支付体系中断则会造成重大经济损失。当前，支付已成为受客户需求、科技发展和新竞争者加入等因素变化影响最大的金融服务。社会公众不断增长的移动化、数字化、即时化支付需求，各类加密货币、稳定币的兴起，以及大型科技公司进军金融服务行业等因素叠加，将支付推向中央银行的主要政策议程。

（二）中央银行在支付体系发展中始终发挥重要作用

历史证明，双层架构的支付体系是最高效的，即商业银行、支付机构等向社会公众提供账户、支付等服务，中央银行则通过提供重要基础设施，制定行业标准并监督实施，有效维护支付市场运行秩序。商业银行、支付

机构的创新和客户服务均建立在中央银行的基础设施之上。在数字支付时代，中央银行在支付体系中的核心作用依然存在，甚至更为重要。

（三）中央银行提升支付效率的关键举措

1. 作为运营者提供重要金融基础设施。中央银行直接运营支付基础设施有利于促进竞争、降低成本、实现高标准风险管理。例如，全球各经济体普遍开始规划实施支付系统的升级策略，当前有 55 个国家和地区正构建快速、即时支付系统，并持续提升支付系统安全性。此外，部分国家推动建立公民数字身份系统，改善支付可获得性，增强金融普惠性；部分国家准许支付机构进入支付市场以促进竞争。

2. 作为促进者推动支付服务互联互通。中央银行通过运营重要基础设施，在定义互联互通标准方面发挥重要作用。在双层架构中，商业银行通过中央银行提供的支付基础设施实现清算和结算。部分中央银行积极推进开放银行进程，支持不同金融服务提供商在客户授权下相互开放共享数据资源，促进不同业务场景融合和互联互通。

3. 作为监督者保障支付体系安全性和完整性。合规方面，监管科技的应用降低了反洗钱和反恐怖主义融资合规成本，但仍需采取措施严守合规底线。隐私保护方面，新技术对数据隐私保护提出新要求，监管政策应有助于保护消费者隐私，同时能够服务排斥数据分享的群体。支付创新方面，数字支付的广泛应用有助于减少非正规经济活动，交易记录可以为信贷和其他金融服务提供参考，还可以提高税收征管、执法和社会保障的效率，扩大金融服务监管覆盖面。

（四）当前全球支付体系发展的几个关键特点

1. 银行账户覆盖率总体有所提高，但仍存在弱势群体银行账户服务不足问题。当前，账户拥有率不断提升，特别是在南亚（如印度）、东亚（如中国）和撒哈拉以南非洲。同时，全球仍有 17 亿成年人没有账户，特别是低收入者、妇女等弱势群体。即便一些发达经济体也存在类似情况，如近一半美国黑人和拉美裔家庭、10% 的欧元区低收入家庭没有银行账户或无法获得充分的银行服务。

2. 多数国家致力于提供更加便捷、高效的支付服务，但与社会公众期待仍存在差距。当前，许多国家在构建新的零售支付系统，提供几乎实时、全天候的支付服务，但仍未完全实现普遍可用。跨境支付的清算和结算往往需要几天时间。新冠肺炎疫情期间，数字支付使许多经济活动得以继续，但由于数字支付方式还不够便捷，获取的机会不够平等，弱势群体在使用方面仍存在困难。疫情对更具包容性、成本更低的支付服务提出了需求。

3. 支付网络效应逐步凸显，垄断风险有所增加。就支付体系而言，使用某一支付平台的人数越多，该平台吸引力就越大，从而产生网络效应。网络效应会产生经济利益的良性循环，但也可能增加垄断风险。少数大型金融科技公司利用技术和数据资源优势，提升支付服务溢出价值，可能在支付服务领域占据主导地位，对支付市场发展和竞争态势带来显著影响。在这种情况下，中央银行通过提供基础设施、推动实现互联互通等措施，有助于营造公平竞争环境。

二、我国支付体系发展基础坚实，移动支付等新型支付方式全球领先

（一）15岁以上居民账户拥有率为95%，为普惠金融发展奠定坚实基础

账户是各种金融服务的基础和入口，是实现普惠金融的重要基础性工具。账户拥有率是指某一国家或地区居民中拥有账户的人口占总人口的比例，世界银行等均将账户拥有率作为普惠金融发展的首要衡量指标。根据世界银行抽样调查，全球15岁以上居民账户拥有率平均为69%，其中发达国家平均为94%。根据人民银行抽样调查，**我国15岁以上居民账户拥有率为95.2%，略高于发达国家平均水平。**

（二）建设运营重要金融基础设施，实现支付服务市场互联互通

人民银行自主建设和运行现代化支付系统，推动形成以人民银行为核心、银行机构为主体、特许清算机构和支付机构为补充的多层次支付服务格局，有效实现支付服务市场互联互通；推动网联平台建设运行，为支付机构提供统一、透明的资金清算服务，显著降低互联互通成本，促进行业

公平竞争和创新发展。**2019年，人民银行支付系统共处理支付业务5212.5万亿元，是同期我国GDP总量的52.6倍。**根据国际清算银行2019年公布的27个成员数据，**我国大额支付系统业务金额占比由2014年的10.1%稳步提升至17.1%，居第二位；**排名第一的美国联邦资金转账系统业务占比由2014年的23.1%逐步下降至18.6%。

（三）我国移动支付处于全球领先地位，有力满足人民群众支付需求

人民银行以数字支付变革为契机，着力深化支付领域供给侧结构性改革，推动形成“商业银行+支付机构”双供给服务格局。目前，我国移动支付应用场景广泛覆盖公共事业缴费、交通、医疗、教育、休闲等各类民生领域，为促进消费提质升级和规模增长注入新活力。**2019年，我国人均使用移动支付544笔，同比增长51%。**普华永道会计师事务所2019年全球消费者洞察力调研数据显示，**我国移动支付普及率达86%，位居全球首位，是全球平均水平的2.5倍。**

（四）积极构建人民币跨境支付网络，为人民币国际化和“一带一路”建设搭桥铺路

人民银行建成运行人民币跨境支付系统，整合人民币跨境清算渠道，提高跨境资金清算、结算效率，实现对全球各时区金融市场全覆盖，业务范围延伸至164个国家和地区。**2019年，人民币跨境支付系统共处理业务33.9万亿元，同比增长28.3%。**

三、继续巩固我国支付体系发展的国际领先地位，以现代支付体系建设助推我国经济高质量发展

下一步，应当继续坚持“支付为民”理念和“包容审慎”原则，牢牢把握“强监管、优服务”工作主线，持续巩固我国支付体系发展优势，建立健全现代支付体系，充分发挥推动经济高质量发展的基础支撑作用。

（一）统筹推进支付体系协调发展，助力实现金融普惠和乡村振兴

对于依赖传统金融服务的弱势群体，采取措施更好满足不同消费者的多元化需求，保留必要的传统支付方式，鼓励推广更加人性化、更具针对

性的支付服务产品，避免出现“金融排斥”。统筹推进城市与农村支付服务环境建设，提高农村地区支付服务水平，助力精准扶贫和乡村振兴等国家战略实施。

（二）持续夯实金融基础设施建设，有力支撑社会资金高效运转

贯彻落实党中央、国务院关于“加强对重要金融基础设施的统筹监管”决策部署，进一步优化国内支付清算基础设施布局，引导不同的支付服务主体回归本源、聚焦主业、有序竞争，构建既有分工又有合作、既发挥优势又功能互补的支付清算网络。

（三）积极推动移动支付高质量发展，确保我国移动支付保持国际领先地位

采取有力措施引导和推动移动支付在公交、地铁、校园、医院等民生领域的推广使用，推动不同场景和 APP 互联互通，打破移动支付使用中的断点和堵点，提升移动支付的科技含量和安全水平。支持金融机构和支付机构以“一带一路”沿线国家和地区为突破口，推动国内支付产品、技术、标准、模式向境外推广，提升境外人员境内支付服务水平，不断巩固我国移动支付国际领先地位。

（四）加快构建以我国为主的跨境支付服务网络，支持建设高水平开放型经济新体制

强化人民币跨境支付系统功能，明确跨境支付服务全流程监管要求。深化监管国际合作，积极参与国际规则制定，增强我国在支付行业全球治理话语权。研究推动境内境外金融市场基础设施互联互通，拓宽金融市场对外开放渠道，着力解决跨境和离岸人民币业务中境外“最后一公里”问题，助推人民币国际化进程。

（中国人民银行支付结算司　赵朋飞；
中国人民银行南京分行　吉祖来　王云艺　周晨阳　编译）

四、趋势展望

探索数据经济的现状与未来

数字浪潮下未来金融业发展趋势

新冠病毒、现金与支付未来

支付行业如何助力全球摆脱新冠肺炎疫情危机

离岸美元体系的前世今生和未来发展

探索数据经济的现状与未来

摘要：数字化进程正在塑造新的世界，全球数据爆发式增长催生出数据经济[①]。数据经济呈现与以往经济截然不同的模式，在经济学属性、基础设施、商业模式和地缘政治等方面具有独特的特征。此外，数据经济利益分配极度不平衡也可能对其未来发展带来风险。2020年2月22日，《经济学人》杂志刊登特别报告，分析数据经济发展的背景、现状、前景及风险，探讨了数据经济的经济学属性是商品、公共品还是基础设施，数据经济基础设施应该向中心化还是去中心化发展，数据经济带来的人工智能商业模式应如何应对，数据主权被进一步加强，未来应该如何划定数据的国界和如何应对数据经济利益分配不平衡及其带来的潜在风险等问题。现将该系列报告进行编译，供参考。

① 根据欧盟委员会2017年发布的《建立欧洲数据经济报告》的定义，数据经济（Data Economy）是指一个全球数字生态系统，在这个数字生态系统中，大量的数据经收集、处理和交换从而产生商业价值。数据经济由不同类型的市场参与者（如设备或软件制造商、研究人员和基础设施提供商）共同协作，以确保数据可以被访问和使用。市场参与者通过挖掘数据中的价值，从而推动产品、技术和服务创新，给社会带来新的经济价值，更多的是一种生产要素的创新。数字经济（Digital Economy）则基于数字计算技术，是指运用计算机、互联网等新型数字化技术手段，对传统社会经济生产方式进行电子化、网络化升级，并进而推动社会生产方式创新，从而给社会带来效率提升和价值增长的一种生产方式，更多的是一种技术创新。

一、数据经济发展的背景：物质世界通过“数字孪生”创造出“镜像世界”，进而催生出新经济模式

（一）物质世界的数字化进程加速，数据的功能日趋强大

各种电子设备正逐步进入数字领域，如飞机发动机、风力涡轮机和重型设备等都以创建“数字副本”（Digital Copies）的形式进军数字世界，甚至人类自身也可以数字化，如为美国球员设计的电子化身。通过传感器和无线连接，“数字副本”与原始模型息息相关，并且每天产生大量的数据，可以视为原始模型的“镜像”。物质生成“数字副本”的过程称为“数字孪生”（Digital Twins），可将原始模型的一切行为生成数据库，并以此为依据预测未来的变化。例如，体育教练能够通过“数字副本”进行模拟，预测运动员何时受伤，并调整训练流程以避免受伤。随着时间推移，“镜像世界”将可以越来越多地模拟物质世界，“数字副本”可更多地参与原始模型的物质世界活动，并可用于优化原始模型，如优化头戴式耳机的音响效果、国家铁路网的效率，运用人工智能算法识别物体、人脸、语音和气味等。

（二）数据总量呈现爆发式增长

全球数据总量的爆发式增长预示着新经济正在快速发展。2003 年，第一个人类基因组的测序工作完成，数据量高达 3GB（几乎可填满一张 DVD）。最新的无人驾驶汽车每运行 8 个小时最多可产生 30TB① 的数据（可填满 6400 张 DVD）。市场研究公司 IDC 估计，2020 年和 2021 年两年全球将产生约 90ZB② 的数据（可填满 19 万亿张 DVD），超过计算机问世以来产生的数据总量。

（三）数据价值大幅增加，数据经济初具规模

尽管目前尚未开发出完全可靠的测量方法，但数据经济已经达到了一

① 太字节，计算机存储容量单位，简称 TB，1TB=1024GB。

② 泽字节，计算机存储容量单位，简称 ZB，1ZB=2^{40}GB。

个相对较大的规模。加拿大统计局 2019 年试图对其数据进行估值（软件和知识产权相关股票市值的增加值），估值约为 1570 亿 ~2180 亿加拿大元（约 1180 亿 ~1640 亿美元）。如果加拿大数据的估值较为准确，那么根据美国 GDP 是加拿大的 12 倍来推算，美国数据的估值可能高达 1.4 万亿 ~2 万亿美元，约占美国私人有形资本存量的 5%。

二、数据的经济学属性：数据的多重属性导致数据经济的多样化

从经济学角度看，数据具备多重经济学属性。**一是**数据是一种类似石油的商品，可被用于持有和交易，且数据可能是“世界上最有价值”的资源，被认为是“未来的燃料”。**二是**数据具备公共物品的特征，因为数据会像阳光一样无处不在，成为一切的基础，应该尽可能地被广泛使用，从而最大化创造财富。**三是**数据是基础设施，应该将数据视为公路或铁路的“数字孪生”，需要新的公共部门来进行管理，以缓解数据经济发展过程中伴随的贸易冲突和局势紧张。上述每类属性均有其合理性，但又具有一定的局限性。

（一）数据具有可交易性、可提炼性，可以比作类似于石油的商品

1. 数据必须像石油一样精炼后才能发挥效用。一是需要对数据进行“清洗”和“标记”，即删去错误之处，并进行标识。如初创企业 Scale AI 在全球雇用了 3 万名标记员，负责审核自动驾驶汽车的录像，并确保其软件对房屋和行人等进行了正确的分类。**二是**需要通过算法处理和反馈这些信息，人工智能才能实现人脸识别、自动驾驶汽车以及预测喷气发动机检查期等功能。**三是**需要整合不同类型的数据集来进行汇总分析，如结合使用天气数据可对喷气发动机的磨损情况进行预测。

2. 数据被提炼后可以进行广泛交易。一是通过数据买卖盈利。广告商通过分析选择买（卖）的单击情况，推测出浏览者的大致偏好。咨询企业 Strategy & 的数据显示，2018 年该业务在全球范围内创造了 1780 亿美元的价值。数据经纪人可以追踪每个人浏览的数据，并将这些信息出售给银行、电信运营商等，年收入可超过 210 亿美元。**二是**通过数据挖掘的方式获得

盈利。在谷歌（Google）的机器学习竞赛网站 Kaggle 上，成千上万的数据科学家团队相互竞争，试图提出一个最佳的算法来预测建筑物的能源消耗或甄别经过深度伪造的视频，奖金有时会超过 100 万美元。脸书（Facebook）和谷歌从未出售过数据，仅出售关于谁是广告最佳目标客户的数据挖掘结论。

3. 数据难以实现完全的可交易性，因此难以完全认定为商品。一是对于企业数据，由于收集方式、目的和可靠性各不相同，每种类型数据的价值都难以比较，且会随时间变化，买卖双方难以就价格达成一致。**二是**对于个人数据，许多信息无法实现完全的排他性，难以定义所有权。如约会网站配对了一对情侣，但无法界定约会数据的所有权归属这对情侣还是网站服务平台。**三是**数据的外部性将导致市场失灵。如果社交网络可以通过处理其他用户的数据来准确预测某个用户，则无须再购买该用户的数据。

（二）数据应被尽可能多地使用，最大化创造社会财富，可比作阳光等公共物品

1. 数据的公共物品属性催生了"开放数据"运动。当前，许多政府机构都在推行数据开放，如推动组织和大学公开数据，以便让初创企业等得以广泛使用。许多企业也开始公开其数据，如自动驾驶汽车生产商 Waymo 等企业共享了其车辆收集的信息；微软（Microsoft）和其他软件制造商即将开始实施"开放数据计划"，促进数据共享。

2. 数据可以被个体持有，无法完全实现公共产品的属性。一是对于个人数据而言，越来越严格的隐私法规是主要障碍，如欧盟的《通用数据保护条例》（GDPR）以及美国的《加利福尼亚州消费者隐私法》（CCPA）。**二是**对于企业数据，在本质上是经济效益的问题，即生成良好的数据非常昂贵，而且存在较高的产品信息泄露风险，这阻碍了开放数据的进程。麦肯锡全球研究院的迈克尔·崔（Michael Chui）认为，在未来，企业将会对公开哪些数据集以及保留哪些数据集作出战略决策。

3. 技术创新使数据在未来成为公共品具有可行性。当前，难以有效区分可以安全共享的内容与应严格保护的内容，但技术创新使未来可以更容易区分。如"差异隐私"（Differential Privacy）可用一个包含不同信息但

具有相同统计模式的数据集替换另一个数据集；“同态加密”（Homomorphic Encryption）允许算法在不对数据进行解密的情况下处理数据；区块链是数字货币基础的特殊数据库，可以实现精细化管理数据访问权并追踪访问者。

（三）数据具有公共和私人两重属性，可与公路等基础设施类比

数据研究必须尝试多条路径，并将数据集和数据流结合起来。其中，一些路径是“私人收费公路”，其他则是“公共多车道公路”，需要将其作为共享数字资源，并由数据管理机构进行管理。尽管数据信托、数据合作社、个人数据存储在细节上有所不同，但是其核心基本相同，即建立一类管理机构，以一种兼顾特定数据种类的生产者和使用者利益的方式来组织对数据的访问和使用。尽管这类管理机构还处于发展初期，但是以此为核心的数据俱乐部已经在许多地方悄然兴起，如瑞士的合作社 MIDATA 负责收集和管理会员的医疗保健数据。

（四）数据的多重属性导致数据经济多样化

鉴于各自的局限性，上述三种数据的属性都不会占主导地位，但会拥有各自的“据点”。在美国，数据更多地被视为石油；在中国，数据受到政府的管控并成为公共物品，目前中国政府正在推动企业整合某些特定类型的数据；在欧洲，许多监管机构已开始将数据视为基础设施，如布鲁塞尔成立的欧盟委员会（European Commission）制订了重大计划来支持创建数据信托。

三、数据经济的基础设施：数据处理应在中心化和去中心化之间取得平衡

（一）数据生成的基础设施

当前，人们仍经常通过单击网站或点击智能手机来创建信息。但在未来，信息可能更多地由其他设备产生，这些设备统称为“物联网”（IOT），包括起重机、汽车、洗衣机、眼镜等。这些设备不仅可以充当传感器，也可以嵌入数字世界并发挥作用。网络设备制造商爱立信（Ericsson）预测，物联网设备的数量将从 2019 年的 110 亿增加到 2025 年的 250 亿。当前，

许多设备的数据传输都受制于电缆，而未来数据传输将越来越多地通过无线连接。下一代移动通信技术 5G，可以支持在每平方公里内实现 100 万个连接，意味着仅在曼哈顿就可以实现 6000 万个连接。到 2025 年，全球移动网络每月的数据流量将产生 160EB① 数据，是当前流量的四倍。

（二）数据处理的基础设施

数据处理的基础设施的建设呈现两极分化。当前，基础设施主要由大量服务器组成的大型数据中心构成，通过服务器集中存储和处理数据。然而，中心化具有能耗高、信息泄露风险高等弊端。因此，去中心化的移动处理设备已经开始出现，越来越多的数据在更接近数据采集源头的“边缘”位置进行处理。

1. 当前的数据经济基础设施以中心化为主，通过云计算服务实现数据集中处理。当前的中心化数据处理主要呈现以下几个特点：**一是**云计算服务提供商市场份额高度集中。目前亚马逊（Amazon）运行的 AWS 是最大的云计算服务提供商，其所有数据均在几个大数据中心集中采集和整理，通过优化算法可以实现多样化的功能，如快速检测信用卡欺诈、预测何时需要检修设备等。现在，越来越多的数据存储在 AWS 运营的大型云计算工厂，或是存储在 AWS 主要竞争对手 Microsoft Azure、Alibaba Cloud 和 Google Cloud 的云端，这几家机构总共占据约八成的市场份额。**二是**中心化数据处理方式可以集聚更多数据，最大化挖掘不同数据集的潜力，这种现象称为“数据引力”。一旦企业将重要数据存储在云端，企业也会随之将更多的业务应用程序转移到云计算领域，为云计算服务提供商带来更多的收入。同时，云计算服务提供商可以为企业提供越来越丰富的服务，支持客户进行数据挖掘和分析。**三是**中心化数据处理伴随高额的成本。一方面，企业更换云计算服务提供商时必须支付高昂的费用。另一方面，大型数据中心造成了环境破坏，因为企业将数据发送到数据中心也会消耗大量能量。

---

① 艾字节，计算机存储容量单位，简称 EB，$1EB=2^{30}GB$。

2. 未来的数据处理呈现去中心化趋势，数据在产生源头进行处理和分析。一是技术进步使数据处理可以在分散化的设备中进行。小型的本地中心和连接设备功能逐步优化，可以支持数据在产生的源头进行处理和分析。此外，现有的技术可以使用软件将算力转移到最有效的位置，如转移到物联网设备上或附近的位置。**二是**去中心化的数据处理方式具有低中断风险、低传输消耗的优势。如无人驾驶汽车等应用程序需要能够快速反应的数据连接，一旦连接断开将带来巨大的风险，因此相关数据计算需要在附近的数据中心甚至在汽车本身中进行。此外，数据流量过大也会导致无法上传云端，如拉斯维加斯的交通信号灯每天能产生60TB的数据，相当于Facebook一天数据流量的十分之一。**三是**去中心化处理难以汇总数据并挖掘数据潜力。尽管“去中心化”很重要，但需要将数据汇总在一起，才能进行模型训练和优化。此外，如果在不同设备中生成的数据量过大而无法传送至云端，那么将难以获得足够的数据来集中训练所有模型。

因此，数据处理应在中心化和去中心化之间取得平衡。此外，如果世界不想被海量数据淹没，那么未来应对数据生成的征税问题进行探讨。

四、数据经济带来新的商业模式：企业通过人工智能流水线进行数据整合

随着数据经济的发展，准确地识别和整合能够反映事实的数据变得更为重要。在20世纪90年代，企业开始利用所掌控的数据来衡量自己的业绩表现，即“分析学”（Analytics）；在10年前，企业开始利用数据预测未来业务的发展，这种方法最初称为“大数据”，现在则被称为“人工智能”。麦肯锡（McKinsey）最近一项调查显示，人工智能可以大幅提高企业的收入和利润。

（一）人工智能流水线通过数据实现企业应用程序与人工智能相融合

随着技术变革，数据分析师乔治·吉尔伯特（George Gilbert）所说的“人工智能流水线”将可能变为现实。人工智能流水线具备两个突出特点：**一是**建立强大的中央数据存储库。数字时代的机器是一种被称为“数据仓库”

（Data Warehouses）或“数据湖”（Data Lakes）的中央数据存储库，提升数字资源使用的便捷度，通过将数据存储在云端，降低管理成本，并实现便捷获取和整合不同来源的数据，从而提供给不同的用户使用。如初创企业 Snowflake 已将其“数据仓库”转型成“数据平台”（Data Platform），通过该平台数据可以在不同的云计算服务提供商之间流动。此外，部分企业还将其升级为专用数据库，用于处理特定类型的数据。**二是**数据处理与算法训练实现流水作业。人工智能流水线中部分工具用于处理数据，部分工具则用于设计和训练人工智能算法，例如将这些算法写入应用程序，以自动执行决策并不断进行改进。

（二）企业需求衍生出人工智能流水线提供商，进而演化出新的商业模式

随着企业提炼、整合数据的需求不断扩大，人工智能流水线提供商开始发掘商机，尽管商机出现在哪个行业仍存在不确定性，但各类提供商开始利用自身优势拓展市场。**一是**传统提供商充分利用技术和服务的优势。如 IBM 利用其自身服务优势构建了“数据平面”（Data Plane），即用于开发人工智能应用的程序集。该“数据平面”可以收集天气数据并销售给保险企业，以便保险企业计算费率和帮助公用事业单位预测发生断电的位置。甲骨文（Oracle）则计划发展“自治数据库”（Autonomous Database），以实现在无需人工干预的情况下，将各类数据库和人工智能融合，并进行自动化处理。**二是**新的 IT 市场参与者积极为其他企业提供数据整合服务。客户关系管理软件服务供应商 Salesforce 自行研发了人工智能技术 Einstein，可为企业提供一个关于其客户的“单一视图”，帮助企业更有效地预测客户线上和线下消费行为，从而为客户提供个性化服务。**三是**小型企业也逐步进入人工智能市场。如 Databricks 推出了一个人工智能平台，并配置了清理数据、构建算法和部署算法等功能。

（三）数据孤岛影响人工智能在企业的应用

目前，许多企业的人工智能项目应用正在遭受数据孤岛的影响，即企业内部不同的部门由于担心失去主导权，不愿共享数据，也不愿改变采集

的数据类型和采集方式。因此，企业无法制定连贯的“数据策略”，以确保采集和分析的数据可以实现其业务目标。为了解决分歧，一些企业调整了组织架构，如聘请“首席数据官”，以确保 IT 部门和业务部门能够像人工智能流水线般协同工作。然而，如果企业其他部门还没有做好准备，那么高层调整以及技术升级将收效甚微。

五、数据经济的地缘政治[①]：“民族主义”限制数据自由流动

数据经济面临较为复杂的地缘政治。一方面，数据经济将迅速拓展至全球范围，因为数据倾向往处理技术最优、处理成本最低的地区流动。另一方面，政府更倾向于主张“数字主权”，要求数据不得出境。

（一）数据“民族主义”逐渐成熟，数据流动的限制快速增长，数据经济的参与者压力加剧

随着全球范围内关于个人隐私和其他与数据相关的法规成倍增长，云计算服务提供商面临的数据经济压力正在不断加剧，必须不断调整业务边界，以适应法律的变化。它们有时需要建立虚拟边界，使数据不会流出或流入某个国家；有时需要建立一个新的数据中心，为数据提供本地存储。数据本应自由地在各国之间流动，从而被最有效地使用，但越来越多的政府为了保护本国公民、主权和经济而阻止这种自由流动。英国著名企业家兼作家霍格斯（Ian Hogarth）预测，这些最初的数字保护主义声音可能演变为成熟的“人工智能民族主义”，各国不仅会捍卫自己的数据资产，还会试图建立自己的数据经济体系。

（二）虚拟世界的国界已经逐步构建，但国际组织试图倡导各国打破数据国界

亚利桑那大学的伍德（Andrew Woods）认为，“世界性理想”应该是数据的自由流通，这将使世界变得更美好、更高效。数据自由流通将使数

① 地缘政治是政治地理学中的一项理论。它主要是根据地理要素和政治格局的地域形式，分析和预测世界或地区范围的战略形势和有关国家的政治行为。

据流向毗邻大量用户、连通性强、土地和能源廉价、环境凉爽干燥的数据中心。然而，自2013年斯诺登事件曝光美国间谍机构广泛监视的丑闻后，各国政府开始了解数据这种全球基础设施的重要性，进而了解数据经济国界的重要性。对政府而言，数据关系着公民的隐私权、国防事务的安全性以及政府的执法能力。因此，部分国家政府认为，应保持数据封闭，以免其他国家从中受益。如欧盟在GDPR中规定，仅在公司采取适当的保护措施或目标国家具有“足够的保护水平”时才允许个人数据流出欧盟，并正在讨论如何建立一个单一的数据市场；印度禁止付款信息流出本国，并即将永久禁止某些类型的个人数据流出本国；俄罗斯要求在其领土内的服务器上处理和存储数据；中国限制了大量国际数据流。针对这种情况，二十国集团（G20）在2019年7月启动了“大阪之路”计划，倡议各国基于“数据在信任中自由流动”的概念，制定有关“数据治理”的国际规则。

（三）未来数据经济的地缘政治发展方向仍不明朗

未来的数据经济地缘政治发展有三个可能的方向。**一是**数据的国界被严格划分，数据被限制在境内。这种情况发生的可能性较低，为了防止数据流出，各国必须从根本上切断与互联网的连接——这是确保数据留存的唯一方法。俄罗斯或许会愿意接受这种数据分裂造成的巨大经济成本，但大多数国家可能会避免因过于严格的保护措施而造成的弊端。**二是**由几个国家和地区联盟形成数字贸易区（称为“数据领域”）。这种情况更有可能发生，且已经发生，不同类型数据的联盟已经开始形成。如基于GDPR的一个充分性要求就形成了一个类似的数据联盟，美国和日本等十多个国家为了从欧洲拿到个人数据，必须遵循欧盟严格的数据保护规定。美国通过《云法案》（*Cloud Act*）也成立了一个类似的联盟，旨在允许政府与其他国家谈判互惠协议，使美国与其合作伙伴的执法部门能够快速访问存储在对方领土内的数据。目前，英国已经签署了协议，欧盟也有望签署。尽管“大阪之路”计划的目的是制定全球规则，但它最终可能会创建另一个数据联盟。智囊机构新美国（New America）的谢尔曼（Justin Sherman）警告说，这项倡议可能推动中国和其他国家创建自己的数据联盟。**三是**云服务行业联盟。这种情况也不太可能发生，但最引人遐想。这个设想起源于德国。德国政府意识到其在云计算方面处于落后地位，并存在失去数据经济控制权的风险，因此考虑成立类似“空中客车云”或“数据基础设施联盟”的云联盟，并将其命名为GAIA-X，规定联盟成员必须遵守同一套规则和标准。德国政府计划在担任欧洲理事会主席国时推动这一设想，目前，法国已经表示支持，预计其他国家也将加入，累计已有包括几个大型云计算服务提供商在内的约100家公司和组织参与其中。

六、数据经济的利益分配：利益分配严重不均，需要建立新的分配机制

数据经济中最为重要的问题是其创造的财富将如何进行分配。根据圣塔菲研究所教授亚瑟（Brian Arthur）的预测，被称为“第二经济”的数据经济必定会提升全球的生产力，但是获利者以及利益分配问题仍未有答案。如果利益分配不平衡的状况持续下去，那么数据经济将难以成为一个健康的经济，这需要经历较长的时间去建立一个合适的机制。

（一）数据经济利益分配不均的原因

一是数据经济发展极度不平衡，行业层面由少数几个平台主导，国家层面中美两国占据绝对优势。从行业层面看，美国排名前五的科技企业亚马逊（Amazon）、苹果（Apple）、Alphabet、微软（Microsoft）和脸书（Facebook）最近一个季度的总利润为550亿美元，超过排名第六至十位企业的一年利润总和。网络效应（即规模效应）在很大程度上造成了科技企业发展的不平衡，如企业可以通过采集大量的数据，利用人工智能技术去吸引更多的用户，而用户反之也可以为其提供更多的数据。从国家层面看，美国和中国占据了全球排名前70位数字平台总市值的90%，而非洲和拉丁美洲仅占1%。近日，联合国贸易和发展会议警告，非洲和拉丁美洲可能仅仅是原始数据提供者，却必须为基于原始数据生成的数字智能支付费用。**二是**数据工作的劳动力要素收入被严重低估。随着数据经济的发展，越来越多的劳动力转移至“镜像世界”中，但数据工作者的劳动力成果整体被低估了。

被低估的原因之一是网络市场的结构，科技巨头不仅垄断了产品销售市场，也垄断了劳动力市场，从而能够压制数据工作者的劳动力价格。此外，也没有人真正考虑过给生成数据的用户支付相应的费用。数据的经济效益性也进一步压制了数据工作者的劳动力。例如，如果企业可以从一个人的信息中廉价地推断出另一个人的信息，那么它就没必要为另外的个人信息支付高额的费用。

（二）数据经济利益分配不均的解决方案

一是通过“数据红利”（Data Dividend）进行再分配。美国加利福尼亚州州长纽瑟姆（Gavin Newsom）曾提议通过再分配的方式来解决这个问题，即从科技巨头获取“数据红利”，并将其分配给加利福尼亚州公民，但这样的做法同时也会给数据经济带来负担，并可能导致贸易冲突。随着政治立场的不断改变，此类补贴很容易被削减。**二是**建立个人数据产权，以增加人们的议价能力。这个方案并没有真正起效，因为大多数人连在线服务中复杂的隐私政策都选择了忽略，几乎没有人为自己的数据寻找最优的价格。因此，数据产权实际上会让事情变得更加复杂。由于大部分个人数据从根本上来说具有社会属性，而不仅是单独的个人具备支配权，因此会触发逐底竞争。例如，家庭的每个成员都可以出售各自的基因信息，但同时也会泄露其他家庭成员的基因信息。**三是**建立“数据合作社”（Data Co-operatives），其运营模式与传统经济中的工会非常相似，即由合作社协商数据使用的价格，确保成员提供数据的质量，向购买数据的公司收费，并将通过数据获取的利益分配给成员。部分西方国家不久将就《数据自由法案》进行探讨，提出要为“数据合作社”设立一个新的监管机构。

（中国人民银行广州分行　孙方江　王濛　潘在怡　李俏莹　编译）

数字浪潮下未来金融业发展趋势

摘要：《经济学人》杂志于2020年10月发表了3篇文章[①]，围绕蚂蚁集团及金融科技崛起，详细解读了金融科技、数字浪潮对全球金融体系的冲击与影响。文章指出，数字化在支付、证券、保险等各个领域加速发展，“平台化”的商业模式催生了各类“超级应用”，蚂蚁集团是典型代表，其核心是金融，信贷业务和支付业务是其最重要的两大利润来源。尽管金融科技提升了金融效率和普惠水平，但不能消除无担保贷款的固有金融风险。金融科技公司更愿意蜂拥至“核心银行业务”之外的高净资产收益率业务，可能给以银行为主导的金融体系带来风险，甚至还可能引发垄断，从用户手中攫取更多的权力。未来，银行与金融科技公司将继续共存并融合发展，监管部门应以全局性的眼光，统筹看待银行与金融科技公司的风险，严防各类“金融创新陷阱”，同时加强对用户隐私等权益的保护。

① “China’s FintTech Champion – On the March” “Queen of the Colony”和“The Future of Finance – The Digital Surge”.

一、数字浪潮带动金融业的不断发展

（一）数字浪潮助推金融科技公司蓬勃发展

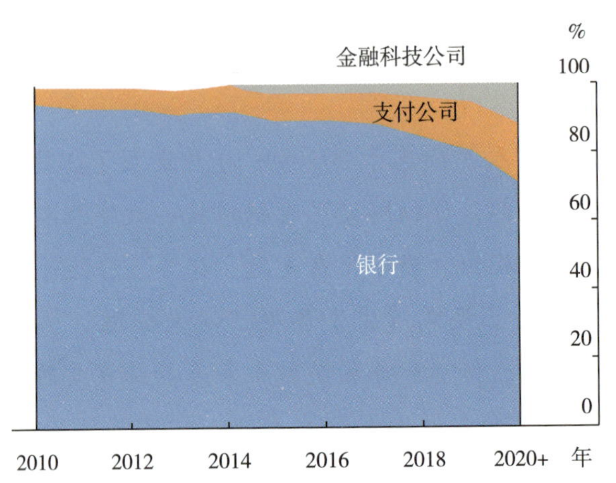

图1　全球500强银行、支付公司和金融科技公司市值份额变化[①]

数字浪潮加速了零售业和电子商务的转型，也给金融业带来了巨大影响，部分公司在数字浪潮中飞速发展，部分公司则被甩在身后，资本市场真实反映了这种变化：传统银行目前只占全球银行业和支付行业总市值的72%，低于2020年初的81%和十年前的96%；蚂蚁集团和PayPal等金融科技公司占行业总市值的11%，它们的市值较2019年几乎翻了一番，合计达到了近9000亿美元；Visa此类传统支付公司也在不断发展，占据行业总市值的17%。

（二）数字化加速在支付领域最为明显

受新冠肺炎疫情影响，2020年，支付方式由现金支付到数字支付的转变非常急剧。接受《经济学人》调查的专家们认为，如今全球非现金交易的份额已经增长到他们先前预计在2022—2025年才会达到的水平。2020年，

① 资料来源：彭博、CS Insight、CNBC、Finextr Research、路透、《印度经济时报》、《华尔街日报》、《经济学人》。其中，非上市金融科技公司为2020年10月7日的估值。

31个国家和地区提高了非接触式支付的限额，Visa和MasterCard在第一季度的交易量同比增幅超过40%。美国2020年4月的手机银行业务量同比增长85%，网上银行注册用户数同比增长200%，美国公司Venmo[①]第二季度处理的支付业务同比增长50%。2020年7月，在新加坡1.8万名街头摊贩中，支持顾客扫码支付的比例达到了三分之一，短短两个月内该比例大幅增大。许多非洲国家宣布移动钱包是基本服务，禁止收取转账费，M-Pesa是肯尼亚广泛使用的移动支付服务，仅2020年5月，其交易量就增长了五分之一。

（三）其他金融领域的数字化转型也在提速

一是证券、保险等领域的数字化在加速。随着数以百万计的家庭收到经济刺激支票和休假津贴，许多人开始通过免佣金的互联网经纪公司购买股票。德美利证券（TD Ameritrade）[②]就是经纪公司中的一家，该公司全球客户在2020年1月至11月开设的账户数已经比其过去业务最好的一年还多出50%。与此同时，过去依靠代理人销售保单的保险公司，也可以在网上销售其保险产品，如宏利（Manulife）保险亚洲分部负责人表示，其公司97%的产品可以在线上购买。

二是传统银行业务的数字化转型全面铺开。西方多家银行报告称，它们的应用程序使用量和数字销售额激增，且新兴市场的接纳速度更快。2020年上半年，业务横跨三大洲的西班牙银行集团表示，其数字渠道业务量在欧洲、南美洲和墨西哥同比分别增长了20%、30%和50%。新加坡最大的银行星展银行（DBS）在2020年4月的一个周末就为移民开立了4万个账户，以便他们能够以数字方式将资金汇回母国。肯尼亚最大的商业银行肯尼亚商业银行（KCB）表示，新冠肺炎疫情暴发以来，使用其应用程序的客户数量翻了一番。传统银行业务的数字化，也促使许多银行大量缩减现场网点，巴西的银行2020年已关闭了约1500家分支机构，占总量的

---

① 小额支付应用，支持用户之间实时转账。

② 美国最大的互联网券商之一，提供经纪服务和相关金融技术服务。

7%；欧洲的银行也计划削减 2500 家分支机构。

二、新的“平台化”商业模式应运而生

（一）“平台化”带动数字应用价值的提升

在数字浪潮中，一种新的商业模式正在出现。银行、电子商务网站、金融科技公司、社交网络平台、出租车应用软件和电信公司等都在争相成为“平台”，用户可以通过这些“平台”购买一系列自营或第三方提供的金融产品。投资者认为，将信贷、保险和投资等整合到非金融应用程序或网站上，形成“嵌入式金融”，最终会变得像今天的支付服务一样有价值，“平台化”的商业模式可能进一步加速“赢者通吃”的趋势。因此，很多银行和金融科技公司都在竞相整合自身所提供的各种服务。例如，新加坡的一款网约车应用 Grab 已经发展成该国最受欢迎的移动钱包，其与 60 多家银行、保险公司和其他金融机构建立了合作关系，目标是成为“一站式平台”和金融领域的“超级应用”，满足东南亚国家的各种金融服务需求。肯尼亚电信公司 Safaricom 和 M–Pesa 的主要所有者希望 M–Pesa 发展成集信贷、理财和保险于一体的“生活方式品牌”。在全球金融业巨大利润的吸引下，苹果（Apple）和 Alphabet 等科技巨头也开始进军金融业。

（二）蚂蚁集团是“平台化”商业模式的典型代表

蚂蚁集团是全球集成度最高的金融科技平台，可以看作一个融合了 Apple Pay 线下支付、PayPal 线上支付、Venmo 转账、MasterCard 信用卡、JP Morgan Chase 消费者融资、iShares 投资和保险经纪公司等功能的 APP。尽管蚂蚁集团先后多次更名，从阿里巴巴电子商务到蚂蚁小微金融服务，再到蚂蚁集团，但毫无疑问，蚂蚁集团的核心是金融，理解其“平台化”商业模式最清晰的方法是分析其收入构成。

1. 支付业务是蚂蚁集团创立之本，现在仍是其根基。支付宝账户最初受第三方托管，主要用于解决阿里巴巴电商平台上消费者与商家之间的信任问题。移动端支付宝 APP 的推出，使其应用场景由线上拓展到线下，2011 年二维码扫码支付的上线，更是加速了蚂蚁集团的成长。尽管蚂蚁

集团的的支付费率并不高，但考虑到其巨大的交易量，支付业务收入还是相当可观的，2019 年的支付业务创造了近 520 亿元的收入，但增速正在放缓，支付业务占其收入的比重由 2017 年的 55% 下降到了 2020 年上半年的 36%。然而，关键的一点在于，支付业务对蚂蚁集团而言，是一个吸引用户、了解用户，并最终掌控用户的入口。

2. 信贷业务是蚂蚁集团最大的利润来源。2014 年，蚂蚁集团推出“花呗”，向消费者提供循环的无担保信贷额度，消费者可以按月还款或分期还款。中国的信用卡因为门槛高等原因并未普及，因此“花呗”得以迅速发展。随后，蚂蚁集团还推出了“借呗”，允许用户借用更大的额度，费率在 7%~14%，低于很多小贷公司。

从金融的角度来看，蚂蚁集团最大的创新是改变了获得信贷资金的方式，它把最初的发放贷款进行证券化，并打包出售给其他金融机构。但监管机构担心这与 2008 年国际金融危机前的证券化虚假繁荣情形类似，所以要求证券发起人像银行一样持有一定比例的资产，这一规则削弱了蚂蚁集团的利润。随后，蚂蚁集团发展形成了一种现金充裕、轻资产的借贷模式，它对借款人进行识别和评估，然后将借款人转交给提供贷款的银行，从中收取“技术服务费”。如今，蚂蚁集团约 98% 的信贷资金来源于其他公司，未偿还消费贷款已达到 1.7 万亿元，约占中国消费贷款市场的 15%；针对小微企业的贷款总额约 4000 亿元，约占小微企业贷款市场的 5%。信贷部门已成为蚂蚁集团最大的单一业务部门，该部门 2020 年上半年贡献了集团总收入的 39%。

3. 资产管理和保险是蚂蚁集团另外两个优势业务。2013 年，蚂蚁集团推出“余额宝”，开始涉足资产管理业务，因为收益率远高于银行活期利率，很快吸引了大量客户，到 2017 年，“余额宝”已成为全球规模最大的货币市场基金。蚂蚁集团也是中国最强大的投资产品分销渠道之一，如今已有 170 家公司在其平台上销售 6000 多种产品，包括股票和债券基金等，相当于一个 APP 管理约 4.1 万亿元的资产。与贷款业务类似，蚂蚁集团的资产管理业务也是对潜在客户进行筛选，引导客户了解和购买产品，并从中收取服务费。最近几年，蚂蚁集团还开始进军保险业，与大型保险公司合作，推出人寿保险、汽车保险和医疗保险，并作为分销平台收取服务费。目前，资产管理和保险两大业务贡献了蚂蚁集团近四分之一的收入。

三、制约金融科技新商业模式发展的因素

（一）金融科技促进金融发展的同时，也带来了一定风险，需要监管进行制衡

金融科技能大幅提高金融效率，扩大金融业务的触达范围，大数据技术也使贷款审批更加精确，助力实现普惠金融。然而，金融科技的崛起也带来了两大风险。**其一，**金融科技公司蜂拥至金融行业最赚钱的领域时，往往将低利润、高风险的业务留给传统银行。例如，蚂蚁集团发放的贷款几乎都在银行账簿上，但不少的利润被蚂蚁集团拿走；发达国家的银行更是举步维艰，面临低利率、旧 IT 系统的运维成本和巨大的合规成本。但银行仍需履行重要的经济职能，包括吸纳存款和发放贷款，如果银行体系不稳定，将可能破坏国家金融体系的稳定。**其二，**网络效应使金融科技行业集中度高，容易走向垄断，从用户手中攫取更多的权力。如果金融科技使一个平台掌握了大量的用户数据，那么监视、操纵和网络黑客攻击等的可能性就会上升，影响个人信息安全。因此，监管部门需要不断调整金融科技相关监管规则，严防金融科技快速增长中暴露出的各种风险和金融创新陷阱，例如，监管机构曾叫停蚂蚁集团首次推出的虚拟信用卡，严控证券化也颠覆了蚂蚁集团的借贷模式，另一条要求蚂蚁集团满足更高的资本金要求的监管新规也已经在 2020 年 11 月生效。

（二）固有的金融风险制约金融科技新模式的发展

“平台化”的商业模式通过整合不同金融服务中的数据，为大量难以获得传统银行金融服务的小额借款人提供了金融服务。但无论采取何种方式，向小额借款人提供无担保贷款都是有风险的。例如，新冠肺炎疫情已经给蚂蚁集团带来了严峻的考验，通过其 APP 发放贷款中逾期超过 30 天以上贷款占比，从 2019 年的 1.5% 增加到 2020 年 7 月的 2.9%。不可否认，

蚂蚁集团在借款人评估分析方面具有优势，因为它掌握用户很多相关数据，因此不良贷款率比中国大多数银行还是要好。但也有观点认为这反映的是市场的力量，鉴于支付宝和阿里巴巴的重要市场地位，因为担心信用评级下调可能影响其享受蚂蚁集团的其他服务，拖欠蚂蚁集团贷款的情况较少。

此外，麻省理工学院金融学教授陈辉表示，个体风险不同于系统性风险。构成蚂蚁算法基础的机器学习一次又一次地观察个体行为，进而能够建立模型和发现异常。但如果历史数据中没有出现类似于巨大经济危机冲击的风险，那么一旦遇到这种情形，同样的机器学习算法可能失效。

（三）金融科技领域的市场竞争也在不断加剧

一方面，金融科技颠覆了传统银行业的发展命运，迫使银行加入竞争。竞争加剧和不断走低的利率导致银行贷款利润持续下降，银行因而需要多元化经营，并持续提升金融科技能力，尤其是数据应用的能力，因为“平台化”商业模式的大部分收益来自不同金融服务中的数据整合和利用。另一方面，金融科技同业竞争也加剧了市场分化。在 2013 年以前，移动支付基本上是蚂蚁集团的专属领域，但腾讯利用其无处不在的微信，迅速占据了移动支付近 40% 的市场份额。其他公司同样也有野心，美团现在也开始提供信贷服务，京东的金融子公司以及在线财富管理平台陆金所都在积极筹备 IPO。不过目前为止，蚂蚁集团竞争对手涉足的金融领域比蚂蚁集团小得多，某种程度上是因为它们的广度不同，如腾讯拥有大量小额高频的消费数据，但由于阿里巴巴占据了中国一半以上的线上零售额，腾讯的数据价值不如蚂蚁集团。

四、未来展望——共存与融合

（一）金融科技公司的发展依附于银行

尽管科技巨头颠覆了其他很多行业，但它们却只满足于行走在金融领域的边缘。与银行相比，许多金融科技公司拥有更炫的应用程序和更强大的风险分析能力，但这些公司并没有试图取代银行的地位，这是因为银行业务由两部分组成，包括“核心银行业务”和支付业务或产品分销等监管相对宽松的业务。“核心银行业务”是受到严格监管的资本密集型活动，如管理资产负债表，这部分业务每年在全球范围内实现了约3万亿美元的收入，净资产收益率（ROE）为5%~6%。相比之下，诸如支付业务或产品分销等监管相对宽松的业务，尽管交易规模相对更低，但净资产收益率却高达20%。金融科技公司瞄准的是后面这块肥肉，然而要得偿所愿，它们需要银行存活下去，蚂蚁集团就是金融科技公司与银行共存的典型，蚂蚁集团的很多贷款、产品仍然保留在银行的资产负债表上，银行之所以愿意接受这种境况，是因为它们也可以从中获利。未来，金融科技与银行共存的局面仍将持续，只是可能在世界各地有多种多样的共存方式。

（二）金融监管可能决定金融科技公司与银行融合发展的阶段

金融科技公司能从银行手里撬走多少利润取决于金融监管的宽松程度。长期以来，中国包容审慎、鼓励创新的监管政策促进了金融科技公司的发展，美国则为了保护银行和信用卡公司，迟迟不愿建立快速支付渠道，也不轻易发放数字银行业务牌照，而让市场去决定什么时候、以什么价格共享数据。欧洲和许多新兴市场的做法处于中美二者之间，它们已经尝试通过允许数据流动来逐步引入竞争，各种版本的“开放银行”即将在马来西亚、墨西哥等51个国家和地区实施。

按照金融科技公司对银行的依赖程度，可以将二者融合发展分为以下几个阶段。**第一阶段，**银行仍将负责基础设施运营，但支付和其他非核心业务将对金融科技公司开放，如欧洲金融科技公司可以发起转账，但资金转移仍然通过银行账户。**第二阶段，**支付通常会绕过银行，如非洲移动钱包之间的资金流动不通过银行，但大多数其他金融服务仍然有银行参与。**第三阶段，**是“超级应用”的天下，如东南亚的Grab和蚂蚁集团等。**第四阶段，**非银行机构同时主导金融服务的产品开发和分销，不过目前看来，这个阶段可能短时间内不会出现。

（三）以全局性的眼光看待金融风险

随着金融科技浪潮的持续，各国监管部门应采取全局性的眼光看待金融风险，涵盖银行和金融科技公司带来的各类风险。同时，也要在保护用户隐私方面作出进一步努力，让金融科技变得更安全、开放和尊重个人权利。

（中国人民银行支付结算司　蒋文超；
中国人民银行合肥中心支行　宋根苗　陆秋洋　张一飞　编译）

新冠病毒、现金与支付未来

摘要：2020 年 4 月 3 日，国际清算银行（BIS）发布报告《新冠病毒、现金与支付未来》。报告指出，新冠病毒（Covid-19）大流行引起了公众对病毒通过现金传播的担忧，虽然科学证据表明，通过现金传播病毒的可能性极小，但“现金”和“病毒”的互联网搜索量均创历史新高。为增强对现金的信任，各国央行正积极沟通，促使民众继续接受现金，并在特殊情况下对现金进行消毒和隔离，也有部分央行此时鼓励民众进行非接触式支付。未来，新冠病毒的发展一方面会增加现金作为价值储存的需求量；另一方面促使电子支付出现结构性增长，推动支付工具向数字化转变，引发对使用央行数字货币（CBDC）的呼吁，但这对没有银行账户和年纪较大的消费者来说存在负面影响，可能产生支付领域数字鸿沟。建议结合实际，持续拓展非接触式支付应用服务，兼顾弱势群体支付需求。

一、新冠肺炎疫情暴发对现金使用的影响

（一）现金是否传播病毒引发全球高度关注

新冠肺炎疫情引发公众对“病毒通过现金传播”的空前关注，各国央行报告称媒体对现金安全性的质疑大幅提高。关于“现金”和“病毒”的互联网搜索量均创历史新高。与 2009—2010 年 H1N1 疫情相比，此次新冠病毒相关搜索词关注度呈剧增态势[①]（见图 1）。

① 搜索数据于 2020 年 3 月 21 日获得，来自全球谷歌搜索查询，搜索范围为 2008 年至 2020 年 3 月的选定字词，峰值定义为 100。2018 年数据，阿根廷和中国的数据与其他国家数据不具有可比性，因此未显示。无法提供中国香港特别行政区的数据。不再发行的货币不包括在计算中。印度因 2012 年和 2016 年废钞进程不包含。小面额的定义是每个司法管辖区的全部面额剔除两个最大面额的纸币。

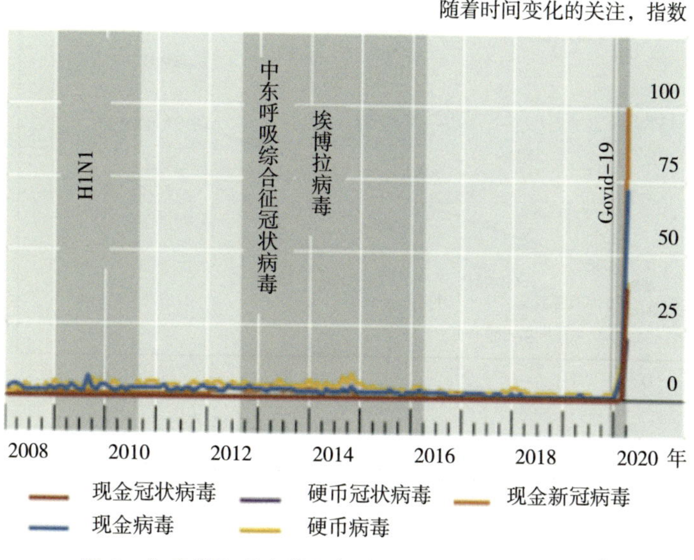

图 1　与病毒和现金使用相关的搜索强度急剧上升[①]

（二）关注度与现金流通量正相关

各国对新冠病毒与现金使用的关注度存在较大差异，总体而言，现金流通量越大，关注度越高。此外，用于日常交易的小面额钞票在流通中占比较高的国家搜索更为普遍[②]（见图 2）。其中，澳大利亚、法国、新加坡、瑞士、爱尔兰、英国、加拿大、美国、牙买加和肯尼亚的搜索强度较高。

① 左侧阴影区域分别表示 2009 年 1 月至 2010 年 8 月（H1N1），2012 年 9 月至 2016 年 3 月（中东呼吸综合征冠状病毒），2013 年 12 月至 2016 年 3 月（西非埃博拉疫情），2019 年 12 月至 2020 年 3 月 (Covid-19)。

② 各国平均关注度数据于 2020 年 3 月 21 日获得，为最近 30 天各国对图 1 所有关键字的谷歌搜索查询的平均结果。

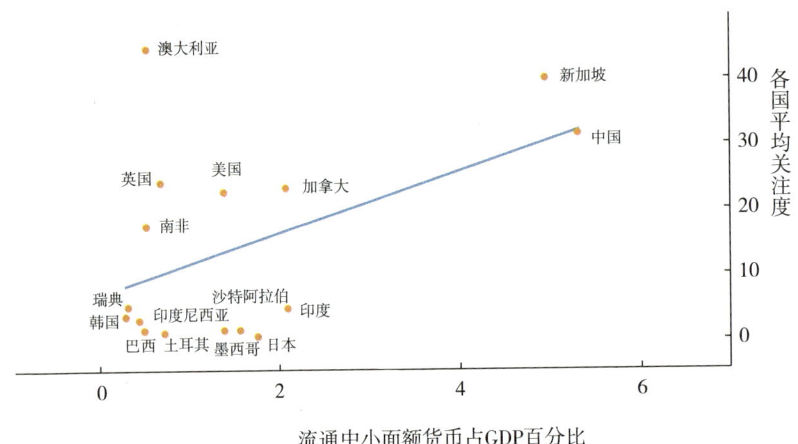

图2　各国平均关注度和现金流通量正相关

（三）病毒可在现金上存活，但传播可能性小

微生物学研究检验了病毒、细菌、真菌和寄生虫能否在纸币、硬币上存活。Thomas等（2008）发现，一些病毒（包括人类流感）可以在现金上存活数小时或数天（见图3左图）。Lopez等（2011）发现无孔表面具有更高的传播效率，这意味着无孔表面更容易传播病毒和细菌。Van Doremalen等（2020）发现，新冠病毒可以在空气中存活3个小时，在硬纸板上存活24个小时，在其他坚硬物体表面上可以存活更长时间（见图3右图）。

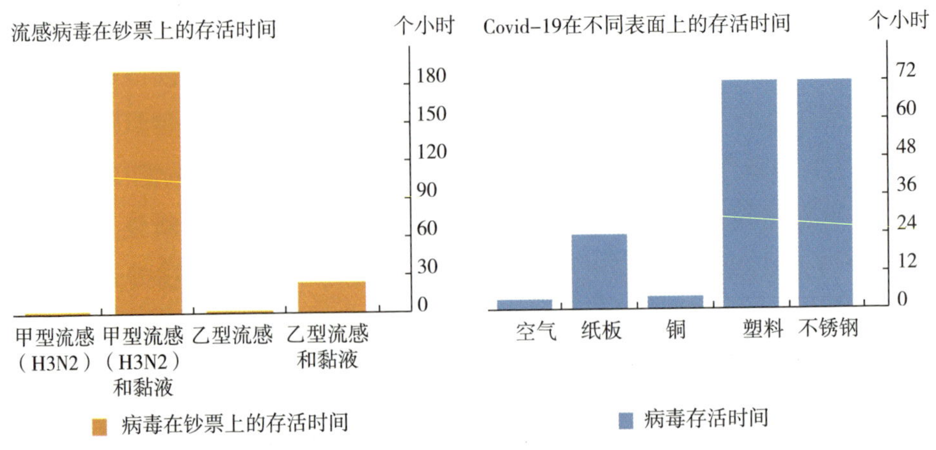

图3　研究表明病毒可以在多个物体表面存活

科学研究表明，与其他频繁接触的物体相比，病毒通过纸币传播的可能性较低。目前为止，尚无已知病例是通过纸币或硬币传播的。此外，尚不清楚与人传人、通过其他物体或物理近距离传播相比，现金传播是否具有实质性[①]。事实上，病毒在非多孔材料（如塑料或不锈钢）上最易存活，这意味着借记卡、信用卡终端或密码键盘也会传播病毒。德国公共卫生研究所（German Public Health Institute）负责人指出，“（病毒）通过钞票的传播不具有特别重要性”，因为来自感染者的空气飞沫是主要的感染风险。此外，专家指出，触摸现金或其他物体后洗手有助于降低传播风险。

二、各国央行增进现金信任度的措施

为增强对现金的信任并确保现金在疫情期间被普遍接受，全球部分中央银行积极传达“现金传播病毒风险低”的信息，并采取了进一步的行动措施（见图 4）。2020 年，英国央行指出“接触聚合物钞票的风险并不比触摸任何其他如扶手、门把手或信用卡等常见物体表面大”；德国央行告

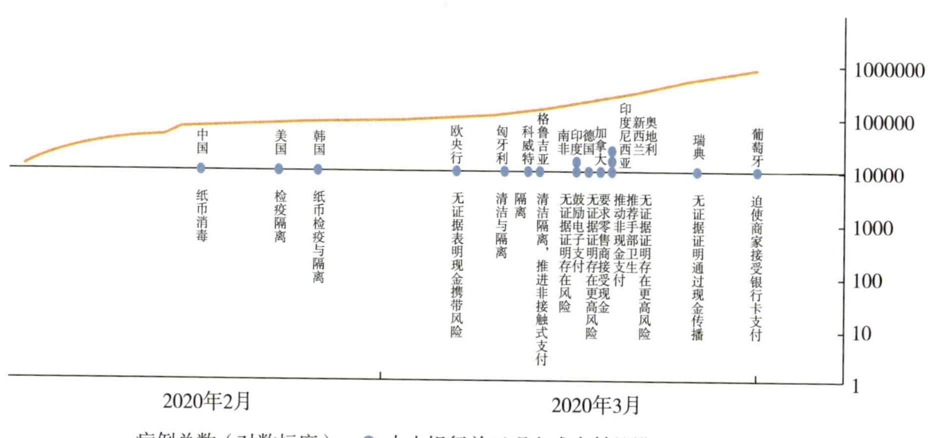

图 4　各国央行增进现金信任度及普遍接受度的措施

① 美国疾病控制与预防中心（CDC，2020）指出，Covid-19 主要在密切接触者之间传播，并通过感染者咳嗽或打喷嚏时产生的飞沫传播。防护措施包括洗手、避免密切接触。

知公众通过纸币传播的风险是较小的，并确保充足的纸币供应；加拿大银行要求零售商不得拒绝现金支付；南非储备银行认为没有现金传播的证据，因此未撤回流通中现金。

其他央行也采取了进一步措施。中国人民银行从 2020 年 2 月开始对病毒感染地区的纸币进行消毒。美联储对来自亚洲的钞票先隔离再流通。韩国、匈牙利、科威特和其他国家的央行也已开始对纸币进行消毒或隔离，以确保离开央行货币中心的现金不会携带病原菌。而印度、印度尼西亚、格鲁吉亚和其他几个国家的央行或政府则鼓励无现金支付。

三、新冠病毒对数字支付和央行数字货币的影响

（一）现金作为价值储存手段需求可能增加

虽然专家一再强调现金传播病毒的低可能性，但人们已经产生了现金可能传播新冠病毒的看法，这种看法可能会最终改变用户和企业之间的支付行为。过去的危机中，由于消费者寻求稳定的价值储存手段和交换媒介，经常增加对现金的需求。本次疫情期间，美国流通中的现金大幅增加，但英国自助柜员机（ATM）的取款额却在下滑①（见图 5 左图）。当前的数据无法描绘出全球关于现金需求的统一趋势，但从中期来看，疫情暴发原则上可能导致消费者对现金的预防性持有量增加。

（二）电子支付呈现结构性增长

疫情还会导致手机、银行卡和在线支付的使用出现结构性增长，但不同国家和地区会有所不同。数字支付②在疫情期间得到前所未有的关注。一些国家的小额交易因非接触式银行卡支付无需密码大受欢迎③（见图 5 右图），奥地利、德国、匈牙利、爱尔兰、荷兰、英国和其他国家和地区的当局、银行和银行卡网络为非接触式支付设置了更高的交易限额。数

① 英国 ATM 交易额是根据 2020 年与 2019 年同一周的交易量之比计算得出。

② 数字支付是使用数字媒介而不是现金或支票来授权或接受支付的工具。

③ 世界卫生组织发言人建议消费者“尽可能使用非接触支付技术”。

字钱包和其他基于智能手机的支付（各种手机 Pay 或二维码等）、电子商务的在线支付也成为解决现金接触的潜在支付解决方案，在这些支付方式中，多人不会与同一物体表面接触。但并非所有的数字支付都可避免接触，如借记卡和信用卡交易通常需要在商家拥有的设备上签名或输入个人密码。

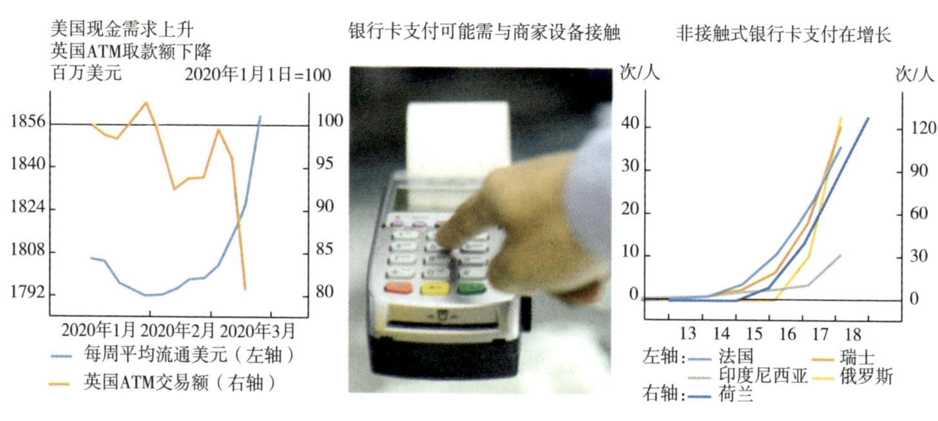

图 5　支付行为正在改变

（资料来源：圣路易斯联邦储备银行；支付与市场基础设施委员会，2018 年《红皮书》统计数据）

（三）谨防支付领域数字鸿沟风险

任何远离现金的行为都可能产生结果偏离，如果现金支付今后不被普遍接受，那么在能使用数字支付和不能使用数字支付的人之间会形成支付领域数字鸿沟，进而可能对无银行账户的用户和老年用户产生特别严重的影响。在伦敦，有记者注意到现金支付存在困难，这对英国 130 万无银行账户用户造成一定影响。许多新兴市场和发展中经济体当局呼吁使用数字支付，但这些替代支付方式并不普及。这可能仍是未来要求加强现金作用的一个重要论据。

（四）零售央行数字货币优势凸显

包括零售央行数字货币在内的由央行运营的便捷支付基础设施可能会更加优势突出。这些基础设施将需承受包括流行病和网络攻击在内的大范围冲击。在当前新冠肺炎疫情背景下，央行数字货币的设计应特别考虑无银行账户人群以及能适用于所有人群的非接触技术接口。因此，新冠肺炎疫情可能使更多人呼吁部署央行数字货币，突出各类支付方式的可得性和抵御风险能力的必要。

四、思考与启示

抗疫之下，电子支付发挥了“支付为民”的重要价值，背后是我国电子支付基础设施的规模化便利化应用。一方面，电子支付为C2C、B2B以及B2C之间的非面对面支付提供了便捷通道，提高了资金流转效率。另一方面，依托电子支付运行的电商平台、共享平台、外卖平台等各类场景也发挥了保障民生的重要作用。在推动数字支付发展方面提出以下建议。

一是持续拓展非接触式支付应用服务。我国近年来电子支付尤其是移动支付发展迅猛，疫情影响下的居民支付习惯也在悄然改变。建议各市场机构进一步拓展非接触式支付应用服务，不断提升支付系统业务保障能力，深入推进移动便民工程建设，加快提升银行等支付服务提供商的离柜服务能力。

二是兼顾弱势群体支付需求。当前，边远地区通信网络条件差，部分农村居民、高龄人群智能手机使用率不高，不能或者不会使用电子支付的人群仍然存在，在面对农村地区、高龄人群时，推进非现金支付可能产生支付领域数字鸿沟。建议充分利用农村普惠金融服务点，有效满足所在地居民基础金融服务需求，同时加快培育农村地区居民的支付习惯，推进普惠金融发展。

（中国人民银行南京分行　周晨阳　王云艺　陆粉干　编译）

支付行业如何助力全球摆脱新冠肺炎疫情危机

摘要：2020 年 3 月 31 日，麦肯锡发布了文章《支付行业如何助力全球摆脱新冠肺炎疫情危机》，指出在新冠肺炎疫情全球大暴发的背景下，受影响的经济体短期经济活动面临大规模下滑压力，并将导致全球支付收入出现负增长，预计与次贷危机造成的影响持平。当务之急除了加强公共安全卫生管理措施，还应积极促进经济复苏。支付行业为客户提供流动性和复工复产支持、针对优先服务事项提供相应的支付解决方案、重塑企业的运营模式和习惯等措施，为助力全球经济快速复苏发挥至关重要的作用。文章认为，支付行业将定义后疫情危机时代的十大新常态，通过建立以客户为中心、更高效、更具弹性的支付生态来摆脱疫情危机。结合我国实际，建议构建自主可控的软硬件支付生态体系，防范外源性安全风险，确保支付基础设施安全运营；引导市场机构创新客户增值服务，发挥支付平台优势；积极开展普惠型支付工具创新，降低支付领域数字鸿沟给弱势群体带来的影响。

在新冠肺炎疫情全球大暴发的背景下，支付系统被证实是富有弹性且可靠的，目前尚未出现核心基础设施发生重大中断的情况。经济方面则深受影响，采取封锁措施的经济体短期经济活动面临大规模下滑压力，支付行业财务数据预计 2020 年第二季度全球 GDP 可能下降 35%~40%。但支付行业的创新发展，将为经济体的正常运转提供更强有力的支持，其稳定性对于全球经济复苏至关重要。

一、新冠肺炎疫情对支付经济造成严重影响

（一）从整体看，全球支付收入预计出现负增长，与次贷危机持平

支付行业的前景预测很大程度取决于以下因素：病毒传播情况、公共卫生应急管理措施、财政政策、货币政策及其他公共政策的有效性等。

1. 相对乐观的场景模拟。假设欧洲和美国经济活动受限 2~3 个月后，新冠肺炎疫情得到有效控制[①]，2020 年全球 GDP 将下降 1.5%。全球支付收入预计最多减少 1650 亿美元，同比下降约 8%，与麦肯锡此前发布的《全球支付报告 2019》中预计的 6% 增长率相比有较大程度的下滑。

2. 相对悲观的场景模拟。如果新冠肺炎疫情在中国二次暴发并继续在欧洲和美国蔓延，全球贸易水平将持续下降，主要经济体经济活动将持续萎缩[②]。在这种情况下，2020 年全球 GDP 水平将下降 4.7%，导致全球支付收入减少超过 2100 亿美元，超过了疫情暴发前全球支付收入的 10%。

综合以上两种场景模拟，全球支付收入可能下跌 8%~10%，相当于减少 1650 亿 ~2100 亿美元，与次贷危机后支付行业总收入下跌 10%~11% 的规模不相上下。由于预期收入下降，在资本市场投资者的推动下，支付行业相关公司股价将急剧下跌，远远超出疫情对实际利润产生的影响。

（二）从结构看，交易业务是导致全球支付行业收入负增长的主要因素

麦肯锡发布的全球支付地图模拟显示，占支付行业总收入约 60% 的净

---

① 在疫情得到有效控制的场景模拟下：2020 年全球 GDP 将下降 1.5%，其中欧元区 GDP 下降 4.4%，美国 GDP 下降 2.4%；交易收入下降 8.8%，经常账户余额下降 7%；零售经常账户余额保持不变；信用卡利息收入的影响主要集中在中国和美国；跨境收入的影响基于 GDP 和贸易流量之间的相关性；非贸易流动影响基于 2008 年国际金融危机期间的贸易流量及其对非贸易流动的影响。

② 在经济缓慢复苏的场景模拟下：2020 年全球 GDP 将下降 4.7%，其中欧元区 GDP 下降 9.7%，美国 GDP 下降 8.4%；交易收入下降 11.8%，经常账户余额下降 10%；零售经常账户余额保持不变；信用卡利息收入的影响主要在中国和美国；美国银行间利率下降 50 个基点，中国下降 10 个基点，非洲、亚洲其他地区和拉丁美洲下降 20 个基点；跨境收入的影响基于 GDP 与贸易流量之间的相关性；非贸易流动影响基于 2008 年国际金融危机期间的贸易流量及其对非贸易流动的影响。

息差[①]只能影响其20%的变动趋势。而交易业务收入占据近几年支付行业总收入的约40%，逐渐成为支付行业增长的主要驱动力，能影响其80%的变动趋势。结合以往危机经验并根据当前地理分布和支付方式进行调整后，结果表明1.5%的经济收缩幅度将导致支付行业收入下降约8%，更严重的情况下可能下降12%。表1是对支付行业可能发生的一系列连锁反应的预测。

表1　　支付行业可能发生的一系列连锁反应

项目	需求受影响程度	供应链受波及程度	主要驱动因素
先进产业及汽车制造业	高	高	①全球需求急剧下降； ②现有脆弱性和贸易紧张局势加剧； ③供应链和生产中断。
电子产品及耐用消费品行业	高	高	①制造商面临严重的劳动力短缺； ②复杂全球供应链出现交付问题。
酒店及旅游业	高	高	①旅游业处于停滞状态； ②酒店入住率同比下降； ③旅游高峰期受到影响。
奢侈品零售行业	高	中	①奢侈品消费大国——中国需求的减少； ②意大利是众多奢侈品牌的产地。
航空业	高	低	①取消超过20万次航班； ②亚太地区95%的行业整体收入受损； ③亚太地区全年的乘客需求下降13%。
重大社会活动	中	低	体育、文化和政治活动被取消或推迟。
餐饮业	中	低	①外卖行业生意红火； ②餐厅、咖啡馆堂食惨淡经营。
非旅游业电商行业	低	中	①跨境电商陷入停滞状态； ②网上购物激增。
对支付的影响			
1. 航空业、服务业、酒店及旅游业、电子产品和耐用消费品行业、奢侈品零售业、餐饮业以及重大社会活动的最高支付交易量下降； 2. 航空业、酒店及旅游业的退款交易预计会增加； 3. 非旅游行业的电子商务、远程订购、小额非接触式支付呈现三位数的增长； 4. 供应方的不确定性、工厂关闭及贸易壁垒等影响跨境B2B资金流动。			

① 净息差是指银行净利息收入和银行全部生息资产的比值。

1. 跨境支付交易可能下滑，导致支付交易业务收入下降约 25%。跨境 C2B 方面，受疫情重创的旅游业以及日益本地化的商业生态影响，其交易量将下降 25%~30%；高度脆弱的市场影响则更大，如沙特阿拉伯和泰国，前者 40% 的在线支付业务与旅游、娱乐有关，后者更是国际旅游胜地。跨境 B2B 方面，2020 年 1 月以来，集装箱货运量远低于上年同期水平。长期来看，由于不同国家摆脱疫情需要的时间不同，全球供应链将受到严重破坏。

2. 证券交易结算创出历史新高，反映了市场的不稳定性和波动性。这种波动性给国际证券交易结算带来了更高的风险。

3. 零售支付和商业服务行业受到严重影响。由于各国客流量不断走低，餐饮、住宿、娱乐、文化、旅游等行业交易量大幅下滑，上述行业占欧盟区家庭支出的 30% 以上。尽管在线销售支付业务受到的影响较小，但是传统 POS 机支付业务量在短期内将下降高达 30%~40%。

4. 零工经济[①] 以及基于零工经济的电子钱包交易也遭受冲击。尽管用户数量不断增长，但是亚洲主要电子钱包的交易流量在疫情期间还是下降了 20%~30%。其中，线下商户支付和出行服务受到的影响最大，线上支付和外卖服务受到的影响较小。

5. 支付习惯可能发生较大转变。一方面，虽然通过使用紫外线、臭氧或高温加热等措施进行消毒管理，但是现金、支票等纸基支付方式的使用量仍在不断减少。欧洲许多国家的 ATM 取款人数降幅超 50%。另一方面，尽管支付业务量受疫情影响整体萎缩，但是非接触式支付凭借其卫生安全性，在后期的增长动力十分强劲。

二、支付行业助力全球经济复苏

目前，促进经济“疫后”重启并正常运转十分重要，有助于减轻疫情

① 零工经济是指由工作量不多的自由职业者构成的经济领域，利用互联网和移动技术快速匹配供需方，主要包括群体工作和经应用程序接洽的按需工作两种形式，是共享经济的一种重要的组成形式，是人力资源的一种新型分配形式。

对人民生活造成的长期影响。支付行业责任重大，不仅要在最短时间内帮助商业活动恢复活力，而且还要采取各类措施加速推进企业全面复工复产，保障经济平稳运行。

（一）为客户提供流动性和复工复产支持

支付服务商可以帮助客户在疫情期间保持必要的流动性并加速复工复产。**一是**中国、意大利等国家和地区的银行通过建立电子商务平台，提供商业交付合同与支付管理模块关联的解决方案，以操作简易的支付方式和网站界面，帮助小微企业以远程商务模式重新运转。**二是**意大利商家借助客户诚信度和优惠券应用程序开展餐饮、美容等预售营销，保障重新开业的营业量并提前获得一定的现金流。**三是**相比复杂的全球供应链渠道，企业可能会继续使用本地替代品进行生产。B2B 服务商可以通过部署商业网络构建简化的本地和区域贸易机制。**四是**暂时免除零售支付交易手续费并放宽贸易融资还款期限。例如，加纳要求移动支付服务商对低于 18 美元的交易免收手续费，同时放宽客户尽职调查要求并限制取现交易，以扩大电子支付交易范围。**五是**使用非柜面的方式获取现金。在经济复苏初期银行柜台关闭的情况下，这将提高 ATM 网络的使用率。

（二）针对优先服务事项提供相应的支付解决方案

客户支付服务需求以及与经济强相关的业务不会迅速转变，但随着优先服务事项的出现，支付服务商需要提供相应的支付解决方案。**一是支持救济金的大范围发放。**支付服务商可以通过多种电子支付方式，帮助政府和援助组织向公众及企业支付各类补贴性款项，包括托儿补贴、紧急救济和贷款支持等。针对无银行账户的客户群体（超过 80% 的巴基斯坦人和大约 70% 的埃及人无传统的银行账户），支持通过诸如移动电话号码、电子邮件地址或公民身份号码等唯一标识进行救济金发放。**二是保障线上支付服务通畅运行。**拥有大量线上业务的企业受疫情影响较小。支付服务商不仅要向商家提供线下 POS 机优惠服务，还要加大与线上业务较少企业的合作，帮助其至少在短期内以线上营业的方式实现复工复产。**三是在电子钱包中添加身份认证和健康管理功能。**此类解决方案可用于疫情监控和管理，包括在特定时间仅允许老龄顾客结账、强化超市感应式结账功能、通过限制购物时间控制客流量等。同时，电子钱包作为零售商的一种支付方式，可以有效避免接触。**四是重新规划 ATM 用途。**由于客户担忧纸币带来的健康风险，疫情过后其使用量可能不会出现反弹。随着 ATM 的使用显著减少，其用途可能会发生变化，如用于开户、身份验证、公共文件交付等通常需要面对面接触的工作。**五是简化 B2B 供应链。**与保理或发票贴现相比，供应链融资等买方信贷产品可以帮助企业与供应商共担信用风险。支付服务商为此提供支持服务，如搭建集动态折扣和保理于一体的采购平台服务更大客户群体，搭建大型网络供应链平台加速推动小型供应商进入。**六是提供现金流预测分析的便捷访问渠道。**流动性管理对于企业生存至关重要。疫情期间，支付服务商运用支付数据能够帮助企业首席财务官及时、全面了解全球、区域和地方等维度的资金使用状况。

（三）重塑企业的运营模式和习惯

为重振全球经济，即便在强制性公共安全卫生措施结束后，企业仍需在较长时期内控制社交距离，提高安全敏感度，增强风险意识，并考虑对其运营模式进行长期性调整。**一是**远程销售、虚拟交互成为新趋势。企业将学会在无接触的场景下高效工作，大大减少公务出差、食宿接待等人员经费支出。远程销售技能和渠道、文件签署及公证等方面的数字化解决方案变得至关重要。**二是**广泛分布的运营模式和价值链也将受到挑战。局部停产、劳动力需求锐减、政府部门和监管机构采取的不一致措施、区域及全球对疫情的不同重视程度等，将导致一些甚至所有关键职能在本地重新配置和整合。**三是**分散化办公可能转变为长期性措施。随着本地业务的逐渐增多，远程办公或居家办公等灵活工作方式将广受推崇，数字工具的广泛使用有利于促进未来工作模式的实现。

三、支付行业将定义后疫情时代的十大新常态

新冠肺炎疫情不仅影响消费者及商家的行为和预期，而且将对整个经济结构产生深远影响。随着疫情的结束，我们将对其造成的灾难程度有更

加深刻的认识，但无法回归至2019年的常态是可以预见的。因此，对于支付生态体系以及全球经济而言，支付解决方案的发展至关重要，其有助于各经济体有效摆脱当前危机，并重新定义后疫情时代的未来。麦肯锡强调，所有人都应该为实现以下10个基本性变化共同努力，并做好准备适应支付新常态。

（一）合理使用现金支付

疫情期间，现金和支票等纸基支付工具因存在传播病毒的可能性而受到主动抵制。为保证安全，银行关闭了部分网点，员工通过电话或预约方式为客户提供金融服务，为商业和经济进行数字化转型提供了有利时机。

（二）保障支付工具的普及使用

当前疫情危机显示，并非所有人都有同等机会获取必要的新技术和数字化工具，远离现金对无银行账户群体的影响是无法估量的。随着远程购物方式的普及应用，无法支持电子支付的商家将遭受更大损失。因此，支付基础设施、价格等因素不应阻碍支付工具普及应用，未来需要设计不受经济状况和教育程度影响的普惠型支付工具。

（三）稳定数字货币市场

随着价值体系的崩溃和信任度的暴跌，目前已有的数字货币无法在关键时刻提供通用的支付解决方案。疫情危机强调了各国政府维持全球金融体系稳定的重要性。例如，美联储向全球央行提供巨额货币互换信贷额度。

（四）为多样化的商业模式提供跨渠道的支付解决方案

电子商务快速发展并将持续加速，南欧与北欧、英美经济体及中国之间的差距正不断缩小。一些在疫情期间被迫关闭的小型实体零售商可能不会重新开业，而是寻求数字化转型。大多数地区的支付市场参与者将致力于打造全渠道迅速扩展的能力，并构建起实体、电子等不同支付生态之间的桥梁。

（五）鼓励使用非接触式支付

公众对病毒接触传播的恐惧心理，真正推动了基于银行卡和电子钱包的非接触式支付。部分收银员正接受关于非接触式结账的相关培训，并积极鼓励客户使用非现金支付工具，这将转变一些客户对待非接触式支付的态度。随着这种习惯变得根深蒂固，非接触式支付推广的障碍将进一步被扫清。

（六）拓展电子钱包功能

疫情发生前，手机及可穿戴设备的电子支付设备就已经出现。在电子钱包内嵌入数字身份证、交易监测报告等功能将推动其更快发展。例如，智能购物安排、到货时间提醒等服务将影响商店的重新开业。因此，能够为客户提供集成性非接触式支付服务的企业，在业务拓展过程中将具有明显的竞争优势。

（七）开辟数据运用新途径

疫情为数据的运用开辟了新途径。在中国，手机数据被用来快速追踪感染病例的活动轨迹，帮助人们获悉“安全通道”。即使在欧洲，消费者也更加愿意运用数据防范欺诈，保护自身利益。在复工复产的一定时期内，反欺诈的保护措施对消费者极其重要。

（八）开创合作性竞争新时代

由疫情引发的流动性和盈利能力紧缩将促进金融科技行业的“洗牌”，淘汰缺乏长期经济可行性的空想，这将形成有利于市场合作和双赢的金融科技新格局。鉴于市场估值和预期的变化，市场整合以及地区领军企业的发展将持续下去。在这种情况下，企业还将评估自身成长前景，并考虑通过建立伙伴关系模式或兼并收购，以支持其战略发展。

（九）转变银行支付业务运营方式

目前，银行发展支付业务耗费了大量成本，大部分支出主要用于维护现有系统，而非用于改革创新。在后疫情时代，银行需要思考以截然不同的方式运营某些支付业务。例如，考虑利用外包服务、云基础设施、自动化技术和分析驱动决策等方案，对业务范围和种类进行结构性调整，以重新规划规模或调整产品。为有效缓解信息技术支出缩减带来的压力，疫情前处于萌芽状态的“平台即服务”（PaaS）① 商业模式将会得到推广。

① “平台即服务”（PaaS）是“银行即服务”（BaaS）模式在支付领域的应用。

（十）重塑监管模式

当前正处于变革时代，支付行业与监管机构之间需要建立以支付创新为重点，兼具可持续性和弹性的合作模式，以适应新的经济发展形势。早期实践表明该模式具有可行性。例如，美联储、美国联邦存款保险公司（FDIC）和美国货币监理署（OCC）于 2020 年 3 月 27 日宣布，允许上市公司推迟两年实施当前预期信用损失（CECL）会计准则[①]，从而为疫情后贷款融资提供支持，并维持监管资本质量。

四、思考与启示

（一）强化支付基础设施建设

疫情期间，支付系统安全不间断运行是保障资金汇路畅通的先决条件，富有弹性且可靠的支付基础设施将为经济正常运转和复苏提供支持。因此，要充分发挥各清算机构力量，不断加强支付基础设施建设，根据疫情期间暴露的问题完善应急处置方案，构建自主可控的支付基础设施软硬件体系，防范外源性安全风险，确保支付基础设施安全运营。

（二）发挥支付平台优势

平台经济具有巨大的网络外部性，疫情期间，以云闪付、微信支付、支付宝为代表的支付平台在保障社会公众日常生活、支持疫情防控、公益捐助帮扶等方面发挥了重要作用，无人销售、自助收银等非接触支付解决方案应运而生。支付平台要以海量用户为基础，充分利用支付数据资源，依托大数据、5G、人工智能、区块链等技术手段，打破“数据孤岛”，从而为客户金融投资、生活缴费、网络购物、健康医疗等需求提供全天候数字化支付服务。

---

① 当前预期信贷损失（CECL）会计准则，2020 年 1 月生效，该会计准则要求银行在贷款发起时就将其计入贷款损失。国际评级机构惠誉表示疫情影响下采用该会计准则较高的信用损失准备金水平将进一步给银行业利润带来压力。

（三）降低支付领域数字鸿沟的影响

疫情进一步提升了数字化支付的普及程度，但可能给老年人、残障人士、农村地区人员等带来不便，进而引致支付领域的数字鸿沟。建议鼓励和引导银行、支付机构自觉践行社会责任，积极开展普惠型支付工具创新，使新支付服务方式更容易触达社会各个阶层，促进数字支付普惠。

（中国人民银行福州中心支行　朱晶晶　许伟达　郑雅莉　编译）

离岸美元体系的前世今生和未来发展

摘要：2020 年 5 月，波士顿大学全球发展政策中心发表了题为《离岸美元体系的前世今生和未来发展》的文章。文章指出，当今国际货币体系以美元为主导，其主要特征是离岸市场创造大量美元。离岸美元起源于欧洲美元市场，“石油美元环流”将离岸美元创造变成真正的全球现象，国际金融危机使美联储进一步强化了对离岸美元市场的控制，以维护金融全球化架构。未来国际货币体系有四种可能的发展路径，包括美元霸权延续、货币集团相互竞争、国际货币联盟和国际货币无政府状态。文章认为，目前政策制定者无法对国际货币体系进行重大变革，若国际货币体系正常运行，未来将继续沿现有路径发展；若出现某些政治因素，也可能出现货币集团相互竞争的局面，导致当前以美元为主导的单极国际货币体系演变为美元、欧元和人民币并列的多极国际货币体系。

一、离岸美元体系概念与框架

一种货币在离岸市场创造的规模取决于其在全球金融和贸易中的受追捧程度，其在商品及金融市场的交易结算量越多，离岸市场创造的货币规模就越大。据统计，美元在离岸市场中的规模最大，离岸美元创造使得将单一记账单位用于跨境货物和金融交易成为可能，降低了货币兑换带来的汇率风险。目前，大量国际支付业务通过美元结算，以美元计价的信用货币主要来源于欧洲美元市场。离岸市场创造的美元规模甚至大于在岸市场，规模紧随其后的是欧元、日元和英镑。尽管中国正大力推动离岸人民币市场发展，但迄今为止，中国等金砖国家在离岸市场创造的货币份额相对较小。

经过多年的发展，国际货币体系已进入离岸美元体系时代，目前已形成美元位于顶部、其他货币处于次级地位的多层国际货币体系。其中，美国以外的其他七国集团（G7）成员国货币（如欧元、英镑、日元）位于次级货币体系的第一层，以金砖国家为代表的其他经济体货币（如巴西雷亚尔、俄罗斯卢布、印度卢比、人民币和南非兰特）位于次级货币体系的第二层。

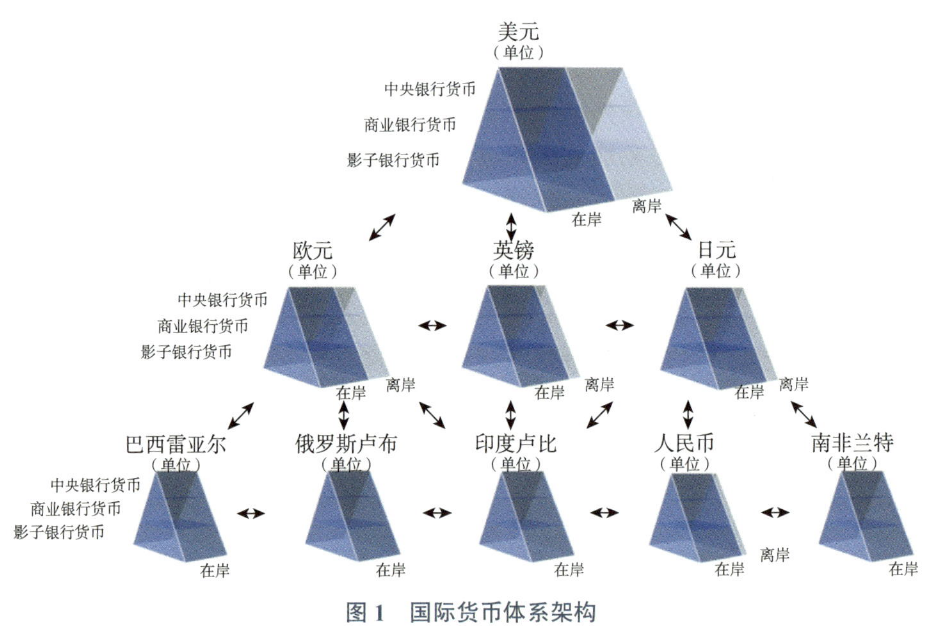

图 1　国际货币体系架构

二、离岸美元体系的演变

（一）起源

离岸美元起源于 1956 年欧洲美元市场。在英格兰银行和英国财政部的支持下，伦敦的金融机构创造了欧洲美元作为美元标价的信用工具，以规避美国金融法规，尤其是 Q 条例[①] 关于设定在岸美元存款利率上限的

① Q 条例（Regulation Q）：禁止美国的银行支付支票账户利息，也包含各种条款，美联储可以根据这些条款为各类银行设定利率上限，以影响信贷发放。1933 年正式发布，1986 年废除。

规定。

由于欧洲美元规模不断扩大，引发了十国集团（G10）国家央行关于是否需要对欧洲美元进行监管的讨论，德国央行和意大利央行提出强化欧洲美元监管的建议，但英格兰银行表示反对，美联储的态度一直摇摆不定。1974 年第一次石油危机之后，G10 国家央行决定积极利用欧洲美元市场，开始通过欧洲美元市场组织“石油美元环流”：石油出口国将美元盈余资金存入美国和欧洲的银行，上述银行再向石油进口国发放美元贷款，石油进口国购买石油时再将美元支付给石油输出国，形成石油美元后又回流到上述银行，使石油美元在产油国和非产油国之间不断循环。“石油美元环流”将离岸美元创造变成真正的全球现象，填补了布雷顿森林体系瓦解后的空白。

此外，影子银行美元也是美元体系的重要组成部分。影子银行美元最初仅出现于在岸市场，20 世纪 80 年代，随着资产支持商业票据市场的发展，影子银行美元得以在离岸市场迅速扩张。

（二）发展

2007—2009 年国际金融危机爆发是私人机构发行的以美元标价存款替代产品出现量变和质变的转折点。在国际金融危机中，全球性银行挤兑同时发生在离岸美元和影子银行体系。为应对此次危机，美联储采取了前所未有的紧急措施，减少美国在岸银行体系压力，维持在岸美元与离岸美元平价汇率稳定。在美国货币管辖范围内，美联储和美国财政部将存款保险扩展到货币市场基金股票和回购。同时，为稳定离岸的欧洲美元市场，美联储和 14 个国家央行建立了临时的紧急美元互换协议。此举使这些国家的中央银行能够在其资产负债表上创造离岸美元作为公共资金，并借给管辖范围内的银行。美联储有效地将其他国家央行变成自己的分支机构，以强化对离岸美元市场的控制，维护金融全球化架构。

国际金融危机后，美联储与欧央行、英格兰银行、日本银行、加拿大银行和瑞士国家银行 5 家央行达成长期货币互换协议，不限量地提供美元流动性，构建了“六国货币互换网络体系”，这是当前离岸美元体系抵御未来系统性金融危机的最后一道防线。

三、离岸美元体系发展的四种可能路径

在后金融危机时代，离岸美元创造甚至在加速，离岸美元体系也比以往更依赖美联储，而美联储却没有官方承诺任何责任。那么未来几十年里，这种机制安排是否还具有足够的稳定性和弹性呢?

根据未来是否出现重大金融危机、全球经济治理是合作还是竞争，可以提出截至2040年国际货币体系的四种可能发展路径。前两种是“演变性”的发展路径，和目前的离岸美元体系接近；后两种是“革命性”的发展路径，意味着国际货币体系发生深刻变化。由于离岸美元体系的网络外部性效应太强，只要美联储愿意且能充当其全球信用货币体系的支撑，其他货币很难全面取代。

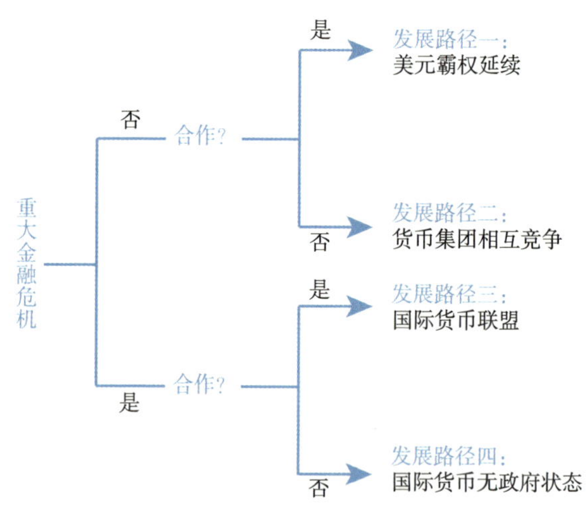

图2　离岸美元体系发展

（一）发展路径一：美元霸权延续

1. 假设条件。美元霸权延续，离岸美元继续扩张，国际货币体系仍是以美元为中心的单极体系，离岸信用货币创造进一步扩大，仍是金融全球化的世界。

2. 发展路径。随着传统的中央银行和商业银行货币创造的重要性下降，

离岸美元和影子银行美元部分继续扩大，美联储的不限量货币互换安排继续支撑和稳定国际货币体系。正常运行的离岸美元体系网络外部性效应非常强大，其他货币无法挑战美元霸权；和美联储建立了不限量货币互换协议的国家和地区，在国际货币体系中的地位仍高于其他国家和地区。

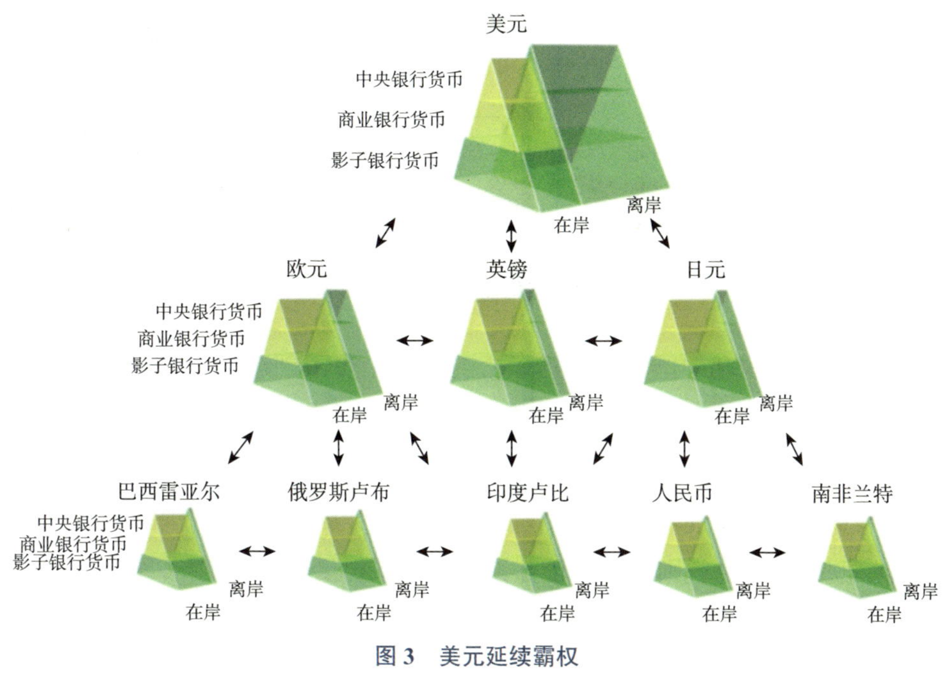

图3　美元延续霸权

（二）发展路径二：货币集团相互竞争

1. 假设条件。在某些政治因素影响下，可能出现货币集团相互竞争的格局。如出于政治原因，美国进一步减少对稳定国际货币体系的支持，地位被削弱的美联储不再支持不限量的货币互换网络体系；如欧盟和中国可以解决结构性问题，欧盟克服欧元区目前的设计缺陷，中国则在政府支持下成功推动人民币国际化，增加对其金融体系的信任。

2. 发展路径。在此背景下，欧盟和中国可能成为与美元货币霸权相抗衡的重要力量，当前的单极国际货币体系让位于美元、欧元和人民币并列的三极体系。各货币集团内部通常实行固定汇率，而各货币集团间实行浮动汇率。因此，各货币集团间的金融联系乃至贸易联系大幅减少。这将是金融区域化的世界。

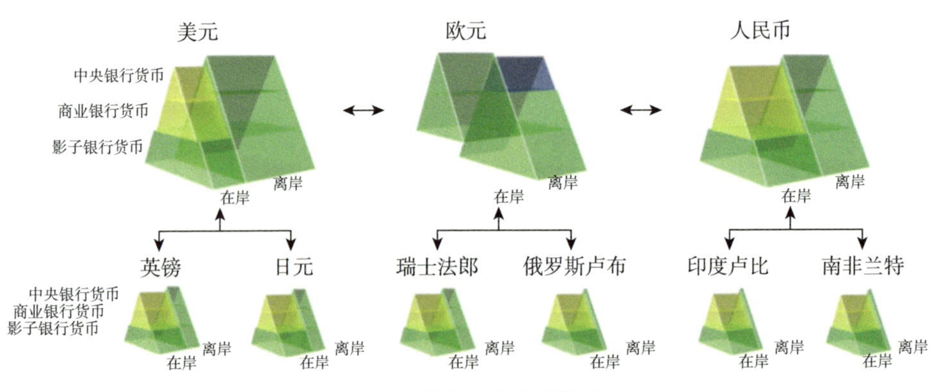

图4　互相竞争的货币集团

此外，美国和中国均允许影子银行和离岸货币创造。美联储和中国央行分别进一步扩大货币互换网络体系，为离岸美元和离岸人民币提供支持。欧盟将进一步加强金融监管，通过征收金融交易税抑制在岸影子银行业务的发展，但这也可能导致金融活动转向离岸，为欧元区外围国家创造出大量离岸欧元，欧央行则通过货币互换网络体系提供一定的支持。

（三）发展路径三：国际货币联盟

1. 假设条件。由于美国优先的思维与维护国际金融稳定这一全球公共利益目标产生冲突，导致美联储不再成为货币互换网络体系的全球后盾，无法发挥支撑国际货币体系的作用，离岸美元体系发生内生性崩溃。

2. 发展路径。在遭遇重大金融危机后，离岸美元体系崩溃，金融全球化进程终止。国际社会对联合危机应对措施达成共识，形成多边国际货币基础设施，实施固定但可调节的汇率，造就金融联盟化的世界。

国际货币体系的中心不再是某个国家，而是国际组织——国际清算银行（BIS）。国际清算银行负责管理各国央行之间的国际支付系统，并充当国际清算联盟（ICU），创造出真正的国际信用货币，类似于凯恩斯提出的国际货币单位 Bancor①。各国在国际货币体系中的地位相同，部分国家形成地区性清算联盟，如欧元区成为欧洲的地区性清算联盟（RCU），欧盟各成员国恢复使用本国货币，但仍将欧元作为地区性清算联盟的记账单位。

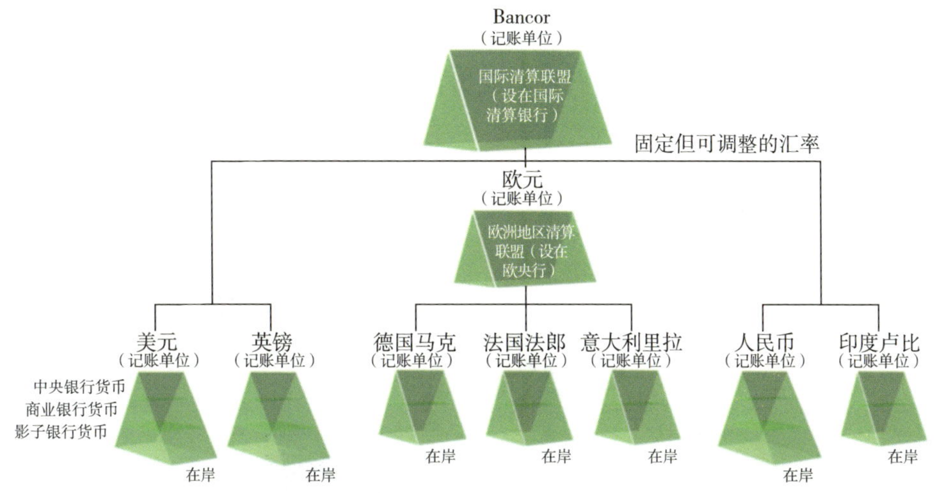

图 5　国际货币联邦制

作为国际货币体系中心的国际清算银行是一家拥有完全弹性的资产负债表的银行。Bancor 的盛行消除了不同国家离岸货币法规监管差异，导致离岸货币创造完全消失，因此各国在管理本国在岸货币体系方面将有更大的自主权。一些国家会允许影子银行存在，而另一些国家会实施更严格的监管，使影子银行在其境内不复存在。

（四）发展路径四：国际货币无政府状态

1. 假设条件。离岸美元体系遭受重大金融危机，但国际上未达成协调一致的危机应对措施，导致国际货币体系进入无政府状态，原有的国际货

① Bancor 由凯恩斯、舒马赫于 1940—1942 年提出，是一个超主权货币的概念。Bancor 可作为一种账户单位用于国际贸易中，以黄金计值，各国货币以 Bancor 标价。会员国可用黄金换取 Bancor，但不可以用 Bancor 换取黄金。然而，由于美国实力在第二次世界大战后一枝独秀，凯恩斯代表的英国方案并没有在布雷顿森林会议上被采纳。

币体系被没有明显层级次序的无体系（Non-system）所取代。国际贸易和金融交易几乎停顿，金融全球化变成了金融分裂。

2. 发展路径。各国采用各自为政的策略应对国际货币无序状态。不同记账单位之间不存在必然的可兑换性，也不存在清晰的汇率机制。各国主要通过在岸市场创造货币，但某些离岸货币仍继续存在。这种无序状态可能是形成更稳定系统性结构前的过渡阶段，全球加密货币或私人全球数字货币等根本性的设计安排将有机会成为系统重要性货币。

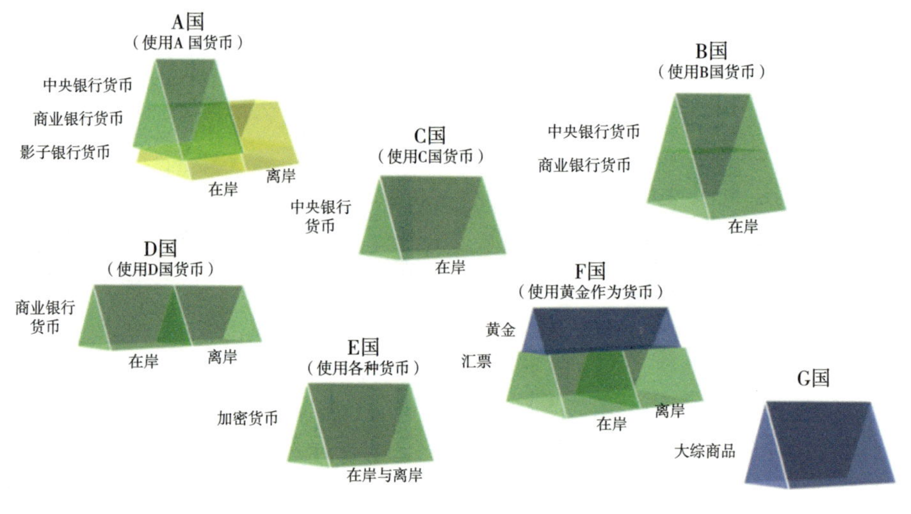

图 6　国际货币无序状态

四、结论

在金融全球化的背景下，美元继续在国际货币体系保持霸权地位并非易事，国际货币体系的未来发展路径仍未可知。但总的来看，目前政策制定者无法对国际货币体系进行重大变革，若未来国际货币体系能够保持正常运行，则其将沿着现有路径继续发展；若出现某些可能导致货币集团相互竞争的政治因素，则当前以美元为主导的单极国际货币体系将演变为美元、欧元和人民币并列的多极国际货币体系。由于信用货币的内在不稳定性，下一次金融危机爆发只是时间问题。全球信用货币体系出现内生性崩溃，将是国际货币体系走向联盟化或分裂的关键时点。

（中国人民银行支付结算司　陈雪　黄静　赵圻　编译）